Johann Jerusalem

Betrachtungen über die vornehmsten Wahrheiten der Religion

Johann Jerusalem

Betrachtungen über die vornehmsten Wahrheiten der Religion

ISBN/EAN: 9783744703024

Hergestellt in Europa, USA, Kanada, Australien, Japan

Cover: Foto ©Lupo / pixelio.de

Weitere Bücher finden Sie auf **www.hansebooks.com**

Betrachtungen

über

die vornehmsten Wahrheiten

der

Religion

an Se. Durchlaucht

den Erbprinzen von Braunschweig und Lüneburg.

Zweyten Theils zweyter Band,

oder viertes Stück.

Mit Römisch-Kaiserlichen auch Churfürstl. Sächsischen
allergnädigsten Privilegien.

Braunschweig,
im Verlag der Fürstl. Waisenhaus-Buchhandlung, 1779.

Vorbericht.

Wie ich meine letzte Betrachtung über die Geschichte
der geoffenbarten Religion
von Noah bis an Mosen geendigt, so
glaubte ich, bey meinen Jahren und bey
der merklichen Abnahme meiner Kräfte, der
Wahrheit und dem Publico die Ehrerbietung schuldig zu seyn, und meine Feder
niederzulegen. Der Gedanke blieb mir
zwar, daß ich doch wenigstens ihren ersten
Hauptperiodum mit der Geschichte der
mosaischen Religion hätte endigen mögen;

aber

aber ich unterdrückte ihn einige Jahre,
bis er mich endlich doch überraschte, daß
ich wirklich diesen Entwurf anfieng.
Kaum hatte ich aber meine Gedanken
darüber etwas in Ordnung zu bringen
angefangen, so wurde auch alles durch
die allerschmerzlichste Trauer wieder so
unterbrochen, daß ich nach einem hal-
ben Jahre den Muth erst wieder fassen
konnte, die Feder wiederzunehmen, und daß
die Ausführung nun endlich, unter unzähligen Zerstreuungen, das geworden ist,
wie ich sie dem Publico hier jetzt über-
reiche. Ich bin darinn in verschiedenen Stellen von den gewöhnlichern Erklärungen abgegangen; ich hoffe aber
nicht, da ich schon über die ordentlichen
Grenzen des Lebens hinaus bin, und jeden Augenblick erwarten muß, von meinem
Richter, auch zur Verantwortung wegen dieser Schrift, abgefodert zu werden,
daß man die niedrige und gewissenlose
Absicht

Abſicht deswegen von mir argwöhnen
werde, daß ich damit nur ein Aufſe-
hen machen, und die gewöhnlichern
Erklärungen verächtlich oder verwerf-
lich habe machen wollen. Die meiſten
dieſer Erklärungen ſind mir unter der
Ausarbeitung erſt eingekommen, und
ich bin in ihrer Wahl meiner Ueberzeugung gefolgt. Aber meine Ueberzeugung
wird für keinen einzigen andern Menſchen eine Vorſchrift. Es bleiben immer
Gedanken eines einzelnen Mannes, die
jedem andern durch eigne Prüfung erſt
wahr werden können. Und wenn ich geirret, ſo bin ich von den vielen einſichts-
vollen vortrefflichen Männern, die ich
das Glück habe zu Freunden zu haben,
überzeugt, daß ihnen die Wahrheit immer wichtiger als Freundſchaft ſeyn werde, und die die erſten ſeyn werden, wo
ich geirret, mir es zu zeigen.

Da

Vorbericht.

Da die Ausarbeitung unter so mannichfaltigen Zerstreuungen geschehen, daß die Ausführung eines Bogens und eines Gedankens oft Wochen und Monathe lang von einander getrennet, und die einzelnen Bogen zum Abdrucke weggesandt worden, so daß ich das Ganze im Zusammenhange nie vor Augen gehabt, so fürchte ich, daß ich oft in zu große Weitläuftigkeit und in Wiederholung gefallen seyn werde; auch werde ich um Nachsicht wegen vieler Fehler gegen die grammatische Richtigkeit bitten müssen; und da ich in den einzelnen Bogen verschiedene Druckfehler wahrgenommen habe, die es vielleicht zu spät seyn wird, wenn ich die übrigen Bogen erhalte, noch anzuzeigen, so wird der Leser auch diese selbst zu verbessern die Gutheit haben.

Und

Vorbericht.

Und hiermit erinnern mich meine Jahre und Schwachheiten, auch von meinen Lesern Abschied zu nehmen. Es sind jetzt zehn Jahre, da ich den ersten Versuch mit diesen Betrachtungen machte, und damals glaubte ich, den ganzen Entwurf in ein paar Jahren ausführen zu können. Aber ich sah die jahrenlangen Hindernisse, die nachher dazwischen kamen, nicht voraus, und die mir so oft den Muth benahmen, die Fortsetzung auch nur anzufangen. Und noch bleibe ich in der Vorbereitung stehen; da mein eigentlicher Endzweck bey der Unternehmung war, daß diese Vorbereitung mich nur zur Ausführung der Vortrefflichkeit, Wahrheit und Göttlichkeit der chriftlichen Religion leiten sollte. Es würde mich auch betrüben, diesen Endzweck nicht erreicht zu haben; aber da ich so viele würdige Männer kenne, von deren Einsicht, ausgebreiteten

Vorbericht.

ten Gelehrsamkeit und Wahrheitsliebe die Welt diese Ausführung viel vollkommener erwarten kann, so überlasse ich sie diesen auch ruhig, und wünsche, daß dann auch dies wenige zur Ehre Gottes und zur Aufklärung und Bestätigung seiner geoffenbarten Religion etwas beytragen möge.

Braunschw. den 28 Sept. 1779.

Jerusalem.

Vierte

Vierte Betrachtung.
Moses.

Erster Abschnitt.
Seine Geschichte.

Die Zeit der vier Menschenalter, die, nach
der an Abraham geschehenen Verkündi-
gung, sein Geschlecht in einem fremden
Lande unter vieler Unterdrückung zubringen sollte,
ehe es zu den Besitz des ihm bestimmten Landes
seiner Väter gelangen könnte, giengen nun zu
Ende, und die Absicht, warum es sich in diesem
Lande so lange aufhalten und zuletzt noch eine so
harte Knechtschaft erdulden müssen, war zugleich
erreicht. Seine Vermehrung war in dieser Zeit
zu einer solchen Größe herangewachsen, daß es
nun stark genug war, dieses Land in Besitz zu
nehmen, und als ein besonderes Volk sich darinn
zu erhalten; es war indessen mit den nöthigen
Künsten und besonders mit dem Ackerbau, der
künftig sein vornehmstes Gewerbe seyn sollte, bekannt geworden; es war zugleich an eine gesetzliche Regierungsform gewöhnt, und der rohe
beduinische Geist des unabhängigen Hirtenlebens
war durch die harte Sclaverey immer mehr ge-

brochen, und es war dadurch so viel mehr zu
der strengen Einrichtung vorbereitet, die seine
künftige Verfassung nothwendig machte. Und
was das Wichtigste war, so war indessen auch
die ordentliche Schreibkunst oder die Buchsta-
benschrift schon erfunden, ohne welche die ganze
große Absicht dieser besondern Verfassung, nämlich die reine Erkenntniß und Verehrung des einigen wahren Gottes, und die damit wesentlich
verbundne weitläuftige gesetzliche Einrichtung,
wobey alles auf die genaueste buchstäbliche
Beobachtung ankam, nie hätte erhalten werden
können. Denn, zu geschweigen, daß das bloße
Gedächtniß dazu nie hinreichend gewesen wäre;
so würde, besonders bey der ältern Bilderschrift,
die Absicht dieser göttlichen Stiftung am aller-
wenigsten haben erreicht werden können. Die
wahre Bedeutung der bildlichen Zeichen würde
sich bald verloren haben, und selbst die nächste
Veranlassung zur Abgötterey bey dem großen
Haufen geworden seyn; der darunter verborgene Verstand wäre ein Priestergeheimniß geworden, wovon die Auslegung in kurzer Zeit eben
so willkührlich und schwankend geworden seyn
würde, als schon zu Herodots Zeiten unter den
ägyptischen Priestern die Erklärung ihrer alten
Bilderschrift war.

Man hat es immer für bedenklich gehalten,
wie eine einzige Familie von siebenzig Personen

sonen, 2 B. Cap. 1. woraus die Familie Jakobs
bey der Ankunft in Aegypten bestand, in dem kurzen Zeitraum von einigen wenigen hundert Jahren sich bis zu dritthalb Millionen Menschen
habe vermehren können, als so viel man wenigstens annehmen muß, wenn die Zahl der er-
wachsenen Mannspersonen beym Auszuge sechs-
mal hundert tausend groß gewesen. Cap. 12, 37.
Aber erstlich hat man sich diese Bedenklichkeit
selbst dadurch vergrößert, daß man wegen einer
unbedeutenden genealogischen Bedenklichkeit, die
von Mose ausdrücklich angegebne Zahl von vierhundert und dreyßig Jahren, nur zur Hälfte,
nämlich von zweyhundert Jahren nimmt,
und die volle Zahl von der Zeit an berechnet, da
Abraham die sich hierauf beziehende Verheißung
erhielt. 1 B. Cap. 12. v. 13.   Dann aber wird
ausdrücklich unter diese siebenzig Personen nur
allein die Familie Jakobs, die von ihm als Vater abstammte, gerechnet, wobey aber die große
Anzahl von Knechten, die zu dieser ihren besondern Familien und deren Heerden gehörten, und
die sich nothwendig auf einige hundert belaufen
mußten, nicht mit in Anschlag gebracht worden.
Nimmt man nun hierzu noch die besonders große
Bevölkrung des ägyptischen Landes überhaupt,
die allen alten Naturkündigern und Geschicht-
schreibern so außerordentlich vorkam, daß sie
dieselbe aus bekannten natürlichen Ursachen kaum
erklären zu können glaubten, und daher dem

Cc 2   Nil-

Nilwasser eine besonders befruchtende Kraft zu=
schrieben; so sind eben die Ursachen, die die Be=
völkrung dieses ganzen Landes so groß machten,
auch hinreichend, die große Vermehrung dieses
einzelnen Geschlechts zu erklären.

In einem an sich ergiebigen Lande, wo
Ueppigkeit und Tyranney die Ehen und die Er=
ziehung zahlreicher Familien nicht erschweren, son=
dern ein jeder bey dem leicht zu findenden Unter=
halte dem Triebe der Natur folgen kann, die
Natur durch die Ueppigkeit auch noch nicht ge=
schwächt ist, da ist auch die schnelle Bevölkrung
eine natürliche Folge. Aus diesem Grunde ha=
ben die Amerikanischen Colonien, obgleich bey
so vielen andern erschwerenden Umständen, nach
Franklin's Angabe in fünf und zwanzig Jah=
ren sich aufs doppelte vermehret. Rechnet man
nun hierzu noch die besondre Beschaffenheit die=
ses Landes, daß alles, was zum Lebensunter=
halte erfodert wird, so überflüßig und wohlfeil
machte; da wegen der Hitze ein schlechtes leine=
nes Gewand die ganze Bedeckung war, und fast
der ganze Unterhalt aus bloßen Erdgewächsen
bestand, die kaum eine Cultur erforderten, so
daß die Summe der Kosten der Lebensmittel,
wovon hundert tausend Menschen, die über zwan=
zig Jahr an Erbauung der einen Pyramide ar=
beiteten, erhalten wurden, bey uns nicht hin=
reichen würde, auf eine viel geringere Zeit nur
ein

ein tausend Menschen zu erhalten; so ist, diese
Umstände zusammen genommen, diese Vermehrung des ifraelitischen Geschlechts, obgleich immer groß, dennoch so natürlich, daß man zur
Erklärung ihrer Möglichkeit gar keine außerordentlichen Ursachen anzunehmen nöthig hat.

Indessen fieng diese große Vermehrung den
Aegyptern nach und nach an, bedenklich zu werden. Das Andenken der Verdienste Josephs
hatte sich verloren; der alte Haß und Argwohn
gegen die arabischen Hirten lebte wieder auf;
vielleicht hatten verschiedene neue Einfälle dieser
Völker denselben von neuen erweckt; (denn
Manethon scheint aus Unwissenheit aus den
verschiednen Einfällen der Cuschiten, nur den
einen von seinen Hicsus oder Hirten-Königen
zu machen) und dies unterhielt und vermehrte
denn auch die Furcht, daß die Israeliten mit
diesen Völkern, mit denen sie einerley Ursprung
und Lebensart hätten, und unter welchen sie mit
ihren Heerden auch würklich herumzogen, sich
immer einmal zum Nachtheil des Reichs vereinigen möchten. Um sich also gegen diese Vermehrung in Sicherheit zu setzen, und keinen Gedanken von Empörung bey ihnen aufkommen zu lassen, wurde das Volk mit der äußersten Strenge
zu den schwersten Arbeiten verdammt; und besonders wurde das Mittel, wodurch Joseph den
Reichthum und die Macht des Königs, durch

die

die Abgabe des fünften Theils aller Landespro-
ducte zuerst auf den festen Fuß gesetzt hatte, jetzt
zum Mittel gebraucht sein Geschlecht durch Anle-
gung neuer Proviantstädte mit der härtesten
Sclaverey zu drücken.

Aus dem Umstande, daß diese Gebäude nur
von Ziegeln aufgeführt wurden, da sonst die
Aegypter ihre Größe und Pracht in den ungeheuren Werkstücken setzten, Moses auch sonst nirgend eine Anspielung auf die Pyramiden und
übrigen großen Pracht-Gebäude macht, ließ
sich vielleicht vermuthen, daß die Aegypter um
diese Zeit den Gedanken von Aufführung so
großer Werke noch nicht gehabt, und daß es ihnen
noch an Geschicklichkeit und Werkzeugen gefehlt
habe, dergleichen ungeheure Lasten aus den
Steinbrüchen zu heben, und zu solchen Höhen
hinauf zu bringen.

Wie aber dies Mittel den aufgebrachten
Argwohn, wegen der großen Vermehrung des
Volks noch nicht befriedigte, so stieg die Tyranney endlich bis zu dem unmenschlichen Anschlag,
alle neugebohrne Knaben in der Geburt ums Leben zu bringen, und, wie dies noch nicht sicher
genug war, sie im Nil ersäufen zu lassen, um
dadurch das Volk so zu schwächen, daß davon
nichts zu befürchten bliebe.

Es ist in diesem Betragen des Königs, daß
er das Volk nicht aus dem Lande lassen wollte,
und

und deſſen Vermehrung dennoch ſo ſehr zu hin-
dern ſuchte, nichts widerſprechendes. Um die
Volksmenge war es ihm nicht zu thun. Denn
da, aus den vorher angeführten Urſachen, die
Bevölkrung des Landes an ſich ſchon ſo groß
war, der Ackerbau wegen der natürlichen Ergie-
bigkeit des Bodens überdem wenigere Hände,
als irgend ſonſt wo, beſchäfftigte; Schifffarth
und auswärtiger Handel auch verboten waren;
ſo war die große Bevölkrung an ſich der Ruhe,
des Landes ſchon gefährlich, und ſcheinet die
nachmalige Aufführung der ungeheuren Gebäude, und die Unternehmung ſo vieler andrer großer Werke, wozu immer ſo viel tauſende von
Menſchen erfodert wurden, größtentheils mit
aus der politiſchen Abſicht unternommen zu ſeyn,
um das viele müßige Volk in beſtändiger ſclavi-
ſcher Beſchäfftigung zu erhalten. Und ſo kamen
auch die Furcht vor des iſraelitiſchen Volks Vermehrung, und die nachherige Weigerung, es
aus dem Lande zu laſſen, aus einerley Grunde.
Denn, blieb es bey dieſer Vermehrung im Lande,
ſo hielt ſich der König vor innerlicher Empörungen nicht ſicher, da der unabhängige beduiniſche
Geiſt dieſes Volks ſich das knechtiſche Joch ohnehin nicht ſo ruhig, als die trägen Aegypter, auf-
legen ließ; und ließ er es aus dem Lande, ſo
mußte er befürchten, daß es ſich mit den benachbarten öſtlichen Hirten-Völkern verbinden, und
wegen der erlittenen Unterdrückung ſo viel mehr

an

an Aegypten sich rächen möchte. Aber eben das
grausame Mittel, welches der König zu seiner
Sicherheit wählte, mußte das Mittel werden,
wodurch die Vorsehung ihre große Absicht mit
diesem Volke ausführte, und daß Moses, den
sie hierzu zum Werkzeuge erwählet, an dem kö-
niglichen Hofe und unter den dortigen Weisen,
die zu diesem Endzweck schon in ihn gelegten
großen Talente durch die Bekanntschaft mit ihren
Wissenschaften, ihrer Staats= und Kriegskunst,
ihren historischen Denkmälern, und ihrer geheimen Schrift, ausbilden konnte, wodurch er der
große Gesetzgeber, Heerführer und Geschicht=
schreiber werden sollte.

Den Gedanken, ob auch würklich ein Moses
in der Welt gewesen, konnte der einzige Mann
nur wagen, der es sich erlaubte, durch die kühn-
sten und vorsetzlichsten Verblendungen die Unwissenheit und das Vertraun seiner Leser dergestalt zu mißbrauchen, um ihnen die Geschichte
der geoffenbarten Religion auch dadurch verdächtig zu machen. Alle alte Geschichtschreiber sind
darüber fast ohne Ausnahme so einstimmig, daß,
wenn auch selbst seine Schriften, und das Volk
das ihn noch für seinen Gesetzgeber hält, nicht
mehr da wären, die Existenz eines Cyrus oder
Alexanders immer eben so leicht bezweifelt wer=
den könnte.

Den

Den Charakter dieſes großen Manns will
ich nicht erſt beſonders auszeichnen. Der große
Gedanke, einen Gottesdienſt und Staat zu errichten, die beyde ganz auf die Verehrung eines
Einigen Gottes, ohne alle Bilder und Untergötter gegründet; der unendlich weiſe Plan,
wornach dieſer Gedanke unter einem ſo rohen
Volke, daß ſo ſehr an den abgöttiſchen Bilder-
Dienſt gewöhnt war, ausgeführet wurde; dann
noch die Klugheit und der Muth, womit er dies
rohe immer zu Empörungen geneigte zahlreiche
Volk vierzig Jahr lang in der arabiſchen Wüſten, von lauter wachſamen Feinden umgeben, in
Ordnung hielt; dabey die weiſe Einrichtung
ſeiner Märſche und Läger, und der edle offene
uneigennützige Charakter, der aus allen ſeinen
Reden und Handlungen hervor leuchtet, zeichnen
den großen Mann, vor allem was die Geſchichte
ſonſt von weiſen und großen Männern des Alterthums aufbehalten hat, am beſten aus.

Der jüdiſche Geſchichtſchreiber Joſeph erzählt von ihm, daß er, während ſeines Aufent-
halts am Hofe, gegen die Aethiopier, (wahrſcheinlich die öſtlichen Aethiopier oder arabiſchen
Völker, die alle dieſen Namen führten,) als
Heerführer commandirt habe. Die fabelhaften
Umſtände, die er dabey anführet, abgerechnet,
ſo iſt dies aus verſchiednen Umſtänden ſo unwahrſcheinlich nicht. Da er aber von Abkunſt

Cc 5　　　für

für einen Ebräer gekannt war, und er auch
Muth und Rechtschaffenheit genug hätte, sich
selbst dafür am Hofe zu bekennen, so vermehrte,
bey seinen übrigen Vorzügen, vielleicht eben das,
Ansehn, das er sich durch diesen Feldzug erwor-
ben, den Argwohn des Königs gegen ihn so viel
mehr, so, daß er sich auch gleich, wie er zur Vertheidigung eines Israeliten den Aegypter erschlug,
im ganzen Lande nicht mehr sicher hielt, sondern
nach Arabien flüchten mußte, wo er sich mit einem midianitischen Priester oder eigentlich Fürsten verband, und die Aufsicht über dessen Heerden übernahm.   Ich brauche es wohl nicht wieder zu erinnern, daß in den ältesten Zeiten, und
noch weniger in diesem Lande, dies kein niedri-
ges Geschäffte war.   Camillus gieng nach seinen vollendeten Feldzügen auch wieder zu seinem
Pfluge.   Cäsar und Pompejus thaten es nicht
mehr; diese mordeten dafür die Menschen bey
Millionen, und machten die Erde, die Camillus
bauete, zur Wüste; aber Camillus blieb auch
hinter dem Pfluge Camillus.

Diese Flucht braucht die Vorsehung abermals zu Ausführung ihres großen Plans, und
besonders, um diesem das Gepräge zu geben,
daß es kein bloß menschliches Unternehmen, sondern ganz ihr Werk sey.   Denn, hätte Moses
für sich den Entwurf gemacht sein Volk in Freyheit zu setzen, so hätte er sein großes Ansehn,
während

während daß er noch am Hofe war, weit besser
darzu gebrauchen können. Hier besaß er alles
Vertraun seines Volks noch; ohne allen Verdacht von Seiten der Aegypter, hätte er also mit
den Häuptern desselben seinen Plan ruhig ent-
werfen, sich in Aegypten selbst eine starke Parthey machen, auch mit einigen benachbarten Völkern ein geheimes Verständniß unterhalten, und
zu einem Aufstand alles aufs sicherste veranstalten können. Aber die Vorsehung will, die Welt
soll es erkennen, daß die Ausführung bloß ihr
Werk sey. Diese Flucht Mosis und sein vierzigjähriger Aufenthalt in Midian, muß demselben
allen Schein menschlicher Vermittelung benehmen; er muß während dieser Zeit alles ehmalige
Ansehn, alles Zutraun bey seinem Volke und alle
Verbindung mit demselben verlieren, demselben
erst ganz unbekannt werden; und nun erhält er seinen großen Beruf. Wie er mit seinen Heerden in
der Gegend des Berges Sinai ist, sieht er in der
Ferne ein ungewohntes Licht, er geht auf dasselbe zu, und wie er ihm nahe kommt, wird er mit
Bestürzung gewahr, daß es eine göttliche Erscheinung ist. Nach dem damaligen Glauben,
daß kein Sterblicher ungestraft eine Gottheit ansehen könne, verhüllet er gleich sein Angesicht,
und darauf hört er die Stimme: Er sey der
Gott den seine Väter Abraham, Isaak und Jakob angebetet hätten, und da er das Geschrey
des Volks über seine grausamen Unterdrückun-

gen

gen angehört, ſo ſey er herunter gefahren, (lauter Arten zu reden, die in der vorhergehenden
Betrachtung ſchon erklärt ſind) es von ſeiner
Knechtſchaft zu befreyen, und in das ſeinen Vätern ſchon verheißene Land zu führen. Denn
Er ſey der Er ſey, 2 B. Cap. 3, 14; in ſeinem
Weſen und in ſeinen Rathſchlüſſen der ewig unveränderliche Gott, deſſen Allmacht in der Ausführung ſeines Willens durch nichts gehindert
werden könne; der Jehovah, ewig derſelbe;
eben derſelbe, den auch jene Väter dieſes Volks
als den einigen höchſten Gott unter dieſem Namen
allezeit ſchon gekannt und angebetet hätten; 1 B.
Cap. 15, 7. nur daß er ſich nach der wahren Bedeutung als den Jehovah, als dieſen unveränderlichen
Gott, noch nicht habe erweiſen können, da die Erfüllung der ihnen gegebnen Verheißung noch bis
auf dieſe Zeit verſchoben geweſen. Aber nun,
da dieſelbe nach ſeinem ewigen Rathe in Erfüllung treten ſolle, nun ſolle ſein Volk, Aegypten,
und die Welt, ihn als dieſen Jehovah, als den
Gott, der ewig iſt was er iſt, kennen lernen;
und da er ihn zum Werkzeuge hierzu erwählt,
ſo ſolle er jetzt nach Aegypten gehn, und in dieſen Namen dem iſraelitiſchen Volke ſowohl als
dem Könige ſeinen Auftrag bekannt machen. Es
ſolle hier auf ſeine Beredſamkeit gar nicht ankommen; Er, als Schöpfer und Herr der Natur, würde ihm ſonſt auch dieſe geben können,
Cap. 4, 11. Sondern er wolle die Wahrheit,

daß

daß er von ihm gesandt sey, mit unwiderstreb=
lichern Beweisen bestätigen. Denn, da er wisse,
daß alle Vorstellungen nicht stark genug seyn
würden, den König zur Einwilligung in seinen
Auftrag zu bewegen, so solle eben dessen unbieg=
samer Sinn die Gelegenheit werden zu beweisen,
daß er, der Herr der Natur, ihn hierzu erwäh=
let und berufen habe. Er habe Pharaos
Herz verhärtet. Cap. 4, 21. Dem Scheine
nach war dies so; indem alle Umstände, und
besonders auch eben diese Härte des Königs, die
Gott nach seiner Allwissenheit vorher gesehen,
hierzu zusammen treffen mußten. Denen, die
mit der populären Sprache der frühen Vernunft
in diesem alten Buche nur einigermaßen be=
kannt sind, kann dieser Ausdruck nicht anstößig
seyn. Denn die Vernunft, die mit der abstrak=
tern Sprache von einer allwissenden Vorherse=
hung und dem darinn gegründeten Laufe der
Dinge noch nicht bekannt ist, und den Unterschied
unter göttlicher Zulassung und göttlicher Wir=
kung noch nicht anzugeben weis, sondern Gott
überhaupt nur als den unumschränkten Regenten
der Welt kennet, ohne dessen Willen nichts ge=
schehen kann, und wo alles, seinen Absichten ge=
mäß, erfolgen muß, die schreibt Gott und seiner
alles regierenden Vorsehung alle Veränderungen
und Wirkungen unmittelbar zu, sowohl die, die
aus sichtbarlich natürlichen Ursachen kommen, als
auch selbst die freyen Handlungen der Menschen
und

und ihre Folgen, wenn sie besonders zu einem sichtbaren Endzweck zusammen wirken. So läßt Gott, nach dieser Sprache, das Gras wachsen für das Vieh; Pf. 104. pflanzet die Cedern auf dem Libanon; nimmt den Menschen ihren Odem wenn sie sterben sollen; Pf. 139. so schafft er was sie vor und hernach thun; und so verstockte er auch), eben wie das Herz Pharaos, das Herz des Königs zu Basan, 4 B. M. daß er dem israelitischen Volke den Durchzug durch sein Land verweigerte. Es ist dies noch itzt die Sprache des Orients, und in gewisser Maaße allgemeine Menschensprache.

Moses, dem die Gesinnungen des Hofes nicht unbekannt seyn konnten, fühlt bey diesem Auftrage alle die Schwierigkeiten und die Gefahr, die damit verbunden ist. Aber da er zugleich die Versicherung des unmittelbaren göttlichen Beystandes erhält, wovon ihm das Wunder mit dem Stabe und seiner Hand die Bestätigung und zugleich der Beweis ist, daß dies alles eine wahre göttliche Erscheinung und keine Einbildung von ihm sey; so macht er, hierdurch völlig gestärkt, sich bereit den Auftrag auszuführen. Er geht erst hin und holt die Seinigen ab, verbirgt aber die wahre Absicht der Reise, um sich durch die bey ihnen dadurch erregten furchtsamen Vorstellungen und Bedenklichkeiten dieselbe nicht zu erschweren; ein gewisser Beweis, daß er sich

von

von dem göttlichen Berufe zu dieſer Reiſe völlig
überzeugt gehalten, da er ſonſt, wenn es bloß
ſein Vornehmen geweſen wäre, es gewiß nie gewagt haben würde, ſie allen den Gefahren eines
mislungenen Ausganges bloß zu ſtellen.

Bey ſeiner Ankunft findet er bey den Aelteſten ſeines Volks auch gleich Gehör. 2 B. Cap. 5.
Darauf geht er in Begleitung ſeines Bruders
zum Könige. Aber der kennt keinen Jehovah,
den Gott eines ſo verächtlichen Volks, der ihm
befehlen könne; Er hält den Antrag für eine
Erfindung von Ihm, um das Volk in Freyheit
zu ſetzen, und giebt daher Befehl, daſſelbe nur
noch ſo viel härter zu behandeln, ſo, daß es auch
alles Vertraun zu Moſis Auftrage wieder auf-
giebt, und laut über ihn ſeufzt.

Dieſe von Gott vorausgeſehene Härte ſoll
nun die Gelegenheit werden, Aegypten und das
Volk Iſrael durch eine Reihe von Wundern zu
überzeugen, daß dieſe Ausführung ſein Werk
ſey, und zu den großen Plan gehöre, den er
zur Erhaltung ſeiner Erkenntniß von Anbeginn
der Welt erwählt habe; 2 B. Cap. 7. und zugleich ſoll die Nachwelt, ſo wie ſie den Fortgang
dieſes Plans immer weiter überſieht, von der
Wahrheit und Göttlichkeit deſſelben auch immer
mehr überzeugt werden.

Moſes

Moses wird auch von Pharao selbst aufge-
fodert, seine vorgegebne göttliche Commission
zu beweisen; und nun erfolgt eine Reihe von
Wundern. Die ersten sind von der Art, daß
sie sich durch die geheimen Künste der ägyptischen
Weisen, den Taschenspielerkünsten wohl nicht
ganz unähnlich, (denn dies war ihre Zauber-
kunst) vielleicht im Kleinen, oder in dem Zim-
mer des Königs, nachmachen ließen, ohne daß
man die Mitwirkung eines bösen Geistes, die
der Aberglaube bey dem Worte Zauberey sich
denkt, anzunehmen braucht. Aber, so wie er
damit fortfährt, und sie mehr in die offene Natur gehen, so getrauen es sich diese Zauberer
selbst nicht mehr sie nachzumachen, sondern müssen eine höhere Macht des Gottes der Ebräer,
die sich selbst am Nil, einer ihrer höchsten Gottheiten, erweiset, daraus erkennen. Der König
thut sich aber nur so vielmehr Gewalt an, auf
seine vorgesetzte Weigerung zu beharren, bis endlich der große erschütternde Schlag kommt, dem
alle seine Härte nicht länger widerstehen kann.
Ihm gereuet seine Einwilligung zwar bald wieder, und setzt dem Volke, besonders wie er hört
daß es den Weg nach dem Meere zu genommen, mit seinem in Eil aufgebotenen Heere
nach; aber wie er auch durch das Meer demselben nachfolgen will, kommt er mit seinem Heere
darinn um, und Moses setzt darauf ungehindert
seinen Weg nach seiner Absicht fort.

Ich

Ich muß hier vorerst stehen bleiben, weil auf diese wunderbare Befreyung des Volks der ganze Beweis, von der Wahrheit und Göttlichkeit des mosaischen Berufs und seiner Verfassung, beruhet. Denn alle Wunder haben einen natürlichen Verdacht gegen sich, und können nicht strenge genug geprüft werden; und je geneigter Unwissenheit und Aberglaube zu allem Wunderbaren sind, und je mehr daher auch Politik, Enthusiasmus und Unwissenheit damit betrogen haben und sich haben betrügen lassen, so viel mehr ist diese Prüfung nöthig; und diese wird wieder noch so viel nöthiger, je tiefer ihre Geschichte in das Alterthum zurück geht, wo wegen des so viel größern Mangels hinreichender historischer Beweise, und wegen Vermischung und Verkleidung der wahren Geschichte mit der Fabel, ihre Aufklärung immer schwerer wird. Auch die Wunder, die in der Schrift vorkommen, sind von dieser Prüfung nicht ausgenommen. Denn, wenn das göttliche Ansehn des Buchs worinn sie vorkommen, auch hinreichend bestätigt ist, so bleibt die Richtigkeit der Auslegung doch noch immer zu prüfen übrig. Denn eben die Liebe zum Wunderbaren, der Mangel einer richtigen Auslegungskunst, und eine zu buchstäbliche Erklärung eines höhern verblümten Ausdrucks, haben zum Exempel mit den nicht veralteten Kleidern und Schuhen dieses Volks in der Wüste, mit dem Stillstehen

der Sonne, mit den Raben des Elias, mit den
bey dem letzten Signal zum Sturm umgeblase-
nen Mauren von Jericho, dem schwimmenden
Eisen, auch die biblischen Wunder vielleicht ohne
allen Grund gehäuft, und den Feinden der Offenbarung nur Gelegenheit gegeben, überhaupt
aller Wunder, auch der wahrhaftigen, zu spotten. Diese Prüfung aber ist den wahren Wundern so wenig nachtheilig, daß sie vielmehr das
einzige Mittel ist, ihre Wahrheit außer allem
Widerspruch zu setzen.

Ueberdem hat das ganze Unternehmen Mosis einen großen Schein eines politischen Ent-
wurfs. Zuerst erhellet das aus seinem ganzen
Betragen, daß die Erkenntniß und Verehrung
des einigen wahren Gottes, des Gottes, den
seine Väter angebetet hatten, ihm die allerwich-
tigste Angelegenheit gewesen, und daß daher die
Abgötterey, worinn er am ägyptischen Hofe
selbst erzogen worden, und worein er mit gehei-
mer Kränkung sein eigenes Volk selbst immer
mehr verfallen sah, seinen Eifer für die Erhaltung jener wahren Erkenntniß immer noch mehr
genähret und entzündet habe. Hierzu kam die
tyrannische Unterdrückung seines Volks, die er
täglich mit ansehen mußte, ohne sich seine Empfindung, wegen der Eifersucht die ihn selbst
bewachte, merken lassen zu dürfen, und die ihm
noch so viel kränkender seyn mußte, weil Aegypten
seine

seine ganze Größe einem der Stammväter ſeines
Volks zu danken hatte.   Wie nun hierzu zuletzt
noch ſeine perſönliche Verfolgung kam, die ihn
ſelbſt aus dem Reiche zu flüchten nöthigte, ſo
war es bey ſeinem feurigen Geiſte und der be-
herzten Entſchloſſenheit, wodurch ſich ſein ganzer
Charakter auszeichnet, ſehr natürlich, daß der
Gedanke in ihm erwachte, die Ehre des Gottes
ſeiner Väter und die Freyheit ſeines Volks an
dieſen Tyrannen zu rächen, und ſeinem Volke,
in dem Lande wo ſeine Väter ehmals gewohnt,
eine Einrichtung zu machen, wo es nach deren
Exempel dieſen einigen wahren Gott in vollkommener Freyheit und ohne alle Verführung
zur Abgötterey ſollte anbeten können.   In Arabien verband er ſich alſo mit einem midianitiſchen
Fürſten, und machte mit Hülfe dieſes ſeines
Schwiegervaters, der dazu alle Klugheit zu be-
ſitzen ſchien, den Entwurf, wie er am ſicherſten
ſeine Abſicht ausführen möchte.   Wie er nun
denſelben zur Ausführung reif hält, geht er nach
Aegypten wieder zurück.   Da er aber ohne alle
fremde Unterſtützung iſt und ſich auf den Muth
ſeines durch die Knechtſchaft ſchon zu feige gewordnen Volks auch nicht verlaſſen kann, ſo
wählt er den ſichern Weg, daß er ſich für einen
Geſandten dieſes Gottes ausgiebt.   In dieſer
Eigenſchaft macht er ſeinen Antrag zuerſt an die
Aelteſten ſeines Volks, in der Zuverſicht, da er
als ein Geſandter des Gottes ſeiner Väter kom-

Dd 2   me,

me, der es aus seiner Sklaverey in das von je=
nen ehmals bewohnte gesegnete Land führen solle,
daß dieser Antrag demselben sehr willkommen
seyn müsse; wobey es ihm leicht war, durch eini=
ge ihm bekannte geheime Künste bey diesem un=
wissenden Volke seinem Antrage allen Glauben
zu erwerben. Von dieser Soite also gesichert,
geht er zum Könige, und fodert im Namen des
Gottes der Ebräer vorerst nur, daß das Volk
diesem seinem Gott auf einige Tage außer dem
Lande nach seiner Art ein feyerliches Opfer brin=
gen möge, weil es solche Opfer wären, die den
Aegytern ein großer Anstoß seyn würden; und
um auch hier seinem Antrage den nöthigen Nach=
druck zu geben, und auf den Weigerungsfall
den König mit dem Zorne dieses Gottes zu schre=
cken, thut er in dessen Namen nicht allein ver=
schiedne Zeichen vor ihm, sondern sucht ihm auch
jede vorkommende Naturbegebenheit als Wir=
kungen dieses Zorns vorzustellen; wie aber alles
dies nicht hinreicht den König zu bewegen,
macht er sich endlich die allgemeine Bestürzung
einer schnell ausgebrochenen Seuche zu Nutze,
welche die Aegypter selbst als ein Strafgericht
dieser beleidigten Gottheit anzusehen anfangen,
und bringt auf die Art das Volk glücklich aus
dem Reiche, entgeht dem ihm nachsetzenden Kö=
nige durch eine ihm bekannte Furth im rothen
Meere, weiß sich nachher die Bekanntschaft der
Gegenden, wo er weiter hinkommt, zu allen sei=
nen

nen Abſichten beſtens zu bedienen, nimmt ſeinen
Zug zu dem ſchon lange vorher dazu ausgeſehe-
nen Berg Sinai, wo er mit denen, die mit ihm
im Geheimniß ſind, unter dem Schein einer
göttlichen Offenbarung den ſchon ausgedachten
Plan ſeiner künftigen Religions- und bürgerlichen Verfaſſung vollends ausarbeitet, geht darauf zur Ausführung ſeiner Abſicht weiter, weiß
mit ſeinem Muthe und dem geheimnißvollen Anſchein einer beſtändigen göttlichen Vermittlung
alle Hinderniſſe, die bald die Muthloſigkeit, und
bald der aufrühriſche Geiſt des Volks erregen, zu
überwinden; und, ob er gleich ſelbſt vor der wirklichen Eroberung ſtirbt, ſo iſt doch alles dazu
ſchon ſo zubereitet, daß dem Joſua, der ſo lange
unter ihm gedienet und mit dem ganzen Plane
bekannt war, die völlige Ausführung deſſelben
nicht ſchwer mehr ſeyn konnte.

Beym erſten Anblick hat dies vielen Schein,
und Moſes wäre auch der einzige Geſetzgeber
und Stifter eines Staats nicht, der ſich einer
ſolchen vorgegebnen Vermittlung und Offenbarung einer Gottheit zu ſeiner Abſicht bedient hätte. Die Ehrerbietung für jede geglaubte Gottheit iſt dem Menſchen zu natürlich, und der große
Haufe, der allemal das Wunderbare liebt, iſt
auch immer geneigt genug, ſich durch den geringſten Schein von ſolchen Erſcheinungen bereden zu laſſen. Beym erſten Anblick hat dies

also

also vielen Schein; aber ich sage mit Bedacht,
nur beym ersten Anblick.   Denn etwas genauer
betrachtet, so hätte er doch, wenn er von dem
göttlichen Beruf und der daher zu erwartenden
Unterstützung nicht gewiß überzeugt gewesen
wäre, die allerverkehrtesten Mittel gewählt, und
grade wie der verblendetste Enthusiast gehandelt.
Denn wie verkehrt, daß er die besten vierzig
Jahre erst in Arabien unthätig verliegt, alle seine
ehmaligen großen Verbindungen die er am Hofe,
in dem Heere, und unter seinem eigenen Volke
gehabt, erst aussterben läßt, und nun in einem
Alter von achtzig Jahren, da er die Ausführung
seines Plans gar nicht mehr hoffen kann, ohne
sich, wie es ihm doch so leicht gewesen wäre, unter den arabischen Fürsten den geringsten Beystand zu versichern, noch auch sein eigenes Volk
darauf vorbereitet zu haben, bloß mit seinem
Stabe in der Hand kommt, und sich nicht allein überredet, unter seinem durch die lange
Knechtschaft so muthlos gewordnen und in die
ägyptische Abgötterey schon längst versunkenen
Volke gleich allen Zulauf zu finden, wenn er sich
nur für einen Gesandten des Gottes seiner Väter ausgäbe; sondern sich sogar einbilden kann,
da der alte Verdacht gegen ihn ohnehin noch
nicht so ganz verloschen seyn konnte, den stolzen
argwöhnischen König mit den Befehlen und
Drohungen des Gottes dieses verächtlichen
Volks so zu schrecken, daß er dasselbe sogleich aus
dem

dem Lande laſſen werde; und daß er ſogar an
dem Hofe des Königs, dem Sitze aller Zauberer
oder Weiſen, mit einigen geheimen Künſten,
(denn auf zufällige Naturbegebenheiten, die er
ſich hätte zu Nutze machen können, konnte er
wenigſtens nicht rechnen,) ſich und ſeinen Drohungen das große Anſehn geben werde, ohne
daß ihm der Gedanke nur eingekommen wäre,
daß, wenn ſein Antrag keinen Eingang finde, er
entweder als ein Schwärmer mit Verachtung
abgewieſen, oder als ein Aufrührer ſamt den
Seinigen, die er unvorſichtigſt mitgenommen,
mit dem Leben beſtraft, und daß ſein Volk nur
mit noch mehrerm Argwohn bewacht und mit
noch mehrerer Härte behandelt werden würde.

Aber nun einmal alles obige, ohne die übrigen Widerſprüche, die er in dem Entwurfe ſeines Plans begangen hätte, noch zu berühren, zugegeben; zugegeben nämlich, daß dies ganze Unternehmen nichts mehr als bloß ſein Werk geweſen; ſo bliebe Moſes dennoch der allerverehrungs-
würdigſte Mann; und ich brauchte vielleicht
nichts als dies zuzugeben, um alle ſeine Feinde
mit ihm auszuſöhnen.   Wie könnten ſie ihm
ihre Hochachtung verſagen? Erſtlich iſt darinn
nichts Ungerechtes, daß er ſeine Nation durch
alle Mittel, die ihm ſeine Klugheit nur eingiebt,
aus der ungerechten Sklaverey zu retten ſucht.
Es iſt ein freyes Volk; es beſitzt das Land Go-

ſen

sen vierhundert Jahr unter dem gerechtesten Titel; Aegypten ist einem seiner Vorfahren seine
ganze Größe schuldig; hier waren ihm alle Mittel erlaubt; und welches Mittel unschuldiger,
schonender, als diese vorgegebne göttliche Sendung? Und wie viel größer, wie viel verehrungswürdiger noch, daß er bey dieser Befreyung
vornehmlich nur die Absicht hat, sein Volk von
der Abgötterey zu der reinen und wahren Religion der ersten Welt, zu der Verehrung des
einigen Gottes Schöpfers und Regenten der
Welt wieder zurück zu bringen; einen Staat zu
errichten, der hierauf ganz gegründet, der zur
Erhaltung und Befestigung dieser Religion mit
so vieler Weisheit eingerichtet war; daß er dabey
für sich und sein Geschlecht nichts sucht, (kaum
wird der Name seiner Söhne erwähnt,) sein eigen
Interesse, was für ein unerhörter Enthusiasmus!
an die Ehre seines Gottes gar nicht anknüpft,
sondern sich dieser Ehre ganz aufopfert; Noch
einmal; zugegeben, daß alles nur bloß sein Unternehmen gewesen, daß er die Erscheinungen
erdichtet, und alle die Wunder nur Blendwerk
gewesen, um das Vertrauen des Volks sich dadurch zu versichern, und seinem System so viel
mehr Ansehen und Festigkeit zu geben; so bliebe
Moses doch immer der merkwürdigste und größte
Mann, den das Alterthum je gehabt hätte. Er
hätte in der Finsterniß der Zeit, in der Kindheit
der Vernunft, unendlich mehr gethan, als in
den

den viel erleuchtetern Zeiten alle Weltweisen und
Staatsmänner es nur wagen durften, zu ver=
suchen.   Feinde dieses Mannes! nennet ihn
einen Betrüger; ihr könnet ihm eure Hochach=
tung und Bewundrung nur so viel weniger ver=
sagen.   Ein öffentliches Religionssystem in der
genauesten Verbindung mit dem Staat, ohne
alle Bilder und Untergötter — nur auf den
Grundsatz von einem Einigen Gott Schöpfer
der Welt und dessen vergeltende Vorsehung ge=
gründet — diese Religion, dieser Staat von
einem gebohrnen Aegypter entworfen — unter
dem rohesten Volke, das Jahrhunderte an die
ägyptische Abgötterey gewöhnet war, und unter
lauter abgöttische Völker wieder zu wohnen
kommt, errichtet, befestigt — Der reinste
Deismus, wie ihr ihn wollet, dem alle Philo=
sophie weder in Athen noch Rom nicht einen ein=
zigen Tempel zu errichten vermochte, der, wenn
er je gelehret wurde, nur in den Mysterien, unter
dem Siegel des Geheimnisses, gelehret wurde —
wo wäre je ein unschuldigerer — ich sage zu
wenig — wo wäre je ein wohlthätigerer Be=
trug erfunden? Und was noch mehr, ein Be=
trug, den die Vorsehung so außerordentlich be=
günstigt hätte, der in der ganzen vorhergehenden
Geschichte der Welt gleichsam vorbereitet wäre,
der nachher in der ganzen Kette der Geschichte
ein so merkwürdiges Glied geblieben, bis ans
Ende der Welt bleiben wird, und den die Welt

Dd 5   immer

immer für den erſten Grund ihrer Erleuchtung
erkennen muß? — Was für ein Phänomen!
Prophet oder Impoſtor — Moſes bliebe immer
das außerordentlichſte Werkzeug der Vorſehung;
ſie hätte ihn dennoch zur Ausführung dieſes
großen Werks gewählt, gerufen, ganz dazu gebildet, und ſeine große Erkenntniß, ſein edler
feuriger Eifer, wäre immer einer göttlichen Erleuchtung, einem göttlichen Triebe ähnlich. Man
leugne ſeine Wunder; ſo bleibt Er, ſo bleibt ſein
Syſtem ein Wunder, und ſeine Religion bleibt
dennoch wahre göttliche Religion; die erleuch-
teteſte Vernunft kennet keine andre; ſie hat das
volle Licht noch nicht, aber ſie iſt auch nichts weniger als ein Meteor; ſie iſt Morgenröthe, Vor-
bothinn des größern Lichts, das nach ihr aufgehen
und über die Welt ſich verbreiten ſoll. Die vielen Geſetze und Gebräuche, die er damit verbunden, ſcheinen uns jetzt überflüßig, dürftig, knech-
tiſch; aber die damalige Zeit und beſondere Lage
ſeines Volks machten ſie zur Befeſtigung ſeines
Syſtems unentbehrlich, und machen uns, wenn
wir ſie darnach prüfen, ſeine Weisheit noch ſo
viel verehrungswürdiger.

Aber wenn nun die Erſcheinung, worauf
er ſich beruft, wirklich eine göttliche Erſcheinung
geweſen wäre, und die Wunder, die er zum
Beweiſe ſeines außerordentlichen Berufs ver-
richtet, aus bloß natürlichen Urſachen und ohne
Dazwi-

Dazwiſchenkunft eines höhern Weſens nicht zu erklären wären; würde er deswegen nun weniger der große Mann ſeyn, und weniger dieſe Hochachtung verdienen? Die Wunder ſelbſt müſſen es ausmachen.

Wunder! wovon ſo oft alles geſagt iſt, was für und gegen ſie geſagt werden, was ſie verdächtig machen, was ihre Wahrheit beweiſen kann, wie ſehr würde ich alle Leſer mit einer weitläuftigen Wiederholung deſſen ermüden!

Da die Wunder nicht allein von je her für den ſtärkſten Beweis der geoffenbarten Religion gehalten worden, auch die beyden großen Stifter derſelben, Moſes und unſer göttlicher Erlöſer ſelbſt, die Wahrheit ihrer Sendung und ihrer Lehren damit bewieſen haben, ſo haben die Feinde dieſer Religion auch von je her ihre Angriffe dagegen fürnehmlich gerichtet, und bald ihre Möglichkeit, bald ihre Wahrheit, bald ihre Beweiskraft zu beſtreiten geſucht. Die ganze Unterſuchung kommt alſo auf folgende Punkte an. Was ſind Wunder, und worinn beſteht ihr unterſcheidendes Kennzeichen, wodurch ſie vor allen übrigen Naturwirkungen mit Sicherheit für Wunder erkannt werden können? Sind dergleichen Wirkungen überhaupt möglich? Sind ſie der Weisheit Gottes anſtändig? Kann ihre hiſtoriſche Wahrheit je bewieſen werden? Wie
ſtark

stark ist der Beweis, der zur Bestätigung der
Wahrheit einer Lehre, und dessen, der sie thut,
daher genommen werden kann? Ich will das
Wesentlichste nach meiner Einsicht kurz zusammen fassen.

Das erste, worinn ihre eigentliche und un-
terscheidende Natur bestehe, ist am kürzesten aus-
zumachen.   Die gewöhnlichste Erklärung, daß
es Wirkungen seyn die über alle Gesetze der
Natur gehn, und nur allein durch die unmittelbare Dazwischenkunft der Allmacht Gottes des
Herrn der Natur hervorgebracht werden können,
läßt sich wohl nicht mit genugsamer Sicherheit
annehmen.   Wir kennen alle Gesetze der Natur
und ihre verborgenen Triebfedern nicht, auch
kennen wir das Maaß aller wirkenden vernünftigen Wesen in dem ganzen Gebiete der Schöpfung
nicht, daß wir mit Gewißheit bestimmen könnten, wo diese ordentlichen Gesetze oder das mögliche Maaß der Kräfte aller endlicher vernünftiger Wesen aufhöre, und die Allmacht unmittelbar zu wirken anfange.   Unsere Erfahrung, so
wenig als unsere Sinne, können hierüber mit
Gewißheit entscheiden.   Unter bestimmten Umständen kennen wir das Maaß menschlicher Kräfte
allein am meisten mit Gewißheit, daher können
wir ein Wunder auch wohl nicht sichrer als eine
solche Wirkung beschreiben, die dem gesamten
Laufe der Natur nicht ähnlich, und weder mit
Gewiß-

Gewißheit vorherzuſagen, noch durch menſchliche Kräfte zu bewirken möglich ſey. Alſo nach
dieſer Erklärung doch immer noch Engeln möglich? Allerdings. Da die Vernunft Gründe
genug hat, noch unzählige höhere Claſſen von
vernünftigen Geſchöpfen anzunehmen, die die
Schrift unter dem allgemeinen Namen von Engeln begreift, und dienſtbare Geiſter, ſtarke Helden nennet, die des Schöpfers Befehle ausrichten, ſo können wir auch nicht beſtimmen, was
Gott dieſen höhern und vollkommenern Weſen
für Grade von Kräften habe anerſchaffen können, und wo überhaupt die mögliche Kraft aller
endlichen Weſen aufhöre. Denn was wir nach
dem Maaße unſerer Kräfte für ein wahres Wunder halten müßten, das würde dem niedrigſten
Engel vielleicht noch ſehr natürlich ſeyn; und
was dieſem nach dem Maaße ſeiner Kräfte wieder
übernatürlich ſcheinen müßte, das würde eine
andere über ihn erhabne Intelligenz mit ihrer
Kraft noch wieder bewirken können. Ueberhaupt können wir uns, außer der Schöpfung
aus Nichts, dem einzigen abſoluten Wunder,
keine Kraft denken, die der Schöpfer einem dieſer höhern Weſen nicht habe anerſchaffen können.
Und geſetzt, eine ſolche uns unſichtbare Intelligenz hätte auch kein höher Maaß von Kraft als
wir ſelber haben, ſo würde dieſelbe bloß durch
ihre Unſichtbarkeit ſchon Wirkungen hervorbringen können, die wir von dem größten Wunder-
nie

nie würden unterscheiden können. Es ist das
allgemeinste Gesetz der Natur, daß ein schwererer
Körper, wenn er nicht durch eine größre Kraft,
als seine Last ist, unterstützt wird, zu Boden
fällt. Einen Stein, der unsre Kraft nicht überwiegt, in freyer Luft zu halten, ist sehr natürlich; aber eben dieser, durch ein unsichtbares
Wesen in freyer Luft unterstützte Stein, müßte
uns immer ein wahres Wunder scheinen. Genauer würde man also ein Wunder wohl nicht,
als durch eine solche Wirkung, erklären können,
die dem bekannten Laufe der Natur nicht gemäß,
und durch menschliche Kraft nicht bewirkt werden könne, sondern entweder durch die Allmacht
des Schöpfers selbst, oder durch ein höheres vernünftiges Wesen, (denn vernünftige Wesen haben nur allein die Kraft zu wirken) hervorgebracht werden müsse; wobey es dann aber noch
auf die, durch die Vernunft eben so wenig zu ent-
scheidende Untersuchung, ankäme, ob dergleichen
höhere vernünftige Wesen, außer der von dem
Schöpfer ihnen angewiesenen Sphäre, hier auf
der Erde einigen wirksamen Einfluß haben, und
da sie alle unter der weisen Herrschaft dieses obersten Regenten der Welt stehen, was er ihnen
nach seiner Weisheit für Wirkungen erlaube.
Die Wahrheit und Beweiskraft der Wunder
wird hiedurch im geringsten nicht geschwächt.
Denn man gestehe nun auch einem bösen unsichtbaren Wesen einen solchen Einfluß hier auf
der

der Erde zu, ſo kann der Einwurf, den man
daher nehmen wollte, nicht nachdrücklicher als
mit der Antwort widerlegt werden, die der Erlöſer den Phariſäern auf ihren Einwurf gab,
daß er ſeine Wunder mit Hülfe des Beelzebubs
verrichte. Denn ein böſes Weſen wird ſeine
Thätigkeit zur Beſtätigung des Glaubens an
einen Gott, und zur Beförderung der Wahrheit
und Tugend unter den Menſchen nie anwenden.
Geſchähe die Wirkung aber durch die Vermittlung eines höhern guten Weſens, ſo würde die
göttliche Genehmigung dadurch eben ſo gewiß
als durch die unmittelbare Dazwiſchenkunft der
Allmacht Gottes ſelbſt beſtätigt. Dies wird
hievon genug ſeyn.

Die Unterſuchung der Möglichkeit der Wunder wird mich eben ſo wenig aufhalten. Auch
der Deiſt, wenn er auch noch ſo ſehr gegen die
Wahrheit der Wunder ſtreitet, wagt es nicht,
wenn er ſich nicht zugleich für einen Gottesver-
leugner erklären will, dieſe Möglichkeit zu leugnen.
Denn bey der Vorausſetzung, daß die Kräfte
und Ordnung der Dinge, die wir Geſetze oder
Lauf der Natur nennen, durch den allmächtigen
Willen des Schöpfers der Welt hervorgebracht,
und von ſeiner Weisheit geordnet, unter ſeiner
Regierung in dieſer von ihm gewählten Ordnung
beſtändig fortdauern, hört die Frage wegen der
Möglichkeit gleich auf. Man täuſcht ſich nur
mit

mit der Vorstellung von ewigen unveränderlichen Gesetzen. Es ist allerdings ein Lauf
der Natur, der aus dem von den Schöpfer gewählten Verhältniß der verschiednen Naturen
und ihrer Kräfte entsteht, und diese Ordnung
mußte nach gewissen festgesetzten Gesetzen unveränderlich fortgehen. Denn eine Welt, worinn
alles ohne zureichenden Grund entstünde, und
keine sichre Verbindung zwischen Ursache und
Wirkung wäre, würde ein Traum, ein ewiges
Chaos seyn, worinn wir nie weder zur Erkenntniß
eines weisen Schöpfers kommen, noch unsre eigene Vernunft und Kräfte je würden gebrauchen können. Aber es wäre höchst unvernünf-
tig, diesen Lauf, der ganz von der freyesten
Wahl des Schöpfers abhängt, dergestalt ewig
und nothwendig anzunehmen, daß die Aufhe-
bung desselben unmöglich wäre. Der Schöpfer,
der die Kräfte schuf und ihnen die Verbindung
gab, der muß auch ihren Lauf, wo es seine Weisheit will, aufheben, ändern, und ihm eine andre
Richtung geben können. Für Allmacht ist nichts
ein Wunder. Es gehört nicht mehr Allmacht
dazu, die Sonne in ihrem Lauf aufzuhalten,
als ihr denselben zu geben und sie darinn zu erhalten; und zur Auferweckung eines Menschen
von dem Tode nicht mehr, als zu dessen erster
Bildung. Wer also die Möglichkeit der Wunder leugnen wollte, der müßte erst den Schöpfer
leugnen; aber dann auch erst alle vernünftige

Absich-

Abſichten iſt der Natur leugnen, und dieſe unendlich weiſe Ordnung der Dinge, entweder für
die einzige abſolut mögliche behaupten, oder ſie
einem blinden Zufalle ohne alle Urſach zu-
ſchreiben.

Aber wenn man nun auch die Möglichkeit
der Wunder überhaupt nicht leugnen kann; kann
man denn nur mit einiger Vernunft annehmen,
daß Gott, den bey der Schöpfung der Welt mit
ſeiner unendlichen Weisheit geordneten Lauf der
Dinge, um einer nicht früh genug erkannten
beſſern Abſicht willen, ſich genöthigt ſehen könne,
durch dergleichen eingeſchobne Wunder immerfort ſelbſt wieder abzuändern, und ſeine von ihm
gewählte Ordnung hinten nach dadurch auszu-
beſſern? Waren in dem unendlichen Verſtande
dieſes höchſten Weſens nicht nothwendig, von
Ewigkeit alle Veränderungen und Begebenheiten
der Welt, wie ſie nach ſeiner Abſicht darinn
entſtehen ſollten, gegenwärtig? und war es denn
ſeiner Allmacht nicht eben ſo möglich, dieſe Ordnung gleich von Anfang ſo einzurichten, daß
auch die Abſichten, die durch die Wunder erreicht
werden mußten, durch natürliche Mittelurſachen
bewirkt würden? Der Einwurf iſt nicht ohne
Schein. Aber geſetzt nun erſt, daß Gott den
natürlichen Lauf der Dinge, durch eine unmittelbare Wirkung ſeiner Allmacht, oder durch das
Wunder, wirklich änderte und ihm eine andre
Richtung gäbe, müßte dies nothwendig ein

geänderter Wille, eine hinten nach erst eingesehne
und gewählte beßre Ordnung seyn? Konnte
diese durch das Wunder bewirkte Ordnung, nicht
gleich von Ewigkeit in einen und denselben Rath-
schluß begriffen, und eben das Wunder die
hierzu gewählte Mittelursache seyn? Kann der
Schöpfer durch die Mittel, die er wählet, je
seinen eigenen Plan zerrütten? Man setzt hier
schon als ausgemacht voraus, was doch erst bewiesen werden müßte: daß alle Wunder, der ersten Ordnung, die Gott zu Bewirkung seiner
Absichten in der Welt gewählet, entgegen seyn.
Wie kühn für uns und für alle endliche Geschöpfe, wenn wir den bis in alle Ewigkeit fortgehenden Plan seiner unendlichen Weisheit beurtheilen, und bestimmen wollen, was er darinn
für Absichten haben, durch was für Mittel er
dieselben nur ausführen könne, und daß darinn
alles dem bekannten Theile, worüber unsre kurze
Einsicht sich erstreckt, gleich seyn müsse! Sollte
denn in diesem großen Plane Gottes keine Absicht seyn können, die er durch eine solche unmittelbare Wirkung seiner Allmacht vollkommener
erreichen konnte? Der allerkühnste Deist muß
wenigstens gestehen, daß Wunder die allerspre-
chendste, stärkste und deutlichste göttliche Erklärung sind. Hume gestand dies selbst ein. Sollte
denn nun in der ganzen Regierung der Welt
kein Object seyn, das einer solchen feyerlichen
göttlichen Erklärung würdig wäre? Ein jeder
ver=

vernünftiger Mensch muß es doch wohl einge-
stehn, daß gewisse Erkenntnisse den Menschen, sowohl für ihre Ruhe als zur vollkommenern Erfüllung ihrer Bestimmung, äußerst wichtig seyn
können, die aber, weil sie zu dem Innern des
verborgenen göttlichen Raths gehören, ganz
außer dem Gebiete der Vernunft, und vielleicht
aller endlichen Vernunft, liegen. Alle Vernunft
kann es wenigstens mit keiner beruhigenden Gewißheit ausmachen, auf was für Bedingungen
Gott sündige Menschen, wie wir sind, zu Gnaden annehmen, ob er uns zu einer ewigen Seligkeit erheben, und wie er uns zu diesem neuen
Leben erwecken, und einen dieser höhern Bestimmung gemäßen organischen Leib wieder geben wolle. Denn wie eine menschliche Seele,
vielleicht ein endlicher Geist überhaupt, ohne
einen organischen Leib existiren, und außer sich
empfinden könne, dies ist meiner Vernunft wenigstens eben so unbegreiflich, als, wie Gott der
bloßen Organisation meines Gehirns das Vermögen zu denken beylegen könne. Sollte es
nun der Weisheit Gottes so sehr entgegen seyn,
wenn er, um den Menschen hiervon die nöthige
Entdeckung zu geben, den Gesandten, den er
hierzu erwählet, zu seiner Beglaubigung mit der
Kraft Wunder zu thun begleitet hätte, um auf
die Art diese großen Wahrheiten mit den übrigen Kenntnissen und wohlthätigen Entdeckungen
der Vernunft zu verbinden, und so wie diese,

nach=

nachdem es der Lage und Fähigkeit der Menſchen gemäß iſt, über die Welt nach und nach
immer mehr zu verbreiten?   Ich will hier nur
bey Moſe ſtehn bleiben.   Seine Lehre, daß Gott
der Schöpfer und moraliſche Regent der Welt
ſey, gehört zwar nicht zu dieſen verborgenen Er-
kenntniſſen, ſondern liegt offen in der Natur.
Aber da dieſer erſte Glaube, bey der ſinnlichen
Schwachheit der Menſchen, ſich faſt ganz verloren, und die Vernunft in ihrer Kindheit noch
nicht ſtark genug war, den unſichtbaren Gott in
ſeinen Werken ſelbſt zu ſehen, ſondern leichter
jede Naturkraft, die ihre Aufmerkſamkeit auf
ſich zog, für eine beſondre Gottheit annahm,
und darüber in Gefahr war, den einigen und
höchſten Gott aus den Augen ganz zu verlieren,
würde es denn auch hier der Weisheit Gottes
ſo entgegen geweſen ſeyn, wenn er dem erleuchteten Manne, den er zur Beſtätigung dieſer
Lehre erwählet, eben dieſe Beglaubigung gegeben hätte, damit durch deſſen Veranſtaltung dieſe
Wahrheit wenigſtens ſich irgendwo in Sicherheit
ſo lange erhielte, bis indeſſen die Vernunft zu
der Stärke gekommen, daß ſie dieſelbe auch für
ſich erkennen, und zugleich auch die höhere Erleuchtung, die aus dieſer erſtern Veranſtaltung
aufgehen ſollte, zu ihrer ſo viel mehrern Ueberzeugung, daß alles nur ein fortgehender göttlicher Plan ſey, annehmen konnte?

                                        Will

Will man es aber auch als einen Grundſatz behaupten, daß Gott, was er durch eine Wirkung der Allmacht thun könne, nicht durch viele thun, und daher auch den einmal von ihm geordneten Lauf der Dinge nie aufheben werde; ſo würde dennoch auch in dieſer ununterbrochnen Ordnung eine Art Wunder für uns noch immer ſeyn können, die alle Beweißkraft der unmittelbarſten Wunder haben würde. Wir behaupten von dieſer Ordnung, die wir Lauf der Natur nennen, mit Recht, daß dieſelbe nach allgemeinen Geſetzen fortgehe, weil wir dieſe in den Theilen, die wir davon überſehen können, wahrnehmen. Da indeſſen unzählige Begebenheiten übrig bleiben, die in die Veränderung der Welt den größten Einfluß haben, und deren Geſetze uns dennoch auf ewig unbekannt bleiben, ob wir ſie gleich mit Recht für natürliche Folgen allgemeiner Geſetze halten; ſo konnte auch der Schöpfer, wie er den Lauf ſeiner Vorſehung ordnete, ſolche verborgene Urſachen mit hineinweben, und zugleich dem Geiſte eines Menſchen eine ſolche Anlage und Richtung geben, daß durch deren Zuſammentreffung, zu der Zeit, und bey ſolcher Veranlaſſung, diejenige Wirkung daraus entſtünde, die alle Abſicht eines unmittelbaren Wunders erfüllete. Es iſt, zum Beweis, in der Ordnung der Natur gewiß gegründet, wenn durch ein Erdbeben Inſeln und Berge ſich aus dem Meere erheben oder von dem Meere verſchlungen

werden;

werden; aber da die wirkende Ursache davon so
tief für alle menschliche Einsicht verborgen ist,
daß die genaue Angabe, wenn und wo eine solche Begebenheit sich zutragen sollte, eben so sehr
über alle menschliche Vernunft gehen, als ihre
Bewirkung alle menschliche Kräfte übersteigen
würde; so würde eine dergleichen vorher bestimmte Vorherverkündigung für uns eben die
Beweiskraft haben, als wenn der, der sich darauf beriefe, diese Wirkung durch die Dazwischenkunft einer unmittelbaren Allmacht hervor-
brächte.

Aber auch dies, daß Wunder überhaupt die
allerhöchste mögliche Beweiskraft haben, ist noch
nicht völlig beruhigend.   Denn da wir kein anders unterscheidendes Kennzeichen der Wunder
haben, als daß sie das Maaß menschlicher Kräfte
übersteigen, dieses Maaß aber so ungleich ist,
daß der eine das schon für eine unmittelbare
Offenbarung oder für ein alle menschliche Kräfte
übersteigendes Wunder halten muß, was der
andre nach ganz natürlichen Gesetzen kennet oder
thut; so scheinet mit aller der zugestandenen Beweiskraft der Wunder doch noch nichts erwiesen. Und diese Zweydeutigkeit, worauf sich auch
Rousseau so sehr beruft, bliebe eben dieselbe,
wenn man auch die gemeine Erklärung, daß
Wunder eine unmittelbare Wirkung der Allmacht
seyn, annehmen wollte. Denn wie sollte zum
Exempel ein Wilder, der von der Berechnung

des

des Himmelslaufs gar keinen Begriff hat, die
genaue Vorherverkündigung einer Sonnenfin-
ſterniß, oder einen verborgen angelegten electri-
ſchen Schlag, nach natürlichen Urſachen oder Geſetzen ſich als möglich erklären, oder unter ſeinem
heißen Himmelsſtriche die künſtliche Verwandlung des Waſſers in die harte Subſtanz des Eiſes
nicht für das höchſte Wunder halten? Da nun
eben hierdurch die Welt ſo oft mit falſchen Wundern betrogen iſt und noch betrogen wird, wo bleibt
nun das ſichre zuverläßige Kennzeichen des wahren Wunders, und der darauf zur Beſtätigung
der Wahrheit der Religion gegründete Beweis?

Dieſe Bedenklichkeit verdient noch vorzüglich
erläutert zu werden.

Alſo, was haben Wunder für ein unterſcheidendes Merkmaal, wornach ſie dennoch mit
Sicherheit für eine göttliche Beſtätigung angeſehen werden können? Erſt würde überhaupt gar
kein Wunder bloß allein, und wenn man es
auch für das unmittelbarſte Werk der Allmacht
anſehn müßte, etwas beweiſen, ſo lange nämlich keine Erklärung, die den Endzweck davon
deutlich anzeigte, hinzu käme. Wir würden es
mit Erſtaunen anſehn, ſo wie man etwan die
erſte Erſcheinung eines Cometen anſah; aber
nichts weiter dabey denken können, als daß es
dem Schöpfer der Natur gefallen, ihre Ordnung ſo einzurichten, und die Urſache dieſer Er-

ſcheinung

scheinung so tief zu legen, daß wir dieselbe nicht
entdecken könnten. Wenn nun aber ein Mensch
hinzu käme, der diese Wirkung durch ein Wort
oder durch eine solche Handlung, die, nach allen
gekannten Gesetzen der Natur, unmöglich für die
wirkende Ursache davon angesehen werden könnte,
auf eine unverdächtige offene Art, so daß sie von
einem jeden, nach allen Umständen genau und
frey geprüft werden könnte, im Namen des Herrn
der Welt zur Bestätigung seines Vortrags her-
vorbrächte, oder sie auf einen gewissen Zeitpunkt
ankündigte, wenn er zugleich hiernach verführe,
seinen ganzen Plan darnach einrichtete, denselben, wie er ihn vorher gesagt, ausführte, er
selbst auch dabey, wegen seines gekannten persönlichen Charakters, schon alles Vertrauen verdiente,
so würde der von einem solchen Manne vorgegebne Auftrag wenigstens schon die größte Aufmerksamkeit verdienen. Wenn es nun noch
bey einem solchen Wunder allein nicht bliebe;
denn dabey wäre immer noch ein ungefährer Zufall, eine Täuschung, eine Ueberraschung möglich; sondern dasselbe würde von einer Reihe eben
so unverdächtiger deutlicher Wunder befolgt, die
alle auf einen und denselben Endzweck giengen;
wenn dieser Endzweck dabey nach allen Begriffen, die wir von der Weisheit und Güte Gottes
haben, derselben höchst würdig, und dem Verhältniß, worinn er als Vater und Regent mit
den Menschen steht, höchst anständig; wenn derselbe

selbe auf die Aufklärung und Bestätigung seiner
Erkenntniß und seiner moralischen Regierung der
Welt, und auf die Beförderung der allgemeinen
Moralität und Glückseligkeit unter den Menschen
abzielte; wenn dabey diese Erkenntniß entweder
ganz außer dem Gebiete der Vernunft läge, oder
von der Vernunft doch nicht mit der nöthigen
vollen Deutlichkeit erreicht werden könnte, auch
die Umstände der Zeit und die Lage der Menschheit dieselbe besonders wohlthätig machten; so
verdiente ein solches Wunder doch wohl für das
authentischeste Creditiv angesehen zu werden, was
Gott einem Menschen zur Beglaubigung seines
Vortrages geben könnte.

Wenn ich hier einen der Weisheit Gottes
anständigen moralischen Endzweck zum Haupt-
kennzeichen eines wahren Wunders mache, so ist
dies kein Cirkel in diesem Beweise, wie man es
so oft wiederholet, als wenn man die Wahrheit
der Lehre durch die Wunder, und die Wahrheit
der Wunder wieder durch die Lehre bewiese. Das
Wunder ist von der Lehre, die es begleitet, an
sich ganz unabhängig. Die Lehre könnte höchst
wahr, höchst wichtig, und das Wunder dennoch
falsch seyn. Das Wesen eines Wunders besteht
darinn, daß es gegen den gekannten ordentlichen
Lauf der Natur ist. Dies kann die Lehre nie
beweisen. Aber wie, wenn von der Allmacht
Gottes die Rede ist, immer mit Grunde voraus-

gesetzt

gesetzt wird, daß Gott nichts Widersprechendes
möglich machen könne, so wird bey einem Wunder mit eben dem Grunde auch, ein der Weisheit
des allerhöchsten Wesens anständiger Endzweck,
immer voraus angenommen. Denn dieser höchste und weiseste Regent der Welt wird seine Allmacht nie zum Gaukelspiel der Dummheit machen, noch sie einem Phantasten leihen, um kin-
disch damit zu spielen, und die Menschen von
der Aufmerksamkeit auf seine weise Regierung
abzuziehen. Die Ordnung der Natur ist unveränderlich die ordentliche Sprache, wodurch
Gott seinen vernünftigen Geschöpfen sich zu erkennen giebt, und wodurch er sie zu ihrer Moralität und Glückseligkeit führen will, und dies
bleibt nothwendig der ewige unveränderliche Endzweck auch da, wo er die Ordnung der Natur
durch ein Wunder aufhebt; Gott will alsdann
denselben durch einen vollkommenern Unterricht
nur noch mehr befördern, die Menschen auf diesen seinen Unterricht so viel aufmerksamer machen, und dem Gesandten, dem er den Auftrag
davon gegeben, die Beglaubigung dadurch er-
theilen, daß er der Herr der Natur es sey, der ihn
sende. Dieser große Endzweck würde aber durch
die Vervielfältigung unbedeutender Wunder sich
ganz verlieren. Denn die herrliche Weisheit
und Güte, die aus dieser Ordnung zu uns spricht,
würde ihren ganzen Eindruck auf uns verlieren,
und anstatt dieser Ordnung als der ordentlichen

und

und sichern Führerinn unsers Lebens, zu folgen,
würden wir allen Gebrauch unsrer Vernunft und
alle ernsthafte Thätigkeit aufgeben, und uns dem
Fürwitz und allen phantastischen Hoffnungen
überlassen, wobey alle wahre Moralität aufhören würde. Alle Wunder also, die nicht unmittelbar jenen großen der Gottheit würdigen
Endzweck haben, alle die läppischen phantastischen
Legendenwunder, die nichts als ein Spielwerk
sind, und höchstens ein dummes Erstaunen erwecken können, auch solche, die nichts als einzelne Erscheinungen sind, die keine Folgen haben, den wahren Grundsätzen der Vernunft widersprechen oder von ihrem Gebrauch abführen,
den Aberglauben die Schwärmerey und den
Müßiggang begünstigen, die höchstens nichts bestätigen, als was die Vernunft schon viel heller
erkennet, oder schon durch weit unwidersprechli-
chere Wunder bestätigt ist; auch solche, die keine
nahe Prüfung des Weisen und Naturkündigers
leiden, die im Winkel geschehen, keine zuverläßige Zeugen haben deren Zeugniß hinlänglich
geprüft werden könnte, die das Geheimniß einiger wenigen sind, oder auf die Aussage eines
schwermüthigen Phantasten beruhen, alle solche
Wunder sind selbst keiner Prüfung werth, sondern verdienen als Betrug oder Träume des
Aberglaubens gleich verachtet zu werden. Moses und der Heyland fällen selbst kein anders Urtheil davon. Ein Gaukler bleibt Gaukler, wenn
auch

auch der naturkündige Zuschauer selbst seine Geheimnisse nicht gleich entdecken kann.

Aber ist nun, eben wegen so vieler falschen
Wunder, je ein historisches Zeugniß hinreichend,
die Wahrheit eines Wunders, das man selbst
nicht sehen und prüfen können, so glaubwürdig
zu machen, daß man es mit voller Zuversicht für
ein wahres Wunder und für eine göttliche Bestätigung ansehn könne? Dies ist der große Einwurf, hinter welchen Hume sich verschanzte, und
womit er sich so unüberwindlich hielt, daß, ob er
gleich die Möglichkeit und Beweiskraft der Wunder überhaupt zugab, er dennoch glaubte, alle
Wunder als Betrug und Aberglauben ohne
Prüfung verwerfen zu können, und daß er den
Schluß daraus machte, daß es der Allmacht
Gottes selbst nicht möglich sey eine Offenbarung
zu veranstalten, die denen, die die Wunder selbst
nicht mit angesehn, ein zuverläßiger Grund ihrer Religion seyn könne. Sein Beweis ist dieser: Zeugnisse von einem Wunder wären nichts
anders, als das Zeugniß von einer Erfahrung, daß
etwas gegen den ordentlichen Lauf der Natur geschehen sey. Dagegen sey der ordentliche Lauf der
Natur, eine von Anfang der Schöpfung her von
allen Menschen bestätigte beständige Erfahrung.
Da nun eine solche einstimmige Erfahrung aller
Menschen, aus allen Zeiten und Gegenden, der
möglichst stärkste Beweis von der Wahrheit einer Sache sey, so könne das Zeugniß von einer
einzel-

einzelnen entgegengesetzten Erfahrung dagegen
nie einige Glaubwürdigkeit erlangen.   Hätte
der Mann hieraus den Schluß gemacht, daß alle
Wunder einen natürlichen Verdacht gegen sich
hätten, und daher sowohl die Wunder selbst, als
auch die Zeugen nicht genau und strenge genug
geprüft werden könnten, so wäre der Schluß der
allerrichtigste; aber so, da er die absolute Un-
glaublichkeit aller Wunder damit beweisen will,
ist es ein bloß sophistisches Wortspiel, womit er
weiter nichts sagt, als was er erst beweisen sollte,
daß sie nämlich unglaublich sind, weil sie gegen
den gewöhnlichen Lauf der Natur, und in Vergleichung gegen diesen unendlich selten sind.   Aber
erstlich kann die Seltenheit und Ungewöhnlichkeit
ein Wunder so wenig verdächtig machen, daß es
vielmehr zum Wesen desselben gehört, daß es
den ordentlichen Lauf der Natur und folglich
unzählige Erfahrungen gegen sich habe.   Dann
aber beweiset alle Erfahrung aus dem ordentlichen Laufe der Natur weiter nichts, als daß dies
der ordentliche Lauf derselben sey, aber nie, daß
Gott der Herr der Natur, bey besondern höhern
Absichten, denselben nicht ändern könne.   Und
sollten alle Zeugnisse deswegen unglaublich seyn,
weil sie den gekannten ordentlichen Lauf der
Natur gegen sich haben, so hörte die Glaubwürdigkeit aller neuen Entdeckungen in der Natur auf.   Der Mann schien sich selbst damit zu
verblenden, daß er Erfahrungen und Zeugnisse

als

als gleichgeltende Beweise gegen einander sum-
mirte, und daher das Zeugniß von einer einzelnen Erfahrung als ein unendlich kleines ansah,
das gegen die überwiegende größere Summe der
Erfahrungen gar nicht zu achten, und folglich,
wie er sich ausdrückt, nicht eher glaublich sey,
bis die Unwahrheit des Zeugnisses ein eben so
großes Wunder sey. Aber was heißt dies anders, als daß keine ungewöhnliche Erfahrung je
durch ein Zeugniß glaubwürdig gemacht werden
könne. Ein Zeugniß hat seine von aller Erfahrung unabhängige Beweiskraft für sich, die nach
der Glaubwürdigkeit des Zeugen geprüft werden
muß, und nur durch eine größre Glaubwürdigkeit widerlegt werden kann. Hierauf beruhet
alle menschliche Gewißheit; und wenn das Zeugniß sonst seine Glaubwürdigkeit hat, so kann es
durch die gewöhnlichere Erfahrung so wenig widerlegt werden, als das Zeugniß eines glaub-
würdigen Mannes der die Sache gesehn, dadurch widerlegt werden kann, daß viele sind, die
sie nicht gesehen haben. Ehe Trembley und
Spalanzani ihre Entdeckungen machten, so
hatte wohl nichts mehr den bekannten Lauf der
Natur gegen sich, als daß ein lebendiges Geschöpf, in noch so viele Theile der Länge und
Quere nach durchschnitten und das Innere aus-
wärts gekehret, in so viele neue sich gleiche lebendige Thiere wieder wachsen, oder wenn ihm der
Kopf abgeschnitten, daß es einen neuen Kopf
ansetzen,

anſetzen, und wieder ſo gut als vorher zu leben
anfangen könne; und die gekannte Glaubwürdigkeit dieſer Männer überwog doch alle vorhergegangenen Erfahrungen.

Daß die Welt mit ſo vielen falſchen Wundern ſo oft betrogen worden und ſich immer noch
gern betrügen läßt, das macht die wahren Wunder ſo wenig unglaublich, als falſche Erfahrungen die wahren unglaublich machen. Sie machen die Prüfung nur ſo viel nöthiger. Was
ſollen ſie beweiſen? iſt ihr Endzweck der Gottheit und eines Wunders würdig? wie iſt der
Grund der Zeugniſſe? wie die Glaubwürdigkeit
der Zeugen? hiernach prüfe man alle vorgegebene alte und neue Wunder, und ſo ſind die von
Moſes und dem Erlöſer und ſeinen Jüngern die
einzigen, worinn alle Kennzeichen wahrer göttlicher Wunder ſich vereinigen. Der Endzweck
der letztern iſt ausgebreiteter, ihre Geſchichte be-
ſtätigter, der Schauplatz offener, die Glaubwürdigkeit der Zeugniſſe und der Zeugen der genaue-
ſten Prüfung ſo viel näher; indeſſen hat die
Vorſehung, da dieſe Wunder ſich zu einem und
demſelbigen großen Endzweck einander beſtätigen
ſollen, uns auch von der Wahrheit der Moſaiſchen, ungeachtet ihrer großen Entfernung, noch
Beweiſe genug erhalten.

Der Endzweck iſt wenigſtens erſt der aller-
wichtigſte, nämlich die Einrichtung und Beſtätigung

tigung eines öffentlichen Gottesdienstes, der
ganz auf die Erkenntniß und Verehrung eines
einigen Gottes Schöpfers und Regenten der
Welt, mit gänzlicher Entfernung alles Bilderdienstes, auch aller abgöttischen Verehrung von
Untergöttern, gegründet werden soll; dieser
Gottesdienst zu einer Zeit veranstaltet, da die
Vernunft die Erkenntniß dieser großen Wahrheit noch gar nicht zu unterstützen vermochte;
da das, von der Ueberliefrung aus der ersten
Welt noch abstammende Gefühl von einem höchsten Wesen, sich immer mehr verlor; Sonne und
Gestirne schon als die höchsten Gottheiten angebetet wurden, und die Vielgötterey den Glauben an eine alles regierende Vorsehung fast schon
ganz verdrungen hatte. Und diese Erkenntniß
und Verehrung Gottes soll durch diese Wunder
nicht allein befestigt werden, sondern die Geschichte dieser Einrichtung soll zugleich auch der
erleuchtetern spätern Nachwelt ein unvergeßliches
Denkmaal bleiben, daß sie unmittelbar von dem
Herrn der Welt selbst so geordnet sey. Zwar,
wenn der ganze Endzweck dieser Einrichtung
allein nur gewesen wäre, diese Erkenntniß unter
dem einzigen kleinen Volke zu bestätigen, das
überdem noch durch seine Verfassung von der
Verbindung mit allen andern Völkern abgesondert, in einem kleinen Winkel der Erde für sich
leben sollte, so würde dieser Endzweck für so
außerordentliche Anstalten immer zu klein seyn,

und

und die Gröſe der Anſtalten ihn ſelbſt verdächtig machen. Aber der Endzweck geht auch über
die Grenzen des Volks unendlich hinaus. Das
Licht ſoll ſich in dieſer Einrichtung nur ſo lange
erhalten, bis die Welt der in dem Rath der
Vorſehung ſchon beſtimmten allgemeinen Erleuchtung fähig geworden. Dieſe Einrichtung
iſt alſo nur ein Stück jenes gröſern Plans, das
dieſem nur, bis zu jener erleuchtetern Epoche, zur
Grundlage dienen ſoll, damit auch der Aufgang
dieſes vollkommenern Lichts ſo viel deutlicher bemerkt werde, und die Welt mit ſo viel gröſrer
Ueberzeugung ſehe, daß, wie die jetzt durch Moſen zu veranſtaltende Einrichtung dieſes Volks,
ſchon in der Geſchichte ſeiner erſten Stammväter
vorbereitet liegt, auch die hierauf folgende vollkommnere Erleuchtung der Welt, von ihrer erſten
Morgenröthe an, ein von dem Herrn der Welt
geleitetes Licht, und alſo alle Beförderung und
Erhaltung der wahren Erkenntniß Gottes und
ſeines Raths in Abſicht auf die menſchliche Beſtimmung, ein zur beſtändigen Leitung der Vernunft von Gott gewählter und in den übrigen Lauf
der Vorſehung eingewebter Plan ſey, zu deſſen
Beweis er dieſe beyden großen Epochen mit dieſen Wundern beſtätigen wollen. Da es aber
ermüdend ſeyn würde, wenn ich mich bey allen
beſonders aufhalten wollte, ſo will ich nur das
letztere, worauf unmittelbar die Befreyung erfolgte, etwas genauer prüfen. Denn wenn die

Wahrheit von diesem bewiesen ist, so ist alles
erwiesen.

Der König verbietet Mosi 2 B. 10, 11. 12.
endlich, bey Verlust seines Lebens nicht wieder vor
ihm zu erscheinen. Moses nimmt den Befehl
an, sagt daß er nicht wieder kommen wolle, daß
aber der König in der nächsten Nacht noch zu
ihm schicken, und ihm, mit dem ganzen Volke
auszuziehen, befehlen lassen würde. Denn in
eben dieser Nacht solle durch das ganze Gebiet
des Königs alle Erstgeburt, vom Throne bis zum
Sklaven, auch von allen Thieren, selbst die
Thiergötter nicht ausgenommen, sterben. Eben
dies kündigt er auch seinem Volke an, befiehlt
demselben sich zum Aufbruche bereit zu halten,
verordnet dabey umständlich jedem Hausvater
mit seiner Familie ein besonders Mahl zu halten,
macht zugleich auch C. 13. die Stiftung, eben
dieses Mahl, zum feyerlichsten Andenken dieser
ihrer wundervollen Errettung, mit der genauesten Beobachtung aller Umstände, jährlich an
eben diesem Tage bis zu ewigen Zeiten zu wiederholen, und diese Feyer als das heiligste Fest zu
beobachten; und der Tag war noch nicht ange-
brochen, so war auch die Erfüllung schon da,
und der Aufbruch mußte in so großer Eile geschehen, daß das Volk auch nicht einmal Zeit
hatte sein Brod noch zu backen, sondern den ungesäuerten Teig mitnehmen mußte. Und da die
Aegyp=

Aegypter die höhere Macht des Jehovah und die ungerechte Härte des Königs gegen dies Volk ſchon vorher ſcheinen erkannt zu haben, indem ſie demſelben, ob ihnen gleich deſſen Vorſatz weg=zuziehen nicht unbekannt war, die verlangten ſilbernen und güldnen Gefäße willig geliehen hat=ten, ſo halfen ſie jetzt auch ſelbſt den Abzug be=ſchleunigen, und ließen die Iſraeliten das ge=borgte willigſt mitnehmen. Sie wurden aber auch reichlich durch die Beſitzungen und liegen=den Güter, die dieſe zurück ließen, dafür entſchä=digt; und damit iſt dann auch das große Ge=ſchrey, das hierüber immer erhoben wird, hin=reichend beantwortet.

Die Hauptunterſuchung kommt alſo hier=auf an, ob dieſe Begebenheit nach allen Um=ſtänden, wie ſie hier beſchrieben wird, ſich wirk=lich zugetragen habe. Wenn dies iſt, ſo iſt das Wunder unwiderſprechlich. Denn dieſe Umſtände vorausgeſetzt, und daß Moſes ſie ſelbſt vorher verkündigt, ſo wäre es lächerlich, an ein Complot oder an eine natürliche Seuche denken zu wollen. Es findet hier auch keine andre Aus=legung ſtatt. Alle Umſtände womit es erzählt wird, der Erfolg, und die darauf gegründete Stif=tung des Paſſah, die Verordnung wegen der ungeſäuerten Brodte und der Weihung der Erſt=geburt, leiden gar keine andre als die buchſtäblich=ſte Erklärung. Alſo: Kann die Begebenheit,

Ff 2 nach

nach allen dabey vorkommenden Umständen, als
historisch wahr angenommen werden? Wo nicht,
so müßte sie erdichtet seyn. Aber von wem?
Von Mose selbst vorerst unmöglich. Numa und
Minas gaben auch Erscheinungen von Göttern
und Göttinnen vor, um ihren Verordnungen
so viel mehr Ansehn zu geben; Mahomet vom
Engel Gabriel; und das Vorgeben that seine
Wirkung. Eben dergleichen Erscheinungen des
Gottes Abraham hätte Moses mit noch größerm
Nachdrucke bey diesem Volke auch vorgeben können, und dies Vorgeben hätte er zugleich mit
solchen geheimen ägyptischen Künsten unterstützen
können, die das Volk immer einfältig genug
gewesen wäre für Wunder anzunehmen. Aber
daß er dem Volke glauben machen wollen, daß,
nachdem Pharao durch alle Wunder, die er vor
ihren und aller Aegypter Augen gethan, zu ihrer
Erlassung nicht zu bewegen gewesen, er ihm endlich angekündigt, daß in der nächsten Nacht alle Erstgeburt plötzlich sterben würde, daß er ihnen, den Israeliten, dies gleichfalls vorherge-
sagt, daß er sie dem zufolge alle die besondern
Anstalten zum Abzuge habe machen lassen, und wie
die schreckliche Nacht gekommen, der König und
die Aegypter sie selbst gedrungen hätten auszuziehen, und ihnen wäre von allem dem nichts bewußt gewesen, sie hätten von allem dem Wunderbaren nichts weder gesehn noch gehört, sondern es wäre mit ihrem Auszuge alles ganz natürlich

türlich zugegangen; ja daß er ſo gar die Verord=
nung gemacht, daß das Andenken dieſer wunderba=
ren Befreyung jährlich an eben dem Tage mit allen
in jener Nacht dabey vorgenommenen Umſtän=
den bis auf die ſpäteſten Zeiten feyerlichſt began=
gen werden, und jeder Hausvater dabey ſeinen
Kindern die Veranlaſſung zu dieſem Feſte im=
merfort wiederholen ſolle; auch daß er nachher
ſo kühn geweſen, daß er dem Volke dies Wun=
der bey ſeinen Geſetzen zur Beſtätigung ſeiner
Autorität immer vorgehalten, es darüber zum
Zeugen gerufen, und das Volk wäre auch im=
mer dumm genug geweſen dies alles für wahr
anzunehmen, ſich in dieſem Glauben ſo viele be=
ſchwerliche Geſetze aufbürden, ſich vierzig Jahr
in der Wüſte damit ſchrecken und herumziehen
und mit ſolcher Härte ſich behandeln zu laſſen,
eine ſolche Kühnheit und eine ſolche Dummheit
wären beyde unglaublicher als alle Wunder
ſelbſt. Nein, Moſes ſelbſt kann es unmöglich
erdichtet haben. Es müßte alſo nachher zu der
Geſchichte dieſes Volks hinzugedichtet ſeyn.
Aber dies iſt eben ſo wenig möglich. Man kann
es aus der Geſchichte nicht wegnehmen, ohne
die ganze Geſchichte zugleich aufzuheben. Din=
ge die auf nichts abzielen, keine Folge, keinen
Einfluß in die Geſchichte haben, die man ſich
hinzu oder auch weg denken kann, ohne daß die
Hauptgeſchichte dadurch etwas verliert oder ihr
Gang unterbrochen wird, dieſe können hinzugeſetzt

und

und eingeschoben werden.   Aber man nehme
dies Wunder weg, so ist alles ohne Grund, oh=
ne Zusammenhang, ohne Folge; es macht mit
der ganzen übrigen Geschichte dieses Volks, von den
Patriarchen an, ein so unzertrennliches Gewebe, es
steht darinn so ungekünstelt mit so vielen kleinen
Umständen, die sonst keiner als der Anführer
dieses Volks hätte angeben können.   Ich will
hier die Beweise, daß kein andrer, als Moses
selbst, der Verfasser der Bücher, die wir unter
seinem Namen haben, seyn könne, hier nicht
wiederholen.   Ich beziehe mich auf die kleine
Abhandlung, die ich ehmals darüber besonders
aufgesetzt habe, und auf die Beweise womit die=
ses auch von andern schon unwiderleglich bestä=
tigt ist.   Voltaire, der nie recht wußte, von
welcher Seite er das Alter und die Aechtheit die=
ser Bücher verdächtig machen, dagegen aber das
Alter und die Zuverläßigkeit der Chinesischen Ge=
schichte erheben solte, sagt bey Gelegenheit der
letztern irgendwo: c'est bien à nous après tant
de Siecles de contester les Archives d' une
nation qui etoit toute policèe, quand nous
n'etions que des barbares. Zu geschweigen hier,
daß es mit den Archiven dieser unstreitig alten
Nation so ganz richtig nicht ist, da zweyhun=
dert Jahr vor des Erlösers Geburt der Kayser
Chi — hoang — ti alle diese Archive zerstören,
und alles was nur von alten Denkmaalen und
besonders historischen Schriften vorhanden war,

mit

mit der grauſamſten Strenge aufſuchen, und
ſelbſt noch mit Fünfhundert Gelehrten, die da=
mit, um ſie von dem Untergange zu retten, in
die Gebirge geflüchtet waren, verbrennen, auch
ſelbſt den Chou-King, das älteſte und heiligſte
aller ihrer Bücher, mit verbrennen ließ, ſo daß
nach den ſorgfältigſten Nachſuchungen endlich
ſich nachher nur noch eine Abſchrift, und dieſe
zwar noch verſtümmelt wie ſie jetzt iſt, wieder=
fand; ſo ließe ſich jener hohe Ausdruck mit noch
wohl etwas mehrerm Grunde gegen die ſchwan=
kenden Verſuche anwenden, womit man das
Alter und die Aechtheit der Geſchichte dieſes
Volks und der Moſaiſchen Bücher überhaupt ſo
gern verdächtig machte. Denn wo iſt ein an=
ders hiſtoriſches Denkmaal in der Welt, deſſen
Aechtheit, in einer ſo ununterbrochenen Zeitfolge,
bis auf ſeinen erſten Urheber mit der Zuverläßig=
keit ſich zurück führen ließe als dieſe Bücher?
Von jetzt an bis an die Zeiten des Erlöſers; von
dieſen bis zu der griechiſchen Ueberſetzung; von
da bis zu der Wiederkunft des Volks aus ſeiner
Gefangenſchaft; (denn der ungereimteſte aller
Einfälle, daß Esdras tauſend Jahr nachher die=
ſe Bücher, in der Sprache des höchſten Alter=
thums, und zwar zu eben der Zeit erdichtet, da
er das Geſetz Moſis, zum Beweis, daß er den
neuen Gottesdienſt aufs genaueſte darnach ein=
gerichtet, öffentlich vorleſen ließ, und daß er
dieſe von ihm erdichteten Bücher den Propheten

Ff 4 Prie=

Priestern und Aeltesten als ächte Mosaische
Schriften, wovon sie doch vorher nie etwas gehört, aufgebürdet hätte, dies sage ich verdienet
gar keine Achtung;) also wiederum von dieser
Zeit an bis zur Trennung der beyden Reiche,
und der in den ältern Schriftzügen daher noch
erhaltenen samaritanischen Abschrift; von hier
wiederum bis an David, der in seinen Psalmen die Geschichte aller dieser Wunder mit eben
den Worten anführet; Ps. 78. 105. 106. und
von diesen wieder bis an Josua, der in seiner
letzten Rede an das Volk Jos. 24, 26. demselben
alle diese Wunder, als solche die es selbst erlebt
habe, vorhält, und darauf diese Rede an das
Gesetz Mosis heftete, in diesem ganzen Zeitraum läßt sich nirgend ein Punkt denken, wo
diese Bücher mit der darinn enthaltenen Geschichte noch nicht gewesen wären. Der Ritter
Isaac Neuton, der die Offenbarung, mit eben der
Ehrerbietung als die Werke Gottes in der Natur, ansah und studirte, glaubte, man könne allenfalls annehmen, daß Samuel diese Geschichte, so wie wir sie jetzt haben, verfasset habe.
So viel könnte man hievon zugeben, da Samuel sich die Wiederherstellung des verfallenen
Gottesdienstes so sehr angelegen seyn ließ, daß
er die unter den Priestern sich befindenden Abschriften dieser Bücher aufgesucht, sie nachgesehen, einige veraltete Namen mit neuern darinn ver-
wechselt, einige Geschlechtregister fortgeführet,
auch

auch einige kleine Bemerkungen, wie z. E.
bis auf den heutigen Tag, hinzugefügt habe; mehr aber läßt sich mit Grunde wohl nicht
behaupten. Denn da Moses nach ägyptischer
Art seine Annalisten und Schreiber bey sich hatte, dergleichen auch unter den Israeliten schon
in Aegypten waren, 2 B. Cap. 5. 6. und wozu er in seiner nunmehrigen Einrichtung die
Priester und Leviten brauchte, und da er besonders das ganze Gesetz und alle seine Verordnungen schriftlich abfassete, und die Priester und
Leviten, so wohl zu ihrer eignen Beobachtung,
als auch um sie dem Volke bey dessen öffentli-
lichen Versammlungen vorzulesen, Abschriften davon nehmen ließ, wie läßt sich es denn nur als möglich denken, daß er das Andenken der Begebenheiten selbst, worauf die vornehmsten Gesetze
sich unmittelbar bezogen, und die der einzige
Grund waren, worauf die göttliche Autorität seiner ganzen Constitution und die Wahrheit seiner
eignen Sendung beruhete, und die er dem Volke zu dem Ende auch beständig vorhielt, daß er
diese, sage ich, schriftlich aufzubewahren ver-
säumt haben sollte? Und welcher spätere Geschichtschreiber hätte die Verhandlungen bey dem
Berge Sinai, die Bereitung der Stiftshütte,
des dazu gehörigen Geräthes, und der hohen-
priesterlichen Kleider, ingleichen die Ordnung
bey dem Tragen dieser Hütte, auch der Märsche und Standläger, so umständlich beschreiben

kön-

können? Dies alles kann nicht anders als an
Ort und Stelle, und entweder von Mose selbst,
oder, welches einerley, unter seinen Augen geschrieben seyn. Und dies wird noch mehr dadurch bestätigt, daß Geschichte und Gesetze
durchgehends untereinander gemischt, und die
Gesetze, so wie sie gelegentlich gegeben worden,
in die Geschichte eingeschoben sind; da hergegen
Samuel oder ein jeder andrer späterer Verfasser
hierinn gewiß eine andre Ordnung gewählt, und
Geschichte und Gesetze mehr von einander abgesondert haben würde. Ich sage aber mit Bedacht, daß diese Geschichte entweder von Mose selbst, oder, welches einerley, unter seinen
Augen geschrieben sey. Denn Mosis Beschäf-
tigungen waren überhaupt, und besonders bey
dem Berge, so mannichfaltig und groß, daß es
sich kaum gedenken läßt, wie er alles selbst hätte
aufschreiben können. Auch kommen in der Art
der Beschreibung verschiedne Anzeigen vor, die
es mehr als wahrscheinlich machen, daß dieselbe
eigentlich nicht von ihm, sondern von einem der
Priester, den er hierzu verordnet, abgefasset worden, die aber, da sie unter seinen Augen geschehen, eben die Glaubwürdigkeit hat, als wenn sie
von ihm selbst geschrieben wäre. Aber nun
dies: ob Moses der Verfasser der Geschichte des
zweyten und vierten Buchs, und also auch der
Beschreibung dieses Wunders sey, ganz bey
Seite gesetzt, so ist er doch wenigstens unwider-
sprech-

sprechlich der Verfasser des fünften Buchs und
der darinn enthaltenen Gesetze, und dies so unwidersprechlich, als er je in der Welt gewesen,
und die jetzige jüdische Nation die Nachkommenschaft jener alten Israeliten ist. Unwidersprechlich ist er also auch der Urheber des so charakteri-
stischen Gesetzes vom Passah oder dem Verscho-
nungsfeste, von dem während dieses Festes zu
essenden ungesäuerten Brodte, und von der
Weihung der Erstgeburt und der ersten
Früchte. Nun lese man aber das vierte, fünf-
te, sechste, siebente, achte, sechszehnte und
sechs und zwanzigste Capitel dieses Buchs, ver-
binde damit auch noch die bey dem Auszuge ge-
machte Verordnung, daß bey jedesmaliger
Feyer dieses Festes, jeder Hausvater seinen Kindern die Geschichte, die dieses Fest veranlasset,
wiederholen soll, 2 B. M. 12, 26. damit das
Andenken davon ewig erhalten werde, und versuche dann, wo möglich, die Geschichte dieses Wunders verdächtig zu machen.

Und so wäre dieses Wunder, eben wegen
der umständlichern Beweisgründe, auch immer
noch eher ein Object gewesen, woran der Verfasser der bekannten Fragmente seinen verbit-
terten Scharfsinn gegen die geoffenbarte Religion, hätte versuchen können, als daß er bey dem
weniger umständlich bestätigten Durchgang durch
das rothe Meer, die doch auch noch zu beantwortenden Zweifel gehäuft hat.

Ja!

Ja! wenn wir die vollständige Geschichte dieses Volks und seiner Gesetze, mit allen den unwidersprechlichen Kennzeichen ihrer Aechtheit und des höchsten Alters nicht mehr hätten, und wenn das Volk nicht mehr selbst das authentischste Denkmaal dieser Geschichte wäre, so würde, bey einer Entfernung von mehr als drey tausend Jahren, kein Beweis mehr hinreichend seyn ihre Wahrheit zu erweisen. Aber da die Vorsehung beydes, diese Geschichte und das Volk, (denn die Geschichte allein, oder das Volk allein, würde nicht hinreichend seyn) und beydes auf die außerordentlichste Art erhalten hat; da nach dessen erstern Zerstreuung über den Orient, ein Theil davon, ehe es sich ganz verlieren konnte, wieder in sein Land zurückkehren, seine Hauptstadt und Tempel wieder bauen, und seine ganze alte gottesdienstliche und bürgerliche Verfassung wieder aufrichten mußte, bis seine Geschichte in die römische Geschichte mit eingeflochten wurde, und es dadurch die Aufmerksamkeit der Welt besonders auf sich zog, dann aber, wie diese Absicht erreicht war, dessen ganze Verfassung vernichtet, Tempel und Stadt zerstöret, und das Volk beynahe von der Erde vertilgt wurde, die Vorsehung dasselbe dennoch auf eine so wunderbare Art, die in der ganzen übrigen Geschichte der Menschheit nichts ähnliches hat, erhalten hat, daß es seit achtzehnhundert Jahren, da es eigentlich keine Nation mehr ist, son-

dern

dern ohne eigenthümlichen Sitz, ohne gottesdienſtliche und bürgerliche Verfaſſung, über
den ganzen Erdboden zerſtreuet lebt, und ungc-
achtet aller auch nachher noch ſo oft erlittenen
Verfolgungen, in der Größe, die es vielleicht je
in ſeinem blühendſten Zuſtande gehabt, dennoch
daſſelbe Volk bleibt, als ein ächtes Brüderge-
ſchlecht, von ſeinem erſten Stammvater her, die
charakteriſtiſcheſten Züge behält, die weder Zeit
noch Clima auszutilgen vermögen, auch noch,
ob es gleich das weſentlichſte ſeines Gottesdienſtes, Tempel und Opfer, nicht mehr hat, gerade die Geſetze, die es am meiſten von allen andern Völkern unterſcheiden, und darunter beſonders das von dieſem Verſchonungsfeſte und
dem ungeſäuerten Brodte und den darauf eingerichteten Calender, als ſeine heiligſten Geſetze immerfort beobachtet; ſo läßt ſich dies gar nicht
anders anſehn, als daß die Vorſehung die Wahrheit von dieſer wunderbaren Führung deſſelben
dadurch erhalten, und die ſpäteſte Nachwelt auf
den Gang ihrer Erleuchtung, und wo, von der
allererſten Erſcheinung an, dies Licht hergekommen, aufmerkſam machen wollen. Ohne dieſe
beſondre Abſicht läßt ſich dieſe ſo außerordentliche Erhaltung dieſes Volks gar nicht erklären,
und gewiß iſt dieſelbe auch noch nicht ganz erfüllet. Röm. 11.

Eben

Eben diese außerordentliche Vorsehung, die es aus Aegypten brachte, begleitet es aber auch bis an die Grenzen des ihm bestimmten Landes. Zu diesem Ende muß Moses, anstatt den geraden Weg durch die Wüste zu nehmen, gegen alle Kenntniß der Gegend, sich rechterhand nach dem Meere zu wenden, und sich dergestalt zwischen den Meerbusen und die denselben einschliessenden Gebirge setzen, daß dem Volke zu seiner Rettung kein ander Mittel, als ein neues Wunder, übrig blieb. Sobald Pharao hievon Nachricht bekam, brach er auch eilends mit seinen Wagen und Reutern auf, und schloß es dergestalt ein, daß es sich auch schon für verloren hielt, gegen seinen Führer sich zu empören anfieng, und auf Gnade und Ungnade seinen Feinden sich ergeben wollte. Aber Moses, seines göttlichen Berufs sich bewußt, redet ihm mit einem gesetzten Muthe zu, der seine volle Zuversicht zu der göttlichen Hülfe anzeigt: 2 B. Cap. 14, 13. 14. Fürchtet euch nicht, steht fest, und seht, was für ein Heil der Herr an euch thun wird; diese Aegypter, die ihr heute seht, werdet ihr nimmer wieder sehn, der Herr selbst wird für euch streiten. Hierauf streckt er seinen Stab über das Meer, und es erhebt sich ein strenger Wind, der mit Hülfe der Ebbe, den Boden des Meers wo sie stehen, dergestalt von Wasser entblößt, und den Eintritt der folgenden Fluth, bey dem engen Eingang des Meerbusens,

ſo lange zurück hält, daß ſie das gegenſeitige
Ufer ſicher erreichen, und daß während des
Durchganges, die Tiefen zu beyden Seiten, ihnen zur Beſchützung und gleichſam zur Mauer
bleiben, daß die Aegypter ſie weder zur Seite
anfallen, noch ihnen durch einen Umweg zuvor
kommen können, um ihnen den Ausgang zu
verwehren. Die durch den Wind entblößte
Furth, und das Vertrauen, daß derſelbe leicht
ſo lange anhalten werde, bis auch ſie herüber
gekommen, macht die Aegypter ſicher, daß ſie
den Iſraeliten auf eben dem Wege folgen; aber
ſo bald haben dieſe das gegenſeitige Ufer erreicht,
ſo ſtreckt Moſes ſeine Hand wieder über das
Meer, der Wind ſetzt ſich wieder in Süden, die
aufgehaltene Fluth dringt mit ſo viel größrer
Gewalt wieder zu, zugleich bricht ein heftiges
Gewitter aus den Wolken, die Pferde werden
ſcheu, und machen eine große Verwirrung, die
Aegypter erkennen die für die Iſraeliten ſtreiten-
de mächtige Hand wieder, voller Verwirrung
wollen ſie wieder zurück fliehn, aber die Fluth
übereilt ſie; in dieſer Verwirrung gerathen ſie
noch mehr in die wieder überſtrömten Tiefen, und
das ganze Heer findet darinn ſeinen Untergang.
Moſes ſtimmt hierauf, zum Preiſe der Vorſehung für dieſe wunderbare Errettung, das herrliche Siegslied mit ſeinem Volke an, welches
noch das authentiſchſte Denkmaal dieſes Wunders iſt; und Mirjam ſeine Schweſter begleitet

es

es mit den Jungfrauen mit Paucken und feyerlichen Tänzen, ganz nach der Art, wie in Aegypten die Jungfrauen die heiligen Lieder zur Ehre
ihrer Gottheiten abzusingen gewohnt waren.

Wo eigentlich dieser Uebergang gewesen,
läßt sich jetzt, wegen der veränderten Namen, mit
voller Genauigkeit nicht ausmachen. Der gelehrte Beobachter des Orients, D. Shaw,
und der berühmte Mountaigu, die beyde diese
Gegend zu einerley Absicht auf das genaueste un-
tersuchten, nehmen ihn ein paar Meilen mehr
südwärts an, in der Oefnung des das Meer
dort einschließenden Gebirges, die auch noch
jetzt bey den Arabern das Wunderthal, so wie
der von Raemses oder Cairo dahin führende
Weg der Weg der Kinder Israel heißt. Herr
Niebuhr hergegen, der ebenfalls diese merkwürdige Gegend mit seinem Scharfsinn aufs genaueste geographisch untersucht hat, hält dafür, daß
er nächst unter Suez gewesen, und macht es zugleich durch die Abzeichnung deutlich, daß die an
beyden Seiten der abgetrockneten Furth übrig
gebliebenen Tiefen, so wohl zur Bedeckung der
Israeliten, als auch zum Untergange des ägyptischen Heers, bey wieder eingetretner Fluth, hinreichend gewesen seyn. Diese letztere Meynung
läßt gar keine Dunkelheit übrig; man nehme
aber auch von beyden welche man wolle, so sind
die Hindernisse dadurch allemal hinreichend
wider-

widerlegt, die der ungenannte Verfasser der Fragmente gegen diesen Durchzug in seiner Studirstube fand, und die weder Pococken, noch Shaw, noch Montagu, noch Niebuhrn an Ort und Stelle bey ihren genauesten Untersuchungen vorkamen.

Einige Gelehrte haben auch die eigentliche Zeit der damaligen Ebbe zu berechnen gesucht; aber da nicht genau angegeben ist, an dem wie vielsten Tage nach dem Auszuge Moses hier angekommen, so läßt sich die eigentliche Zeit dieser Ebbe auch wohl nicht genau bestimmen.

Es wäre sehr übereilt, wenn man wegen dieser Ebbe annehmen wollte, daß der Durchgang ganz natürlich gewesen sey, und daß Moses, der die Beschaffenheit dieses Meers gekannt, und sich derselben, wie auch des dabey eintretenden Windes, bedienet, dem einfältigen Volke nachher, so wie Alexander und Scipio bey zwey ähnlichen Fällen, eine besondre Fügung der Gottheit dabey glauben zu machen gewußt hätte. Bey der bloßen Ebbe, wo das niedrigste Wasser kaum eine Stunde währt, blieb dieser Uebergang immer unmöglich; dieses konnte auch den Israeliten, die an den Ufern dieses Meers mit ihren Heerden so oft geweidet, nicht unbekannt seyn, und sie glaubten daher mit Grunde, daß Moses sie durch diesen unbedachtsamen Zug in

der Aegypter Hände geliefert hätte.   Und wenn
man auch den Wind, der den Abfluß des Meers
so viel stärker machte, und die aus dem Ocean
eindringende Fluth so viel länger aufhielt, nicht,
als von der Allmacht zu dieser Absicht unmittelbar bewirkt, annehmen will, so bleibt das Wunder, oder die außerordentliche Dazwischenkunft
der Vorsehung, dennoch eben so unwidersprechlich.   Denn so wenig alle Begebenheiten in der
Natur,   wovon wir die Ursache nicht einsehn,
Wunder sind, so kann auch eine ordentliche Naturbegebenheit die volle Beweiskraft eines Wunders haben,   wenn sie nämlich so beschaffen ist,
daß sie von keinem Menschen zur bestimmten Beförderung seiner Absicht vorher gesehen werden
kann.   Gesetzt nun daß dieser Wind und die
schleunige Umsetzung desselben ganz natürlich gewesen, und Moses durch die Ausstreckung des
Stabes, das Volk nur auf die davon zu erwartende Hülfe Gottes aufmerksam machen wollen,
so wurde, zu der genauen Vorhersehung dieser
Naturbegebenheit, und daß Moses zufolge derselben mit der Zuversicht sagen konnte, seyd ge-
trost ihr werdet diese Aegypter nie wieder-
sehen,   eben der göttliche Beystand erfodert,
als wenn er die ganze Wirkung unmittelbar hervorgebracht hätte.   Und dadurch fällt denn auch
alle Vergleichung dieses Durchganges mit dem
Uebergange Alexanders an der Pamphilischen
Küste, oder des glücklichen Zufalls, der dem Scipio

pio die Eroberung von Carthagena auf eine ähnliche Art erleichterte, auf einmal weg. . . . . . .

Und hiermit könnte ich, die schon bis zur Er-
müdung weitläuftige Abhandlung von diesen beyden Wundern völlig schließen, wenn ich nicht
mit ein paar Worten der schon genännten Fragmente noch erwähnen müßte, in deren einem der
Verfasser, nach seinem fast nicht zu erklärenden
Grad von Erbitterung gegen die geoffenbarte
Religion, auch dieses Wunder verdächtig oder
vielmehr lächerlich zu machen gesucht hat. Da
aber der scharffinnige Verfasser der Antifragmente die Falschheit der mit so vieler Parade
von Gelehrsamkeit und Wahrheitsliebe gehäuf-
ten seltsamen Einwürfe, schon umständlich gezigt,
und aus der gewiß zuverläßigen Niebuhrschen
Beschreibung der Gegend, wo sich das Volk zuletzt gelagert, als auch des Meerbusens, wo es
durchgegangen, bewiesen hat, wie der Durchgang auf die beschriebene Art völlig möglich gewesen; so will ich nur eine kleine Anmerkung
noch hinzufügen, die vielleicht die Sache noch
am allerleichtesten entscheidet. Allerdings hat
der Ungenannte darinn recht, daß die Anzahl
von drittehalb oder drey Millionen Menschen,
die man annehmen muß, wenn die Anzahl der er-
wachsenen Mannspersonen sechsmalhundert tausend gewesen, die größte und bisher nicht genug
bemerkte Bedenklichkeit hier ausmache; und hät-

te

te der Mann seine Absicht dabey nicht sonst so
verdächtig gemacht, so hätte dieser Einwurf alle
Aufmerksamkeit verdient.   Aber die übrigen er=
künstelten und theils lächerlichen Dinge, die er
hinzugedichtet, um den Einwurf nur blendender
zu machen, die tausend Heuwagen für das
Vieh, (für das Vieh das größtentheils auf sei=
nem gewöhnlichen Weidegrunde blieb, auch auf
einige Tage sein Futter auf den Nothfall selbst
tragen konnte;) die zwey tausend Wagen zur
Fortbringung des von den Aegyptern geborgten
Goldes und Silbers und der Kleider, (nicht
anders als wenn ihnen die Aegypter einige tau=
send complete Silberservice und eben so viele voll=
ständige Garderoben mitgegeben hätten;) dann
noch wieder drey tausend Wagen zur Fortbrin=
bringung der übrigen Bagage,   da wenigstens
das gemeine Volk seinen rohen Teig auf der
Schulter heraus trug,   und für das sämmtliche
Gepäcke, die Heerden von Kamelen und Eseln
die sie bey sich hatten,   überflüßig hinreichend
waren, (er hätte sonst den Zug auch noch, wenn
er sich nur darauf besonnen,   mit ein paar tau=
send Wagen für das Hospital und die Feldapo=
theke verlängern können;) dann noch die so ge=
suchten Schwierigkeiten wegen des Terrains wo
das letzte Lager, und noch mehr die Angabe des
Orts wo der Durchgang selbst gewesen,   als
wenn er mitten durch den breiten Busen gegan=
gen sey, und wobey, zur Verblendung des unvor=

sichti=

sichtigen Lesers, noch eine gelehrte Beschreibung
aus dem Strabo angebracht wird, diese machen die vorgegebene Wahrheitsliebe sehr verdächtig, und zeigen deutlich die Gemüthsfassung
an, womit der Mann auch diese Geschichte zu
untersuchen angefangen hat. Da aber, wie
ich schon gesagt, der vorerwähnte gelehrte Verfasser der Antifragmente den Ungrund aller dieser Einwürfe auf das deutlichste gezeigt hat,
selbst auch bey der Voraussetzung, daß das Volk
hier zur Stelle wirklich drittehalb Millionen
stark gewesen, so will ich hierüber nur mit ein
paar Worten meine Gedanken noch sagen.

Daß das Israelitische Volk, das bey dieser
Gelegenheit nun auf immer Aegypten verließ,
im Ganzen so stark gewesen, daran ist gar nicht
zu zweifeln; denn dreyzehn Monathe nachher, wie
es bey seinem Abzuge von Sinai gemustert wurde,
betrug die Zahl der wehrhaften Mannspersonen,
nach den Stammregistern wirklich sechsmalhundert tausend Mann. 4 B. Cap. 1, 2.
Aber mußte dieses ganze Volk bey dem Auszuge
in Raemses und den zu nächst gelegenen Orten
beysammen liegen? Hier wären mehr Bedenklichkeiten als bey dem ganzen Zuge. Die Israeliten waren, wie bekannt ist, ihrer eigentlichen
Lebensart nach Hirten, und bey ihrer Ankunft
wies ihnen Joseph, mit des Königs Bewilligung,
einen Distrikt in Raemses an, der für ihr Ge-

wer-

werbe der bequemste war. Sollten nun aber
die Aegypter, die selbst bey der außerordentlichen Volksmenge so gedrungen auf einander
wohnten, diesen ohnehin schon so verhaßten
Fremdlingen es wohl zugestanden haben, daß, so
wie sie in den vierhundert Jahren sich vermehrten, sie sich mit ihren Heerden auch immer weiter ausbreiteten und sie selbst verdrängten, da
ihnen die große Vermehrung an sich schon so bedenklich wurde? Denn ein sechsmalhundert tausend Familien starkes Volk das von der Vieh-
zucht lebte, hätte gewiß mehr als einen Nomus
oder Provinz eingenommen, das halbe Nieder-
ägypten hätte dazu nicht hingereicht. Es ist also nothwendig anzunehmen, daß der größte Theil
des Volks mit seinen Heerden, außer seinem eigenthümlichen Wohnsitze, in der arabischen Wüste unter Zelten wohnend umher gezogen, so wie
dessen erste Stammväter thaten, wie die jetzigen
Hirtenvölker dort noch thun, und die Israeliten,
auch wie sie das Land Canaan schon im Besitz
hatten, noch thaten, und mit ihren Heerden bis
an den Euphrat giengen. Es ist dies keine
Muthmaßung allein, sondern es findet sich davon selbst in dem ersten Buch der Chronik Cap.
8, 21. der historische Beweis, daß die Ephraimi-
ten wirklich bis an die Grenzen von Palästina
gekommen, und von den Einwohnern zu Gad,
weil sie ihnen ihr Vieh nehmen wollten, geschlagen worden. Zugleich ist auch dies wahrscheinlich,

lich, daß, so wie die Verfolgung zunahm, das
Volk noch so viel mehr, außer dem Gebiete seiner
Tyrannen, seine Sicherheit gesucht haben werde.
Sollte nun aber Moses, wie er die Absicht hatte
es aus dem Lande wegzuführen, alle diese zerstreu-
eten Horden erst nach Raemses wieder haben zusammen berufen lassen, um die Aegypter noch so
viel mehr gegen sich aufzubringen, und sich selbst
den Auszug und den Marsch dadurch zu erschweren? Diese Horden waren einmal in Sicherheit, und er wußte gewiß, wenn er an den
Berg Sinai, den schon vorausgewählten Ver-
sammlungsort käme, daß sie sich dann auch schon
einfinden würden. Raemses war also nur der
Hauptsitz der Nation, wo die Häupter der
Stämme und Familien, die zugleich nach ägyptischer Art 2 B. Cap. 5, 6. 10. 13. 14. die
Schreiber waren und die Familienregister hielten, mit einem Theile des Volks ihre Wohnung hatten. Und so lange Pharao diese im
Lande behielt, blieb auch allezeit das ganz Volk
in seiner Gewalt, dies mochte auch mit seinen
Heerden so weit es wollte umherziehn. Wenn
es also heißt, es wären sechsmalhundert tausend wehrhafte oder erwachsene Mannspersonen
damals ausgezogen, so ist es, wie mir deucht,
viel natürlicher es dahin zu erklären, daß die
Summe des ganzen Volks, das bey diesem Auszuge Aegypten nun auf immer verließ, zufolge
der Stammregister, aus so vielen hundert tausend

Gg 4 Mann,

Mann, (möchten es nun auch noch mehr als drey
Millionen ausmachen,) bestanden habe, als
wenn man buchstäblich annimmt, daß diese große
Menge, mit allen den Heerden, vor dem Auszuge
in Raemses eingesperret gewesen sey, oder nächst
herum cantoniret habe, und in der Musterung, (dazu war es in den kritischen Umständen eben Zeit)
sechsmalhundert tausend stark befunden worden.
Und so hätte denn die vorgegebene gelehrte Nach-
suchung des Mannes, wie die Römer und andre alte Völker ihre Märsche und Läger eingerichtet, (o der Pedanterey, wenn es nicht gesuch-
tes Blendwerk wäre!) ingleichen ob diese Israeliten in Quarrees oder in Corporalschaften von
zehn Mann in der Fronte marschiret, (woraus
denn die tiefsinnige Berechnung des Zuges von
hundert und achtzig deutschen Meilen heraus-
kommt) ferner, die witzige Beschreibung des
Durchmarsches selbst, wie sich das Volk durch
die Corallenstauden durcharbeiten müssen, und
an den Klippen bald die Nase bald die Füße zer-
stoßen, besonders der Favoritscherz mit den
Ochsenposten, und endlich der Spott über den
armseligen dummen Juden, der diese alberne
Geschichte, ohne einen von allen den Widersprü-
chen gefühlt zu haben, so dumm hingeschrieben,
ich sage, daß aller dieser Aufwand von antiqua-
risch militarischer Gelehrsamkeit und Witz hätte
gesparet werden können. Und der dumme Is-
raelite, der diese alberne Geschichte erdichtet,
hätte

hätte der etwan auch das erhabne Siegslied, das
er Mose hier beylegt, erdichtet? ihm etwan
auch die Anreden an das Volk angedichtet, wor=
inn er demselben dieses Wunder so oft vorhält?
5 B. Cap. 11. auch unter Davids Namen die
erhabnen Psalmen erdichtet? Ps. 76. 7. 106.
Und David, der so oft und mit Entzücken die an
seinem Volke erwiesenen Wunder besingt, dessen
Gebiet unmittelbar an diesen Meerbusen gieng,
selbst einen Hafen daran hatte, sollte der diese
merkwürdige Gegend nie besucht haben? Aber
genug hievon. Es sey indessen ein vorläufiger
kleiner Beweis von der gerühmten kühlen Wahr=
heitsliebe, womit dieser Mann in seinen Frag=
menten die christliche Religion behandelt hat, da
bey so viel hellern und ungleich stärkern Bewei=
sen, eben das größre Licht ihn noch mehr scheint
geblendet zu haben.

Ist es nicht traurig, daß ein Mann der
selbst in diesem Fragmente Scharfsinn und Ge=
lehrsamkeit beweiset, entweder durch eine na=
türliche nicht zu befriedigende Gemüthsart und
einen innern Hang zum Tadel, oder durch ein
unbefriedigtes Vertraun zu eignen Verdiensten,
oder durch einen erbitterten Widerwillen gegen
gewisse Lehrsätze, Beweise und Erklärungen ein=
zelner Partheyen oder Ausleger denen er nicht
beypflichten können, und denen zu widersprechen
und seine eigne Gedanken dagegen zu äußern,

er etwan auch nicht Muth genug gehabt, oder
was man sich sonst für eine verbitterte Gemüthsfassung denken mag, sich zu einem solchen Grad
von Verblendung nach und nach aufbringen lassen können, daß er alle Beweise, die so unwidersprechlich für die Wahrheit reden, mit dem
bedenklichsten Stillschweigen übergeht, Zweifel
hergegen aufsucht, deren Schwäche er bey seiner
Einsicht nothwendig selbst fühlen müssen, alte
Einwürfe mit einem Scheine wiederholt, als
wenn er gar nicht wüßte wie oft und gründlich dieselben schon beantwortet sind, und sich solche Verdrehungen erlaubt, die man ohne den bittersten
Haß, (weniger kann ich nicht sagen) sich nicht
erklären kann.   Von dem Pöbel der Deisten ist
man dergleichen gewohnt; aber daß ein Mann,
für dessen Herz man gern eben die Hochachtung
hätte, die man für seine Gelehrsamkeit hat, sich
dergleichen erlaubt, sich Verdrehungen erlaubt,
deren der Niedrigste von jenen sich entsehen, und
Ausdrücke, die dem Leichtsinnigsten sein Gewissen
nicht erlauben würde, dies ist eine traurige, und
für die menschliche Vernunft demüthigende Gra-
dation.   Zugleich aber auch ein Beweis, was
natürliche oder künstliche Kühle für ein Zeichen
von Wahrheitsliebe sind, wenn dem kühlen For-
scher so viele gesuchte Verblendungen, erzwun-
gene Verdrehungen und hämische Spöttereyen
entwischen. Und diese Fragmente, sollten in einem der ersten Tempel der Wissenschaften, als
                                             ein

ein heiliges Vermächtniß für die Nachwelt, ſo
lange aufbewahrt bleiben, bis dieſe mehr er-
leuchtet, fähig und ſtark genug geworden, den
Werth der darinn enthaltenen Weisheit einzuſehn, einzuſehn nämlich, und was? — daß der
Heiland und ſeine Apoſtel, denen die Welt ihre
ganze Erleuchtung ſchuldig iſt, die, die allervoll-
kommenſte Rekzion in die Welt gebracht, eine
Religion, die nach des Verfaſſers eignem Ge-
ſtändniß, die edelſte Sittenlehre enthält, die
ſich ganz in ein dankbares Beſtreben Gott in ſeiner allgemeinen Liebe zum Guten ähnlich zu werden und in einer allgemeinen Menſchenliebe con-
centriret; die eine ewige Glückſeligkeit, in Beziehung auf das ſittliche Verhalten in dem gegenwärtigen Leben, als die eigentliche Beſtimmung der Menſchen gelehret, wovon dieſes gegenwärtige nur der Vorbereitungs- und Prü-
fungsſtand ſey, die auch für dieſe Religion die größten Verfolgungen und Widerwärtigkeiten erdul-
det, und ſelbſt ihr Leben dafür aufgeopfert haben, und daß dieſe dennoch die gewiſſenloſeſten
Böſewichter und Betrüger geweſen. Wie wohl
iſt es gethan, da einmal dieſe Sammlung an gewiſſen Orten im Finſtern herumgieng, und beſonders von unwiſſenden rohen jungen Leuten
abgeſchrieben, geleſen, verſchlungen, mit dem
frohen Jauchzen verſchlungen wurde, daß ſie
nun endlich von Bibel und Religion befreyet
wären, (denn was dieſe Art Leute natürliche
Reli-

Religion nennet, damit wird ſie immer fertig,)
wie wohl, ſage ich, iſt es gethan, daß dieſes Vermächtniß, wovon man ſich vielleicht ſonſt lange
als von einem der fürchterlichſten Geheimniſſe
heimlich ins Ohr geſprochen hätte, aus ſeinem
Winkel gleich ans Licht gebracht worden, damit
die gegenwärtige Welt ſchon ſehe, und von Männern von Einſicht und Wahrheit es ihr erkläret
werde, was für Schätze ihrer Nachkommenſchaft dabey gewidmet worden.   Aber genug
hievon.   Ich fühle es ſelbſt, daß ich mit der weitläuftigen Abhandlung dieſer beyden Wunder
den Leſer ſchon müſſe ermüdet haben.   Aber da
ſie der Grund ſind, worauf die ganze Wahrheit
der göttlichen Sendung Moſis und ſeines Reli-
gionsſyſtems beruhet, ſo glaubte ich darüber etwas umſtändlicher ſeyn zu müſſen; ich kann mich
dafür in der folgenden Geſchichte jetzt ſo viel kürzer faſſen, und will daher nur das merkwürdig-
ſte berühren.

Das Iſraelitiſche Volk war nunmehr in
Freyheit geſetzt, und ſollte von nun an ein unab-
hängiger Staat werden.   Aber da es, ſo unmittelbar wie es aus ſeiner Knechtſchaft trat,
dieſe Freyheit nicht würde haben ertragen können, ſo ſollte es, wie ich oben ſchon geſagt, auch
noch nicht gerade auf Canaan fortziehen.   Das
alte Geſchlecht, war an den abgöttiſchen ägyptiſchen Bilderdienſt zu ſehr gewöhnt, auch zu ver-
wildert

wildert und zu roh; als daß es ſich je an einen
ganz andern Gottesdienſt, und an eine ſehr ſtrenge geſetzliche Verfaſſung hätte gewöhnen können;
dies ſollte alſo in der Wüſten erſt ausſterben:
Aber auch das neue Geſchlecht, das von nun
an keinen andern Gott als den Gott ſeiner Väter, den einigen Herrn und Schöpfer der Welt
kennen ſollte, mußte erſt noch mehr in dem Glauben an dieſen Gott beſtärkt, und gewöhnt werden, denſelben ohne alle ſinnliche Bilder anzubeten; und die ganze hierauf eingerichtete Conſtitution, würde nie eine feſte Conſiſtenz bekommen
haben, wenn das Volk ſogleich in ſeine verſchied-
ne Provinzen vertheilt, nicht erſt, während da
es noch beyſammen war, unter der ſtrengen
Zucht ſeines Geſetzgebers, an deren genaue Beobachtung gewöhnt worden wäre. Auch die Prieſter mußten ihr Geſchäft erſt kennen lernen, und
mit dem Geiſte ihres weitläuftigen geſetzlichen
Syſtems erſt genau bekannt werden. Zu dieſem Ende nimmt Moſes ſeinen Zug in die Wüſte Sinai, 2 B. Cap. 3, 12. weil dieſer Berg
der von Anfang an ſchon gewählte Ort war,
wo dem Volke dieſe neue Verfaſſung, unter der
göttlichen Beſtätigung, aufs feyerlichſte bekannt
gemacht werden ſollte.

Die außerordentliche Vorſehung, die es bis
hieher geführet, begleitet es auch auf dieſem Zuge; aber der unruhige ungezähmte Geiſt deſſelben,

ben, der bey jeder Gelegenheit ausbrach, äußerte sich auch hier bald, da es in eine Gegend kam wo es kein trinkbares Wasser fand, Cap. 15. dem aber Moses durch ein natürliches Mittel abhalf. Da die Vorsehung es so gefügt hatte, daß er sich zum voraus diese Gegend bekannt machen müssen, wo er nun, als auf dem großen Schauplatz seiner Bestimmung, erscheinen sollte, so war dies Mittel ihm vielleicht bekannt. Da er aber nun schon die volle Bestätigung seiner göttlichen Sendung erhalten hatte, so erfoderte es die Fassung des Volks, daß er nunmehro auch, um dasselbe auf diese göttliche Führung so viel aufmerksamer zu machen, alles als auf unmittelbare göttliche Anweisung that.

In dem zweyten Monathe nach dem Auszuge, eräugnete sich schon wieder eine neue Gelegenheit dazu. Es entstund ein neuer Aufruhr wegen Mangel. Er aber mit seinem gewöhnlichen Vertraun zu der göttlichen Hülfe, versprach daß es den folgenden Tag Fleisch und Brod in Ueberfluß bekommen sollte, und den Abend war auch das ganze Lager mit Wachteln überdeckt. Da die Heuschrecken, in ihren gewöhnlichen starken Heeren, in diesen Gegenden häufig ziehen, und ebenfalls eine gewöhnliche Speise sind, so erklären einige das Wort, das hier durch Wachteln übersetzt ist, von diesen Heuschrecken. Andre Ausleger aber sind geneigter, auf das Zeugniß

niß derer, die auf ihren Reisen sich diese Gegend
genau bekannt gemacht haben, die Bedeutung von
Wachteln zu behalten, indem ebenfalls zuweilen ganze Heere dieser Art Vögel in diesen Gegenden über das Meer kommen, und aus Mattigkeit nach ihrem langen Fluge so liegen bleiben
sollen, daß sie ohne Mühe mit den Händen gegriffen werden können. Ist hier also gleich
kein eigentliches Wunder anzunehmen nöthig,
so war die Zuversicht, womit Moses diese so zufällige Begebenheit vorher ankündigte, doch eben
so hinreichend die fortdaurende außerordentliche
Vorsehung und sein Ansehn zu bestätigen. Den
folgenden Morgen fand sich auch der ganze Erdboden mit Manna bedeckt. Daß dasselbe in
Aegypten und besonders den Israeliten, die mit
ihren Heerden die arabischen Wüsten immer bezogen hatten, so unbekannt gewesen seyn sollte,
daß es von ihrer bewundernden Frage den Namen erst bekommen hätte, ist wohl nicht wahrscheinlich. Nach der Beschreibung war es eben
dem natürlichen Manna, das in Persien, Arabien und selbst auch in Canaan, in den Sommermonathen des Nachts aus den Blättern gewisser
Stauden schwitzt, in kleinen Körnern wie Reif
gerinnet, und vor Sonnenaufgang von den Blättern abgeschüttelt und gesammlet wird, völlig
gleich. Und da man um diese Zeit die eigentliche Entstehungsart noch nicht wahrgenommen
hatte, sondern glaubte, daß es wie der Thau herunter

unter fiele, so bekam es daher auch vielleicht den
Namen von Himmelbrod.   Wenn es also auch
dies natürliche Manna war,   und man dabey
auch nicht anzunehmen nöthig hat, daß es das
einzige, oder auch nur das vornehmste Nahrungs=
mittel des Volks während dieses seines Zuges
gew-sen,   so müssen doch die andern Umstände
die bey der Beschreibung davon vorkommen,
und daß es sich besonders zu allen Jahrszeiten
in einer solchen Menge fand, daß es eine beständ=
dige Hülfsspeise war, von dem Volke selbst, als
ein außerordentlicher Beweis der göttlichen Vor=
sehung seyn angesehen worden,   weil Moses
sonst zum Andenken dessen kein Gefäß voll da=
von in der Bundslade würde haben aufbewah=
ren lassen.

Kaum aber ist auch diese Empörung gestil=
let so fängt das Volk,   wie es nach Residim
kommt,   und die Bäche ausgetrocknet findet,
wegen des Wassermangels abermals eine neue
Unruhe an. Aber Moses, nachdem er die Hül=
fe Gottes angerufen,   fodert das Volk zusam=
men, geht in Begleitung der Aeltesten vor dem=
selben her nach dem Berge Horeb von dem dieser
Bach herunter fällt,   und der dieses Thal noch
jetzt befeuchtet, schlägt mit dem Stabe, den er
als das Zeichen der ihm von Gott aufgetragenen
Oberherrschaft beständig führte,   den Felsen,
und in dem Angesichte des Volks fängt der
Bach

Bach an ſich wieder zu ergießen. Den Reiſen-
den wird in dieſer Gegend noch jetzt ein Felſen-
ſtück gezeigt, woraus dieſes Waſſer gefloſſen
ſeyn ſoll, und das deswegen der Stein Moſis
von den Arabern genennet wird; aber die Beſchreibung in dieſem Buche iſt authentiſcher als
dergleichen Traditionen.

Die Fabel die Tacitus hierüber anführt, als
wenn Moſes, (der doch vierzig Jahr mit ſeinen
Heerden ſich in dieſer Gegend aufgehalten hatte)
aus dieſer Verlegenheit, durch eine Heerde wilder Eſel, die ihn zu dieſem Bach geführet, geret-
tet ſey, und er daher zum Andenken deſſen, das
Bild eines Eſels in das Heiligthum habe ſetzen
laſſen, verdient keine ernſtliche Widerlegung. Den
Römern und Griechen war das jüdiſche Volk,
das ſie mit der größten Verachtung anſahen,
viel zu unwichtig, als daß ſie ſich um die ächte
Geſchichte deſſelben aus deſſen eignen Urkunden
bekümmert haben ſollten. Sie kannten daſſelbe nur aus dem fabelhaften Gemiſche des Manethon und andrer neu ägyptiſcher griechiſcher
Schriftſteller, die ſich das Anſehn gaben, als
wenn ſie die alten ägyptiſchen Monumente noch
zu erklären wüßten, aber wegen ihrer Unwiſ-
ſenheit beym Herodotus ſchon keinen Glauben
mehr hatten, und von Strabo für die unwiſ-
ſendſten und kühnſten Lügner erkläret wurden.
Man ſieht es auch der Geſchichte, die Tacitus

von dieſem Volke giebt, gleich an, daß ſie ganz
aus dergleichen Fabeln zuſammen geſetzt iſt.
Und was dieſe Fabel von der Verehrung eines
Eſels betrifft, ſo wäre es ſchon zu viel, wenn
ich erſt beweiſen wollte, daß die gottesdienſtliche Aufſtellung und Verehrung irgend eines
Bildes, dem allererſten Grundgeſetze des jüdi-
ſchen Gottesdienſtes entgegen geweſen ſey, da
ſelbſt Tacitus, in eben dieſer Geſchichte, den Juden das fürtreffliche Zeugniß giebt, daß ſie nur
einen einzigen Gott erkennten, den ſie im Geiſt
ohne alle Abbildung anbeteten, und alle diejenigen für Abgötter hielten, die das höchſte ewige
und unveränderliche Weſen in Bildern aus vergänglichen Materien verehrten. Und Joſephus
konnte dieſe Fabel nicht kürzer und beſſer als
damit widerlegen, daß weder Pompejus noch
Craſſus noch Cäſar, die ſich des Tempels bemächtigt, in dem innern Heiligthum, irgend
etwas, das einigem Bilde ähnlich, ſondern daſſelbe ganz leer gefunden hätten. Die Fabel
ſcheint auch in ſpätern Zeiten erſt aufgekommen
zu ſeyn. Hundert gelehrte Muthmaßungen
ſind über ihren Urſprung gewagt; aber weil
man geglaubt ſie müßten gelehrt ſeyn, ſo iſt
dies vielleicht die Urſache, daß ſie alle gleich wenig befriedigend ſind. Wahrſcheinlich iſt der
Grund davon nichts als ein pöbelhafter Spott
über den Namen Jao oder Jehovah, ähnlich

dem

dem Anchiolus beym Juvenal, und dem: er
ruft dem Elias, bey dem Tode des Erlöſers.

Ehe ich weiter gehe, muß ich auch noch mit
zwey Worten der Wolke und Feuerſäule hier
erwähnen, welche das Volk von ſeinem Aus=
zuge an beſtändig auf ſeinem Zuge begleitete.
Es iſt bekannt daß einige Gelehrte, und nicht
immer aus der feindſeligen Abſicht alle Wun=
der verdächtig zu machen, ſondern auch wohl
aus der unſchuldigern, dieſelben nicht ohne
Grund zu häufen, dieſe Wolkenſäule, als
eine, den Juden nicht ungewöhnliche, prächtigere
Beſchreibung der gewöhnlichen Heerleuchten an=
ſehen, deren man in ältern Zeiten, beſonders in
warmen Ländern, da wegen der großen Tages=
hitze die Heerszüge nur bey Nacht geſchehen
konnten, ſich ſtatt der Signale bediente, um ſo
wohl den Aufbruch und die Ruhe des Heers, als
auch den Marſch deſſelben dadurch zu bezeich=
nen. Alexander nahm ſelbſt bey ſeinen Heers=
zügen dieſe Gewohnheit von den Perſern an;
und die muhamedaniſchen Caravanen bedienen
ſich derſelben noch jetzt, in eben dieſen arabiſchen
Wüſten, auf ihren Zügen nach Mecca. Dieſe
Wolke vertrat auch allerdings auf dieſem Zuge
die Stelle eines ſolchen Signals; ſie begleitete
das Heer beſtändig, und wenn ſie nach errichte=
ter Stiftshütte ſich auf derſelben als dem Haupt=
quartiere niederließ, oder ſich erhob, ſo war es

Hh 2   auch

auch das Zeichen zur Ruhe und zum Aufbruche
des Heers. Aber so wenig man auch Ursache
hat die Wunder zu häufen, da die Wahrheit
der ersten Wunder bey dem Auszuge so unwidersprechlich bestätigt ist, so würde man doch die
Beschreibung zu sehr verlassen müssen, wenn
man sie für nichts anders, als für ein solches Feu-
ergefäß, annehmen wollte, das entweder vor
dem Heere voraufgetragen, oder auf der Stiftshütte, bey der Ruhe des Heers, aufgestellet worden wäre, und das bey Tage durch den Rauch,
und des Nachts durch seinen Glanz zum Signale gedient hätte. Sie sollte die Aehnlichkeit dieses Signals haben; aber sie sollte zugleich dem
Volke das Symbolum der höhern und unmittelbaren göttlichen Leitung seyn, worunter es auf
diesem Zuge gienge, und bekam auch daher den
Namen des Engels, als eines ganz besondern
Mittels dieser außerordentlichen göttlichen
Vorsehung. Wenn man die große Absicht die
Gott mit diesem Volke hatte, nach ihrem ganzen
Plan hierbey nicht immer vor Augen hat, sondern ohne selbigen, alle diese außerordentlichen
Begebenheiten nur einzeln ansieht, so würde man sich allerdings geneigt fühlen, ihnen eine andre Erklärung zu geben. Wenn
man sich aber erinnert, was ich schon oben
hiervon gesagt, daß es die große Absicht war,
die Erkenntniß eines einigen Gottes und einer
alles regierenden Vorsehung dadurch zu bestätigen,

gen, eine Erkenntniß die jetzt zwar, bey unsrer
Erleuchtung, zu den ersten allgemeinen Vernunftwahrheiten gehöret, die aber, da sie selbst viele
Jahrhunderte nachher, bey den so viel aufgeklär-
tern Völkern noch nicht durchdringen konnte,
um diese Zeit aber von der Vernunft noch so
viel weniger unterstützt wurde, daß ihr vielleicht nichts schwerer war, als sich einen unsichtbaren Gott ohne Bilder, und einen Schöpfer und
Regenten der Welt ohne Untergötter vorzustellen; so wird man, wenn dieser große Endzweck
erreicht werden, und diese Wahrheit auf den rohen ungebildeten Geist dieses Volks einigen Eindruck machen sollte, diese außerordentlichen Mittel nicht mehr für überflüßig halten. Und da
man überdem um diese Zeit, so wenig noch von
ordentlichen Naturgesetzen als von Wundern
einigen deutlichen Begriff hatte, und überhaupt
von allen eingebildeten Göttern glaubte, daß sie
allerhand außerordentliche Dinge thun könnten,
so würde der Eindruck von einem einzigen Wunder, wäre es auch noch so groß gewesen, bald
erloschen seyn, wenn er nicht von Zeit zu Zeit
unterhalten und erneuert worden wäre. Und
wie hätte Moses mit aller seiner Klugheit
dies ungestüme Volk, das nun nach und nach
seine Kräfte zu fühlen, und dessen kriegerischer
Geist, nach einigen glücklichen Siegen, sich immer mehr zu regen anfieng, die vierzig Jahr
lang in der Wüsten in der strengen Zucht erhal-

Hh 3 ten,

ten, und von der frühern Eroberung des ihm zu-
gedachten Landes das es immer vor sich hatte,
zurück halten wollen, wenn er nicht selbst auch
auf diese außerordentliche Art von Gott wäre
unterstützet worden?

Im dritten Monath nach dem Auszuge kam
es hierauf in die Wüste Sinai, in die Gegend des Berges der, wie ich schon gesagt,
voraus dazu ersehen war, daß ihm von demselben seine neue Verfassung feyerlichst bekannt gemacht werden sollte. So wie es ankommt muß
es sich auch den Berg gegenüber lagern. Denn
es soll der göttlichen Stiftung seines Gesetzes, und
besonders auch der großen feyerlichen Bestätigung die Moses hier zugleich erhalten soll, selbst
mit zusehen, damit es von nun an alle dessen
Verordnungen und Gesetze, nicht als bloß
menschliche, sondern als von Gott selbst gewählte und bestätigte Gesetze erkenne und befol-
ge. Ich bediene mich hier abermals mit Bedacht des Ausdrucks, daß Gott hier besonders
das Ansehn Mosis bestätigen, und seinen Gesetzen das Siegel der göttlichen Autorität habe
beysetzen wollen. Denn nach meiner Einsicht,
kann man die große Kenntniß und Klugheit
Mosis bey diesen Gesetzen doch wohl nicht ganz
ausschließen. Gott hatte diesen außerordentlichen Mann schon vor seiner Geburt zu diesem
großen Geschäfte erwählet und zubereitet, so
wie

wie er andere Menſchen, die er zu außerordentlichen Werkzeugen ſeiner Vorſehung auserſehen
hat, zu ihrer großen Beſtimmung bereitet. Er
ſchafft ihre Seelen mit den darzu benöthigten
großen Anlagen, und läßt ſie in ſolche Situationen und Umſtände kommen, worinn dieſe Fähigkeiten, ihrer Beſtimmung gemäß, ſich entwickeln und ausbilden können, damit zu der Zeit,
die er nach ſeiner Weisheit erwählet, ſeine Abſicht durch ſie erfüllet werde. In unſern Augen
wirken dieſe bloß als Menſchen, in der That
aber ſind ſie Werkzeuge in ſeiner Hand, die mittelbar das ausrichten, was er durch ſie auszuführen beſchloſſen hat. So hatte Gott auch
Moſen voraus dazu ſchon erwählet, daß Er es
ſeyn ſollte, durch welchen er die große Abſicht,
mit der nunmehrigen Einrichtung des Iſraelitiſchen Volks, ausführen wollte. Mit dem Anfang ſeiner Exiſtenz hatte Gott hierzu den groſ-
ſen Geiſt ſchon in ihn gelegt; auf die wunder-
barſte Art hatte ſeine Vorſehung ihn auch gleich
an den ägyptiſchen Hof gebracht, wo er, bis zur
vollen Reife ſeiner männlichen Jahre, unter den
dortigen Weiſen dieſe großen Talente ausbilden,
und die zu ſeiner großen Beſtimmung nöthigen
Kenntniſſe und Klugheit ſich erwerben konnte;
zugleich hatte der nahe Anblick, der durch die
daſelbſt herrſchende Abgötterey ſo ganz verfallenen wahren Erkenntniß Gottes, und die tyranni-
ſche Unterdrückung ſeines Volks, ſeinen Glau-

ben

ben an den Gott seiner Väter, an den einigen
Gott Schöpfer und Regenten der Welt, noch
tiefer in seine Seele eindrücken, und seinen Eifer für die Erhaltung dieser Wahrheit noch mehr
erwecken müssen, und hierzu kam nachher noch
sein vierzigjähriger Aufenthalt in Arabien, wo
er in dieser Ruhe den großen Gedanken noch
mehr durchdenken konnte, da er zumal, nach
der an Abraham gegebnen Verheißung, wußte,
daß der Zeitpunkt nahe seyn müsse, da dessen
Nachkommenschaft in den Besitz des Landes Canaan kommen sollte. Seine große Bestimmung
kannte er freylich noch nicht; aber so wie dieser
Zeitpunkt da ist, erhält er den unmittelbaren Beruf, und nun soll er auch nicht bloß als der große
Mann mehr erscheinen, sondern sich von nun
an als der außerordentliche göttliche Gesandte
unterscheiden. Durch die Wunder die Gott
durch ihn verrichten läßt, soll er erst sich selbst
als einen solchen fühlen, und das Vertrauen zu
sich fassen, daß er von nun an nach seinen Gedanken und Handlungen unter einer besondern
göttlichen Leitung stehe, und zugleich soll er auch
von seinem Volke für den ihm von Gott unmittelbar verordneten Führer erkannt werden. Sollte nun aber dieser geschäftige aufgeklärte Geist,
da er diesen seinen großen Beruf beständig vor
Augen hatte, dennoch nie an die Ausführung
desselben gedacht, und gar keinen Entwurf von
den Verordnungen und Gesetzen sich gemacht
haben,

haben, wornach er die gottesdienstliche und bür=
gerliche Verfaſſung des ihm anvertrauten Volks
bey seiner Ankunft in Canaan einzurichten ha=
be? Und ſollte Gott, der dieſen Mann ſo ſicht=
barlich hierzu erwählet und ſo lange zubereitet
hatte, dennoch bey dieſer Einrichtung deſſen
Klugheit nichts überlaſſen, ſondern ihm alle die=
ſe Geſetze, Verordnungen und Gebräuche un=
mittelbar eingegeben haben? So wären alle
dieſe großen Gaben und Zubereitungen ohne End=
zweck, und der niedrigſte Hirte in dem ganzen
Heere zur Ausführung dieſes großen Geſchäfts
eben ſo geſchickt als Er geweſen. Und wer ſie=
het nicht auch in allen dieſen Geſetzen und Verord=
nungen den durch eine lange Erfahrung, durch
eine große Welt = und Menſchenkenntniß, und
den ſelbſt auch in Aegypten gebildeten großen und
klugen Mann? Es ſey ferne von mir, dieſe Einrich=
tung deswegen bloß als ein Werk menſchlicher
Klugheit anzuſehen. Der Plan der großen
künftigen Erleuchtung der Welt, dem dieſe Ein=
richtung vorzüglich zum Grunde dienen, und die
höhern Abſichten, wovon ſie zum Theil den Schat=
tenriß enthalten ſollte, war zu entfernt, und für
alle menſchliche Klugheit zu groß, als daß Mo=
ſes dieſe Einrichtung ſo paſſend darauf hätte
machen können. Hier iſt der göttliche Einfluß
nicht zu miskennen. Dabey kann man aber
dennoch, ohne im mindeſten das göttliche An=
ſehn dieſer Stiftung zu ſchwächen, ſicher anneh=

Hh 5   men,

men, daß Gott, die außerordentlichen Gaben dieses erleuchteten Mannes, als ein Mittel bey der Einrichtung dieser Stiftung und der dazu nöthigen Gesetze gebraucht, und daß Moses, seinen darüber schon gefaßten Gedanken, unter diesem göttlichen Einflusse hier auf dem Berge, die volle Einrichtung gegeben habe. Diese Einrichtung wäre indessen, bey aller ihrer innern Vollkommenheit, dem Ansehn nach noch nichts mehr als menschliche Einrichtung gewesen. Aber sie soll mehr seyn; sie soll dem Volke von nun an göttliche Stiftung seyn, und alle Gesetze sollen die Kraft und Verbindlichkeit göttlicher Gesetze haben. So wie ein Herr, wenn er seinem Diener seine Absichten und Gesinnungen bekannt gemacht, die Ausführung der Verordnungen dessen ihm bekannter Klugheit überläßt, aber sie dann, durch sein aufgedrücktes Siegel, und durch ihre feyerliche Bekanntmachung, für sein Gesetz erkläret, und ihnen die volle Kraft seines höchsten Willens giebt. Und dies ist auch der Endzweck der außerordenlichen Erscheinung auf dem Berge, die so lange als Moses oben ist, über demselben hält. Sie soll die feyerliche und göttliche Ratification und Bestätigung seyn, daß Gott, alle durch Mosen nun zu promulgirende Gesetze, als von ihm selbst gegeben von nun an von dem Volke wolle angesehen haben. Nach der Beschreibung, ist zwar alles was Moses spricht und thut, unmittelbares göttliches

Dicta=

Dictamen, unmittelbarer Befehl. Aber so
mußte es jetzt seyn; denn nach dieser feyerlichen
Bestätigung handelt Moses nicht mehr für sich;
das Volk muß ihn jetzt bloß für den göttlichen
Herold ansehen, der nicht seinen sondern des
Herrn Willen verkündiget. Und hierauf ist die
ganze Beschreibung auch eingerichtet. Ob Moses
der unmittelbare Verfasser derselben sey, oder
ob er von einem der Aeltesten, die er bis an den
Fuß des Berges mitgenommen, die Verhandlung unter seiner Aufsicht habe aufzeichnen lassen,
dies verändert in der Hauptsache nichts; das letzte ist wegen der eignen großen Geschäfte und auch
nach der ganzen Vorstellungsart wahrscheinlicher.
Mit der Erklärung aller darinn vorkommenden
einzelnen Umstände, und mit der Auseinanderse-
tzung einiger scheinbaren Unordnungen, will ich
mich aber nicht aufhalten; ich will nur das wesentliche auszeichnen.

Die ganze Verhandlung ist auf das allerhöchste feyerlich, so wie es, nach den damaligen
Begriffen und der Fähigkeit des Volks, den möglichst stärksten Eindruck machen konnte; nach
den damaligen Begriffen sage ich, da man sich
die Gottheit im Himmel als im Lichte wohnend,
die Berge als ihren Sitz, wann sie sich zu den
Menschen herablassen wollte, und den Donner
als das höchste Zeichen der göttlichen Majestät
vorstellete. So auch hier; in der Wolke die
sich

sich auf dem Berge niederläßt, läßt sich die Gottheit in derselben gleichsam selbst herab; der Donner ist die Posaune die ihre Ankunft ankündigt,
und zugleich die Sprache worinn sie Mosi ihre
Befehle kund macht.   Gleich nachdem er zum er-
stenmal den Berg bestiegen, kommt er mit der höchst
pathetischen Anrede in dem Namen Gottes an das
Volk wieder zurück: Cap. 19. Ihr selbst habt gesehen was ich den Aegyptern gethan, und
wie ich euch auf Adlers Flügeln bis hierher
zu meiner Wohnung gebracht habe; wollet
ihr nun meinen Bund,   das Gesetz welches
euch nunmehro bekannt gemacht werden soll,
halten, so sollet ihr, obgleich die ganze Erde
mein ist,   und ich nicht ein Gott nur von einer
Gegend und einem Volke, sondern der Herr und
Regent der ganzen Welt bin,   und alle Völker
ohne Ausnahme an meiner Vorsehung Theil
haben, so sollet ihr dennoch mir ein besonders
Eigenthum und heiliges Priesterthum
seyn, ein Volk das sich mir, als dem einigen
wahren Gott, mit Verleugnung aller falschen
Götter ganz widme, und sich dadurch von allen
andern Völkern unterscheide,   und sodann will
ich mich auch euch durch meine besondre Fürsorge als diesen Gott beweisen.   Durch diesen Antrag gerührt antwortet das Volk einmüthig:
wir wollen alles thun was der Herr befehlen wird.

Um

Um indessen die Ehrfurcht, für die zu erwartende Erscheinung und Publication des Gesetzes, bey dem Volke noch so viel größer zu machen, muß es sich nach der damaligen Art, wenn man in die geglaubte Gegenwart der Gottheit kam, gegen den dritten Tag, wenn die große Erscheinung seyn würde, reinigen und die Kleider waschen, und zugleich läßt er, um den Eindruck noch zu verstärken, eine Grenzlinie um den Berg ziehen, die kein Mensch auch selbst das Vieh bey Lebensstrafe nicht überschreiten darf. Und darauf kommt der große feyerliche Tag; der ganze Berg wird in dicke Wolken verhüllet, woraus unaufhörliche Blitze fahren, und ein anhaltender rollender Donner der den ganzen Berg erschüttert, verkündigt gleichsam als die Posaune Gottes die Ankunft des Herrn; und zugleich führet Moses das Volk, (wie unterscheidend ist diese Anstalt von den vorgegebnen Offenbarungen eines Minos, Numa und Mahomets!) aus seinem Lager gegen den Berg, V. 17. daß es alles selber mit ansehe, und er nachher auf dessen eigenes Zeugniß und auf diese göttliche Bestätigung seines Gesetzes sich mit so viel mehrerm Nachdruck berufen könne. Cap. 24, 9. Hierauf geht er in Begleitung Aarons und siebenzig von den Aeltesten des Volks auf den Berg, befiehlt aber diesem, am Fuße desselben in einer Entfernung zu bleiben, und er selbst steigt nur allein auf die Spitze in die Gewitterwolke,

wolke, und bringt, wie er wieder herunter
kommt, die erste Sammlung der Gesetze mit,
Cap. 20. 21. 22. 23. die er dem Volke, als den
Bund den Gott damit von nun an mit ihm mache, vorliest. Das Volk durch diese furchtbare
Erscheinung in die äußerste Ehrfurcht gesetzt,
antwortet einmüthig: Alles was der Herr
geredet hat, wollen wir thun, und erbietet
sich zugleich, alle Gesetze die Moses ihm fernerhin
geben würde, als von Gott unmittelbar gegebne
Gesetze anzunehmen und zu befolgen. Um dieser Annehmung des Gesetzes nun alle Feyerlichkeit, eines gleichsam mit Gott errichteten Bundes zu geben, errichtet er am nächsten Morgen
an dem Fuß des Berges einen Altar, setzet, zum
Zeichen daß alle zwölf Stämme an diesem
Bunde gleichen Antheil nehmen, für jeden
Stamm eine Säule um den Altar, und läßt das
Volk, nach damaliger Art, durch ein heiliges
Bundesopfer zur unverbrüchlichen Haltung dieses Gesetzes sich verbinden; wobey Er das Blut
der geschlachteten Thiere in Schaalen auffasset,
die Hälfte davon an den Altar gießt, mit der
andern Hälfte aber das Volk mit den Worten
besprengt: Dies ist das Blut des Bundes
den der Herr mit euch macht, alle diese
Gesetze zu beobachten. Dergleichen Opfer
waren bey allen alten Völkern die feyerlichste
Art der Verpflichtung bey errichteten Bündnissen, wobey der, der den Bund annahm, sich
ver-

verwünschte, daß, wo er bundbrüchig würde, sein Blut eben wie das Blut des geopferten Thiers vergossen werden sollte. Cap. 24, 12. 15. Hierauf geht er wieder auf den Berg um die Einrichtung des öffentlichen Gottesdienstes abzufassen, und besonders den zehn Geboten, als dem Grundgesetze des nun errichteten gottesdienstlichen und bürgerlichen neuen Staats, durch die Eingrabung in zwey steinerne Tafeln die vorzügliche Wichtigkeit, und dem Originale, zur Aufbewahrung eine so viel mehrere Dauer zu geben. Cap. 25 — 31. Die Wichtigkeit und die unveränderliche Verbindlichkeit dieser Gebote, konnte nicht stärker als dadurch ausgedrückt werden, daß sie selbst mit dem Finger Gottes auf diese Tafeln geschrieben wären. Mit ihrer Erklärung will ich den Faden der Geschichte jetzt nicht unterbrechen, da ich nachher noch Gelegenheit haben werde, ein paar Worte davon zu reden. Eben so wenig will ich mich mit der Untersuchung der damals üblichen Art zu schreiben aufhalten. Dergleichen gelehrte Untersuchungen gehören nicht zu meinem Endzweck. Daß die Buchstabenschreibkunst um diese Zeit schon bekannt gewesen, habe ich oben schon berührt. Cecrops hatte sie schon um diese Zeit aus Phoenizien nach Griechenland gebracht, und Herodot fand auf seiner Reise in Phoenizien die alten jonischen Buchstaben, den phoenizischen noch sehr kenntlich ähnlich; wahrscheinlich hatten also

auch

auch die, deren Moses sich bediente, mit jenen
einen gemeinschaftlichen Ursprung und Grund-
zug, der aber nothwendig nach und nach, in allen den hievon wieder abstammenden Alphabe-
ten, sich immer mehr abgeändert hat. Wie
aber diese leichtere und kürzere Kunst durch Ton-
zeichen zu schreiben einmal da war, so war es
auch natürlich, daß man auch statt der erstern
steinern, metallenen und hölzernen Tafeln, leichtere und bequemere Materialien, die sich in kleine-
re Convolute oder Bücher fassen ließen, zum
Schreiben aussuchte. Daß Moses dergleichen
auch schon hatte, das beweiset, außer seiner öf-
tern Benennung der Bücher, besonders das
Buch worinn er seine Gesetze geschrieben hatte,
die er bey dem feyerlichen Bundesopfer dem
Volke vorlas. Cap. 24, 7. Woraus aber das
Schreibzeug, dessen er sich hierzu bedient, bestanden, ist sehr gleichgültig. Das eigentlich so
genannte ägyptische Papier, das zu der Zeit, wie
die Griechen die Herren von Aegypten waren
das allgemeine Schreibmaterial der schreibenden
Welt, und daher ein so großer Handlungszweig
von Aegypten war, scheint vor Alexanders Zeit,
wegen der künstlichern Zubereitung, noch in keinem Gebrauch gewesen zu seyn, und noch weniger zu Mosis Zeit. Wahrscheinlicher war es die
in Aegypten so früh verarbeitete und gebrauchte
baumwollene Leinwand, die sich noch in den
Särgen der Mumien findet, und daß man, weil
die

die Charaktere darauf so rein und deutlich sind,
auch bald an die Kunst dieselben zu planiren ge=
dacht habe. Gesetze, Bündnisse und Verträge
wurden hergegen, um der längern Dauer wil=
len, auf steinernen, bleyernen, und andern me=
tallenen Tafeln noch in viel spätern Zeiten ein=
gegraben. Im Hiob Cap. 19, 23. 24. finden sich
alle die Arten beysammen: Ach! daß meine
Reden in ein Buch geschrieben würden;
aber dies ist ihm nicht dauerhaft genug; daß
sie mit einem eisernen Griffel auf Bley,
daß sie zu einem ewigen Gedächtniß in ei=
nen Fels gehauen würden! Aber diese ersten
Gesetztafeln kamen nicht zu ihrer Bestimmung.
Denn da das Volk Mosen, wegen seiner vierzig=
tägigen Verweilung auf dem Berge, da zugleich
die Erscheinung aufgehört hatte, für verloren
hielt, und ohne des Schutzes des Gottes, der
es aus Aegypten bis hieher geführet, versichert
zu seyn, seinen Zug nicht fortzusetzen wagte, so
nöthigte es Aaron ihm ein sinnliches Bild da=
von zu machen, das auf seinem fernern Zuge
vor ihm hergienge. Es will seinen mächtigen
Gott Jehovah damit nicht verlassen; es will,
da Moses nicht mehr da ist, zur Versicherung
von dessem Schutze, nur seine sichtbare Gegen=
wart bey sich haben, und Aaron, aus Furcht
vor dem Ungestüm des Volks, ist auch schwach
genug darinn zu willfahren; und da in Aegypten
der Einfluß und die Wirksamkeit der Götter un=

ter Thieren vorgestellet ward, (denn Abbildungen der Götter in menschlicher Gestalt, oder
auch vergötterte Menschen kannte das alte
Aegypten noch nicht) so wählet er dazu das
Bild des Mnevis oder Apis, des vornehmsten und heiligsten Thiers, worunter in Aegypten
die oberste Gottheit verehret wurde, und woran
das Volk, während seines dortigen Aufent-
halts, vermuthlich selbst sich schon gewöhnt hatte. Er zeigt demselben erst ein Modell davon,
und wie es die gewohnte Gestalt der großen
Gottheit sieht, so giebt es auch mit Freuden
einen Theil seines Geschmeides zu dessen Verfer-
tigung her, betet darauf seinen Gott aufs feyerlichste unter diesem Bilde an, richtet vor ihm
einen Altar auf, bringt ihm ein festliches Dank-
und Freudenopfer, und beschließt, nach geen-
digtem Opfermahle, das Fest nach ägyptischer
Art mit Tanz und andern Lustbarkeiten.

Die Angabe Diodors, daß die Aegypter
bey ihrem Gottesdienste keine Musik gehabt,
wird außer andern Beweisen, beyläufig auch
hierdurch, und durch das Exempel der Mirjam,
widerlegt. Vielleicht war zu Diodors Zeiten,
unter dem Druck der Griechen, der ägyptische
Gottesdienst so viel schwermüthiger geworden;
vielleicht hatte es Diodor auch nur bey einigen
traurigen Festen wahrgenommen.

Moses

Moses, der auf dem Berge das ungewöhnliche Getöse hört, steigt herunter, um die Ursache
davon zu vernehmen, und wie er das Volk,
ungeachtet des kurz vorher so feyerlich beschwor-
nen Gebots, sich von seinem Gott kein Bild zu
machen, in seiner vorigen vollen, ägyptischen
Abgötterey sieht, so geräth er darüber in einen
solchen Eifer, daß er die beyden Gesetztafeln in
Stücken wirft; das Götzenbild selbst aber, um
dem Volke die unsinnige Thorheit seines Aberglaubens so viel mehr empfinden zu machen,
verbrennet er zu Asche, und streuet dieselbe, um
den Abscheu zu vergrößern, in den von dem
Berge herabfließenden Bach, daß es dieselbe
mittrinken mußte, so wie es den Aegyptern die
allererschrecklichste Strafe gewesen seyn würde,
wenn sie ihren Apis vor ihren Augen hätten
schlachten sehen müssen, und dann davon selbst
noch zu essen gezwungen worden wären.

Da dieses goldne Bild den Feinden dieses
Buchs immer ein wichtiges Object für ihre Angriffe geschienen hat, woher nämlich das israelitische Volk die ungeheure Menge Goldes hierzu
herbekommen, und wie Moses dasselbe auch
wieder so habe zermalmen können, daß er die
Asche davon unter das Trinkwasser des Volks
gemischt, so darf ich es auch wohl nicht ganz
mit Stillschweigen übergehn. Was das erste
anbetrifft, so kann man sich freylich das Bild

Ji 2

so

so massiv und kolossal denken, daß alles
Gold des Volks dazu nicht hinreichen können.
Aber mußte denn das Bild, das auf einem Altar oder einer Stange vor dem Heere vorauf
getragen werden sollte, die volle Größe eines
Stiers haben, und war es dem Volke zu seiner
Beruhigung nicht genug, wenn es nur wußte,
daß es seinen Gott bey sich hatte? Dabey ist es
aus der Geschichte bekannt, in wie weit größrer
Menge dieses Metall in den ältern Zeiten sich gefunden habe, ehe noch der Geiz der Menschen
diesen Reichthum so erschöpfen können. Der
Ueberfluß ist fast unglaublich, worinn sich, nach
der Beschreibung der Alten, dasselbe in Arabien
gefunden haben soll. Und wenn auch, der drey
hundert fünf und sechzig Ellen große goldne
Himmelskreis bey dem Grabmaale des Osyman-
duas, fast allen Glauben übersteigt, so ist doch
nach dem Zeugniß der Geschichte, der Ueberfluß
an diesem kostbaren Metalle in Aegypten eben so
außerordentlich groß gewesen. Daß aber auch,
selbst in dem israelitischen Heere, der Vorrath
davon sehr ansehnlich gewesen seyn müsse, dies
beweiset das mannichfaltige Geräthe bey der
Stiftshütte, welches Moses theils mit diesem
Metalle überziehen, theils massiv daraus ver-
fertigen ließ. Findet man aber den Aufwand
doch noch zu groß, so kann man auch noch einen
ganzen Theil ersparen, wenn man annimmt,
und der Text leidet es auch, daß Aaron das
Bild

Bild eigentlich von Holz gemacht und mit Gol-
de nur überzogen habe; ſo wie die Bundeslade
und das größre heilige Geräthe damit überzogen, auch die meiſten alten Götzenbilder damit
überkleidet wurden. Jeſ. 30, 22. Und ſo wäre Moſes auch mit dem Verbrennen des Bildes
leichter fertig geworden, ob man gleich auch
ſchon oft den dagegen gemachten Einwurf mit
der leichten Verkalkung des Goldes beantwortet hat, es auch ſonſt genug erwieſen iſt, wie
früh die Aegypter mit dem künſtlichen Feuer der
Schmelzkunſt bekannt geweſen. Da indeſſen
die Verehrung Gottes ohne alle ſinnliche Abbildung das Grundgeſetz der ganzen von Moſe
einzurichtenden Religions = und Staatsverfaſſung war, ohne deſſen genaueſte Beobachtung
der ganze Endzweck dieſer Einrichtung ſich nicht
erhalten, ſondern jede dergleichen Abbildung das
Volk unmittelbar zur Abgötterey wieder verleitet haben würde, ſo erfoderte es die Klugheit,
die Uebertretung dieſes wichtigen Geſetzes, und
beſonders dieſe erſte Uebertretung, mit der äuſ-
ſerſten Strenge zu beſtrafen; und es wurden, dieſem zufolge, alle die ſich in ihre Gezelte noch
nicht zurück gezogen hatten, ſondern unter ſeinen Augen in ihrer Empörung und der abgöttiſchen Feyerlichkeit noch fortfuhren, ihrer drey
tauſend an der Zahl, ohne Anſehn der Perſon, auf
ſeinen Befehl von den Leviten niedergemacht,
mit dem ſchreckenden Zuſatz an dieſe, daß, weil

ihnen

ihnen besonders die Beobachtung des Gesetzes
anvertraut werden sollte, V. 29. sie dies Blut=
bad als das Opfer ansehen sollten, wodurch sie
zum Priesterthum und zur Verehrung des eini=
gen Gottes, mit äußerster Verwehrung alles
abgöttischen Bilderdienstes, gleichsam sollten ein=
geweihet werden. Den andern Morgen, da das
Volk noch in der äußersten Bestürzung war,
hält er ihm darauf die große Versündigung mit
allem Nachdruck nochmals vor, und geht mit
dem Versprechen wieder auf den Berg zurück,
um ihm die Vergebung derselben von Gott zu
erbitten; setzt aber mit Fleiß hinzu, er wolle es
versuchen; V. 30. damit es sich diese Sünde
nicht so leicht vergeblich denken sollte; und kommt
darauf auch mit einer Antwort zurück, Cap.
33. die ganz darauf eingerichtet ist dem Volke
alle sinnliche Abbildungen Gottes als das aller=
höchste Verbrechen vorzustellen, wodurch es
sich dessen gnädiger Vorsehung, die es bisher ge=
leitet, nur verlustig machen könne. Denn dies
allerhöchste Wesen sey seiner Natur nach unsicht=
bar, und könne auf keine sinnliche Art erkannt
oder vorgestellet werden; er selbst auch, in der
außerordentlichen Erscheinung, welcher er ge=
würdigt worden, habe Gott nie gesehen; er
habe die Schwachheit gehabt, sich einen solchen
sinnlichen Anblick seiner Herrlichkeit zu erbitten;
aber er habe zur Antwort bekommen, daß alle
seine Güte beständig vor ihm hergehen sollte,
(wie

(wie viel Erweckung zum beſtändigen Vertraun
des Volks zu ihm als ſeinem Führer!) V. 18.
aber ſein Angeſicht könne kein ſterbliches
Auge ſehen; nur wenn er vorüber, ſolle er
ihm nachſehn.   Und nach der darauf erfolgten
Erſcheinung, kommt die, zur Erweckung eines
unverbrüchlichen Gehorſams gegen alle göttliche
Gebote, ſo ſtarke eindringende Beſchreibung der
Gnade und Gerechtigkeit Gottes: Cap. 34, 6.
Herr, Herr Gott, barmherzig und gnädig und geduldig und von großer Gnade
und Treue, der Gnade bis ins tauſendſte
Glied fortſetzt, und Miſſethat Uebertretung und Sünde vergiebt, aber vor dem
niemand unſchuldig, (oder — der dem beharrlichen Uebertreter auch nicht vergiebt,)
ſondern die Miſſethat der Väter bis ins
dritte und vierte Glied auch noch an den
Nachkommen heimſucht; und zugleich werden die vornehmſten Geſetze kürzlich wiederholet.

Die Redensart, deren Moſes ſich hier bedient, daß Gott nicht von Angeſicht, ſondern nur hinten nach geſehen werden könne, iſt ganz den damaligen ſchwachen allgemeinen Vorſtellungen von den Göttern gemäß, da
man glaubte, daß ſie ſich von ſterblichen Augen
nicht ſehen ließen, auch, wie es aus der Fabel
genug bekannt iſt, ohne die größte Gefahr kein
Menſch

Mensch es wagen durfte in ihre Gegenwart zu kommen, sie daher auch auf den Altären den Opfernden den Rücken zukehrend vorgestellet wurden, und diese den heiligen Wedel vor die Augen hielten.

Das ganze feyerliche Geschäfte auf dem Berge endigte sich endlich damit, daß er mit den zwey neuen Tafeln wieder hinauf gieng, um daselbst gleichsam unter der nähern göttlichen Aufsicht die zehn Gebote noch einmal darauf zu schreiben, welche nun, zum immer daurenden Andenken der außerordentlichen göttlichen Bestätigung des ganzen Gesetzes, in die zu verfertigende Lade des Bundes oder des Zeugnisses aufbewahret werden sollten. Cap. 34. Denn durch diese vierzigtägige Erscheinung war sein Ansehn jetzt auch in Absicht auf alle seine fernere Verordnungen und Gesetze vor den Augen des Volks so bestätigt, daß er von nun an auf diese göttliche Legitimation, wovon es selber Zeuge gewesen, sich allezeit berufen konnte. 5 B. Cap. 4, 5. Diesem zufolge gab er seine übrigen Gesetze nun auch vor der Stiftshütte, über welcher aber, zum Zeichen der göttlichen Gegenwart, (denn eine Art von Orakel mußte das sinnliche Volk immer haben,) die Wolke sich beständig aufhielt.

Zuletzt

Zuletzt heißt es noch von ihm, daß, wie er von dem Berge herunter gekommen, Aaron und das Volk sein Angesicht so glänzend gefunden hätten, daß sie sich geſcheut ihn anzuſehen. Nach der Anmerkung, die ich vorher ſchon über die ganze Beſchreibung dieſer außerordentlichen Scene gemacht habe, glaube ich auch dieſe Beſchreibung wohl nicht ſo buchſtäblich nehmen zu dürfen, daß ſein Angeſicht wirklich ſcheinend oder glänzend geweſen ſey. Nach den damaligen allgemeinen eingeſchränkten Begriffen, da man ſich Gott als ein bloß geiſtiges Weſen noch nicht denken konnte, ſondern ſich ihn als das allerreinſte Licht vorſtellete, welches dieſen ſeinen himmliſchen Glanz, auch den ihm unmittelbar gegenwärtigen Weſen, dergleichen die Engel, mittheile, und nun Moſes, in der außerordentlichen lichten Wolke, der Gottheit nach dieſer Vorſtellung auch ſo lange unmittelbar gegenwärtig geweſen war; ſo deuchte es ihnen, wie er davon zurück kam, auch gleichſam das Angeſicht eines Engels zu ſehen, ſo daß ſie auch aus Ehrfurcht ihn nicht anzuſchauen wagten, und ihn vermochten, ſo oft er vor ihnen erſchiene, das Angeſicht zu bedecken. Und er ſelbſt konnte, nach Beſchaffenheit des Volks, alles deſſen, was den Eindruck von der göttlichen Autorität ſeiner Vorträge bey demſelben zu verſtärken vermögend war, auch nicht genug annehmen.

Ji 5 Hier=

Hierauf ließ er nun die Stiftshütte, als den portatilen Tempel, weil während des Zuges in der Wüsten, und vor dem ruhigen Besitz des Landes, kein andrer statt hatte, nebst allen zu dem Gottesdienst erforderlichen Geräthe, aufs prächtigste veranstalten. Denn diese Pracht war wegen der Sinnlichkeit des Volks, und da es an den prächtigen ägyptischen Gottesdienst so lange gewohnt war, nothwendig. Und diese Stiftshütte war nun wegen der darauf ruhenden Wolke, und besonders wegen der Bundeslade und der darinn gelegten Gesetztafeln, als dem großen immerwährenden Zeugnisse von der Göttlichkeit dieser Stiftung, gleichsam die Wohnung Gottes, vor welcher von nun an alles, als vor dem Herrn, wie es so oft heißt, verhandelt wurde, und wo auch Moses alle seine Verordnungen und Gesetze als so viele göttliche Orakel ausgab. Und auch dies war wiederum ein unendlich weises Mittel, womit dieser göttliche Mann der Schwachheit seines Volks zu Hülfe kam, daß, da der erste und wesentlichste Endzweck seiner ganzen Constitution durchaus keine sinnliche Abbildung der Gottheit zuließ, er, um dennoch den Eindruck von der göttlichen Gegenwart bey demselben zu erhalten, diese Bundeslade zum Symbol derselben machte, das stärker als einiges Bild war, ohne damit doch, auch nur auf die entferntste Art, zu einiger

ger sinnlichen Vorstellung von Gott selbst Anlaß zu geben.

Wie nun endlich alles zu Stande gebracht, die übrigen Gesetze, die zur Vollständigkeit, so wohl der gottesdienstlichen als bürgerlichen Verfassung gehörten, und die das ganze dritte Buch einnehmen, auch abgefasset, auch die Stamm- und Familienregister genau nachgesehen und in Ordnung gebracht waren, zugleich wegen des fernern Zuges, und wegen der Einrichtung des Lagers, alles veranstaltet war, so gab er Befehl, aufzubrechen, und den Zug weiter fortzusetzen. 4 B. Cap. 1 — 10. Aber kaum war das Volk einige Tage fortgezogen, so fieng es, nach seinem unruhigen Geiste, auch schon wieder an zu murren, daß es sein in Aegypten gewohntes Fleisch und die mancherley Erdgewächse und Zwiebeln entbehren, und sich allein mit dem Manna behelfen müsse.

Man hat irrig geglaubt, da einige Pflanzen in Aegypten den Gottheiten gewidmet und heilig waren, daß man die Pflanzen selbst, und besonders darunter die Zwiebeln göttlich verehret habe, worauf unter andern auch die ungegründete Spötterey Juvenals sich bezieht, daß die ägyptischen Götter in den Gärten wüchsen. Alle Erd- und Zwiebelgewächse waren vielmehr in diesem Lande das vornehmste Nahrungsmittel, und

und durfte nur die Meerzwiebel allein, die dem Typhon, dem bösen Gott, gewidmet war, nicht gegessen werden. Etwas von der Beschreibung, die hier von dem Manna gegeben wird, 2 B. Cap. 16. scheint aus der erstern Beschreibung in diese mit hinein gekommen zu seyn, welches aber ein Object für die Kritik ist, wobey ich mich nicht aufhalten will. Zugleich bekam das Volk, statt des verlangten Fleisches, auch wieder Wachteln, deren Beschreibung aber, hier wenigstens, wohl mehr auf die in dieser Gegend so gemeine Speise der Heuschrecken, die an Fäden gerieget und getrocknet werden, als auf Wachteln zu passen scheinet. Und die Unruhe wurde so allgemein, daß auch selbst Aaron und Mirjam sich gegen Mosen zu empören anfiengen, so daß er, ohne den unmittelbaren göttlichen Beystand, mit aller seiner Klugheit und Strenge dies große und aufrührische Volk nie in Ordnung würde haben halten können.

Noch in eben dem Jahre kam er auch an die Grenze von Canaan. Cap. 13. Hier wählte er aus jedem Stamme einen der angesehnsten Männer, mit dem Auftrage in das Land zu gehen, und von der Beschaffenheit desselben, von der Art seiner Fruchtbarkeit, von der Beschaffenheit und Anzahl der Einwohner, und von ihrer Art zu leben, genaue Kundschaft einzuziehen.

Nach

Nach vierzig Tagen kamen ſie auch wieder zurück und konnten die Fruchtbarkeit des Landes
nicht genug beſchreiben, wovon ſie auch zur
Probe eine Weintraube mitbrachten, die ſo
groß war, daß ſie ſie; um ſie nicht zu erdrücken,
auf einer Stange trugen. Aber die Beſchreibung von der Menge, dem kriegeriſchen Muthe
und der Größe der Einwohner, die die Furcht ihnen zu Rieſen gemacht hatte, imgleichen von der
Größe und Feſtigkeit ihrer Städte, war dagegen ſo unbeſonnen ſchreckend, daß das Volk
wieder in eine helle Empörung ausbrach, Cap.
14. die ſo weit gieng, daß es ſchon von einem
Anführer ſprach, der es wieder zurück nach
Aegypten führen ſollte. Moſes, Aaron, Joſua, Kaleb thaten zwar alles, um es zu beruhi-
gen; aber es wurde dadurch nur ſo viel wüthender, daß es ſie ſogar ſteinigen wollte, bis die
über der Stiftshütte erſcheinende Wolke es wieder auf andre Gedanken brachte. Moſes gieng
hierauf, als von Gott gerufen, in die Stiftshütte hinein, und die Beſchreibung, die er bey
ſeiner Zurückkunft von ſeiner Fürbitte bey Gott,
und von der darauf erhaltenen göttlichen Antwort machte, war ſo eindringend, daß die Wuth
ſich auf einmal in die größte Reue verwandelte,
und nun auch, gegen ſeinen ausdrücklichen Willen, das Land erobern wollte; aber weil Er
nicht mit zog, und der Angriff ohne Ordnung
und Anführung geſchah, ſo wurde es von den
Völ-

Völkern im Gebirge, die sich dargegen schon ge⸗
rüstet hielten, mit großem Verlust zurück ge⸗
trieben. Und so ward die Absicht der Vorse⸗
hung dadurch erreicht, daß das Volk nun noch
acht und dreyßig Jahr in der Wüste blieb, der
aufrührische und bey jeder Veranlassung nach
Aegypten wieder zurück strebende Geist indessen
ausstarb, und das junge Geschlecht, ehe es zum
wirklichen Besitz des Landes kam, indessen mehr
an seine Gesetze gewöhnt wurde.

So langsam, wie hier Moses thut, geht
gewiß kein Conquerant in seinem zwey und acht⸗
zigsten Jahre zu seinem Ziele, daß er auf der
Grenze des Landes, das er zu erobern sich vor⸗
gesetzt, auf eine so lange Zeit, die er gar nicht
zu erleben hoffen kann, wieder zurück gehen und
den Muth seines Heers darüber ganz erkalten las⸗
sen sollte.

Es ist bekannt, daß die Beschreibung, die
hier von der großen Fruchtbarkeit des Landes
Canaan gemacht wird, auch nicht ohne Wider⸗
spruch bleibt, und man ganz das Gegentheil da⸗
von behauptet. Das einzige Zeugniß des Ta⸗
citus aber, der die Fruchtbarkeit desselben mit der
von Italien vergleicht, ist allein zur Widerle⸗
gung hinreichend. Und ob dies Land gleich seit
achtzehn hundert Jahren so mannichfaltige grau⸗
same Verwüstungen, als nur je ein Land auf
dem

dem Erdboden, erlitten hat, und von der Raubsucht der Türken und der Araber, noch immer
fort leidet, so ist doch, nach den Zeugnissen von
Schaw, Hasselquist und allen andern Männern,
die das Land mit Aufmerksamkeit bereiset haben, die willige Fruchtbarkeit des Bodens an
allen Arten von Früchten, als Feigen, Dat-
teln, Oliven und Trauben noch ganz dieselbe.
Schulze fand selbst noch eine Traube, die der,
die hier beschrieben wird, an Größe völlig
gleich war.

Die acht und dreyßig Jahre, die das Volk
nun noch wieder in die Wüste bis an das rothe
Meer zurück gehen mußte, werden nur ganz
kurz beschrieben. Dieser Rückzug veranlassete
zuförderst aber gleich wieder eine neue Empörung, und die diesmal so viel bedenklicher war, da
es kein tumultuatischer Auflauf des Volks war,
sondern selbst eine angesehene levitische Familie,
und mit ihr noch einige der vornehmsten Geschlechter aus dem Stamme Ruben, die sämmtlich Bey-
sitzer des von Mose gewählten großen Raths waren, sich gegen ihn und Aaron verbanden. Cap. 16.
Die Rubeniten, aus Unmuth, daß sie vor dem,
mit so vielen prächtigen Beschreibungen ihnen verheißenen Lande, jetzt wieder umkehren mußten,
und die Leviten, aus Eifersucht gegen Aaron
und sein Geschlecht, daß bey diesem allein das
Priesterthum wäre, und die beyden Brüder
sich

sich dadurch einer despotischen Gewalt über das
Volk anmaßeten, das doch mit ihnen einerley
Rechte hätte. Moses vertheidigt aber die Un-
eigennützigkeit seines ganzen Betragens mit aller
ihm zukommenden Würde; und seiner Unschuld
und zugleich seines göttlichen Berufs sich bewußt, bescheidet er die Rebellen aus den Leviten
auf den folgenden Tag vor der Stiftshütte, wo
er in dem Angesichte des ganzen Lagers seine
Rechtfertigung auf die unmittelbare göttliche
Entscheidung ankommen lassen will. Cap. 16.
Und darauf geht er, in Begleitung der Aeltesten, zu den Gezelten der andern Aufrührer,
befiehlt der Gemeine sich davon zu entfernen,
und redet sie so an: Hieran sollt ihr erkennen, ob der Herr mich gesandt hat, das
zu thun, was ich gethan habe, oder ob ich
es aus eigner Erfindung gethan habe:
Wenn diese Leute so sterben wie andre
Menschen, oder auf eine sonst natürliche
und gewöhnliche Art von Gott gestraft
werden, so hat der Herr mich nicht gesandt; wenn aber Gott was außerordent-
liches thut, daß die Erde sich öfnet und sie,
mit allem, was ihr ist, verschlingt, so daß
sie lebendig begraben werden, so erkennet
daran, daß sie nicht gegen mich, sondern
gegen Gott selbst sich empöret haben: Und
so wie er die Worte ausgeredet, öffnet sich im
Angesicht des ganzen Volks die Erde unter ihnen,

nen, verſchlingt ſie mit ihren Familien und Gütern und ſchließt ſich darauf gleich wieder zu;
und wie dies geſchehen, wurden die zweyhundert und funfzig Leviten, die des Prieſterthums
ſich angemaßet hatten, vom Blitze getödtet. Dies
gab zur Beſtätigung des Prieſterthums Aarons,
und zu einigen neuen Verordnungen wegen des
Prieſterthums Gelegenheit; und weiter geſchie-
het in dieſen acht und dreyßig Jahren keiner andern Begebenheit Erwähnung; außer daß in
dem erſten Monde des vierzigſten Jahrs, das
Volk, da es ſchon wieder auf der Rückkehr nach
Canaan war, wegen Waſſermangels einen neu-
en Tumult anfieng, der aber auf ähnliche Art
wie der beym Anfange des Auszuges geſtillet
wurde. Darauf noch ein andrer, weil es vor
der Grenze des Landes noch einmal einen weiten
Umweg nehmen mußte, Cap. 21. um das Land
der Edomiter nicht zu betreten, und darüber in
eine Gegend kam, wo viele Schlangen waren,
von deren tödtlichem Biſſe viele von dem Volke
ſtarben. Auch in andern Reiſebeſchreibungen
findet man, daß in dieſen Gegenden dergleichen
Schlangen häufig gefunden werden. Das
Volk ſollte dies aber für keinen ungefähren Zufall, ſondern für eine Strafe wegen ſeines Un-
gehorſams anſehn; und zum Beweis war auch
das dagegen verordnete Geneſungsmittel außerordentlich. Denn Moſes machte eine Schlange von Metall, hieng dieſe auf eine hohe Stan-

ge; und das bloße Anschauen derselben machte die Gebissenen nach bewiesener Reue gesund. Auf die gottesdienstliche Verehrung der Schlangen in Aegypten hat dies gewiß keine Beziehung; das Volk sollte daraus erkennen, daß die Hülfe, die es dadurch erhielte, eine außerordentliche Wirkung der göttlichen Gnade sey. Und deswegen nimmt auch der Heyland in seiner Unterredung mit Nikodemus Joh. 3, 14. diese Erhöhung als ein Bild der ihm bevorstehenden, aber für das Heil der Menschen unendlich vollkommeneren Erhöhung, kraft welcher alle die ihn als den ihnen von Gott gegebenen Erlöser im Glauben annehmen, das ewige Leben haben sollen.

Hierauf geht der Zug endlich dem Lande gerade zu. Nur, da Moses den Weg von der Südseite durch das Land der Edomiter, auch nach den billigsten Anerbietungen, nicht mit Gewalt nehmen will, so muß er ihn Ostwärts nehmen, um von da über den Jordan hinein zu kommen. Da es aber von dieser Seite von den amoritischen und moabitischen Gebieten eingeschlossen war, und der König der Amoriter ebenfalls, auf keinerley Erbietung, nicht allein den Durchzug nicht verstatten wollte, sondern dem israelitischen Heere sogar mit aller seiner Macht feindlich entgegen zog, so kam es zwischen beyden Völkern zu einer Schlacht, nach

nach welcher die Iſraeliten dies ganze Land in
Beſitz nahmen. Der König zu Baſan, der
ſich ihnen ebenfalls feindlich widerſetzte, wurde
auch geſchlagen, und nun war der Durchzug
durch das moabitiſche Land noch übrig.

Hier rückt Moſes aber eine Geſchichte ein,
die eine ganz beſondre Aufmerkſamkeit verdient,
weil ſie einen ſo vollſtändigen Orakelbetrug in
ſich hält, als ſich vielleicht nirgend ſonſt in der
ganzen alten Geſchichte findet. Cap. 22. Ich ſage mit Bedacht, daß Moſes ſie nur, und zwar
wie er ſie bey den Moabitern vorgefunden, ein-
gerückt habe. Denn ſelber war er bey der Begebenheit nicht zugegen geweſen. Nun aber
anzunehmen, daß dieſer erleuchtete Prophet
und ehrwürdigſte Geſchichtſchreiber, alle die
darinn vorkommenden Gauckeleyen des Bileams,
und deſſen vorgegebnes lächerliches Geſpräch mit
ſeinem Eſel und dem Engel, ſelbſt als wahre
Geſchichte erzählet, und einen ſo offenbaren
Betrüger, der mit Zauberey, Beſchwörungen
und Wahrſagereyen ein öffentliches Gewerbe
trieb, der dem Jehovah und dem Baal Peor
zugleich opferte, und zuletzt noch das iſraelitiſche Volk, auf die verrätheriſchſte Weiſe, zu
der ſchändlichſten Abgötterey verleitete, daß
Moſes, ſage ich, einen ſolchen Betrüger zugleich für einen göttlichen Propheten ſollte gehalten haben; oder was noch mehr, (und dies

müßte

müßte man doch, da er selber dabey nicht zugegen
gewesen, annehmen,) daß er dies, als wahre Geschichte aus einer göttlichen Eingebung geschrieben
hätte, dies würde, nach meinem Ermessen, das
Ansehn dieses großen und erleuchteten Mannes,
die Würde seiner Schriften, und mit derselben
alle Wahrheit und Würde einer göttlichen Offenbarung so verdächtig machen, und dem Spotte der Deisten dergestalt Preis geben, daß alle
ernsthafte Vertheidigung ihren Spott nur noch
vermehren würde. Sieht man sie aber als eine
moabitische Geschichte an, die Moses hier ein-
rückt, so wie er sie bey diesem Volke gefunden,
so hören nicht allein alle die spöttischen und gar
nicht zu beantwortenden Einwürfe auf einmal
auf, sondern so ist es eines der allermerkwürdig-
sten Fragmente aus der ältesten Menschengeschichte, das in dieser Absicht dies Buch selbst
auch seinen Feinden schätzbar und verehrungs-
würdig machen muß; und die Einschaltung desselben kann um so weniger befremden, da er unmittelbar vorher ein ähnliches, aber ungleich
minder wichtiges Stück aus einem amoritischen historischen Liede anführet. Cap. 21. 27.
Die Geschichte wird alles deutlicher machen.

Moses kommt mit seinem Heere auf die moabitische Grenze, und verlangt von dem Könige
Balack einen freyen Durchzug, um von daraus

an

an den Jordan kommen zu können. Der König, der hievon alles fürchtet, und ein so mäch-
tiges Volk ungern auch nur zum Nachbar hat,
aber an den Amoritern auch schon die Warnung
sieht, wie es ihm ergehen würde, wenn er einem, an Macht ihm so überlegenen Heere, mit
Gewalt sich widersetzen wollte, hofft, was er
seiner Macht nicht zutraut, durch Zauberey
oder Verwünschungen auszurichten. Dies
war der allgemeine Aberglaube aller abgöttischen
Völker, nach der Einbildung, die sie sich von
den besondern Schutz- oder Landgöttern machten, daß dieselben durch reiche Opfer und Gelübde immer zu gewinnen wären, und daß sie
daher auch die Schutzgötter ihrer Feinde, durch
dergleichen reichere Opfer und schmeichelnde
Versprechungen von ihnen abwendig machen,
und auf ihre Seite bringen könnten. Ein Aberglaube, den auch in viel spätern Zeiten, selbst
die klügern Römer, bey ihren Belagerungen,
noch mit großer Feyerlichkeit beybehielten. Zu
diesem Mittel nimmt auch Balack seine Zuflucht.
Er schickt einige seiner angesehensten Bedienten
zu einem, in der dortigen ganzen Gegend in
großem Ansehn stehenden Wahrsager und
Beschwörer, Namens Bileam, mit dem An-
liegen, daß er herkommen und dies mächtige
Volk verfluchen, nämlich den Gott dieses Volks
durch seine Beschwörungen von demselben abwendig zu machen, und auf seine Seite zu brin-

Kk 3 gen

gen suchen möchte, damit alsdann alle Flüche,
die er über das Volk aussprüche, ihre Wirksam=
keit erhielten. Um aber dem Beschwörer auch
gleich einen so viel bessern Willen, und die Be=
schwörung so viel kräftiger zu machen, kommen
die Abgesandten mit dem Wahrsagerlohne in der
Hand. Daß dieser Bileam kein gemeiner
Mensch gewesen, sondern, wegen seiner Kunst
die Götter zu beschwören und um Rath zu fra=
gen, in einem ausgebreiteten Rufe und Ansehn
gestanden habe, erhellet sowohl aus der Entfer=
nung seines Wohnsitzes, als auch aus der an=
sehnlichen Gesandtschaft von dem vornehmsten
moabitischen und midianitischen Adel, wodurch
Balack ihn einladen läßt, und aus der Ehrer=
bietung, womit er ihm selbst bis an die Gren=
zen seines Landes entgegen geht. Daß er aber
auch ein schlauer Mensch gewesen, und daß er,
wenn seine Künste und Orakel in Credit blei=
ben sollten, von allem, was in seiner Gegend
vorfiel, und worüber er etwan gefragt werden
konnte, zuverläßige gute Kundschaft unterhal=
ten haben müsse, versteht sich von selbst. Wenn
er nun auch bloß aus dem ängstlichen Antrage
Balacks, und aus der fürchterlichen Beschrei=
bung, die er ihm von dem israelitischen Heere
machen ließ, nicht schon alles, was er zu wissen
brauchte, hätte schließen können; so konnte ihm
die überwiegende Größe dieses Heers, das vier=
zig Jahr, mit einem solchen Aufsehn in den ara=
bischen

biſchen Wüſten herum gezogen, und deſſen
Schutzgott Jehovah, ſich über alle Götter der
benachbarten Völker, und ſelbſt über die großen
ägyptiſchen Götter ſo mächtig bewieſen hatte,
unmöglich unbekannt ſeyn. Da er alſo, nach
der Bekanntſchaft, die er mit ſeiner Kunſt hat=
te, dies wohl voraus ſehen konnte, daß ſeine
Beſchwörungen hier nicht viel ausrichten wür=
den, es aber auch ſeine Sache nicht war, den
angetragenen Lohn ſo von der Hand weg zu
ſchicken; ſo kam es nur darauf an, wie beydes
ſein Credit und auch der anſehnliche Lohn erhal=
ten werden möchte, und hier beweiſet ſich Bile=
am als einen Meiſter in ſeiner Kunſt. Dies
erfoderte zuförderſt die Klugheit, daß er ſich auf
kein Verfluchen einließ; denn dies würde ihn
nur mit Schimpf und Spott bey den Moabi=
tern überhäuft, und auf einmal in ſeiner gan=
zen Gegend um Credit und Nahrung gebracht
haben. Aber den Antrag deswegen abzuwei=
ſen, dies hätte wieder ein Mistrauen zu ſeiner
Kunſt verrathen, und die Geſandten würden
das Geſchenk wieder mitgenommen haben. Er
muß alſo auf eine ſolche Wendung denken, daß
er zwar endlich mitgehen, aber, wenn auch aus
der Verfluchung nichts würde, ja wenn er ſelbſt
auch dem Könige die unüberwindliche Größe
des iſraelitiſchen Volks verkündigen müßte, daß
er dennoch das Anſehn eines großen Propheten
und Vertrauten der Götter behalten, und den

Kk 4 an=

angebotenen Lohn zugleich behalten kann.
Bleibt diese Nacht bey mir, ist also die erste
Antwort an die Gesandten, ich muß erst der
Israeliten Gott Jehovah befragen, ob er
darein williget, daß ich mitgehe. Während
der Nacht ist der Jehovah auch gleich erschienen,
hat sich erkundigt, wer die Leute wären, und
was ihr Begehren sey; und wie er ihm davon
unterrichtet, so sey die Antwort gewesen, er
solle nicht mit gehen, das israelitische Volk sey
ein gesegnetes Volk, das er nicht verfluchen
solle; und hiemit müssen die Gesandten wieder
weggehen.   Bileam ist indessen seines Gewinns
wegen nicht verlegen; er weiß, daß Balack es
in seiner Angst bey dieser ersten Bothschaft nicht
lassen, und die Gesandtschaft bald mit noch an-
sehnlichern Anerbietungen wieder kommen werde.   Sie kommt auch: V. 15. und Bileam
möge nur selbst wählen, was vor Ehre und
Vergeltung er für seine Verfluchung haben wolle.   Aber Bileam: (denn keiner mehr,
als der Betrüger von Profession, muß den Charakter des ehrlichen Mannes zu erhalten suchen,)
V. 18. Wenn Balack mir sein ganzes Haus
voll Silber und Gold gäbe, so könnte ich
doch den Befehl meines Gottes nicht übertreten; doch wartet, ich will diese Nacht
den Jehovah noch einmal fragen, ob er
mir etwan doch noch mit zu gehen erlauben möchte. Und siehe, der Jehovah ist auch
gleich

gleich wieder da, und die Antwort fällt nach
Wunsche aus. Er willigt zwar ungern darein,
er kann aber einem solchen Propheten nicht zuwider seyn; (wie groß muß ihn dies in Balacks
Augen machen, daß auch selbst der Gott der
Israeliten gegen ihn so gefällig ist!) nur bleibt
es bey der Bedingung, daß wenn er hinkommt,
er nichts thue, als was ihm eingegeben
und befohlen werde. Bileam reiset also mit.
Aber damit Balack und seine Gesandten nicht
denken, daß es ihm nun auch schon erlaubt sey,
den Israeliten zu fluchen, so muß der Gottheit
die Erlaubniß zur Reise auch gleich wieder ge-
reuen. Dem Propheten selbst sagt sie zwar
nichts; aber sie schickt einen Engel, der seinem
Esel den Weg versperren muß, und hier kommt
nun die schöne Lüge von dem Esel. V. 22.
Denn siehe, so wie er kaum die Reise angetre-
ten, und die Reisegesellschaft, bis auf die beyden vertrauten Knechte die zum Handwerk mit
gehörten, ihn verließ, V. 23. (denn freylich
durften hiebey keine andre Zeugen seyn,) so sey
der Engel gekommen, der mit einem bloßen
Schwerdte in der Hand, dem Esel in den Weg
getreten sey; da dieser nun darüber immer zur
Seite ausgewichen, bis er endlich in einem hoh-
len Wege dem Engel nicht mehr ausweichen können, und daher gar nicht mehr aus der Stelle
gewollt, er aber auf das arme Thier immer aus
Bosheit zugeschlagen, so habe es endlich mit

Kk 5   ihm

ihm angefangen zu reden, und ihm, da es doch
so viele Jahre sein gehorsames Thier gewesen,
seine Grausamkeit vorgeworfen; ohne doch daß
ihn dies im geringsten befremden zu haben scheinet. Der Schuhflicker Mycillus beym Lucian
war wenigstens so beherzt nicht; denn wie dessen Hahn, da er ihm den Tod drohete, mit
ihm zu reden anfieng, so that er, ganz erschro-
cken darüber, sogleich ein Gebet an den Jupiter. Aber Bileam ist darüber so wenig bestürzt,
als wenn ihm und seinem Esel diese vertrauliche
Unterhaltung ganz gewöhnlich wäre. In dem
Augenblick aber, da der Esel dies gesagt, sey
die Decke von seinen Augen weggenommen, daß
er nun auch selbst den Engel mit dem bloßen
Schwerdte vor sich stehen gesehen, der ihn
dann erstlich, sowohl wegen der Schläge, die
er dem unschuldigen Thiere gegeben, als auch
wegen der kühnlich unternommenen Reise, zur
Rede gestellet, und ihm gesagt habe, daß er ausdrücklich darum ausgegangen sey, ihm dieselbe
zu verwehren. Er, Bileam, habe sich darauf
gleich zur Erde geworfen, und sich erboten,
wenn die Reise misfällig, gleich wieder umzu-
kehren; aber der Engel habe doch darein gewil-
ligt, nur mit der wiederholten ausdrücklichen
Bedeutung, sich ja kein Verfluchen einkommen
zu lassen, sondern nichts anders zu reden, als
was ihm werde eingegeben werden. Die Lüge
ist zwar etwas plump; aber die Moabiter, die
ihn

ihn für einen ſo großen Wahrſager und Beſchwö-
rer hielten, die konnten ihm auch dies zuglauben.
Und genug, Bileam erhält ſeinen Zweck; er darf
nachBalack hinreiſen und ſeinen Lohn abholen,und
ſein Credit iſt nun, wenn er auch nicht fluchen
darf, geſichert. So wie Balack nur von ſeiner
Ankunft hört, geht er ihm auch ſchon voller Ungeduld bis an die Grenzen ſeines Gebiets entgegen, und die Verſicherung einer anſehnlichen
Belohnung iſt gleich das erſte. V. 37. **Ich**
habe dich einladen laſſen, und du machteſt
Schwierigkeit zu kommen, ſollte ich dich
nicht genug ehren und belohnen können?
Aber Bileam, ſeinem Berufe getreu, läßt ſich
nicht aus der Faſſung bringen: **Ich bin**
zwar gekommen, aber, bey aller meiner
Neigung deinen Wunſch zu erfüllen, werde
ich doch nichts nach eignem Willen reden,
bloß werde ich reden, was der Herr mir
in den Mund legt. V. 38. Balack läßt hierauf zuförderſt ein feyerlichs Opfer anrichten,
woran Bileam und alle Große des Hofes, die
in der Begleitung ſind, Theil nehmen, entweder, um ſich zu der bevorſtehenden Feyerlichkeit
zu reinigen und vorzubereiten, oder ſich auch
des Schutzes ihres eigenen Gottes des Baal
Peor zu verſichern, wenn etwan die Iſraeliten
denſelben auf ihre Seite zu ziehen, es verſuchen
ſollten; und wie dies geſchehen, nimmt er Bileam mit ſich auf einen Berg, wovon er den einen

nen Flügel des israelitischen Lagers übersehen
konnte. Und dies ist für Bileam genug, daß
er bey der Verwirrung, Muthlosigkeit und
Schwäche, worinn er ohnehin schon die Moabiter findet, es sich so viel weniger einkommen
läßt, zu Gunst dieses kleinen Volks, ein Heer
zu verfluchen, das es gleich verschlingen kann.
Aber es muß alles das Ansehn göttlicher Offenbarung haben; und nun geht das Gauckelspiel
recht an.

Laß mir sieben Altäre bauen, (dies ist
die heilige Zahl) und zugleich sieben Rinder
und sieben Widder zum Opfer herbey
bringen. Cap. 23, 1. Dies geschieht, und auf
jedem Altar wird dem israelitischen Gotte ein
Rind und Widder geopfert, und nun beurlaubt
sich Bileam, um auf einer entlegenen Höhe
den Ausspruch des Gottes Jehovah abzuholen;
aber wohlbedächtig dingt er sich aus, daß ihm
niemand folge, sondern daß Balack mit dem
Hofe bey dem Opfer bleibe. Der Jehovah ist,
so wie es Bileam verlangt, auch gleich da; und
er kommt mit seinem Orakel in der hohen Göt-
tersprache zurück; aber armer Balack! Bileam
kann und darf nichts anders reden, als was
ihm die Gottheit in den Mund gelegt, und anstatt der gehofften Verfluchung lautet die Antwort ganz anders: V. 7. Balack, Moabs
König, hat mich von den morgenländischen

schen Gebirgen kommen laßen um Israel
zu verfluchen, aber wie soll ich fluchen, dem
seine Gottheit nicht flucht, wie soll ich es
verwünschen, da der Jehovah es nicht ver-
wünscht? Ich sehe Israel hier vor mir von
diesem Berge, von dieser Höhe überschaue
ich es; dies Volk wird gewiß ein besonders
Volk bleiben, wer will ein Volk überwältigen, das unzählbar wie der Staub ist,
dessen vierter Theil nicht zu zählen ist?
möchte ich nur sterben wie diese Gerechten,
und mein Ende (meine Zukunft) wie dieser ihre seyn! möchte meine Erhaltung nur so
sicher seyn, wie die von diesem Volke, und meine Nachkommenschaft wie die seinige! Balack er-
schrickt: Ich habe dich kommen laßen dies
Volk zu verfluchen, und statt dessen sprichst du
lauter Gutes darüber aus. Aber Bileam läßt
sich nicht irre machen: Muß ich nicht das halten und reden, was Jehovah mir in den
Mund giebt? Indessen giebt Balack sein
Vertrauen noch nicht ganz auf. Bileam muß noch
mit auf eine andre Stelle gehn, um zu sehn,
ob die Verwünschung nicht bey dem andern Flügel etwan noch anzubringen sey. V. 13. Bileam ist auch gern bereit noch einen Versuch bey
der Gottheit zu machen. Es müssen gleich wieder sieben Altäre und sieben Opfer zugerichtet
werden, und er entfernet sich, um eine neue
Offenbarung zu holen, aber Balack und sein

Hof

Hof dürfen nicht von dem Opfer weichen. So wie er hinkommt, ist der Jehovah auch gleich wieder da; aber das Orakel, was er zurück bringt, ist nichts günstiger als das erste. Hier ist es: V. 18. 24. Stehe auf, Balack, und höre, nimm es zu Ohren du Sohn Zippor, der Gott Israels der Gott Jehovah ist nicht wie ein Mensch, der sich wider= spräche, der sich sogleich zu was anderm bereden ließe, und seine Reden und Ent= schließungen wieder zurück nehme; Sein Wille ist, daß ich das Volk segnen soll, was könnte ich dem zuwider thun? Ver= wünschungen sind gegen dies Volk nicht an= zubringen, es steht unter dem Schutze sei= nes mächtigen Gottes Jehovah, der führte es siegend aus Aegypten, wer kann dessen Macht widerstehen? Zauberkünste und Beschwörungen richten dagegen nichts aus; die Zeit ist da, da man von Israel, und von den Wundern, die sein Gott mit ihm gethan, noch mehr sagen wird. Wie ein Löwe wird es sich, gegen alle, die sich ihm widersetzen wollen, erheben, der nicht eher ruht, bis er seine Beute verzehrt und das Blut seines Raubes getrunken hat. Noch schrecklicher für Balack. Wenn er das Volk nicht verfluchen darf, so soll er es wenigstens nicht segnen. Aber Bileam antwor= tete mit kaltem Blute, daß er es voraus gesagt,

daß

daß er nicht anders handeln würde, als Gott
ihm befohlen. Indessen giebt der König noch
nicht alle Hoffnung auf. Bileam muß noch an
einen andern Ort mit ihm gehen, vielleicht er=
laube es die Gottheit, das Heer von daher zu
verfluchen. Noch einmal sieben Altäre, sieben
Rinder und sieben Widder — Aber da Bile=
am von hier das ganze gewaltige Heer, und die
kriegerische Ordnung, worinn es gelagert ist,
übersieht, ist er noch weniger willens seine
Kunst verdächtig zu machen; also, ohne erst
noch wieder hinzugehen und den Jehovah zu
fragen, ist das Orakel schon da: Dies spricht
Bileam, der Sohn Beor, dies spricht der
göttliche Seher, dessen Augen nicht trü=
gen, dies spricht der Prophet, dem die
Gottheit sich offenbaret, der auch das Zu=
künftige in seinen Entzückungen sieht; wie
ist der Anblick deines Lagers so prächtig,
was für eine herrliche Ordnung, für eine
unabsehliche Länge! Die Gassen deines La=
gers erstrecken sich in die Ferne wie die Bä=
che in einem fruchtbaren Thale, deine Ge=
zelte liegen wie die Gärten an einem Stro=
me, deine Paniere stehen wie die Cedern
am Wasser; wie gewaltig wird sich der=
maleinst dieser Strom noch ergießen!
gegen die Könige dieses Volks werden die
Könige des alten mächtigen amalekitischen
Reichs selbst nicht bestehen; sein gewalti=
ger

ger Gott hat es aus Aegypten geführt, wer
will es in seinem Zuge aufhalten? Es wird
alle, die kühn genug sind, sich ihm zu wider=
setzen, verschlingen und ihre Gebeine zer=
malmen; ich sehe Israel gelagert wie ei=
nen Löwen, wer darf es wagen ihn weg=
treiben zu wollen? glücklich sind die, die
seine Freunde sind, aber wehe denen, die
sich unterstehen ihn zu verfluchen. — Hier
kommt Balack aus aller Fassung, schlägt die
Hände zusammen, fällt ihm in die Rede und
weiset ihn voller Unmuth wieder hin zu gehen,
wo er hergekommen, er habe ihn rufen lassen,
seine Feinde zu verfluchen, und er habe sie drey=
mal gesegnet; er möge es nun auch dem Jeho=
vah zurechnen, daß er die ihm zugedachte an=
sehnliche Belohnung nicht bekomme. Bileam
aber, der immer in seiner Fassung bleibt, beruft
sich auf das, was er vorher gesagt habe, fährt
also in seinem abgebrochenen Orakel fort, oder
macht, vielleicht aus Rache für die verweigerte
Vergeltung, gleich noch dies neue hinzu: Dies
spricht Bileam, der göttliche Seher, dem
die Gottheit ihre Rathschlüsse offenbaret,
der in seiner Begeistrung auch die Zukunft
sieht; ich sehe einen Stern aus Jacob auf=
gehn, ich sehe einen Scepter aus Israel
sich erheben; noch ist er nicht da, aber die
Zeit wird kommen, daß die Könige dieses
Volks alle die hier umher liegenden Völker=

schaf=

ſchaften überwältigen, ſich Moab von ei=
nem Ende bis zum andern unterwürfig
machen, daß ſie ihre Erobrungen über
Edom erſtrecken, ſelbſt das mächtige Reich
der Amalekiter zerſtören, und die Keniter
mit allen ihren Bergfeſtungen ſich dagegen
nicht ſchützen werden, wer kann ſeinem
Verhängniß widerſtehen! und hiermit gien=
gen Balack und Bileam aus einander.

Ich gehe hier ganz von der gewöhnlichen
Erklärung ab. Aber, da Bileam mit der
Wahrſagerey, die Gott durch Moſen als die
größte Abgötterey verdammt, ein öffentliches
Gewerbe treibt, er auch von allen Auslegern
für den größten Böſewicht erkannt wird, ſein
ganzes Betragen in dieſer Geſchichte einem Orakel oder Wahrſagerbetruge auch nach allen Um=
ſtänden ähnlich iſt, ſo iſt es mir immer unüber=
windlich anſtößig geweſen, daß ein ſolcher Be=
trüger zugleich ein wahrer göttlicher Prophet
geweſen ſey, dem ſich Gott nicht allein offenba=
ret, ſondern dem Gott, ſo bald es dem Betrü=
ger nur eingefallen, ſogleich erſchienen ſey; der
dummen Geſchichte mit dem Eſel nicht einmal
zu erwähnen, die in dem Munde dieſes Betrü=
gers zu ſeinem Gauckelſpiele ſich fürtrefflich ſchickt,
als eine für wahr angenommene Geſchichte aber,
und für ein wahres Wunder, ſo was empören=
des für allen geſunden Menſchenverſtand hat,

gegen die allerhöchste göttliche Würde so anstöß-
sig ist, und allen wahren Wundern so sehr ihren
ersten unterscheidenden Charakter nimmt, daß
auch diese selbst dem Spötter nothwendig verächtlich werden müßten.

Daß er seine Orakel im Namen des Jehovah giebt, dies macht ihn noch zu keinem wahren Propheten, dies thaten die falschen Propheten des Baals auch, 1 B. der Kön. Cap. 22.
und dies mußte er thun. Denn er und die
Moabiter kannten, wie alle übrige Völker um
diese Zeit, keinen andern Gott als National-
oder Landgötter, und für einen solchen Gott
hielten sie den Gott der Israeliten auch; das
israelitische Volk war selbst von dieser Vorstellung noch nicht ganz frey; und daß dieser Gott
Jehovah hieß, das konnte, wegen des großen
Aufsehens, welches derselbe diese vierzig Jahr in
der ganzen Gegend gemacht hatte, ihm auch nicht
unbekannt seyn. Zu Bileams Profession gehörte
es noch besonders, sich mit den Namen und den
Gesinnungen der Götter der um ihn her wohnenden Völker, bekannt zu machen. Denn eine jede Gottheit war in ihrem Gebiete souverain,
und mußte also durch reichere Opfer und Gelübde zuförderst gewonnen werden, wenn man, ohne sich ihre Rache zuzuziehen, ein Volk was
zu ihrem Gebiete gehörte und unter ihrem Schutze stand, bekriegen wollte, oder wenn Verwün-
schun-

schungen gegen dasselbe etwas ausrichten soll=
ten.   Wenn also Bileam zu seinen Beschwdrun=
gen einiges Vertrauen hatte, oder sein Gauckel=
spiel auch nur einiges Vertrauen haben soll=
te, so durfte er sich an keinen andern Gott, als
diesen Gott Jehovah wenden.   Hätte er aber
diesen Gott als den wahren und höchsten
Gott erkannt, wie hätte er ihm dann und
dem Baal Peor zugleich opfern, und die
Jsraeliten nachher, zu dem unzüchtigen
Dienst dieser schändlichen Gottheit, verführen
können?   Und da er Profession davon machte,
die ganze Gegend mit seinen Orakeln zu betrü=
gen, (denn diese wird man doch nie alle für
göttliche Eingebungen halten,) wie ist es denn
möglich zu denken, daß Gott hier diesem Be=
trüger sich auf sein jedesmaliges Verlangen of=
fenbaret, und ihm dadurch, zu allem seinen
übrigen verführerischen abgöttischen Gauckel=
spiele, das Creditiv eines wahren göttlichen
Propheten gegeben habe?   Ein göttlicher Pro=
phet, der größte Betrüger — und der größte
Gauckler, zugleich ein göttlicher Prophet! wer
kann den Gedanken aushalten?   Und fürchtete
sich etwan der Jehovah, da er ihm die Verflu=
chung nicht erlauben wollte, daß dieselbe den
Jsraeliten sonst gefährlich werden möchte? Daß
er sein erstes Orakel mit dem Wunsche beschließt:
daß er des Todes dieses gerechten Volks
sterben, und sein Ende oder seine Zukunft

wie

wie deſſen ſeine ſeyn möge, macht ihn auch
noch wohl nichts mehr dazu. Denn erſtlich, wie
kann ſich jemand die ewige Seligkeit eines ganzen Volks wünſchen? und wie ſehr hätte der
Prophet ſich in ſeinem Urtheile über die Gerechtigkeit dieſes Volks, und in ſeinem Wunſche
betrogen? Und er, der Verräther, auf deſſen
Angabe dies Volk bald darauf zu der ſchändlichſten aller Abgöttereyen verführet wurde, in der
Abſicht, um demſelben, auf die Art, die ganze
Rache ſeines Gottes zuzuziehen, der ſollte ſich
die Gerechtigkeit und die ewige Seligkeit dieſes
Volks haben wünſchen können? Und dann war
eine ſo poſitive Erkenntniß von einer ſeligen Zukunft, die den Glauben der gewiß rechtgläubi-
gen Erzväter an Deutlichkeit übertroffen hätte,
dem Charakter dieſes Bileams, und überhaupt
dem ſchwachen Lichte dieſer Zeit, wohl nicht recht
gemäß. Dies iſraelitiſche Volk iſt ihm das
gerechte, weil es das Eigenthum ſeines Gottes Jehovah iſt, der es zu mächtig ſchützt, als
daß er es wagen dürfte, mit ſeinen Verwün-
ſchungen dagegen etwas ausrichten zu wollen.
Der Wunſch ſcheint alſo wohl nichts mehr, als
eine ſprüchwörtliche Beſchreibung einer vollkommenen und ſichern Glückſeligkeit, nämlich eines
ruhigen, und gegen alle Gewaltthätigkeit ſichern
Endes, und einer ſichern Hinterlaſſung einer zahl-
reichen Nachkommenſchaft zu ſeyn.

Und

Und dann sind auch die Orakel selbst noch lange von der Art nicht, daß sie sich, ohne eine göttliche Offenbarung, nicht erklären ließen. Bileam müßte sein Handwerk schlecht verstanden haben, wenn er nicht so viel hätte sehen können, daß es den Midianitern und Moabitern, nichts besser als den Amoritern ergehen würde, wenn sie sich es einkommen lassen würden, einem gerüsteten Heere von sechsmalhundert tausend Mann, sich mit Gewalt widersetzen zu wollen, da ein Ausschuß, von tausend Mann aus jedem Stamme, nachher genug war die Midianiter zu vertilgen. Und da die große und kriegerische Verfassung dieses Volks, während daß es noch, ohne einen festen Sitz zu haben, herum zog, schon so fürchterlich war, so konnte er es mit aller Zuversicht auch wohl vorher verkündigen, wie gefährlich dessen Größe, wenn es erst seine feste Einrichtung bekommen, allen seinen schwächern Nachbarn werden, und wie es sie einen nach dem andern überwältigen würde. Und dies traf auch ein; Saul, der erste König, machte dem alten Reiche der Amalekiter ein Ende; und David unterwarf sich die Moabiter und Edomiter. Hier ist die Weißagung, von dem aus Jacob aufgehenden Stern, und von dem aus Israel sich erhebenden Scepter, genau erfüllet; aber dies vorher zu sagen, dazu war nicht mehr göttliche Eingebung nöthig, als zu hundert andern Delphischen und dergleichen Orakeln, de-

Ll 3   ren

ren Erfüllung die Priester, aus Kenntniß der
Umstände, allemal mit der größten Wahrschein=
lichkeit vorher wissen konnten.   Indessen scheint
es am Ende doch,   daß es mit seiner politischen
Wahrsagerkunst noch nicht so ganz richtig gewe=
sen.   Ich wage es nicht, das räthselhafte Ge=
schwäz, was er hinten nach von Chittim, Assur
und Eber macht, zu erklären, da die scharfsinnig=
sten Ausleger nicht wissen,   was sie daraus ma=
chen sollen;   indessen,   da er eben im Zuge ist,
alle die Erobrungen, die dies Volk in der Folge
um sich herum machen werde, her zu erzählen, und
von den künftigen Schicksalen andrer Völker zu
reden,   gar keine Veranlassung ist,   so scheint es
wohl, daß er hier in seiner politisch = dichterischen
Begeisterung noch weiter gehn,   und damit sa=
gen wolle,   wie dies Volk seine Erobrungen
auch über Assyrien, und jenseits des Euphrats,
noch erstrecken würde, wo ihn; denn aber seine
Wahrsagerkunst verlassen hätte.

Der scheinbarste Einwurf gegen diese Erklä=
rung,   möchte also noch wohl dieser seyn,   daß
Moses diese Erzählung,   mit dem Faden seiner
übrigen Geschichte,   zu genau in eins fortgehen
lasse,   ohne auch nur die geringste Anzeige zu
thun,   daß es eine eingeschobne Geschichte sey,
da dieses zumal die Klugheit erfodert hätte,
weil sonst das Volk,   wenn es diese Erzählung
für eine wahre Geschichte nahm, in seinem Aber=
glau=

glauben an dergleichen Wahrsagereyen und Zau=
bereyen, die er in seinem Gesetze so sehr verboten,
gar leicht hätte bestärkt werden können. Aber
erstlich habe ich es schon vorher gesagt, und es wird
auch wohl jetzt ohne allen Widerspruch ange=
nommen, daß Moses vielfältig fremde Urkun=
den und Nachrichten, auch Stücke von histori=
schen Liedern seiner Geschichte einverleibt habe,
ohne dabey allemal, woher er sie genommen,
anzuzeigen. Als Augenzeuge konnte er diese
Geschichte wenigstens nicht beschreiben. Er hät=
te sie also aus einer unmittelbaren göttlichen Ein=
gebung haben müssen; aber ohne das empörende
in dieser Behauptung zu wiederholen, wo ist
denn überhaupt der Beweis, daß die Erzählung,
aller Begebenheiten und aller Geschichte die
Moses vorträgt, oder die auch in den übrigen
historischen Schriften, die in diesem heiligen Bu=
che gesammlet sind, vorkommen, und zu deren
Bestätigung eine unmittelbare göttliche Offen=
barung gar nicht erfodert wird, wenn sie näm=
lich mit keiner Religionswahrheit in Verbin=
dung sind, dennoch unmittelbar und gar noch
buchstäblich eingegeben sey, oder eingegeben seyn
müsse? Sollten denn die schätzbaren Fragmente
aus der allerältesten Menschengeschichte, die die
Vorsehung, da alle übrige zuverläßige alte
Denkmaale sich davon längst verloren haben,
uns in dieser Sammlung, mit einer fast bis
zum Wunder gehenden Vorsorge, aufbehalten

Ll 4   hat,

hat, die alle beym erſten Anblick gleich ſo ſehr
das unwiderſprechlich ächte Gepräge des höchſten Alterthums haben, und worinn ein forſchen-
des philoſophiſches Auge, zur Aufklärung der
älteſten Geſchichte der Menſchheit und der Vernunft, mit Entzücken ſo viel Licht findet, ſollten
denn, ſage ich, dieſe ſchätzbaren Nachrichten,
nicht ſchon wegen dieſes ihren innern Werths,
mit der ehrerbietigſten Dankbarkeit aufgenommen zu werden verdienen, und auch an und für
ſich, oder durch das anderweitig gnugſam be-
ſtätigte Anſehn des Verfaſſers, auch ohne Offenbarung glaubwürdig genug ſeyn? Ich erkenne und verehre die gute Abſicht der behaupteten
unmittelbaren Eingebung, aller in dieſer Sammlung vorkommenden hiſtoriſchen Nachrichten,
(denn von dieſen iſt hier allein die Rede,) nur
fürchte ich, daß man ſich nicht allein einen zu ſchwe-
ren Beweis auflade, ſondern ſelbſt den Feinden
dieſes Buchs eben damit die Waffen in die Hände gebe, deſſen übrige wirklich göttliche Wahrheit und Würde im Ganzen mit ſo viel mehrerm
Scheine zu beſtreiten. Es iſt nur beyläufig,
daß ich jetzt hievon rede; der ſo oft in dem ſie-
gendſten Tone wiederholte Spott über dieſe Geſchichte des Bileams kann davon indeſſen allein
der Beweis ſeyn.

So viel wäre alſo vorerſt wohl ausgemacht,
daß dieſe Geſchichte von Moſe ſelbſt eigentlich
nicht

nicht erzählt seyn, sondern für nichts anders, als für eine moabitische Erzählung angenommen werden könne.

Aber wie ist sie denn doch von Mose so unmittelbar und genau mit seiner eigenen Geschichte verknüpft? Dies wohl nicht so genau, als es bey dem ersten Anblick scheint. Man vergleiche den Anfang des zwey und zwanzigsten Capitels mit dem Anfange des fünf und zwanzigsten. Dort heißt es: nachdem die Israeliten den König zu Basan geschlagen, daß sie fortgerückt wären, und sich Jericho gegen über in die moabitischen Ebenen gelagert hätten; und hier: daß, während sie in dieser Gegend sich aufgehalten, sie sich von den moabitischen Weibern zu dem unzüchtigen Gottesdienst ihres Baal Peors hätten verleiten lassen. Hier ist der natürlichste unmittelbare Zusammenhang der Geschichte, und sichtbarlich ist die Erzählung von Bileam eine Episode, die völlig hätte wegbleiben können, ohne im geringsten in der Geschichte eine Lücke zu machen, oder ihren Faden zu zerreißen. Sie fängt auch ganz deutlich als eine besondre Erzählung, oder als ein besonders historisches Lied an: Balack, der Sohn Zippor, sahe die Siege, die Israel über die Amoriter erhalten hatte, vor Augen, und Moab fürchtete sich vor einem Volke das so groß war, u.s.w. Nun erstlich: Balack, der Sohn Zippor: wie

Ll 5   local?

local? Wie konnte es Mosi wichtig seyn zu be-
merken, daß Balack der Sohn Zippor gewesen?
und warum dies merkwürdiger, als wie der
Könige Sihon und Og ihre Väter geheißen?
Die Erzählung ist auch für Mosis kurze Art zu
erzählen viel zu umständlich. Alle diese kleinen
Umstände konnte niemand so erzählen, als die
welche dabey gegenwärtig gewesen, und alle die
Gauckeleyen mit großer Erwartung angesehen
hatten. Ich setze auch noch hinzu, daß auch
der Ton der Erzählung von den vorhergehenden
und folgenden Capiteln, und überhaupt von
dem edlen und simpeln historischen Styl Mosis
sich deutlich unterscheide.

Aber würde es wenigstens die Klugheit nicht
erfodert haben, daß Moses seinem Volke die
Betrügereyen dieses Gaucklers entdeckt hätte;
als daß er es jetzt, in dem Aberglauben an dergleichen Beschwdrungen und Zaubereyen, und
zugleich in den Gedanken ließ, daß er ein wirklicher Prophet des Jehovah gewesen, und von
dem seine Orakel bekommen habe? Meiner Einsicht nach auch dies nicht; vielmehr hätte er seiner Absicht damit geschadet. Denn hätte er gesagt,
wie es war, daß Bileam ein Betrüger gewesen,
daß er den Namen des Jehovah zu seinen Gauckeleyen nur gemisbraucht, und seine Orakel erdichtet hätte, weil er sich nicht getrauet seine
Verwünschungen anzubringen, so hätte dies weiter

ter keinen Eindruck gemacht. Nun aber, daß
dieſer, in der ganzen Gegend ſo berühmte
Wahrſager und Prophet, nach allen ſeinen feyerlichen Verſuchen, den Gott Jehovah zum Vor-
theil der Moabiter und Midianiter nicht gewinnen, noch die Erlaubniß ſein Volk zu verwün-
ſchen erhalten kann, daß er vielmehr nach allen
gehabten Erſcheinungen jedesmal, und immer
noch in verſtärkten Ausdrücken, mit dem Orakel zurück kommt, es ſey der unveränderliche
Rathſchluß ſeines mächtigen Gottes, dies Volk
zu ſchützen, und daß keine Macht ſtark genug
ſeyn ſolle, ſich ihm auf ſeinem Zuge zu widerſe-
tzen, daß ſeine Größe vielmehr noch immer zunehmen, und es ſich alle benachbarte Völker in
der Folge der Zeit noch unterwürfig machen ſolle: was mußte dies dem Volke, das jetzt auf
den Grenzen des ihm ſo fürchterlich beſchriebe-
nen Landes ſtund, für Muth machen, und es
antreiben, ſich dieſes mächtigen Schutzes ſeines
Gottes durch eine genaue Beobachtung ſeines
Geſetzes zu verſichern; wie es Moſes 5 B.
Cap. 23, 5. auch ſelbſt hierzu anführet; daß
nämlich Gott dieſe verſuchten Verfluchungen
aus Liebe nicht hätte geſtatten wollen.

Zur Unterhaltung des Aberglaubens an dergleichen Verſchwörungen und Zaubereyen, konnte dieſe Geſchichte, wenn ſie das Volk gleich für
wahr hielt, auch keine Veranlaſſung werden.

Dies

Dies würde sie eher geworden seyn, wenn Bileam diese vorgegebnen Orakel im Namen einer midianitischen oder moabitischen Gottheit vorgebracht hätte; aber es ist der Jehovah, in dessen Namen er sie ausspricht, hier fällt alle Veranlassung zu diesem Aberglauben weg. Diesem hatte Moses, in dem zweyten Gebote und der darauf gesetzten Todesstrafe, genug vorgebeugt; 5 B. 18. und überdem wäre es gegen seine Würde, als eines göttlichen Gesetzgebers, gewesen, wenn er sich in philosophische Untersuchungen über die Nichtigkeit solcher Zaubereyen hätte einlassen wollen; Untersuchungen, die bey einem rohen Volke, wie dies war, das bloß noch durch Gesetze geleitet werden mußte, sehr unzeitig würden angebracht gewesen seyn. Und gegen die falschen Propheten, die es, nach diesem Exempel, im Namen des Jehovah mit ihren Orakeln zu betrügen suchen würden, hatte er diese hinreichende Warnung gegeben, daß sie die Wahrheit und Falschheit ihrer vorgegebenen Weißagungen nach dem Ausgang beurtheilen sollten. Cap. 18, 21. 22.

Aber wenn die Beschwörungen dieses Betrügers dem israelitischen Volke nicht gefährlich waren, so wurde es seine Arglist um so viel mehr. Denn da er dies wohl sah, daß dies Volk bey seiner Größe, und so lange es unter dem Schutze seines mächtigen Gottes bliebe,

gegen

gegen alle öffentliche Gewalt sowohl, als gegen
alle Zaubereyen unüberwindlich seyn würde, so
gab ihm seine Bosheit ein andres Mittel ein,
wodurch er demselben diesen Schutz so viel siche-
rer zu entziehn, und die ganze Rache seines,
gegen alle andre Götter so eifersüchtigen Gottes,
über dasselbe zu reizen, oder es wenigstens
durch eine innerliche Empörung, unter sich auf-
zureiben suchte. Er gab nämlich den Moabitern und Midianitern an, daß sie ihrem Gotte
Baal Peor feyerliche Feste, die mit der schändlichsten Ueppigkeit begangen wurden, anstellen,
und die Israeliten dazu einladen sollten. Und
dies gelang. Das Volk, durch die unzüchtigen
Weiber eingeladen, lief diesen Festen häufig
zu, ließ sich zu allen ihren schändlichen Gebräuchen einweihen, wohnte ihren Opfermahlen bey,
verunreinigte sich mit allen dabey ausgeübten
Lastern, und das ganze Lager kam darüber in
eine so gefährliche Empörung, daß Moses sein
ganzes Ansehn, und die äußerste Strenge brauchen mußte, um dieselbe zu dämpfen. Die Vornehmsten, die daran Theil genommen hatten,
ließ er so gleich dem Jehovah, oder eigentlich
dem Gesetze zur Genugthuung, (denn dies ist
nach seiner Art zu reden Eins,) aufhängen,
und zugleich gab er noch allen Richtern Befehl,
daß ein jeder die, welche aus seinem Gerichte
sich dazu hatten einweihen lassen, am Leben be-
strafen sollte. Und ungeachtet dieses schrecklichen

chen Gerichts, war die Frechheit doch schon so
weit gegangen, daß, wie das Volk vor der
Stiftshütte seinen Verfall schon wieder bereue-
te, einer der vornehmsten Familienhäupter aus
dem Stamme Simeon, die Tochter eines midianitischen Fürsten, selbst vor den Augen Mosis
und des Volks vorbey, mit sich in sein Gezelt
führte. Diese Frechheit wurde zwar auch auf
der Stelle gerächt; aber um nicht allein bey seinem eignen Volke den Abscheu vor aller Abgötterey durch diese Strenge so viel größer zu machen, sondern auch alle umher liegende Völker
vor dergleichen Verführungen so viel mehr zu
warnen, rächete er auch diese, an den fünf midianitischen Königen und ihren Völkerschaften,
mit deren gänzlichen Vertilgung.

Da nun Moses sein Volk an die Grenze des
ihm bestimmten Landes gebracht hatte, so endigt
er damit auch seinen vierzigjährigen Beruf, und
geht nun zu seinem Grabe; aber wie die Sonne
an einem heitern Himmel in einem schönen Som-
merabend untergeht, in der heitern ruhigen
Größe, womit der redliche Mann nur zu seinem
Grabe geht, der sich seine Schwachheiten nicht
verbirgt, aber in allem, was er gethan, sich der
reinsten Absichten bewußt ist; dem die Befördrung der Ehre Gottes und der allgemeinen
Wohlfahrt sein einziger Beruf war, und der in dem
treuen Bestreben diesen zu erfüllen, sein Leben
und

und seine Kräfte verzehrte. So geht Moses
seinem Tode entgegen. 5 B. Cap. 31. Er
weiß, daß die Stunde da ist, und daß er selbst
in das Land, das das Ziel seiner vierzigjährigen
Mühseligkeit war, nicht hineinkommen soll.
Aber es ist ihm zu seiner Beruhigung genug,
daß dies der Wille seines Gottes ist; daß er seinen Beruf, so weit es Gott gewollt, erfüllet,
und sein Volk bis an das ihm verheißene glückliche Land gebracht hat; er für sich ist zufrieden,
es von ferne nur zu sehen, und der einzige Gedanke, wovon seine Seele noch voll ist, ist nur
der, daß die wahre Erkenntniß und Verehrung
des einigen Gottes unter seinem Volke befestigt
werden, und es durch eine gehorsame Beobachtung seines Gesetzes, des unter dieser Bedingung ihm verheißenen Schutzes und Segens
theilhaftig bleiben möge. Zu dem Ende wiederholt er noch einmal alle die Gesetze, die besonders dem ganzen Volke zu wissen nöthig waren,
mit Uebergehung derer, die eigentlich nur die Priester angiengen, und hält sie demselben mit dem rüh-
rendsten Nachdrucke vor; und wie sie allein schon,
durch die innere Fürtrefflichkeit und Billigkeit dieser Gesetze sich vor allen andern Völkern, als ein ge-
sittetes, weises und glückliches Volk würden unterscheiden können. 5 B. C. 4. 6. 7. 8. Ueberdem aber
wüßten sie, daß es nicht seine Gesetze, sondern Gesetze ihres Gottes wären. Denn alles, was er
gethan, alles, was er ihnen verordnet habe, das
habe

habe er alles auf unmittelbaren göttlichen Befehl,
mit unmittelbarer göttlicher Genehmigung ge=
than, wovon sie selbst die Zeugen wären. Denn
sie hätten alle die Wunder selbst mit angesehn,
womit Gott seinen Beruf von dem ersten An=
fang an, da er sie aus Aegypten geführet, be=
stätigt, und während des vierzigjährigen Zuges,
wenn ihre Widerspenstigkeit denselben nicht er=
kennen wollen, unterstützt habe. Auch wären
sie selbst bey Sinai zugegen gewesen, hätten
selbst die feyerliche außerordentliche Erscheinung
mit angesehn, womit Gott alle diese Gesetze be=
stätigt, und für die seinigen erkläret habe. Wenn
sie nun diesem ihren Gott, der sich ihnen so herr=
lich offenbaret, mit Vermeidung aller Abgötte=
rey getreu bleiben, und durch eine genaue Be=
obachtung seines Gesetzes, sich als ein diesem Gott
besonders gewidmetes heiliges Volk, von allen
andern Völkern unterscheiden würden, so würde
seine Vorsehung sie auch vor allen andern Völ=
kern, als ein besonders gesegnetes Volk, unterschei=
den; wenn sie dagegen aber diese Vorzüge nicht
erkennen, sondern diesen ihren Gott verlassen,
und sein heiliges Gesetz aus den Augen setzen
würden, (denn um ihrer Verdienste willen, oder
daß sie ein besonders Lieblingsvolk wären, hätte
er sie nicht erwählet,) Cap. 9. so würden auch
seine Gerichte so viel schrecklicher über sie kom=
men, und er sie allen andern Völkern der Erde
zum warnenden Schauspiele machen; und zuletzt
stellet

stellet er ihnen diesen Segen und Fluch in den
lebhaftesten und stärksten Farben vor. Cap. 28.
Hierauf giebt er das Buch, worein er dies ganze Gesetz mit eben diesen verheißenen Segen und
gedroheten Flüchen geschrieben,   den Leviten,
daß sie es zum ewigen Andenken neben der Bundeslade legen sollen;   und damit es dem Volke
immer im Gedächtniß bleibe, und besonders der
Eindruck der Verheißungen und Drohungen
sich nicht verliere, so verordnet er zugleich, daß
alle sieben oder Sabbathjahre, wenn das Volk
von seiner Landarbeit ruhete und bey dem Lau-
berhüttenfeste vor dem Jehovah,   nämlich an
dem Orte der Stiftshütte,   versammlet sey,
dasselbe öffentlich vor dem ganzen Volke vorgelesen werden solle;   denn die Kunst zu schreiben
war so allgemein noch nicht, daß ein jeder Hausvater sich eine Abschrift davon hätte nehmen können.   Und dabey lässet er es noch nicht; sondern
zuletzt fasset er noch alles in ein erhabnes feyerliches Lied zusammen, und nachdem er auch dieses
dem gesammten Volke vorgelesen,   giebt er es
den sämmtlichen Aeltesten der Familien und den
Schreibern,   daß es von allen abgeschrieben und
auswendig gelernet werden solle.   Hierauf über-
trägt er dem Josua die Besitznehmung des Landes, und er geht nun zu seinem Tode, mit eben
der Größe,   und mit eben dem Vertrauen zu
Gott,   das er in seinem ganzen Leben bewiesen
hatte. Stille, und in Begleitung einiger weniger

Vertrauten geht er hin; da nimmt ihn der Herr zu sich, und seine Freunde begraben ihn, ohne sein Grab durch ein Denkmaal zu bezeichnen, damit der Mann, der in seinem Leben so sehr gegen alle Abgötterey war, nicht auch selbst noch in seinem Grabe, zu seiner eignen abgöttischen Verehrung, die Veranlassung werden möchte.

Sein Denkmaal ist, daß er der große Gesandte Gottes war, der den Glauben der ersten Welt, an diesen einigen Gott Schöpfer und Regenten der Welt, wieder hergestellet — daß er der einzige Gesetzgeber im ganzen Alterthume ist, der die Verehrung dieses Gottes, ohne alle Bilder und Untergötter, zur öffentlichen Volksreligion gemacht, und so befestigt hat, daß sich dieser Glaube nie wieder verlieren können, daß er dadurch auch den Grund zu der größern und vollkommenern Erleuchtung der Welt gelegt hat, und Er daher nun auch, von allen Völkern in der Welt, die diesen einigen Gott und Schöpfer verehren, so lange die Welt steht, als der große Prophet und Gesandte Gottes wird verehret werden.

Zwey=

Zweyter Abschnitt.

Mosis Lehre von Gott.

Das was ich hier aus der Geschichte dieses großen Mannes ausgezeichnet habe, wird genug seyn, nicht allein die natürlichen außerordentlichen Talente, womit er seinen Beruf ausgeführet, sondern auch die unmittelbare göttliche Erleuchtung, die ihm dabey noch zu Hülfe gekommen, und die göttliche Autorität, die ihn dazu bevollmächtigt und in der Ausführung unterstützet hat, zu beweisen.

Jetzt will ich das wesentlichste von seiner Religionsverfassung selbst betrachten.

Ueberhaupt ist sie ganz auf den Glauben an einen einigen Gott gegründet. Höre Israel, der Herr unser Gott ist ein Einiger Gott; und du sollt keine andre Götter neben mir haben; dies ist das große Grundgesetz seiner Religion und des Staats; der erste Grundbegriff aber von diesem Gott ist, daß er ein Geist ist. Zwar noch ohne den genauen metaphysischen Begriff damit bezeichnen zu wollen, den wir mit diesem Worte jetzt verbinden. Dieser Begriff ist die Frucht einer im Nachdenken schon

Mm 2   geübten

geübten Vernunft, um dadurch von diesem höchsten Wesen alle unvollkommene Vorstellungen
so viel sichrer zu entfernen.   Moses spricht, wie
die Vernunft sich damals noch auszudrücken
vermochte, und wie ihre Fähigkeit es zuließ.
In dieser Sprache bedeutet das Wort Geist ein
jedes unsichtbares lebendiges und wirksames Wesen,   auch dessen wirksame Lebenskraft selbst,
und besonders dessen vernünftige und moralische
Natur,   ohne die innere Natur eines solchen
Wesens dadurch bestimmen zu wollen.   So
schwebte,   nach der Beschreibung der Schöpfung, der Geist Gottes auf dem Wasser,
und gab der noch ungebildeten Natur Bewegung
und Ordnung; und so ist, nach dem Ausdruck
Davids, der Himmel mit dem ganzen Heere der
Gestirne durch den Geist seines Mundes gemacht;
in beyden Stellen soll es die wirksame Allmacht
Gottes ausdrücken; und wenn es 1 B. Cap. 6.
heißt, daß die Menschen sich von dem Geiste
Gottes nicht mehr haben strafen lassen wollen, so bedeutet es die moralische Natur dieses
höchsten Wesens, seine wesentliche Liebe zur
Ordnung und zum Guten, die wir unter dem
Namen der Heiligkeit begreifen. Wenn man
dies als die gewöhnliche Sprache der Schrift
vor Augen hat, so kann es zu vieler Aufklärung
dienen. Die innere Natur eines solchen Wesens, und besonders die innere Natur dieses
allerhöchsten und unbegreiflichen Wesens, die
über

über die Fähigkeit aller endlichen Vernunft ge-
het, dadurch angeben zu wollen, dies war der
Endzweck. dieſes erleuchteten Propheten nicht,
ſo wie es der Endzweck und die Sprache der
Schrift überhaupt nicht iſt. Es iſt dem Menſchen zu ſeiner Religion genug, ſeinen Gott ſo
zu kennen, daß er ſein Verhältniß, worinn er mit
demſelben ſteht, ſich erklären könne; daß er zufor-
derſt von ihm als von ſeinem Schöpfer Herrn und
Regenten ſeine Abhängigkeit erkenne, und durch
die Erkenntniß ſeiner unendlichen Weisheit Güte und Allmacht ſich zu dem vollkommenſten Vertrauen und Gehorſam gegen-ihn erweckt fühle.
Hierzu war es dieſem erleuchteten Lehrer genug,
ſeinem Volke dieſen Gott als ein lebendiges, in
ſeiner ganzen Natur unabhängiges unumſchränk-
tes Weſen, von unbegrenzter Allgegenwart, Allwiſſenheit, Allmacht, Weisheit und Heiligkeit
vorzuſtellen. Auch dieſe Vollkommenheiten und
Eigenſchaften ſind unter den uns gewöhnlichen
abſtrakten Begriffen nicht vorgetragen. Die
Beſchreibungen ſind ebenfalls alle der ſim-
peln ſinnlichen Volksſprache gemäß, wie die damalige kindiſche Vernunft ſie dachte und zu faſſen fähig war. Dieſer Gott wohnet noch über
den Wolken im Himmel, überſieht von da was
auf der Erde geſchieht, das Geſchrey über die
böſen Handlungen der Menſchen ſteigt zu ihm
hinauf, er ſteigt herunter um ſich als Richter
zur Vollziehung der Strafe an den Ort des

Ver-

Verbrechens zu begeben, fasset seine Entschlies-
sungen nach dem jedesmaligen Verhalten der
Menschen, wird durch ihre Sünden zum Zorn
und zur Rache gereizt, läßt sich durch ihre Bekehrung wieder zur Reue bewegen, ist besonders
eifersüchtig, wenn die Ehre der Anbetung, die
ihm als dem einigen Herrn und Gott gebühret,
falschen Göttern beygelegt wird. Durchgehends
menschliche Sprache. Die schwache Vernunft
konnte sich darüber noch nicht erheben; wir können mit Einfältigen und Kindern noch keine andre gebrauchen, und die damalige Rauhigkeit des
Volks, besonders der große Hang zur Abgötterey, machte die starken Ausdrücke von Zorn
Eifersucht und Rache noch so viel nothwendiger.
Indessen werden die Begriffe selbst, so menschlich auch die Sprache ist, durch die Art der Vorstellungen wieder so berichtiget, daß der Begriff
von der unumschränkten Größe und Vollkommenheit dieses höchsten Wesens, gegen allen davon zu machenden Misbrauch, völlig gesichert
bleibt, und das moralische Verhalten dagegen
auf keine Art geschwächt wird. Ganz anders
ist die Sprache der heidnischen Dichter von ihren Göttern. Ihr Jupiter bleibt bey aller
seiner Hoheit und Größe immer Mensch, mit
allen menschlichen Unvollkommenheiten; beherrscht von den niedrigsten Leidenschaften, hin-
tergangen von der Arglist der übrigen Götter,
und in seiner Macht von dem Schicksal eingeschränkt.

schränkt. Aber dieser Jehovah ist, ungeachtet dieser menschlichen Sprache, immer das höchste, das vollkommenste und heiligste Wesen, das von keinem menschlichen Auge gesehn, mit nichts in der ganzen Natur verglichen werden kann; der jede Abbildung als Verleugnung seiner unendlichen Größe ansieht; der unumschränkte Herr und Regent der ganzen Natur, der, ob er gleich im Himmel wohnt, nach seiner Allwissenheit und Allmacht immer der allgegenwärtige Gott ist; alles Auge, alles Ohr, vor dem nichts verborgen ist, der alles sieht, alles mit unumschränkter Freyheit und Gerechtigkeit ordnet, an den der Mensch nie ohne die innigste Ehrerbietung gedenken kann, den er nie aufhören kann zu fürchten, und zu dessen Weisheit und Güte, wenn er ihn mit aufrichtigem Gehorsam ehret, er das vollkommenste Vertrauen haben kann.

Ich bin der ich bin: der erhabenste Begriff, unter welchem die Vernunft sich dieses Wesen denken kann. Der Jehovah, der unabhängig Seyn und Leben von Ewigkeit durch sich selbst hat; der Grund aller Dinge, ohne selbst einen Anfang zu haben; ewig und unveränderlich derselbe, wie er, von Anfang der Schöpfung an, sich offenbaret; unveränderlich in seiner Größe, in seiner Erkenntniß, in seinen Rathschlüssen, in seinen Verheißungen. Der unumschränkte Herr der ganzen Natur, nicht als

Nm 4   die

die Seele der Welt, sondern ganz von ihr unabhängig, als ihre erste Ursache, als ihr Schöpfer; der dieser allmächtige Gott war, ehe die
Welt durch sein Wort zu werden anfieng; der
dem Himmel und der Erde zu werden befahl;
der der Sonne, dem Monde, den Sternen,
und allem was unter den Heerschaaren des Himmels gedacht wurde, rief, daß sie werden sollten,
und Bestimmung, Stand und Lauf ihnen anwies; der mit eben diesem allmächtigen Winke
seines Willens auch dieser Erde ihre Bildung
und ihren Reichthum gab, allen Geschöpfen ihre verschiednen Naturen ertheilte, ihnen die ihrer Natur gemäße Wohnung anwies, zugleich,
mit diesem einzigen großen Gedanken, für ihre
Erhaltung sorgte, und ihnen die Kraft einpräg-
te, in dieser ihrer Natur, bey aller ihrer Ver-
gänglichkeit, ihrer Bestimmung gemäß unveränderlich fortzudauren, und der dem Menschen,
durch die ihm mitgetheilte höhere Natur, das
Recht und das Vermögen gab, diese ganze Erde als ihr Herr zu beherrschen, so daß durch das
einzige allmächtige Wort: es werde, die ganze
Natur, nach allen ihren Theilen, diejenige Einrichtung und Verbindung erhielt, daß sie als das
Werk des allmächtigen weisesten und gütigsten
Wesens die höchste Vollkommenheit hatte, und
alles sehr gut ward. So ist dieser Jehovah der
Herr und Schöpfer der Welt; und nicht der
Schöpfer allein, sondern auch eben der unum-
schränkte

schränkte weise Regent derselben, der durch eben
den allmächtigen Einfluß seines Willens, wodurch er alles schuf, auch alles in seiner bestimmten Natur und Ordnung erhält; der, selbst über
alles Schicksal erhaben, allein das Schicksal der
Welt bestimmt; keine andre Gesetze als seinen
Willen kennt, den Lauf der Natur immer in seiner Hand hält, ihn nach seiner Absicht leitet,
und alle dessen Veränderungen mit der Gewißheit ordnet, als wenn er sie unmittelbar entstehen ließe; auch denselben, wo es seine Absicht
erfodert, zum Beweis, daß er der Herr ist, mit
eben der Freyheit wieder aufhebt; der von der
Höhe seines Throns die Enden der Erde über-
schaut, die Zukunft wie das Gegenwärtige sieht,
die entferntesten Schicksale vorher verkündigt,
und zur bestimmten Zeit gegen alle Hindernisse
in Erfüllung bringt. Vor dessen Augen auch
die Gedanken der Menschen nicht verborgen sind,
und dessen Willen auch ihre Freyheit selbst unterworfen ist; ohne welchen selbst der Mensch
auch nicht böse seyn kann, sondern der ihm, wenn
er es aus Weisheit zuläßt, da wo er will Grenzen setzt, und das Böse selbst so lenkt, daß es,
zu so viel mehrerer Verherrlichung seiner Vorsehung, diesen höhern Absichten seiner Weisheit,
als wenn er es unmittelbar gewollt, entspre-
chen, und die vorher gesehne Härte eines Pharao damit so zusammen treffen muß, als wenn
er ihn selbst dazu erwählt hätte.

Die

Die Vorstellung von dieser Regierung ist wiederum eben die menschliche Sprache. Dieser Gott beschließt und ordnet noch alles nach Veranlassung der gegenwärtigen Umstände, zu der Zeit wenn es geschehen soll, und thut alles unmittelbar; läßt regnen und die Sonne aufgehn; wirkt alles in den Menschen selbst, erfüllt der Künstler Herz mit Weisheit, und erweckt und verstockt einen Pharao, um seine Macht an ihm sehen zu lassen. 2 B. 35, 34. Die damalige schwache Vernunft litt noch keine andre Sprache. Die Vorstellung von einer auf eine allwissende Vorhersehung der menschlichen Handlungen gegründeten Wahl war für sie noch zu hoch; und die fremden Ausdrücke, Lauf der Natur, Geseze der Natur, würden den Gott, den das Volk erst kennen lernen sollte, vielmehr entfernt, und anstatt den Glauben an ihn zu erwecken, vielmehr die Vorstellung von einem blinden Schicksal, oder von einem Ohngefähr, oder auch von dem Einfluß eines bösen Wesens veranlasset, und die ganze große Absicht Mosis vereitelt haben. Sein Endzweck war, dem Volke nur erst die Hauptwahrheit recht einzuprägen, daß der Jehovah der unumschränkte Herr und Regente der Welt sey, nach dessen Absicht und Willen alles in derselben ergehen müsse. Dies ist der Grund der ganzen Religion, des Vertrauens, der Furcht und der Liebe Gottes. Und dies ist auch durchgehends die
Spra-

Sprache der Schrift. Ihre Abſicht iſt nicht uns Gott kennen zu lehren, wie er ſeinem innern Weſen nach iſt, und wie er alles erkennt und ſieht, ſondern daß er alles ſieht; und nicht wie er die Welt regiert, ſondern daß er alles mit unendlicher Weisheit regiert, und daß ohne ſein Wiſſen, ohne ſeinen Willen und ſeine Zulaſſung nichts geſchehen kann. Der Philoſoph erforſche ſo weit er kann jene Tiefen; dem Menſchen iſt es genug Gott ſo zu kennen, daß er ſich zum Gehorſam, zum Vertrauen und zur Liebe dieſes weiſeſten und beſten der Weſen erweckt fühlt.

Der Misbrauch jener Ausdrücke, als wenn Gott daher auch der Urheber des Böſen ſey, und der Menſch keine Freyheit habe, war davon nicht zu fürchten. Dergleichen Schlüſſe ſind die Frucht einer ſpätern ſpitzfindigen Metaphyſik, worauf der ſchlichte Menſchenverſtand nicht fällt, und dem Moſes, durch die nachdrücklichſten Vorſtellungen von der höchſten Heiligkeit Gottes, und durch die gefoderte ſtrenge Beobachtung ſeines Geſetzes, genug zuvorkam. Denn in allen ſeinen Vorſtellungen iſt dieſer Gott ein heiliger Gott, deſſen moraliſche Natur eben ſo rein, als er in ſeiner ganzen Natur unendlich iſt; 5 B. Cap. 32, 4. der das Gute nothwendig liebt, und belohnt, das Böſe nothwendig haſſet, und beſtraft, aber zum Beweis

weis seines unendlich größern Wohlgefallens am
Guten, wenn er, seinen Eifer gegen die Sünde zu beweisen, bis ins dritte und vierte Glied
straft, denen, die seine Gebote halten, bis ins
tausendste Glied wohlthut; 2 B. Cap. 20, 5.
zu dem auch selbst der Sünder sein Vertrauen
behalten kann, weil er bey allem seinen Eifer
gnädig, barmherzig, geduldig, von großer Güte, und immer bereit ist Missethat zu vergeben;
aber der nur durch Reue und Besserung versöh-
net werden kann; so wie er keinen andern Dienst,
keine andre Verehrung, keine andre Liebe als
Gehorsam kennet; der nichts weiter von den
Menschen fodert, als ihn fürchten und in seinen
Geboten wandeln, aber allen Gehorsam aus
Liebe fodert; 5 B. C. 10, 12. der die gute Absicht
seines heiligen Willens erkannt wissen, und deswegen von ganzem Herzen, von ganzer Seele, und
von ganzem Vermögen geliebt seyn will. Cap. 6, 5.

Und dieser Gott ist in dem allergenauesten
Verstande ein Einiger Gott. V. 4. Nicht
der größte und mächtigste nur, in Vergleichung
mit andern geglaubten Gottheiten, sondern in
der höchsten Bedeutung der Einige; der einige
Gott oben im Himmel und unten auf der Erde,
und keiner mehr. Cap. 4, 35. 39. Auch sind
keine Untergötter, denen er die Regierung der
Welt, oder einen Theil derselben aufgetragen
hätte, die den Menschen ihre Schicksale verkündigen,

digen, und Gutes und Böses zutheilen könnten. Alle dergleichen Götter sind Nichts; auch
selbst alle die als Götter angebeteten Lichter des
Himmels, sind nichts als leblose Körper, von
ihm erschaffen die Erde zu erleuchten, und zum
Unterscheid der Zeiten zu dienen.

Noch weniger kennet diese Lehre neben diesem höchsten guten Gott einen Typhon, ein böses Wesen, welches die Natur, die er in allen
Theilen nach seiner unendlichen Weisheit als
gut erschuf, verderben, seine weisen Absichten
in der Regierung der Welt zerstören, und gegen seinen Willen Böses darinn anrichten könnte. Er ist allein der Herr der Welt, so allein,
daß er auch der Herr des Bösen ist, daß das
Böse auch nur durch ihn da ist, nie anders als
wenn er es zuläßt, und nur so weit als seine höhern Absichten es leiden. Daher ist auch der
Glaube an diesen einzigen Gott die Hauptpflicht
der ganzen Religion. Höre Israel, der Herr
unser Gott ist ein einiger Gott, dies ist das
ganze Glaubensbekenntniß, und du sollt keine
andre Götter neben mir haben, das erste
Gesetz. Er ist allein der Herr, der allmächtige
und weise Regent der Welt, er will daher auch
allein angerufen seyn, allein auch das ganze
Vertrauen haben. Dies ist die Ehre, die ihm
als dem einigen Gott allein gebührt; und die er
mit keiner Wahngottheit theilen will. Denn
der

der Glaube an jede andre Gottheit, die in die Regierung der Welt und in die Schicksale der Menschen einen Einfluß hat, raubt ihm diese Ehre, ist Verleugnung seiner Vorsehung, wendet den Menschen von dem Vertrauen, dem Gehorsam und der Liebe von ihm ab, und trennet das ganze Verhältniß zwischen Gott und ihm, und daher ist auch aller Glaube an Wahrsagerey und Zauberey sträflichste Verleugnung Gottes. 5 B. Cap. 18, 10. 11. Denn es soll dem Menschen zu seiner Beruhigung genug seyn, daß er unter der Vorsehung dieses weisesten und besten Regenten der Welt steht; diesem soll er die künftigen Schicksale seines Lebens ruhig überlassen; von ihm soll er alles Gute erbitten und erwarten; und was diese Vorsehung vor ihm aus Weisheit verbirgt, oder ihm aus Weisheit weigert, durch Beschwörungen falscher Götter oder Geister erlangen wollen, ist unmittelbare Verleugnung dieser höchsten Weisheit und Güte, die den Menschen ganz von Gott abwendet, die ihm alle wahre Ruhe raubt, und ihn allen Betrügereyen bloß stellt; denn alle Wahrsagerey, Beschwörung, Zauberey, ist nichts als Betrug, und soll deswegen auch ohne Prüfung mit Abscheu verworfen werden. Denn Prüfung würde den Gedanken von der Möglichkeit immer unterhalten, und den Menschen immer der Gefahr aussetzen, durch künstliche Verblendungen hinter-

tergangen, und in dem abergläubigen Mistrau-
en zu der Vorsehung gestärkt zu werden.

Und dies ist der Gott Mosis, der Jehovah;
der Sprache und Vorstellungsart nach zwar,
wie ich schon gesagt, ganz wie die schwache kin-
dische Vernunft sie damals erfoderte, welcher
ungeachtet aber Gott immer das vollkommenste
Wesen ist, wie die erleuchtetste Vernunft sich
dieses allerhöchste Wesen nur vorstellen kann.
Und diese sinnliche Vorstellungsart verdienet so
wenig einen Vorwurf, daß, da die hieroglyphi-
sche und symbolische Sprache die wahre Erkenntniß Gottes größtentheils mit verdrungen hatte,
eben diese simple Volkssprache das einzige Mittel war, das Volk dazu wieder zurück zu bringen, und diese Erkenntniß in ihrer Reinigkeit zu
erhalten.

Die Sprache Davids und der Propheten
ist erhabner und edler, und hat diese menschlichen Vorstellungen nicht mehr. Ps. 33. 26.
104. 139. Man lese die Psalmen, worinn David die Größe und Vollkommenheiten seines Gottes beschreibt, oder die Beschreibung, die Jesa-
as davon macht; Jes. Cap. 40. 44. die erleuchtetste Vernunft aller Weisen und Dichter
hat nie mit solcher Wahrheit, mit der Würde,
und dem himmlischen Feuer diese Vollkommenheiten des höchsten Wesens beschrieben; hier ist
der

der höchste Flug, den die menschliche Sprache erreichen kann; aber so konnte Moses — ein siche-
rer Beweis, daß seine Schriften so viel älter
sind — in der Kindheit der Vernunft seines
Volks noch nicht sprechen. Indessen waren diese Schriften doch die Quelle, woraus David
und die Propheten ihre reinen Begriffe von Gott
und seiner Vorsehung schöpften, und zugleich
waren sie die Richtschnur, daß ihre Vorstellungen, auch in dem erhabensten dichterischen Fluge, sich von der ursprünglichen Lauterkeit nicht
entfernten.

Ich habe schon anderwärts einmal von dem
Humischen Grundsatze geredet, nach welchem
er behauptete, daß die rohen Menschen in ihrer
Religion nothwendig mit der Vielgötterey hätten anfangen müssen, und daß die wahre Erkenntniß eines einigen höchsten Wesens
Schöpfers und Regenten der Welt, die
Folge einer durch die Philosophie schon cultivirten Vernunft sey, weil man sonst annehmen müsse, daß die Menschen, so lange sie in der Wildheit gewesen, die Wahrheit entdecken können,
aber bey mehrerer Cultur sie verloren hätten.
Wo die Religion oder Erkenntniß Gottes als
ein Resultat menschlichen Nachdenkens angesehen wird, da hat Hume allerdings wohl recht.
Aber hier ist die Ausnahme; hier ist ein solches
rohes barbarisches Volk, eben das barbarische
Volk

Volk worauf er zielt und das er nicht zu nennen würdigt, oder vielmehr nicht zu nennen
wagt, das ohne alle Cultur und Philoſophie,
noch ehe es aus dem Stande der Barbarey getreten, nur einen Gott, Schöpfer und Regenten der Welt erkennet, und das von den Vollkommenheiten dieſes Gottes und ſeiner moraliſchen Regierung der Welt ſo wahre und reine
Begriffe hat, als Barbaren ſich nie denken mögen, als die erleuchtetſte Vernunft ſie vielmehr
nur je gehabt hat; ein rohes Volk, das in ſeiner Sprache, für geiſtige und moraliſche Begriffe, noch keine Worte hat, ſondern die Vollkommenheiten ſeines Gottes ſich noch unter lauter ſinnlichen körperlichen Ausdrücken denken
muß, und doch, von der unendlichen geiſtigen
Natur deſſelben, ſo erhabne reine Begriffe hat,
daß es das ſchon für eine Verleugnung deſſelben
hält, ihn nur unter einigem Bilde vorzuſtellen
oder zu verehren; das dieſen Gott für den einigen Regenten der Welt erkennet, alle Veränderungen der körperlichen und moraliſchen
Welt ſeiner Regierung unterwirft, die ſpecielle-
ſte Vorſehung glaubt, keine Untergötter kennet,
keine Orakel, keine Wahrſagungen und Zaubereyen unter ſich duldet, dies alles für Verleugnung der Vorſehung hält; und dies alles Volksglaube — Volksreligion — ganz in der populärſten Sprache — welcher Contraſt mit der
Religion der viel cultivirtern Nationen der

Aegypter, Chaldäer, der Griechen und Römer! Ich rede nicht von der aufgeklärten Vernunft einzelner Weisen, ich rede von Volksglauben, von öffentlicher Volksreligion. Dabey nun noch der Stifter dieser Religion ein gebohrner Aegypter, in dem sinnlichsten Gottesdienst erzogen, wo alles Bildersprache, alles Priestergeheimniß war, wo man keine andre als sinnliche Götter ehrte, und Wahrsagerey und Zauberey Philosophie war.

Man wird sagen, diese Erkenntniß sey bloß Glaube ohne alle philosophische Einsicht und Ueberzeugung gewesen. Dies zugegeben; so bliebe es doch immer gleich wunderbar, wo bey diesem rohen Volke dieser Glaube in dieser Lauterkeit erst hergekommen wäre. Und wäre bloßer zuversichtlicher Glaube, wie dieser, nicht allein schon wohlthätigste fruchtbarste Erkenntniß? Denn der Jehovah, so wie ihn dies Volk nach dieser Lehre bekannte, war kein leeres Wort, es war der reinste, der fruchtbarste Begriff, den die erleuchtetste Vernunft sich von dem höchsten Wesen machen kann. Ein Einiger Gott Schöpfer und Regent der Welt! Wie viel ist mit diesem Glauben für die Vernunft schon gewonnen! dieser Glaube läßt die schwächste Vernunft nicht mehr ohne Ueberzeugung, er fodert sie selbst auf, diesen Gott in seinen Werken zu suchen, und ein jeder einzelner Blick in
den

den Reichthum, die Ordnung und Schönheit
der Natur, iſt Beſtätigung dieſes Glaubens,
wird lebendige eigenthümliche Erkenntniß, die
nie unfruchtbar bleiben kann. Der Glaube an
ein unendlich weiſes, gütiges, allwiſſendes,
heiliges Weſen und an deſſen Vorſehung, kann
nicht ohne Vertrauen, ohne Furcht, ohne Liebe, ohne Gehorſam gegen daſſelbe ſeyn. Die
Pſalmen und die Propheten ſind der Beweis,
wie bald dieſer Glaube zu der erhabenſten Erkenntniß ſich entwickelt, und was für ein lebendiges Vertrauen und für eine reine erhabne Sittenlehre er wirket.

Zwar würde dieſer Glaube für dies rohe
Volk auch noch immer zu hoch geweſen ſeyn,
wenn ihm dieſer Jehovah ein ganz unbekannter
Gott geweſen wäre. Aber dieſem kommt Moſes dadurch zu Hülfe, daß er ihm dieſen Gott,
beſtändig als den Gott ihrer Väter, und den
auch die erſten Stammväter des ganzen menſchlichen Geſchlechts als den einigen wahren Gott
angebetet hätten, vorſtellet; dem beſonders
Abraham mit ſeinem Glauben ſo treu geblieben,
daß er, um nicht zur Abgötterey verführt zu
werden, ſein Vaterland verlaſſen, aber auch die
große Verheißung dafür erhalten habe, daß er
auch im beſondern Verſtande der Gott ſeiner
Nachkommenſchaft ſeyn, und dieſe in eben das
Land Canaan wieder zurück bringen, und da-

ſelbſt

selbst als der einige Gott von ihnen angebetet
werden wolle; und daß dies eben der Gott sey,
der sie unter so viel Wundern aus Aegypten geführet habe. Da nun zugleich das Andenken
dieser Wunder durch die feyerlichen Stiftungen
jährlich erneuert wurde, und die Wunder selbst
dadurch gleichsam immer gegenwärtig blieben,
so gab dies zusammen dem Glauben dieses Volks
eine Stärke, die alle metaphysische Beweise ihm
nie gegeben hätten.

Auch erscheinet Gott hier noch nicht in dem
vollen Lichte, worinn ihn nachher der Heiland,
als den Vater aller Menschen, der Welt offen-
barte; vielmehr konnte dies, daß ihn das Volk
nur als den Gott seiner Väter kannte, die Veranlassung werden, daß es ihn, mit Ausschlief-
sung aller andern Völker, auch nur in dem Verstande für seinen Gott hielt, wie jedes andre
Volk seine besondre Schutzgottheit hatte. Aber
die Klugheit erfoderte es, daß Moses sich vorerst so noch ausdrückte, wenn er seinen großen
Endzweck, nämlich den Glauben an diesen einigen wahren Gott, worauf seine ganze Constitution eingerichtet war, bey dem Volke erhalten
wollte. Denn er konnte ihnen diese Erkenntniß
nicht wichtig, und den Vorzug nicht groß genug
vorstellen, daß dieser Gott, da alle andre Völker diese glückliche Erkenntniß beynahe ganz verloren, und sich dafür falsche Götter erwählet,

von

von denen sie weder Erhörung noch Schutz zu
hoffen hätten, und den sie ebenfalls schon in Ge=
fahr gewesen wären, in Aegypten zu verlieren,
daß dieser Gott, sage ich, sich nun ihnen nicht
allein auf eine so herrliche und wundervolle Art
wieder offenbaret habe, sondern daß er ihnen im
Land ihrer Väter, auch jetzt eine solche Einrich=
tung geben wolle, wo sie ihn, als ein ihm allein
gewidmetes und geheiligtes Volk anbeten sollten.
Er mußte es ihnen vorhalten, was sie, durch
diese vorzügliche Gnade, für ein glückseliges
Volk wären, das den Gott aller Götter, den
Gott Himmels und der Erden als seinen Gott,
und sich als das eigenthümliche Volk dieses Got=
tes ansehen, und daher auch, so lange sie dem
Bekenntniß dieses Gottes und dessen Gesetze im
Gehorsam getreu blieben, seines mächtigen Schu=
tzes allezeit versichert halten konnte. Daß aber
dagegen auch der Zorn dieses Gottes so viel
schrecklicher über sie als über je ein andres
Volk kommen würde, wenn sie diese Vorzüge
nicht erkennen, und diesen Gott durch Abgötte=
rey und Sünde verleugnen würden. Wie
sehr würde Er aber in den Augen des Volks
sich selbst widersprochen, und diesen Vorstellun=
gen allen Eindruck wieder benommen haben,
wenn er diesen Glauben an den einigen Gott,
als den allerhöchsten Vorzug, und die Behar=
rung in demselben als die einzige Bedingung der
göttlichen Gnade, hergegen die Anbetung frem=

der

der Götter als das höchste Verbrechen vorgestellet, und nun diesen Gott dennoch auch als den
Vater aller Menschen vorgestellet hätte, die,
ungeachtet ihrer Verblendung und Abgötterey,
an seiner väterlichen Vorsehung eben so wohl
Antheil hätten. Denn was würden bey diesem
rohen Volke, das für die sinnlichen Götter
noch so eingenommen, und dem die Anbetung
eines einigen unsichtbaren Gottes noch so fremd
und unnatürlich war, was würden, sage ich,
bey demselben alle die zu diesem Endzweck mit so
vieler Klugheit entworfenen Gesetze ausgerichtet,
mit welchem Widerwillen würde es dieselben
vielmehr als unnatürlich und tyrannisch angesehen haben, wenn es nur ihm allein nicht erlaubt
seyn sollte, bey der Verehrung seines Gottes
Jehovah auch andre Götter anzubeten; und
wenn nur ihm allein aus dem, was andre Völker mit Sicherheit thun könnten, das größte
Verbrechen gemacht würde. Und wie hätte Er
es auch nur, allein von der Verbindung mit den
abgöttischen Völkern, woran ihm der Verführung wegen so sehr gelegen war, abhalten können, wenn er ihm selbst die Veranlassung dazu
gegeben hätte, diese Völker als solche anzusehen,
die mit ihm an der väterlichen Vorsorge seines
Gottes eben so wohl Antheil hätten? Nun konnte zwar das Volk diese Vorstellung dahin misbrauchen, daß es diesen Jehovah auch nur als
einen solchen Nationalgott ansahe, oder wenn es
ihn

ihn auch als den einigen Gott erkannte, daß es ſich
wenigſtens, wegen ſeiner Abſtammung von Abra=
ham, das Lieblingsvolk dieſes Gottes zu ſeyn
einbildete, das an deſſen Vorſehung allein nur
Antheil hätte, und dagegen alle andre Völker
mit Verachtung als ſolche anſahe, denen es we=
niger Pflichten der Gerechtigkeit und Liebe ſchul=
dig wäre. Ganz war dies, wie ich ſchon ge=
ſagt, bey einem Volke, das noch ſo einge=
ſchränkte Begriffe hatte, nicht zu vermeiden.
Aber mit der bewundernswürdigen Klugheit,
womit er dem Misbrauche aller übrigen Herab=
laſſungen, wozu die Rauhigkeit und Schwach=
heit des Volks ihn nöthigte, zuvorzukommen
wußte, beugte er auch allen dieſen Folgerungen
vor. Dies konnte er demſelben nicht nachdrück=
lich genug vorhalten, daß es ſich wegen ſeiner
Vorzüge als ein von Gott beſonders begnadig=
tes Volk anzuſehen hätte; aber dies konnte er
mit aller der Sicherheit thun, womit man einem
jeden Menſchen, oder einer jeden Nation die
von Gott ihnen verliehenen Vorzüge vorhalten
kann. Der Grundbegriff von Gott als dem
Schöpfer und einigen Regenten der Welt und
das hieraus fließende moraliſche Verhalten blieb
hierbey völlig rein. Der Bewegungsgrund, zu
einer ſo viel größern Dankbarkeit und zu einer
ſo viel feſtern Beſtändigkeit in dem Bekenntniß
und Gehorſam gegen Gott, wurde dadurch nur
ſo viel mehr beſtärkt. Und da dies immer der

Nn 4 we=

wesentlichste Grundbegriff blieb, daß der Jehovah, dieser Gott ihrer Väter, der einige Gott, Schöpfer und Regent der Welt sey, außer welchem auch die ganze erste Welt keinen andern Gott gekannt, und daß alle andre Götter nur Wahngötter wären, die die Menschen aus Verblendung und Aberglauben sich selbst erdichtet hätten; so war, wenn er gleich diesen Gott den Gott ihrer Väter nannte, der Einbildung, daß derselbe auch nur ein solcher National = oder Landgott sey, auch dadurch völlig vorgebeugt.

Auch ließ er die Einbildung, daß sie wegen dieser ihrer leiblichen Abkunft ein Lieblingsgeschlecht Gottes wären, das an seiner Gnade einen besondern Anspruch hätte, bey ihnen gar nicht aufkommen. Abraham selbst ist nach seiner Vorstellung aus keiner unbedingten Gnade erwählet; Er ist nur der Freund Gottes, weil er um der Verführung zur Abgötterey zu entgehen, sein Vaterland verlassen, und dem Glauben an diesen einigen Gott in seinem ganzen Leben so standhaft treu geblieben; 1 B. Cap. 18, 18. 19. deswegen allein habe er die großen Verheissungen bekommen, und deswegen allein habe Gott auch sein Geschlecht erwählet, daß er in dem besondern Verstande dessen Gott seyn wolle, nicht der leiblichen Abkunft wegen, sondern damit es durch das Exempel seines Stammvaters ermuntert, seinem Glauben an seinen Gott, mit Verleugnung aller andern Götter, und in gehorsa-

horsamer Befolgung seines Gesetzes, eben so getreu bliebe. Dies sey die Bedingung des mit
ihnen gemachten Bundes, und der ihnen ertheil-
ten Vorzüge. Würden sie sich aber außerdem einen besondern Vorzug oder ein besonders Verdienst zu haben einbilden, und sich nicht, in dem
Maaße ihrer vollkommenern Erkenntnisse und
des vollkommenern Gesetzes, auch durch einen
heiligern Wandel, 5 B. Cap. 4. 7. 9. 10. 11.
28. 29. als ein diesem Gott besonders gewidmetes Volk, von andern Völkern unterscheiden,
so würden die Gerichte Gottes auch so viel schrecklicher über sie kommen, und Gott würde sie,
zum Beweis seiner Gerechtigkeit, und zum Denkmaal der von ihnen vernachläßigten Vorzüge,
unter alle Völker der Erde zerstreuen, und zum
Schauspiele der Welt machen. Und mit eben
der Vorsicht und Klugheit kommt er auch dem
Misbrauche vor, den sie gegen andre Völker davon hätten machen können. Denn außer daß ihnen
dadurch die Gelegenheit dazu größtentheils schon
benommen war, daß sie, in den ihnen angewiesenen
Grenzen, von allen andern Völkern abgesondert
leben sollten, waren sie durch ihr Gesetz nicht allein
schon zur strengsten Beobachtung der Gerechtigkeit
gegen alle Menschen verbunden, sondern es dul-
dete auch, ohne den geringsten Gewissenszwang,
alle Fremdlinge, die sich unter ihnen niederlas-
sen wollten, wenn sie nur, dem ersten Grundgesetze der Religion und des Staats sich ge-

Nn 5   mäß

mäß betrügen, 4 B. Cap. 15, 15. 5 B. Cap. 10, 18. 19. gab ihnen völlig mit den Landeseinwohnern einerley Rechte, nahm sie noch in seinen besondern Schutz, und verband die Einwohner zu allen Pflichten der thätigsten Menschenliebe gegen sie, unter dem menschlichsten und stärksten aller Bewegungsgründe, daß sie in Aegypten selbst Fremdlinge gewesen wären. Und wo ist überhaupt je ein Gesetzgeber in der Welt gewesen, der dies Gefühl einer allgemeinen Menschenliebe, in seinem Volke so zu erwecken gesucht, und die Ausübung derselben gegen alle Fremdlinge, gegen die Armen, die Wittwen und Waysen, und auch gegen die Knechte, so oft, und mit solchem Nachdruck anbefohlen hätte? Ich habe aber in der Folge noch Gelegenheit hievon zu reden, und will jetzt zu dem andern Grundbegriff Mosis von Gott, daß er nämlich der Schöpfer der Welt ist, fortgehn.

Drit=

Dritter Abſchnitt.

Lehre von der Schöpfung.

Dies alſo, daß der Jehovah der einige Gott
Schöpfer und Regent der Welt ſey, dies
iſt die große Grundlehre der moſaiſchen Religion. Aber der Glaube an dieſen Gott würde
ſich nie in ſeiner Reinigkeit erhalten haben, wenn
Moſes die Schöpfung der Welt ſelbſt, und den
Urſprung der Menſchen, mit dieſer Lehre nicht
verbunden hätte. Denn da die Erkenntniß des
unſichtbaren Gottes, über die angenommenen
ſinnlichen Götter ſich ſchon ſo ſehr verloren hatte, daß neben den Geſtirnen, beſonders die
Sonne ſchon als die oberſte Gottheit verehret
wurde; auch den Völkern, wegen ihrer Zer-
ſtreuungen, und bey dem Mangel dauerhafter
Nachrichten, ihre wahre Geſchichte, und beſonders die eigentliche Geſchichte ihres Urſprungs
ſchon ſo unbekannt geworden war, daß ſie denſelben in ein undenkliches Alter zurück ſetzten,
und ſich vor der Menſchengeſchichte ſchon Götterregierungen und Geiſterwelten dachten; ſo
würde Moſes dieſer ſeiner großen Lehre nie
eine daurende Feſtigkeit haben geben, noch den
Verfall zur Abgötterey verhüten können, wenn
er den erſten Urſprung der Welt und der Menſchen

schen in der Finsterniß gelassen hätte. Aber da er
auch diese Schöpfung dem Volke so nahe bringt,
daß er sie ihm gleichsam sichtlich macht; da er den
genauen Zeitpunkt bestimmt, in welchem die geglaubten ewigen Götter, nämlich Sonne Mond
und Sterne, von Gott erschaffen, und in welcher Ordnung diese Erde zugleich ihre Einrichtung bekommen; da er besonders den ersten Ursprung der Menschen hiermit verbindet, das erste Paar Eltern mit Namen nennt, die Abstammung aller bekannten Völker von diesem einzigen Paare, chronologisch und genealogisch, bis
auf die nächsten Stammväter dieses Volks ableitet, und zugleich zeigt, wie seine Lehre von
Gott der Glaube dieser ganzen ersten Welt gewesen, so giebt er damit nicht allein dieser seiner
Lehre den höchsten Grad von Sicherheit und
Stärke, sondern da er zugleich Gelegenheit
nimmt zu zeigen, wie auch seine Gesetze zum
Theil der ersten Welt schon heilig gewesen, und
einige ihren Grund selbst in der Schöpfung hätten, so giebt er auch diesen dadurch eine Heiligkeit und Würde, die er ihnen mit allem seinem
Ansehn allein nicht gegeben hätte.

Allenfalls klug genug, wird man hierbey denken, um ein rohes unwissendes Volk so viel siche-
rer zu seinen Absichten zu leiten; aber was ist
dennoch unsinniger als diese Schöpfungsgeschichte selbst? und ist es, bey unsern aufgeklärten

ten Zeiten, nicht eine wahre Beleidigung der Vernunft, und eine Verspottung der Religion selbst, solchen Unsinn den Menschen noch immer als eine Religionswahrheit aufzudringen, denselben zum Titelblatte einer göttlich seyn sollenden Offenbarung zu machen, und den Urheber solcher Träume für einen göttlichen Propheten auszugeben? Könnte der ärgste Feind der Religion dieselbe auch lächerlicher und verächtlicher machen? und was ist auf die ganze übrige vorgegebne erste Welt = und Menschengeschichte zu bauen, die auf solche Träume gegründet ist? Was für ein armseliger, dürftiger Begriff von der ganzen Schöpfung, die hier nichts schafft als Himmel und Erde; und zwar die Erde, das Stäubchen in Vergleichung mit der übrigen Natur, hier das ganze Universum; und der Himmel, jene unendliche Tiefe, worinn unzählbare Millionen Weltsysteme die Ehre ihres Schöpfers mit ihrer Größe und Menge verkündigen, nichts als eine Veste, ein ausgebreitetes Gewölbe um diese Erde. Und nun in der Ordnung dieser Schöpfung, zuerst das Licht, und dies Licht vier Tage vor der Sonne; hierauf die so genannte Veste, deren ganze Bestimmung ist, die Wasser des ersten Chaos, die hier auf der Erde keinen Raum hatten, von diesem untern Wasser zu scheiden; unmittelbar hierauf die Kräuter und Gewächse; und nun wieder, was für eine Proportion! in eben dem Zeitraum

von

von einem Tage, Sonne Mond und Sterne,
die hier nichts als Lichter sind, diese Erde zu erleuchten, und die ungeachtet ihrer unermeßlichen Entfernung von einander, hier neben einander an diese Veste geheftet sind; hierauf wieder
die Fische und die Vögel; dann das Gewürme,
die Thiere und der Mensch; und damit hat die
Allmacht, ob sie sich gleich sechs Tage Zeit dazu
genommen, sich so erschöpft, daß sie am siebenten
ruhen müssen; und als wenn dies noch nicht
Unsinn genug wäre, so ist dies ganze Universum seit seiner Schöpfung noch nicht älter als
sechstausend Jahr, und die ewig wirksame Allmacht und Güte ist alle Ewigkeit hindurch bis
dahin unthätig gewesen. Was kann man für
Hochachtung für ein Buch, noch mehr, für eine
vorgegebne göttliche Offenbarung haben, die
sich mit einer solchen Schöpfungsgeschichte ankündigt? Der Einwurf ist bis auf diesen letzten Schluß völlig gegründet. Denn gewiß ist
diese Beschreibung, der bessern Erkenntniß, die
wir von dem Universum, von dessen Größe und
Alter haben, auch selbst den Begriffen, die eine
aufgeklärte Vernunft von der schöpferischen Allmacht hat, gar nicht gemäß; aber dem ungeachtet bleibt Moses dennoch der große erleuchtete Prophet, dennoch der größte Philosoph des Alterthums; und diese, mit so vielem
Hohne angesehne Cosmogonie, enthält dennoch
immer mehr Wahrheit und Philosophie, als
alle Vernunft im Alterthum sich darüber gedacht
hat,

hat, und die unsere eigene Vernunft, ihrer
mehrern Aufklärung ungeachtet, noch immer
mit Ehrerbietung ansehen kann. Ich würde
ohne Endzweck weitläuftig seyn, wenn ich alle
die Erklärungen anführen wollte, womit man,
seitdem uns das Weltsystem besser bekannt geworden ist, gegen die hieraus entstehenden Einwürfe diese Geschichte zu schützen gesucht hat.
Einige der Ausleger bleiben zunächst bey dem
Buchstaben, und erklären sie von der wirklichen
ersten Schöpfung der ganzen Natur; andre nur
von der Schöpfung unsers Sonnensystems, und
noch andre erklären sie mir von einer neuen Ausbildung dieser Erde; und diese letzte Erklärung
ist dem wirklichen Zustande unsrer Erde wohl ohne Widerspruch am gemäßesten. Der Inhalt
davon ist dieser: daß Moses in den ersten Worten:
Im Anfang schuf Gott Himmel, und Er-
den die große Wahrheit, daß Gott der Schöpfer der ganzen Natur sey, überhaupt nur habe
zum Grunde legen wollen; da aber die Beschreibung des ganzen Weltsystems sein Endzweck
nicht habe seyn können, sondern dem Menschen
diese Erde seine eigentliche Welt sey, so schränke
er sich auch gleich mit dem zweyten Vers auf
dieser ihre Ausbildung ein, und zwar auf die
Ausbildung ihrer gegenwärtigen Oberfläche,
indem man mit allem Grunde annehmen könne,
daß sie seit jenem unerforschlichen Punkte, wo
die Allmacht ihr und der ganzen Natur ihr erstes

Da-

Daseyn gegeben, mehr als eine gewaltsame Revolution erlitten habe, durch deren letztere ihre
äußere Fläche mit allen ihren Geschöpfen zerstöret sey. Dies sey in der Beschreibung, das
Wüste und Leere und die Finsterniß auf
der Tiefe; weil die Erde in diesem Zustande,
leer von allen Geschöpfen, ganz mit Wasser um-
flossen, und wegen der dicken auf ihr liegenden
Atmosphäre, in eine finstre Nacht eingehüllet
gewesen. Da aber ein unendlich gütiges und
allmächtiges Wesen alles zu einer Wohnung
empfindender und lebender Geschöpfe einrichte,
so habe sie Gott in diesem zerrütteten Zustande
auch nicht gelassen, sondern sie zu einer solchen
Wohnung wieder bereitet; und dies sey das
Schweben des Geistes, da Gott durch den
Geist seines Mundes, durch das Wort oder den
Wink seines allmächtigen Willens, ihr ihre gegenwärtige Gestalt, ihren Reichthum, und ihre
jetzigen Bewohner wieder gegeben habe. Denn so
wie hierauf die Gährung sich gesetzt, und die gröbern Dünste sich gegen den Mittelpunkt zu senken
angefangen, so sey das Licht so weit wieder
durchgebrochen, daß die große Finsterniß sich
verloren, und durch die Umwälzung der Erde
um ihre Achse, der Unterschied von Tag und
Nacht schon wieder habe bemerkt werden können;
und wie die leichtern Dünste nach und nach noch
immer mehr von den schweren sich abgesondert,
und diese in die tiefern Gegenden sich gesammlet,

let, ſo habe die Erde und ihre Atmoſphäre ihre
volle jetzige Einrichtung auch wieder bekommen;
denn dadurch habe ſie, zur Hervorbringung der
Gewächſe, ihre Feſtigkeit wieder erhalten, und
durch die von allen groben Dünſten wieder gereinigte Atmoſphäre haben auch die Strahlen
von Sonne Mond und Sterne ungehindert wieder durchfallen, und dieſe wieder ſichtbar werden können. Und da Moſes in allem dieſem
nach den gemeinen Begriffen ſich habe ausdrücken müſſen, ſo habe er auch von dem Himmel
und von den Sternen nicht anders als von Lich-
tern, wie ſie hier auf der Erde dem bloßen Auge
ſcheinen, reden können. Zugleich habe er aber auch,
da die Zahl Sieben um dieſe Zeit ſchon eine heilige Zahl geweſen, dieſe mit der Erde vorgegangene Veränderung in Sechs Tage eingetheilet,
um ſeinem Geſetze vom Sabbath dadurch eine ſo
viel größre Autorität zu geben.

Die Bemühungen dieſer fürtrefflichen Männer, auf dieſe Art die Würde eines Buchs, das
der Menſchheit ſo wichtig und die Quelle unſrer wahren Erleuchtung iſt, gegen die ſcheinba-
ren Einwürfe ſeiner Verächter zu behaupten,
verdienen die größte Hochachtung; und der
Scharfſinn womit ſie ihre Erklärungen ausführ-
ten, muß wenigſtens die Aufmerkſamkeit auch
derer, die den wahren Werth dieſes Buchs noch
nicht kennen, auffodern, wenn ſie anders auf

Do wah-

wahre Vernunft und Philofophie einen Anſpruch
machen. Denn der Schöpfer, deſſen allmäch-
tiger Wille der Materie befahl Sonnen und
Planeten zu werden, und ihr die Fähigkeit gab,
alle die unendlich verſchiednen Geſtalten anzunehmen, der muß nach ſeiner ewig fort wirkenden
Weisheit dieſe Geſtalten auch verändern können.
Sonnen oder Firſterne müſſen ihr Licht verlieren, neue Sonnen müſſen entſtehen können;
Planeten müſſen aus ihrem Laufe verrückt werden, oder ihre Geſtalt und Fläche muß verändert werden können; und eine jede ſolcher Ver-
ändrungen muß auch in der Natur der ſie be-
wohnenden Geſchöpfe eben dergleichen veranlaſſen, und in Abſicht auf dieſe immer Untergang
der Welt und neue Schöpfung ſeyn. So eingeſchränkt wir Menſchen in unſerm gegenwärtigen Leben nach Zeit und Raum auch noch ſind,
und ſo kurz die Bekanntſchaft unſrer Weiſen mit
dem Himmel über uns iſt, ſo beſtätigen ihre
Wahrnehmungen dennoch die Wirklichkeit ſolcher Revolutionen. Firſterne ſind ihnen während der Zeit unſichtbar geworden, und neue
ſind dagegen erſchienen; die Geſtalt unſrer eignen Sonne iſt nicht immer dieſelbe geblieben,
und die Planeten laſſen, nach dem Anſchein ihrer Flächen, eben dergleichen erlittene Verän-
drungen vermuthen, und dieſe Veränderungen
müſſen wieder in allen dieſen Weltkörpern eben
ſo verſchieden ſeyn, als ihre Natur von einander

der unterschieden ist. Nach unsrer eingeschränkten Einsicht und Dauer wird es uns zwar schwer
dergleichen Revolutionen uns vorzustellen. In
der ganzen Natur sind dieselben aber vielleicht
nicht seltner, als die einzelnen Veränderungen
die immerfort vor unsern Augen auf dieser Erde
vorgehn; und der große Schöpfungsplan wird
auch nicht mehr dadurch zerstöret, als die Ordnung der Natur hier auf der Erde durch die
einzelnen Veränderungen ihrer Fläche, oder durch
die abwechselnden Perioden ihrer Geschöpfe zerstöret wird. In der Gegenwart des allmächtigen weisesten und besten Urhebers der Natur,
ist eigentlich gar keine Zerstörung möglich. Aller Tod in der Natur ist Geburt zu neuem Leben; es ist alles nur Veränderung, neue Entwi-
ckelung, wozu Gott bey der Grundlegung der
Natur, in einem jeden Weltkörper schon die Anlage machte, und die er nach seiner Weisheit
und Güte, nach eben den Gesetzen, wodurch er
die ganze Natur in ihrer Ordnung erhält, zu ihrer bestimmten Zeit entstehen läßt, nachdem er
sich, in dieser oder jener Gegend seiner Welt,
als Vater oder Richter beweisen will. Denn
unumschränkte Allmacht, Weisheit und Güte
sind ewig zur Hervorbringung neuer Vollkommenheiten und neuer Wesen wirksam, und wir
nennen diese Anlagen dazu Zerstörung, weil
wir nach unsrer kurzen Einsicht, ihre volle Ent-
wickelung nicht übersehn; so wie, wenn unser

Oo 2   Leben

Leben nur ein Jahr währte, ein jeder Winter
uns Zerstörung und Tod der Natur seyn würde, da wir jetzt mit jedem Frühling die unerschöpfliche Allmacht, in immer neuer Verschöne-
rung der Erde und Hervorbringung neuer
empfindender Wesen, mit Entzücken bewundern. Ist uns aber dieselbe hier in dem kleinen
Punkte den wir übersehen, und in dem kurzen
Augenblicke worinn wir ihn übersehen können,
schon so wundervoll, mit wie noch unendlich hö-
herm Entzücken würden wir diese Allmacht und
Güte anbeten, wenn wir dies herrliche Reich
unsers Gottes schon etwas mehr im Ganzen über-
schauen und sehen könnten, wie auch jene Verwandlungen ganzer Weltkörper dasselbe in seiner herrlichen Ordnung und Schönheit immer
erneuern, und wie alle diese Welten, mit jeder
solchen Verändrung ihrer Natur, auch zu neu-
en Wohnungen für so viel neue Geschlechter
von glücklichen Bewohnern, immer fort bereitet
werden; da indessen die vorigen Bewohner zu
höhern Sphären hinauf steigen, sterbliche Geschlechter zu unsterblichen werden, und so von
Ewigkeit an bis in Ewigkeit fort, alle diese unzähligen irdischen Wohnungen, zu immer neuen
Seminarien für jene herrliche Stadt Gottes
werden, wo seine Majestät sich in aller ihrer
Herrlichkeit offenbaret; wo er selbst das Licht
und die ewige Sonne ist, die ohne Aufgang und
Untergang unveränderlich in vollem Mittage
glänzt,

glänzt, und wovon, alle die unzähligen vergänglichen Sonnen-und Weltſyſteme, nur die
Außenwerke ſind. Unſre Augen ſind vorjetzt
noch zu ſtumpf, und unſre Ausſicht iſt noch zu
beſchränkt, um dieſe großen Veränderungen ſchon
überſehen zu können; aber gewiß ſind in dieſer
Stadt Gottes ſelige Einwohner, die nicht wie
wir noch auf ſolche irdiſche Wohnungen eingeſchränkt ſind, ſondern die nun, nachdem ſie Prüfung und Tod überſtanden haben, in der Geſellſchaft jener noch mehr erhabnen herrlichen Weſen, die vielleicht nie ſolche niedrige und vergäng-
liche Sphären wie wir Sterblichen bewohnt,
nie ſolcher Prüfungen und Reinigungen wie wir
bedurft, ſondern zu den ſeligen tauſendmaltau-
ſenden gehören, die vor dieſem Throne der Ma-
jeſtät Gottes vom Anfang an, vom Anfang,
deſſen erſten Punkt ſie ſich vielleicht ſelbſt nicht
mehr denken können, geſtanden haben, die nun,
ſage ich, in dieſem vollern Lichte, mit geſtärktern
und verklärtern Sinnen das Reich ihres Gottes überſchauen, und in dieſen immer fortgehenden Verwandlungen der Natur, immer neue
Vollkommenheit und Schönheit entdecken, auch
zugleich aus allen Gegenden, immer neue
Geſchlechter vernünftiger Geſchöpfe, aus ihren
niedrigern Sphären zu ſich hinauf ſteigen ſehen,
und ſeit undenklichen Zeitaltern theils ſchon zu-
geſehen haben. Und dieſe ſelige Zeit wird auch
für uns kommen, da auch mit uns, wenn wir

in

in Glauben und Tugend unsern Prüfungsstand
vollendet haben, diese selige Verwandlung vor=
gehn, und unser Geist, nach den abgelegten Ban=
den dieses eingeschränkten sterblichen Leibes, zu
einer höhern Wohnung hinaufsteigen, und in
der nähern vollkommenern Ueberschauung der
Werke Gottes, wornach er sich in dieser Ein=
schränkung so sehr sehnte, und wovon ihm die
einzelnen und dunkeln Blicke hier in der Entfer=
nung schon so reizend waren, sich mehr wird sät=
tigen können. Denn alle Vernunft ist ewig;
und Geschöpfe, die von ihrem Schöpfer die Fä=
higkeit erhalten haben ihn zu kennen, die verlas=
sen ihre niedrige Sphäre, sey die erste auch noch
so niedrig, mit der sichern Hoffnung zu der voll=
kommenern hinauf zu steigen.

Wenn also die unerschöpfliche Allmacht Got=
tes diese immer fortgehenden Verwandlungen
und Erneürungen der Weltkörper schon mög=
lich, wenn seine ewig wirksame Weisheit und
Güte sie auch wahrscheinlich macht, und unsre
kurzen Wahrnehmungen an andern Himmelskör=
pern sie als wirklich bestätigen, warum sollte
denn die Erde die wir bewohnen allein davon
ausgenommen seyn? Wie sehr muß durch ih=
re allmähligen Veränderungen die vor unsern
Augen vorgehn, in wenig tausend Jahren,
die Gestalt eines großen Theils ihrer Ober=
fläche schon verwandelt werden. Hier ver=
schlingt

ſchlingt das Meer nach und nach einen Theil
vom feſten Lande, dort ſind wieder Wieſen und
fruchtbare Felder die demſelben abgewonnen
worden; hier verſinken Gegenden und Berge
auf einmal und werden Seen, dort werden neue
Inſeln aus der Tiefe erhoben; hier liegen die
vom unterirdiſchen Feuer verurſachten Trümmern
noch in aller ihrer fürchterlichen Unordnung, und
dort werden auf den verwitterten Laven ſchon
wieder die edelſten Früchte gebauet; hier ſind
große Landſtrecken, wovon, zum Beweis daß ſie
ehemals Meer geweſen, theils die Ufer noch kenntlich ſind, theils der Boden noch voller Meers-
brut iſt, und dagegen ſind wieder ſo viele Inſeln
die alle Kennzeichen an ſich haben, daß ſie nichts
als die höchſten Bergſpitzen verſunkner Länder
ſind. Herr Forſter ſieht alle die zwiſchen Aſien
und Amerika von Süden bis zum äußerſten
Norden zerſtreuten Inſeln, für nichts als dergleichen noch hervorragende Bergſpitzen größe-
rer, und bey einer gewaltſamen Zerrüttung der
Erde, in die jetzt ungründlichen Tiefen verſunkner Länder an. Nach aller Wahrſcheinlichkeit
war dies eben die convulſiviſche Bewegung, die
jene gewaltige Ergießung des ſüdlichen Oceans
verurſachte die Moſes beſchreibt, die aber zugleich auch der ganzen übrigen Erdkugel eine veränderte Geſtalt geben mußte, indem, da jene
unermeßlichen Tiefen einen ſo großen Theil des
Meers verſchlangen, ſo vielmehr Länder gegen

Do 4   den

den Nordpol dagegen vom Meere entblößet wurden, auch Amerika selbst vielleicht, wenigstens
zum Theil, aus dem Meere zuerst hervor kam.

Aber so groß und allgemein man sich diese
bey jener Fluth entstandne Zerrüttung auch denken mag, so ist sie doch gewiß weder die erste
noch die größte gewesen. Die erste und größte
vielleicht, seit dem die Erde diese ihre jetzige Ausbildung und Gestalt bekommen hat; aber überhaupt scheinet sie vom Feuer und Wasser unendlich ältere, anhaltendere, und totalere erlitten
zu haben, die ihre ganze Fläche verändert, auch
tiefer als Menschen hinein dringen mögen, um-
gekehrt und zerrüttet haben, und wovon alles
was wir jetzt sehen nichts als die Ruinen sind.
Seegrund auf Seegrund, Laden auf Laden,
Trümmer auf Trümmern, die viele Jahrtau-
sende von einander unterschieden, und der sicht-
barste Beweis sind, daß sie mehr als einmal
ganz Meer gewesen, auch ganz gebrannt habe;
und daß allein die hohen Ketten der Granitge-
birge, als die wesentlichsten Organen dieses
Erdkörpers, diesen Zerstörungen, wenigstens
den Zerstörungen der Fluthen widerstanden zu
haben scheinen, da diese wenigstens allein, weder auf ihren Gipfeln noch in ihrem Innern, einige Reste von fremden organischen Körpern haben; alle andre Gebirge hergegen, und die al-
lerhärtesten Steinarten, zum Beweis, daß sie
sämmt-

ſämmtlich einmal weicher Schlamm oder Thon geweſen, mit dergleichen vermiſcht ſind. Wem können die ſcharfſinnigen Beobachtungen über die Bildung der Berge, und die Veränderungen der Erde noch unbekannt ſeyn, womit Herr **Pallas**, dem Rußland und die Welt ſo viele neue wichtige Entdeckungen ſchuldig ſind, auch dieſen Theil der Erdgeſchichte aufgeklärt hat?

Wenn aber ein Planet, oder daß ich bey dieſer Erde bleibe, wenn dieſelbe, entweder durch eine äußere gewaltſame Verrückung aus ihrer Laufbahn und Lage, oder auch ſonſt durch einige andre Urſache, ſolche totale Veränderungen erlitten hat, daß ſie, nach Leibnitzens und Büffons Hypotheſe, einmal ein ganz brennender Körper, dann aber auch wieder ganz Meer geweſen, ſo wäre dies hieraus wohl der nächſte Schluß, daß bey dieſen Veränderungen auch die Natur ihrer Geſchöpfe nicht immer habe dieſelbige bleiben können, ſondern nothwendig eben dieſe Veränderungen und Zerſtörungen werde gelitten haben. Und hievon ſcheint ſie auch die Beweiſe ſelbſt in ihren Ruinen, in den verſteinerten ungeheuren Knochen und Geſtalten von Thieren, wovon die Originale in der jetzigen Natur nicht mehr zu finden ſind, aufbewahret zu haben. Wenn ſie nun aber, (und dies wäre der zweyte Schluß, den ich unmittelbar hiermit glaube verbinden zu können,) dennoch in ihren jetzigen Trüm-

Do 5   mern,

mern, wieder eben so reich und schön ist, als sie
nur seyn mögen,   wie sie zu allererst aus der
Hand des Schöpfers kam; da unter den unzählbaren Classen von Geschöpfen die allergenaueste
und abgemessenste Stufenfolge ist, die der for-
schende Geist des Naturkündigers nicht genug
bewundern kann; da alles nur eine Kette, oder
vielmehr ein unendliches Netz ist,   worinn ein
Glied aufs genaueste an das andre passet, alles
nur um des andern willen ist, und diese unendliche
Mannichfaltigkeit nur ein allervollkommenstes
Ganzes ausmacht; so wäre denn doch die gegenwärtige Einrichtung dieser Erde, (wenn man anders nicht die unvernünftigste aller Hypothesen annehmen, und diese nicht genug zu bewundernde
Ordnung und Harmonie aus einer blinden Gährung erklären will,) ohne eine neue Schöpfung
wohl nie zu erklären.   Gewiß ist demnach auch
die Erklärung jener gelehrten Männer,   welche
annehmen, daß Moses in dieser Schöpfungsgeschichte, nicht von der ersten Schöpfung der ganzen Natur rede, sondern auch nur eine eben solche neue Ausbildung dieser Erde beschreibe, die
gegründetste.   Aber bey aller Hochachtung, womit ich sowohl den Scharfsinn, als auch die
wirkliche Richtigkeit dieser Erklärung erkenne,
denn wirklich ist diese hier beschriebene Schöpfung nur eine solche neue Ausbildung, so bin
ich dennoch mehr geneigt diese Beschreibung nach
                                                    ihrem

ihrem schlichten buchstäblichen Wortverstande zu erklären, und unbekümmert um alle die schaalen Auswürfe des Witzes, die zuletzt in der Bible enfin expliquée hierüber noch zusammen geflossen sind, anzunehmen, daß Moses nach seiner Absicht, die eigentliche und erste ursprüngliche Schöpfung der ganzen Natur hier beschrieben habe. Er bleibt nichts desto weniger doch der größte Philosoph des Alterthums, und der größte und erleuchtetste Prophet.

Meine Gründe sind, erstlich: daß er sich zu wörtlich ausdrückt, als daß, zum Exempel, seine Beschreibung von der Schöpfung der Sonne und den übrigen Gestirnen, jene philosophischere Erklärung ohne großen Zwang zuließe, wovon auch die Empfindung, wie ich vermuthe, bey jedem Leser allemal übrig bleiben wird. Mein zweyter Grund ist, daß nach allen von der allerältesten Philosophie noch übrigen Fragmenten, dies eben die Schöpfungsgeschichte ist, wie die damalige Vernunft sich dieselbe vorstellte, und daß Moses sie nur, von allen schon hinzu gedichteten bildlichen Vorstellungen und abgöttischen Anwendungen, gereinigt, und seiner großen Absicht gemäß, in ihrer wahren Simplicität, als den einzigen Hauptgrund seiner und aller wahren Religion, hier wieder hergestellet hat. Der dritte ist: daß alle Vernunft keine reinere, erhabnere, und der Gottheit würdigere Vorstellung

lung dem wesentlichen nach von der Schöpfung
sich machen kann, als diese ist. Und wenn Moses, viertens, nur die neue Ausbildung dieser
Erde darunter verstanden hätte, daß er die hierbey vorausgesetzte vollkommenere Kenntniß des
Weltsystems, nicht anders als aus einer unmittelbaren Offenbarung hätte haben können; da er
aber dennoch diese Schöpfung so beschreibt, daß
sie nach der damaligen Fähigkeit und Vorstellungsart, von keiner andern, als von der ursprünglichen Schöpfung der ganzen Natur, verstanden werden konnte, so hätte diese Offenbarung keinen andern Endzweck gehabt, als ihm
allein dreytausend Jahr voraus eine Kenntniß
der Natur mitzutheilen, wovon er doch gar keinen Gebrauch gemacht, noch hätte machen können.

Ich will die Beschreibung jetzt kurz durchgehen.

Im Anfang schuf Gott Himmel und
Erde. In diesen wenigen Worten ist vorerst
mehr wahre Philosophie zusammen gedrängt,
als in allen Schriften der Weisen, die den Unterricht dieses Buchs nicht gehabt haben. Die
Erde — das eigentliche große Object der Schöpfung, und der Himmel — die prächtige Sphäre, die die Erde umgiebt. Dies ist ihm das
ganze Universum, die ganze Natur, wie Er,
wie

wie sie alle Vernunft sich damals dachte, und denken konnte. Der große Gedanke verlieret an seiner Hoheit und Größe dadurch nichts. Gott ist dennoch der allmächtige Schöpfer der Welt, und zwar in dem allererhabensten Verstande. Nicht daß er die von Ewigkeit neben ihm existirende Materie, nur in ihre verschiedenen Gestalten bildete, und diese in Ordnung brachte. Dies war das höchste, was die Vernunft ohne Erleuchtung sich von einer Schöpfung denken konnte; denn die Vernunft kennet kein andres Entstehn als Zusammensetzen. Dies war zu Mosis Zeiten auch schon die ägyptische Philosophie; zwey ewige Principia oder Urwesen: ein leidendes, nämlich die ewige Materie; und ein wirkendes, ein alles in Ordnung bringender Geist. Hier aber ist Gott auch der Schöpfer der Materie; also wahre Schöpfung aus Nichts — ein hoher Gedanke, zu hoch, als daß die Vernunft der größten Geister des Alterthums sich dazu je hätte hinauf schwingen können; den Plato und Aristoteles nicht erreicht; und der doch der einzige Grund aller wahren Philosophie von Gott und aller Religion ist. Denn, eine ewige selbstständige Materie neben Gott — hier sind wirklich zwey gleich unabhängige durch sich selbst nothwendige Wesen, zwey Götter; aber warum dieser eine Gott in seiner Natur mehr todt wie der andre? Warum diese ewige Materie nothwendig ungebildet und roh?

Dies

Dies ist dichterische Einbildung. Der Philosoph sieht gar keinen Grund, warum in diesem
unabhängigen Wesen, vor der jetzigen Ordnung,
ewige Unordnung habe seyn müssen. Wenn in
dieser ewigen Materie alle Theilchen für sich schon
da waren, ihre besondre Lage und Verbindung
hatten, so war dies schon eine wirkliche Welt,
eine Welt also ohne Schöpfer; und so kann auch
die gegenwärtige Welt ohne Schöpfer seyn.
Und wie war, bey einer ewigen durch sich
selbst nothwendigen Materie, der Raum möglich? War nun Raum, so war irgendwo Nichts,
und so war dies ewige nothwendige Wesen nicht
durch und durch nothwendig; dies ist aber Widerspruch; und war kein Raum, war alles nothwendig voll, wie veranstaltete der schöpferische Geist
die Bewegung? und noch eins; woher nahm dieser
schöpferische Geist über ein eben so unabhängiges
nothwendiges Wesen, die Macht mit demselben
nach seinem Wohlgefallen zu wirken? wenn er
aber höchstens der Baumeister war, der den Vorrath dieser ewigen Materie, so gut wie diese es zuließ, in Ordnung brachte, und so gut wie diese es zuläßt, darinn erhält, so ist er eigentlich der
Schöpfer nicht mehr, nicht mehr der unumschränkte Herr der Welt; er konnte nichts mehr
daraus machen als was ihre Natur litt; er
mußte wider seinen Willen alle Unvollkommenheiten, alles Böse, was von Ewigkeit damit
vermischt war, in seinem Werke zulassen, es
ewig

ewig neben sich dulden; vielleicht böse feindselige
Naturen darinn dulden, die ewig gegen ihn käm-
pfen, sein Werk immer zerrütten, ohne sie vertilgen
zu können. Hier sind also seine Allmacht, Weisheit und Güte, von allen Seiten sehr eingeschränkt; und zugleich ist auch mein Vertraun zu seiner Vorsehung geschwächt; Er höret auf mein Gott zu seyn. Hergegen der Schöpfer in dieser Schöpfungsgeschichte, wie groß,
wie unumschränkt! Hier ist die ganze Natur
sein Werk; das Wesen aller Dinge, ihre Verbindung, ihre Ordnung, ihre Bestimmung,
es ist alles Wahl seiner freyesten Allmacht,
Weisheit und Güte; wie sehr fühlt sich hier
mein Vertraun auf einmal gestärkt; mit wie
vieler Beruhigung nenne ich ihn jetzt meinen
Gott, und überlasse mich seiner Vorsehung.
Und dies ist die Ursache, warum die Schöpfung
aus Nichts, allen wahren Bekennern Gottes so
wichtig ist, und warum sie, für eine der wesentlichsten Grundlehren der geoffenbarten Religion,
allemal ist angesehen worden.

Eben so wenig ist, nach dieser Schöpfung,
Gott die Seele der Welt, oder diese körperliche
Welt ein ewiger Ausfluß aus dem göttlichen
Wesen; wäre dies, so würden alle Veränderungen, alle Unvollkommenheiten, die in der Welt
vorgehn, in dieser allerhöchsten Natur selbst vorgehn; ein neuer Irrweg für die Vernunft, der
sie auf andre, für ihr Vertrauen zu einer weisen
Vor-

Vorsehung, und zugleich für ihre Sittlichkeit
eben so gefährliche Abweichungen leiten würde.
Aber Gott ist hier von der Welt ganz unabhängig; denn aus freyer Macht giebt er ihr den Anfang; alles was ist, alles wie es ist, ist Wahl
von ihm, Wahl des weisesten und besten der
Wesen — Hiermit ist die Vernunft vor allen
Verirrungen gesichert. Und, Deisten! dies ist
die Philosophie dieses Buchs.

In dieser Schöpfung denkt sich der Philosoph zwar alles auf einmal; entstehn und
ordnen als einen Wink; und der Gedanke ist
der Allmacht vielleicht auch am gemäßesten.
Aber für die schwache Vernunft ist er zu groß;
sie erleichtert sich ihn, und kann die Allmacht und
Weisheit mit mehr Deutlichkeit bewundern,
wenn sie sich darinn eine gewisse Folge, und zuerst eine Anlage denken kann. Dies ist auch
hier die Vorstellung. Die Erde erscheint mit
dem Himmel, nicht gleich in ihrer vollen Ausbildung; sie ist erst wüste und leer; es ist
finster auf der Tiefe. Der Schöpfer bringt
nur die Urstoffe erst hervor, aber es ist alles
noch ungebildet und roh, noch ein Thaos. Und
eben hierinn liegt der große Gedanke von der
Schöpfung aus nichts. In dem Worte:
schuf, sucht man den Grund davon vergebens.
Die Sprachen haben für diesen Begriff kein eigentliches Wort; denn Menschen kennen keine
andre

andre Schöpfung als Zusammensetzung, und
Hervorbringung neuer Gestalten.   Deutlicher
also wie hier, daß Gott erst das Chaos schafft,
und den ersten Grundstoffen woraus Himmel
und Erde werden sollten den Anfang giebt,
hätte diese Wahrheit nicht ausgedrückt werden
können.   Ein Chaos — ich weiß daß die gelehrten Männer, die diese Schöpfungsgeschichte
nur von der neuern Ausbildung dieser Erde erklären, kein solches Chaos annehmen, sondern
die Beschreibung die Moses hier giebt, nur
von dem zerrütteten Zustande erklären, worinn
die Erde vor dieser ihrer letzten Ausbildung gewesen.   Ich erkenne auch, daß dies Chaos nur
eine schwache menschliche Vorstellungsart ist;
aber da ich, ohne Nachtheil der prophetischen
Würde dieses göttlichen Gesandten, sicher annehmen zu können glaube, daß er, so wie damals alle Vernunft, diese Erde für das ganze
Universum, und die hier beschriebne Schöpfung
für die Schöpfung der ganzen Natur angenommen, so wage ich es auch, diese Beschreibung
des Chaos, in eben dem Verstande hier zu nehmen, wie ebenfalls alle Vernunft sich dasselbe
damals dachte, und wie es in allen Fragmenten, die von der ältesten ägyptischen, phönizischen und griechischen Philosophie noch übrig
sind, sich bis auf die buchstäblichste Aehnlichkeit
noch findet; nur daß es vielleicht um diese Zeit,
in die bekannten räthelhaften symbolischen und

zur Vielgötterey leitenden Personen, schon ein-
gekleidet war, und daß Moses die wahre simple Bedeutung hier wieder hergestellt, und diesem Chaos, das nach dieser falschen Philosophie, neben dem schöpferischen Geiste von Ewigkeit war, hier den Anfang wieder giebt. Chaos also. Aber Chaos ist kein Endzweck der
Schöpfung. Unumschränkte Weisheit und
Güte bereitet alles zur Wohnung empfindender
Geschöpfe. So auch hier. So wie die alles
ordnende Allmacht und Weisheit dasselbe aus
seinem Nichts ruft, so will sie auch gleich, daß
es eine Welt voll Ordnung, Weisheit und Güte werde, worinn alle künftigen Geschöpfe,
nach dem Maaß ihrer Fähigkeiten, durch den
unendlichen Reichthum dieser Weisheit und Güte glücklich werden, und ihre vernünftigen Bewohner, zur Erkenntniß, Anbetung und Liebe
ihres herrlichen Schöpfers, geleitet werden sollen. Der Geist Gottes schwebte auf dem
Wasser, auf diesem ungebildeten Fluidum oder
Chaos, um die darinn liegenden Urstoffe, zu
ihrer Vollkommenheit und Reife zu bringen.
Das hier gebrauchte Wort schweben, enthält eigentlich das Bild des Sitzens und Brü-
tens der Vögel auf den Eyern; und hier ist wieder die sichtbare Aehnlichkeit mit der bekannten
ältesten bildlichen ägyptischen Vorstellung der
Schöpfung, nämlich des in der Gestalt eines
Mannes gebildeten schöpferischen Geistes des

Phtah,

Phtah, mit dem Eye im Munde. Und nun kommt die Ordnung dieſer Ausbildung, und zwar in ſechs Perioden oder Tagen, nach den ſechs Hauptclaſſen, worinn die Vernunft, die ſich die Erde noch nicht anders als wie den Mittelpunkt der ganzen Schöpfung denken könnte, ſich dieſelbe am deutlichſten vorſtellte. Der Almächtige ſpricht: es werde Licht, und es wird. A noble Paſſage! ſagt Lord Bolingbroke. Ehmals bewunderte der Heyde Longin das Erhabne in dieſer Stelle auch ſchon; hier ſelbſt der größte Feind und Verächter dieſes Buchs. Gott ſpricht: es werde, und es wird. Erhabner kann alle Vernunft die ſchöpferiſche Allmacht nicht ausdrücken. Der Schöpfer braucht hier keine der Materie weſentlich zukommende Geſetze, keine mitwirkende Demiurgen oder Geiſter; er ſpricht, ſo geſchiehts, er gebeut, und ſo iſt es da; ſein Wille iſt Schöpfung, Schöpfung aller Weſen, aller Kräfte, Ordnung aller Geſetze; Gott ſpricht, und das Chaos hört! So wird er dereinſt ſprechen, wenn das gegenwärtige Geſchlecht der Menſchen, nach ſeinem Rath zu einer höhern Sphäre hinauf ſteigen, und Grab und Verweſung ihre Todten wieder geben ſollen. Hier ſoll die Welt durch dies Wort erſt werden. Es werde Licht; und das Licht, als das leichteſte Fluidum, ſondert ſich auf dieſen göttlichen Wink zuerſt ab, und nimmt ſeinen Raum um die Erde ein; ſo daß nun, da vorher

alles

alles finster auf der Tiefe war, nach der ewigen
großen Nacht, der erste Unterschied von Licht
und Finsterniß entsteht.

Und Gott sieht daß das Licht gut ist; es
hat die unendlich vollkommene Natur, die
es, nach seiner Weisheit, in Absicht auf
die Natur der übrigen Geschöpfe haben soll;
Er scheidet das Licht von der Finsterniß;
und will, daß es diese seine Natur unveränderlich behalte. Sein Wille ist Schöpfung; sein Wille ist auch Erhaltung. Dies ist
das große Werk des ersten Tages. Aber hier
öffnet sich auch das große Feld, für alle die wi-
tzigen starken Geister, deren Philosophie sich so
weit erstreckt, daß sie wissen, daß alles Licht
hier auf der Erde von der Sonne kommt; und
was für ein Triumph für sie! hier ist das Licht
vier Tage vor der Sonne. Man bedenke wie
unsinnig! Aber doch wohl so ganz nicht. So viel
Philosophie, als diese Weise, hatte Moses doch
immer auch noch wohl, daß er wußte, daß es
nicht eher Tag wird ehe die Sonne aufgeht, und
daß die Sonne das Erleuchtungsmittel dieser
Erde ist; und da er dennoch diese Absondrung
des Lichts, vier Tage vor der Schöpfung der
Sonne setzt, so muß er denn doch wohl seine
in der damaligen Sprache und Philosophie gegründete Ursache gehabt haben. Nach unsrer
jetzigen Philosophie, würde es wenigstens eine
sehr

sehr große Unwissenheit verrathen, wenn man einer allgemeinen, durch die ganze Natur gehenden Licht = und Feuermaterie spotten wollte, die wirklich das eigentliche Licht und wundervolle Element ist, über dessen Natur und Eigenschaft die Philosophie noch immer neue Entdeckungen macht, und worinn ihr auch noch immer unerforschliche Geheimnisse übrig bleiben. Die Sonne bleibt dabey nichts desto weniger das Mittel der Erleuchtung. Aber wie der Schall nicht unmittelbar von dem Körper, der denselben veranlasset, ausfließt, sondern durch das Mittel der fortbewegten Luft, in unserm Ohre erst Schall wird, so giebt auch die Sonne, diesem durch die ganze Natur verbreiteten Elemente, nur die Direction, daß für uns die Erleuchtung, die wir ihr unmittelbar zuschreiben, dadurch entsteht. Ich habe hierüber alles gesagt, wenn ich die Namen eines Eulers und Boerhave nenne. Indessen, da der Unterschied dieses Elements, von dem was wir eigentlich die Luft nennen, um diese Zeit noch wohl nicht genug gekannt war, so ist es auch wohl nicht zu vermuthen, daß Moses dasselbe in der jetzigen speciellen Bedeutung hier schon genommen habe; vielmehr ist es wahrscheinlicher, daß er, nach der allerältesten Vorstellungsart, unter diesem Worte überhaupt das leichtere Fluidum, was diese Erde umgiebt, verstanden habe. Die Natur war, zur Bemerkung dieses Unterschieds, noch

nicht

nicht genug gekannt, und die Sprache hatte dafür auch noch keine zwey besondre Worte. Die
Aehnlichkeit, die das griechische und lateinische
Wort Luft, mit dem von Mose hier gebrauch-
ten Worte Oor hat, und das nachher vielleicht
erst die bestimmtere Bedeutung bekommen,
giebt dieser Vermuthung noch eine Art von Bestätigung, und kommt damit auch unser altes
deutsches Stammwort Ur noch überein, womit wir alles, was das äußerste einer Sache
ist, bezeichnen. Ich setze noch hinzu, da dieses
Oor, mit der bekannten großen ägyptischen
Gottheit, die die Griechen nach ihrer Mund-
art Horus nannten, die genaueste Aehnlichkeit hat, die, nach Plutarchs Erklärung,
eben diese alles umgebende und nährende Luft
war, daß Moses, nach der Klugheit womit er
alle ägyptische Abgötterey zu zernichten suchte,
auch die Nichtigkeit der geglaubten ewigen Gottheit dieses Horus oder Oors, und dessen mit allen übrigen Geschöpfen gemeinschaftliche Schöpfung habe anzeigen wollen.

Hierauf soll nun zu einer nähern Zubereitung der Erde, auch unter dem gröbern Fluidum,
das ihren ganzen Körper noch umfloß, die nöthige Absondrung geschehen. Der Schöpfer
spricht: es werde eine Veste, eine Ausspannung, ein Gewölbe zwischen dem Wasser, damit davon auf der Erde nur so viel bleibe, als
deren

deren nunmehrige Einrichtung und die Natur
der für sie bestimmten Geschöpfe erfodert; und
diese Veste ist das Firmament, der Himmel.
Auch hier gehn alle die gelehrten Männer, die
diese Schöpfungsgeschichte nach der jetzigen bessern Kenntniß des Weltsystems erklären, von
meiner Erklärung ab, und verstehn unter dieser
Veste den Luftkreis, den Aufenthalt der von
der Erde aufsteigenden Dünste, die zu ihrer Befruchtung in Thau und Regen wieder herunter
fallen. Die Erklärung verdient an sich wieder alle Hochachtung; ich zweifle aber, ob der
ungezwungene natürliche Sinn der Worte es
zulasse, die veränderlichen niedrigen Wolken darunter zu verstehen; und ob Moses nicht vielmehr,
nach dem damaligen Begriff von der Erde, als
dem ganzen Universo, unter dieser Veste jene
obere, dem bloßen Auge nach die ganze Erde
umschließende Sphäre verstehe, unter welcher,
und nicht in welcher die Vögel fliegen; eben die
Sphäre nämlich, die wir, nach dem gemeinen
Sprachgebrauch, noch das Firmament nennen.
Auf die Ausspannung dieser Sphäre zielen David und Jesaias, in ihren erhabnen Beschreibungen der Allmacht und Größe Gottes, deutlich. Licht ist dein Kleid, du breitest den Himmel aus wie einen Teppich, du wölbest es oben
mit Wasser, und fährest auf den Flügeln des
Windes. Ps. 104. Imgleichen: Gott sitzt
über dem Kreis des Erdbodens, und die darauf

woh-

wohnen sind vor ihm wie Heuschrecken; er dehnt
den Himmel aus wie ein dünnes Fell, und
breitet ihn aus wie ein Zelt worinn man wohnet;
Jes. 40, 21. oder wie Hiob sagt, wie einen ge-
gossenen Spiegel. Cap. 37. Wer es will, der
spotte dieser dürftigen Vorstellung, und spotte
dann zugleich aller übrigen großen Weisen des
Alterthums, die von der Erde und diesem Firmament keine andre Begriffe hatten, und haben
konnten; das bloße Auge kann sich den Himmel
nicht anders vorstellen. Aber hätte sich denn
Moses über diesem Firmament wirklich Wasser
gedacht? Und wenn nun die frühe Vernunft,
die über den Ursprung der Dünste den aufgeklärten Begriff damals noch nicht hatte, sich hier
über das große Wasserbehältniß des herunter-
fallenden Thaues und Regens, und besonders,
der unter den Wendecirkeln so viele Monathe anhaltenden Regengüsse, gedacht hätte,
dessen Fenster oder Schleusen, zur Ersäufung
der Welt bey der Sündfluth, sich öffneten; es
könnte doch nur ein Thor darüber spotten. Die
große Wahrheit der Schöpfung bleibt dabey
immer dieselbe, und der Schöpfer immer gleich
erhaben und groß. Plinius, der größte Natur-
kündiger seiner Zeit, dachte sich tausend Jahre
nachher eben diese Wasser noch.

Das für die Erde übrig gebliebene, und mit
unendlicher Weisheit für ihre Befruchtung ab-
gewo-

gewogene Maaß von Waſſer geht hierauf in
die ihm angewieſenen Tiefen, und auf eben das
Wort der Allmacht: die Erde bringe hervor,
iſt ſie auf einmal mit allen den unzähligen Claſſen von Gewächſen, und deren ſo wunderbar
verſchiednen Eigenſchaften und Kräften, bekleidet und geſchmückt, wie die Natur ihrer künftigen Bewohner zu ihrer Nahrung und Gebrauch
dieſelben erfodert; und eine jede Art, bekommt
zugleich ihre befruchtende Kraft, daß ſie in dem
Maaße unveränderlich fortdauret, die der
Schöpfer, mit ſeiner die ganze Natur überſchau-
enden Weisheit, für ſie ebenfalls abgewogen
hat.

Und nun, da ſie allen Reichthum und
Schmuck für ihre künftigen Bewohner bekommen hat, ſoll ſie zu deren Wohnung durch Licht
und Wärme auch noch völlig zubereitet werden.
Gott ſpricht: es werden Lichter an der Veſte des Himmels, die die Erde erleuchten,
und Zeit, Jahre und Tage unterſcheiden,
und es entſtehen Sonne und Mond mit dem unzählbaren Heere der Sterne, und nehmen an
dieſer Veſte die ihnen angewieſene Stelle. Aber
hier erhebt ſich nun auch wieder der Spott aller
Verächter dieſes Buchs: Was für eine Schöpfungsgeſchichte! Die Schöpfung von ſo viel
Millionen Sonnen und Welten, mitten zwiſchen der Schöpfung der Pflanzen und Thiere

dieſer

dieſer Erde; ein Tagewerk wie das andre! und
dieſe unzählbaren Sonnen mit ihren beſondern
Weltſyſtemen, hier nur Lichter, zuſammen in
gleicher Entfernung an die eingebildete Veſte
geheftet, um des Nachts daran zu ſchimmern;
könnte auch die Schöpfung armſeliger und verächtlicher vorgeſtellet werden! Verächtlicher?
ich habe es ſchon zugegeben, daß Moſes dies
Weltall noch nicht anders, als wie es hier beſchrieben iſt, kannte; daß er dieſe Erde, für den
großen Mittelpunkt der ſichtbaren Schöpfung,
für die unendliche Erde hielt, wie Homer ſie nennet; denn es hatten noch keine Anſons und Cooks
dieſelbe damals umſchifft. Hatten denn aber
die viel ſpätern großen Weiſen, Pythagoras, Plato, Ariſtoteles, Cicero, vollkommnere Vorſtellungen davon? erkannten dieſe alle die Fixſter-
ne für Sonnen von ſo viel beſondern Welten?
war ihnen dieſe Erde nicht auch der große Mittelpunkt, um welchen ſie ihre eingebildeten Sphären ſich wälzen ließen? Und wo iſt das verächtliche in dieſer Schöpfung? Das Weſen dieſer
großen Wahrheit beruhet darauf nicht, wie man
ſich die verſchiednen Theile der Natur vorſtellet,
ſondern darauf, daß Gott der Schöpfer des ganzen Weltalls iſt; und die Vorſtellung von demſelben ſey welche ſie wolle, ſo bleibt die Allmacht
des Schöpfers, auf deſſen Wort es wird, immer gleich unendlich; und ſo bald die Erde, für
das Hauptſtück der Schöpfung, und für das

Cen-

Centrum derselben angenommen wird, um welche die Sonne und alle übrige Lichter sich dre-
hen, so ist auch die Ordnung, in welcher Moses
sie entstehen läßt, die allernatürlichste. Will
man aber Mosen, als den erleuchteten Propheten und großen Weltweisen, womit kein andrer
des Alterthums zu vergleichen ist, kennen lernen,
so lerne man ihn hieraus kennen, daß er die
Sonne, den Mond und die übrigen Himmels-
körper, die die ganze damalige Welt schon als
Wohnungen von so vielen besondern Gottheiten
ansah, die durch ihren Einfluß die Welt erhielten und regierten, und worunter Sonne und
Mond, überall und besonders in Aegypten, als
die obersten ewigen Gottheiten verehret wurden,
die auch zu Josephs Zeit schon ihre Tempel und
Priester hatten, daß er, sage ich, welches um
diese Zeit keine Vernunft ohne Erleuchtung mehr
wagen oder denken konnte, diese beyden Gottheiten, als der wahre Osarsiph und Sonnenzerstörer, zu ihrer wahren Bestimmung wieder herunter bringt; sie aus Nichts, wie alle übrige
Geschöpfe, entstehen läßt; sie auch nichts älter
macht, sondern mit diesen in einerley Zeitpunkt
entstehen läßt; sie auch als keine Wohnungen
höherer, zur Regierung der Welt bestimmter
Intelligenzen, sondern bloß, als zur Erleuchtung der Erde und zum Zeitmaaß bestimmte
Lichtkörper, darstellet, dadurch den Hauptgrund
aller Abgötterey umreißt, (den auch Plato, bey
allen

allen seinen erhabnen Gedanken von Gott, dadurch unterhielt, daß er dieselben ebenfalls mit
dergleichen höhern Intelligenzen beseelte,) und
den wahren Gott, den die Menschen über diese
sinnlichen Gottheiten beynahe schon ganz verloren hatten, als den einzigen Schöpfer und Regenten der Welt, und zugleich als den einzigen
sichern Grund aller wahren Religion wieder her-
stellet. Wo ist nun noch das Verächtliche in
dieser Schöpfungsgeschichte, in dieser allererhabensten Vorstellung der Größe und Allmacht des
Schöpfers? Moses kannte das copernikanische
System nicht — hatte noch keine Teleskopen —
O des armseligen Witzes, den die verblendete
Welt, durch immer neue Titel betrogen, immer
wieder gekauft, bewundert, angestaunet, und
womit tausend dumme Thoren, wenn sie es nach-
sprechen können, sich für starke Geister halten,
und Victorie über Gott, Religion und Bibel
sich zujauchzen!

Ich will weiter gehn: Die Erde ist nun zu
einer Wohnung für lebendige Geschöpfe ganz bereitet. Das Wasser und das Trockne hat gegen einander sein abgemessenes Verhältniß; die
trockne Erde hat ihre Schönheit und ihren Reichthum, sie hat Licht und Wärme. Nun kommen die Geschöpfe selbst. Denn Reichthum
und Schönheit in einer todten Natur sind noch
kein Endzweck; nicht mehr als ein Chaos. Un-
um-

umſchränkte Allmacht und Güte ſchafft alles für
empfindende Weſen, und belebt jeden Raum.
Der Herr ſpricht: V. 20. es rege ſich das
Waſſer mit webenden und lebenden Thieren, und mit Gevögel, das über der Erde
unter der Veſte des Himmels fliegt, und
auf dieſen Befehl werden Waſſer und Luft belebt.

Der Herr ſpricht abermals: denn ſo wenig
allgemeine Geſetze der Bewegung, dem ganzen
Erdkörper ſeine Organiſation und ſeinen wunderbaren innern und äußern Bau, und jeder
Pflanzenart ihre beſondre Organiſation und Natur geben konnten, ſo können auch keine dergleichen allgemeine Geſetze das geringſte lebende Geſchöpf, noch weniger die unendliche Vollkommenheit einer jeden Art, noch weniger, die mit ſo unendlicher Weisheit abgemeſſene Stufenfolge in dieſer
Vollkommenheit, und noch weniger, dieſe mit
der übrigen ganzen Natur ſo harmonirende Mannichfaltigkeit hervorbringen. Blinde Gährun-
gen, ſich anziehende und zurückſtoßende Kräfte,
urſprüngliche Formen, oder was man ſich ſonſt
für zweydeutige Zeugungen denken mag, ſind
ſchöne Spiele der Einbildung die nichts erklären. Unumſchränkte Allmacht und Weisheit
des Schöpfers, in deſſen unendlichem Verſtande
die Welt die er erſchaffen wollte, von Ewigkeit
gegenwärtig war, ſind der einzige Grund, worinn
die forſchende Vernunft ihre Beruhigung findet.
Und

Und auf dieses allmächtige Wort fängt auch die
Natur in unzähligen Geschlechten von Geschöpfen an zu leben, und es giebt jedem Geschlechte,
von der Naide bis zum Wallfisch, vom kleinsten
Insecte bis zum Elephanten, bis zum Menschen,
seine verschiedne Natur, sein Maaß von Vollkommenheit, weiset ihm die seiner Natur gemäße Wohnung und Gegend an, prägt einem
jeden den zu seiner Erhaltung und Beschützung
nöthigen Instinct ein, und setzet es in der Reihe der Natur auf die Stufe, die die Ordnung
und Vollkommenheit des Ganzen erfodert. In
der Entstehung selbst, ist auch hier wieder eben
die natürliche Ordnung. Erst die minder vollkommenen, die Wasserthiere; mit denen Moses, die Thiere die in der Luft leben, vermuthlich aus der Ursache verbindet, weil sie zunächst
mit einander verwandt, in einem Fluido leben,
und sich auf einerley Art bewegen.

Hierauf erstreckt sich dieser allmächtige Befehl auch über die Erde: die Erde bringe alle
Arten von Thieren und Gewürmen hervor,
und auf diesen Wink sind auch alle Geschlechter
in eben der wunderbaren Stufenfolge da; jedes
mit der, von dem einfachsten Gefühl an, bis
an die Vernunft grenzenden Vollkommenheit;
jedes mit dem hierauf eingerichteten Bau seiner
Glieder; jedes mit dem auch hiermit wiederum
übereinstimmenden und alle Vernunft überstei-
genden

genden Erhaltungstriebe; auch jedes in der, ſeiner Natur gemäßen, und zu ſeiner Wohnung
ihm angewieſenen beſtimmten Gegend auf der
Erde; und alles iſt gut — es iſt alles dem
Willen des weiſeſten und gütigſten Schöpfers
gemäß, und nun ſpricht er darüber den allmächtigen Segen, wodurch ein jedes, in der ihm
anerſchaffenen Natur, und dem ihm beſtimmten Vermehrungsmaaße, bis ans Ende unverändert fortdauret.

Aber aller dieſer herrliche Reichthum, dieſe
unendliche Schönheit hat noch keinen gemeinſchaftlichen Endzweck; es iſt alles noch einzeln,
es iſt noch nichts, was dieſe allgemeine Vollkommenheit unter einander verbindet und umfaßt. Ein jedes Thier iſt in ſeiner Art glücklich;
denn einem unendlich allmächtigen und gütigen
Weſen, iſt jedes ſeiner Geſchöpfe, ein ſeiner väterlichen Vorſorge würdiges Object; jedes ge-
nießt von dem Reichthum ſeiner Allmacht ſo viel
Gutes, als es zu empfinden Fähigkeit hat; aber
es hat nur ſein Kraut, ſein Inſect, ſein ſchwä-
cheres zu ſeiner Nahrung ihm angewieſenes
Thier; ſeine Empfindungen ſind bloß auf die Erfüllung ſeiner ſinnlichen Triebe eingeſchränkt,
und zu ſeinem Aufenthalte hat es ſeine angewieſene Grenze, die es nicht überſchreiten kann.
Aber es iſt noch kein Geſchöpf da, was dieſen
ganzen Reichthum der Allmacht zu ſeiner Glück-
ſelig-

seligkeit anwenden, was diese unendliche mannichfaltige Schönheit und Vollkommenheit in ihrer Ordnung und Verbindung übersehen, und zur Erkenntniß und Anbetung des unendlichen, allmächtigen, weisen und gütigen Schöpfers sich erheben kann.

Aber: Lasset uns Menschen machen. Die Sprache hebt sich hier auf eine merkwürdige Art! Die Anrede kann an keine Mittelwesen seyn, die Moses so sorgfältig vermeidet. Ein Schöpfer, allmächtig wie dieser Gott, kennet keine Gehülfen; er will, so ist es da. Der Ausdruck soll die vorzügliche Würde dieses erhabnen Geschöpfs anzeigen. Zur Entstehung der übrigen Geschöpfe befiehlt Er nur: das Wasser, die Erde bringe hervor — Aber lasset uns Menschen machen; hier geht die ewige Weisheit gleichsam mit sich selbst zu Rathe. Wir sind kein so leichtes tumultuarisches Werk, das die Natur so hingeworfen hätte, sagt Seneca, sie dachte uns erst, ehe sie uns schuf. Lasset uns Menschen machen, ein Bild das uns gleich sey) — Höher kann die Würde der menschlichen Natur nicht ausgedrückt werden, eine Aehnlichkeit mit dem Schöpfer selbst — ein vernünftiges freyes Wesen, dessen Herrschaft sich über die ganze Natur erstreckt, das alles was sie hervorbringt, alles was in ihren Abgründen verborgen ist, was in den Tiefen des Meers lebt;

zu

zu seinem Dienst und zu seiner Glückseligkeit anwenden, allen ihren Reichthum und ihre Schönheit ins unendliche vervielfältigen, und unter
dem Pole so wohl als unter der Mittagslinie
wohnen kann. So will der Schöpfer daß der
Mensch seyn soll, und so ist er da, in der erhabnen Gestalt, die ihn als diesen Herrn der Erde
schon ankündigt, nach beyderley Geschlecht, und
mit eben dem segnenden Eindruck, daß sein Geschlecht sich über die ganze Erde verbreiten und
darauf fortdauren soll, bis es zu seiner höhern
Bestimmung erhaben wird; denn ein Geschöpf,
das der Schöpfer mit der Anlage ihm ähnlich zu
seyn erschaffen, muß in dieser Aehnlichkeit ewig
fortgehn, der Schöpfer kann sein Ebenbild nicht
zernichten.

Und nun sind Himmel und Erde vollendet.
Der Schöpfer übersieht sein Werk, und es ist
alles gut; alles dem ewigen großen Gedanken
der vollkommensten Welt gemäß; das große Urbild hat nun, wie es von Ewigkeit in dem Verstande Gottes war, seine Existenz; es hat nun
alles die Natur, das Maaß von Kräften, die
Stelle, die Verbindung, die abgemessene Ver-
mehrungskraft, worinn es durch den Einfluß
dieses allmächtigen Willens, bis an das von
ihm bestimmte Ziel fortdauren soll; einzeln ver-
geht alles, aber die Vollkommenheit des Ganzen, die Ordnung und Harmonie bleiben unver-

ändert. Dies ist der Ursprung der Welt nach
der Vorstellung dieses großen Mannes. Phi-
losophen, wo ist sonst eine Cosmogonie, worinn
diese große Wahrheit je in dem Lichte, in der
Stärke, auf eine die Vernunft so befriedigende, und der Gottheit so würdige Art vorgestellet wäre? Mais Dieu n'est pas ignorant;
wenn dann auch Moses von dem Universum noch
keine vollkommenere Erkenntniß haben konnte,
so mußte doch der Geist, der ihm diese Geschichte eingab, es besser kennen. Dies war einer
der letzten Ausbrüche des Witzes des bekannten Mannes, der wegen seiner fürtrefflichen Gei-
stesgaben, noch nach Jahrhunderten unter den ersten Zierden seines Zeitalters mit genannt werden
würde, wenn er wegen des niedrigen unverant-
wortlichen Misbrauchs den er zum Theil davon
machte, sein Andenken nicht auch, bey allen welchen Religion und Tugend heilig ist,
eben so verächtlich gemacht hätte. Und mit
diesem armseligen Einfalle, glaubte er, und
alle seine Bewundrer glauben es noch, ein un-
auslöschliches Ridicüle auf diese Cosmogonie,
auf ihren Verfasser und auf die geoffenbarte Religion zu werfen.

Dieu n'est pas ignorant. Es war einer
der gewöhnlichsten Kunstgriffe dieses Mannes,
wenn er die Religion angreifen wollte, daß er
sie erst so verstellte, wie er sie mit Sicherheit an-
grei-

greifen zu können glaubte; oder daß er die beson=
dern Vorstellungsarten und Zusätze dieser oder
jener Parthey, für die wesentlichen Wahrheiten
der Religion annahm, und sie mit seinen gewöhn=
lichen Caricaturen dann noch weiter verstellte.

Da in der Sammlung der Bücher, die wir
unter dem allgemeinen Namen der heiligen Schrift
begreifen, die ganze Religion, so wie sie Gott,
von dem Ursprunge des menschlichen Geschlechts
an bis auf die letzte große Erleuchtung, der
Welt offenbaren lassen, nebst ihrer Geschichte
enthalten ist, so nennet man auch diese ganze
Sammlung, nach ihrem wesentlichen Inhalte,
mit allem Grunde die Offenbarung; und dies
hat dann wieder, aus Ehrerbietung für die gött=
liche Würde derselben, veranlasset, daß man al=
le Bücher die darinn enthalten sind, und alles
was die heiligen Verfasser, unter der besondern
göttlichen Leitung worunter sie stunden, geschrie=
ben, als ein durchgängiges, von dem Geiste
Gottes unmittelbares wörtliches Dictamen an=
gesehen hat, nach welchem ihnen auch, das
was nicht so wohl zur Religion als zur Geschich=
te gehört, oder was sie selbst aus eigner Kennt=
niß und Erfahrung wußten, buchstäblich einge=
geben sey. Aber zu geschweigen, daß eine
solche durchgängige wörtliche Eingebung keinen
hinreichenden Grund hat; dieselbe auch, so wohl
die schon erhaltene allgemeinere Erleuchtung die=
ser heiligen Männer überflüßig, als auch ihre na=

Qq 2   tür=

türlichen Fähigkeiten, ihre Erfahrung, und den
Gebrauch aller Nachrichten und Hülfsmittel,
worauf sie sich selbst berufen, ganz unnütz ge=
macht haben würde, so will ich hier nur dies sa=
gen, daß die göttliche Autorität des Inhalts
dieser Bücher, nicht von der wörtlichen Eingebung
aller darinn vorkommenden Nachrichten, sondern
vielmehr, außer der innern Glaubwürdigkeit und
Wahrheit, von dem Charakter und dem Credi=
tive der Verfasser, oder der ihnen von Gott er=
theilten Beglaubigung abhängt. Diese lassen
sich aber allemal mit Zuversicht prüfen, und sind
daher auch immer der zuverläßigste Beweis, daß
die Männer, die Gott auf die Art zu seinen Ge=
sandten und Lehrern der Welt erwählet, alles
was sie in Absicht auf ihren großen Beruf ge=
than, geordnet und geschrieben haben, unter einer
besondern göttlichen Aufsicht und Leitung gethan
haben. Und da außer dem persönlichen großen
Charakter Mosis, die Beweise von seiner göttli=
chen Sendung so unwidersprechlich sind, so kann
seine prophetische Würde, und seine Wahrheit
und Glaubwürdigkeit im geringsten nichts verlie=
ren, wenn man annimmt, daß die Geschichte
die unter seinen Augen vorgegangen, oder wor=
an er selbst unmittelbar Theil gehabt, ohne Ein=
gebung geschrieben; auch daß er sich, besonders
im ersten Buche, der bey den Israeliten von ih=
ren Stammvätern noch aufbehaltenen Nachrich=
ten, auch andrer Urkunden bedienet, und daß

er

er folglich auch dieſe Schöpfungsgeſchichte, dem
Glauben der erſten Welt gemäß, und nach der
reinen und erhabnen Erkenntniß die er ſelbſt von
Gott hatte, beſchrieben habe.

Geſetzt aber auch daß Moſes alles aus unmittelbarer göttlicher Eingebung geſchrieben hätte, ſo iſt es der Weisheit Gottes doch immer
wohl gemäß, wenn er den Menſchen, durch eine unmittelbare Offenbarung, gewiſſe Erkennt-
niſſen mittheilt, daß dieſes nur ſolche ſeyn werden, die zunächſt zu ihrer moraliſchen Beſtimmung, und zwar nach dem Maaß ihrer Fähigkeit gehören; daß aber alles, was zu dieſer Beſtimmung nicht gehört, und in dem natürlichen
Bezirke der Vernunft liegt, dem natürlichen
Fortgange ihrer Aufklärung auch überlaſſen bleibe. Was ſoll nun das bewunderte Dieu n'eſt
pas ignorant? Gott ſollte einem Volke, das
kaum ſeinen erſten Schritt aus der Wildheit
that, zu einer Zeit da alle Vernunft noch in ihrer Kindheit war, da ſie ſich kaum erſt zu der
Erkenntniß eines höchſten Weſens als Schöpfers
der Welt erheben konnte, tauſend und mehr
Jahre vorher, ehe es möglich war daß die Vernunft dergleichen Entdeckungen faſſen konnte,
da ſie dieſelben für ganz widerſinnig gehalten hätte, da die Sprachen dafür noch keine Worte
hatten, und alle Eingebung dieſelbe nicht begreiflich hätte machen können, da, ſage ich, ſollte

Qq 3   nun

nun Gott durch seinen Propheten dem Volke
haben sagen lassen, daß es seinen Sinnen bey
Betrachtung der Welt gar nicht trauen dürfe,
daß die Erde nichts weniger als der eingebildete
Mittelpunkt der Schöpfung, sondern dargegen
nur ein kaum zu bemerkender Punkt sey; daß
dieselbe auch nicht stille stehe und die Sonne um
sie auf und untergehe, sondern daß sie sich viel=
mehr alle vier und zwanzig Stunden um sich
selbst, und alle Jahr um die Sonne wälze, und
daß zugleich neben ihr, noch eben solche Weltku=
geln wie diese, theils kleiner theils tausend mal
größer, eben wie sie um diese Sonne herum lie=
fen; daß aber auch diese Sonne noch lange das
einzige große Licht nicht sey, sondern daß auch
diese Millionen ihres gleichen habe, und daß die
kleinsten Sterne, die das Auge in einer heitern
Nacht am Himmel entdecken könne, eben solche
große, in einer unermeßlichen Entfernung von
einander abstehende Sonnen wären, die auch
wieder eben solche, aber wegen ihrer Entfernung
von dem menschlichen Auge nicht zu entdeckende
Weltkugeln wie diese um sich hätten — Kurz;
Gott hätte der Welt vor drey tausend Jahren
durch Mosen eine Philosophie de Copernic à la
portée du Peuple d' Israel offenbaren sollen;
dies ist das Dieu n'est pas ignorant. Und
mit solchen armseligen Einfällen entsahe sich der
Mann nicht, da er auf der Grenze der Ewigkeit
schon stand, die letzten Kräfte seines Geistes,

weil

weil er den Leichtsinn seiner Zeit kannte, zur Ver=
führung so vieler Menschen, und zur Ver=
spottung des Buchs anzuwenden, das die ein=
zige sichere Anweisung zur wahren Erkenntniß
Gottes und der großen Bestimmung der Men=
schen ist? O ihr seligen Weisen, Boyle, Neuton,
Haller! die ihr eure englischen Geisteskräfte,
nachdem ihr sie zur Erweitrung der Erkenntniß
der Natur und zur Verherrlichung des Schöp=
fers in seinen Werken angewandt, zuletzt beson=
ders diesem Buche und dessen göttlichen Inhalte
heiligtet, in was für einem himmlischen Glan=
ze gieng euer Geist zu seiner künftigen noch herr=
lichern Verklärung unter!

Ich will jetzt den Zweck und Inhalt dieser
Schöpfungsgeschichte unter einen Blick zusam=
men fassen.

Der Grund aller wahren Erkenntniß Got=
tes, und die Moses besonders bey seinem Vol=
ke bestätigen will, ist dieser: daß Gott der
Schöpfer und moralische Regent der Welt ist.
Wie man sich dieses Weltsystem, und in wel=
cher Ordnung man sich die Entstehung desselben
dabey vorstellet, dies hat in diese Wahrheit selbst
keinen Einfluß. Genug, daß Gott der unum=
schränkte Herr der ganzen Natur ist, der alles,
so wie er nach seiner unendlichen Weisheit und
Güte es gewählt, durch seinen Befehl hervor=

Qq 4   ge=

gebracht hat und erhält; dies ist die große Wahr=
heit worauf alle Religion, alle Moralität und
Glückseligkeit der Menschen beruhet; und diese
trägt der erleuchtete Mann hier auf eine so rei=
ne, und der Gottheit so anständige und erhabne
Art vor, als die aufgeklärteste Vernunft sich die=
selbe je gedacht hat, und denken kann; so daß
wenn er auch, durch die unwidersprechlichen
Kennzeichen seiner göttlichen Sendung, als der
große Prophet nicht gekannt wäre, er dennoch
immer der erste und aufgeklärteste Philosoph des
Alterthums seyn würde.   Hier ist der kurze Ab=
riß davon.

Gott ist ein von Ewigkeit durch sich selbst be=
stehendes unabhängiges Wesen, und die Welt
ist, durch seinen freyen allmächtigen Willen, aus
Nichts hervorgebracht — keine ewige Mate=
rie — auch keine unabhängige nothwendige Ge=
setze der Bewegung — auch die Geschöpfe kein
Product einer blinden Gährung — sondern
die verschiedne Natur aller Wesen, das Maaß
ihrer Vermehrung, ihrer Kräfte, ihre Verbin=
dung, alles ist freye Wahl und unmittelbare
Wirkung dieses weisesten Schöpfers — daher
auch alles gut — alles dessen weisesten und
besten Absichten gemäß — auch kein böses We=
sen das diese Absichten hätte zerstören können.
Wie wahr, wie simpel! wo ist in dem ganzen
Alterthume die Vernunft, die sich das höchste
We=

Weſen und den Urſprung der Dinge je ſo gedacht, wo iſt ſie jetzt, die reiner und erhabner
darüber denken könnte? Man nehme Eines aus
dieſer Vorſtellung weg, ſo iſt Gott der eigentliche Urheber und Herr der Welt nicht mehr; ſo
iſt Schöpfung ein blößes Wort, ſo hat der
Glaube an eine Vorſehung, ſo hat die ganze Religion keinen ſichern Grund mehr.

Aber welche Vernunft kann wohl annehmen, da die Allmacht Gottes von Ewigkeit
wirkſam war, daß die Schöpfung vor ſechs
tauſend Jahren erſt angefangen habe?

Schöpfung erſt ſeit ſechs tauſend Jahren —
allerdings ein ſehr auffallender Gedanke; aber
Schöpfung von Ewigkeit — Zeit und Welt ohne
Anfang — eben ſo verwirrend. Schöpfung ſeit
ſo wenig Jahren — vorher alſo die ganze
Ewigkeit hindurch außer Gott Nichts — Der
große ewige Gedanke Gottes von einer zu ſchaf-
fenden Welt, und ſeiner dadurch zu offenbaren-
den Weisheit, Allmacht und Güte, die ganze
Ewigkeit hindurch alſo ohne Ausführung —
ewige unumſchränkte Allmacht, die ganze Ewigkeit hindurch unthätig — ewige Güte, ewige
Liebe, eine ganze Ewigkeit hindurch ohne Mit-
theilung — die ewige Quelle aller Lebensſtrö-
me, eine ganze Ewigkeit ohne Ausfluß — was
für ein Abgrund für die Vernunft! ich ſuche
mir den Gedanken zu erleichtern, ich nehme die

Qq 5　　　　　　Ein-

Einbildung zu Hülfe, und schiebe, so tief als diese nur reicht, den Anfang in die Ewigkeit zurück — ich denke mir Millionen von Zeitaltern, Welten vor Welten — aber die Vorstellung bleibt mir immer gleich schwer, immer gleich dunkel; die kurze Zeit von sechs tausend Jahren macht die Dunkelheit nicht; Augenblicke oder unermeßliche Zeitalter — Die Dunkelheit bleibt dieselbe; der Abgrund liegt zwischen Anfang und Ewigkeit; denn zwischen Anfang der Zeit, und zwischen der Ewigkeit Gottes, bleibt immer dieselbe Ewigkeit, die durch keine Millionen von Jahren gemessen oder ausgefüllet werden kann; also immer eine Ewigkeit wo außer Gott Nichts gewesen, wo seine Allmacht nicht gewirkt, seine Liebe sich nicht mitgetheilt hätte, wo indessen doch Millionen Classen und Successionen von Geschöpfen hätten zur Existenz kommen, ihn und seine unendliche Vollkommenheiten hätten erkennen, und durch ihre Seligkeit hätten verherrlichen können — Welch eine Tiefe! Und doch drängt meine Vernunft sich zu einem Anfang hin. Eine Schöpfung von Ewigkeit — ewige Existenz einer zufälligen durch sich selbst nicht nothwendigen Welt — eine ewige Folge von Ursachen und Wirkungen, eine ewige Reihe vergänglicher Wesen ohne allen Anfang — lauter Worte wobey ich wieder nichts denke, wobey ich auch selbst bey einer angenommenen ewi-

gen

gen Materie nichts mehr denken würde; denn
ich müßte mir doch wenigſtens den Anfang denken, wo der ſchöpferiſche Geiſt ihr den erſten
Stoß zur Bewegung gegeben hätte. Gott war
freylich von Ewigkeit allmächtig, aber Allmacht
kann das, was durch ſich ſelbſt nicht nothwendig
noch ewig iſt, im eigentlichen Verſtande nicht ſo
ewig machen daß es keinen Anfang hätte; und
nun ſind ſechs tauſend Jahre und ſo viel Millionen Jahre ſich wieder völlig gleich. Denn wenn
ich mir nun dieſen Anfang auch noch ſo tief in
die Ewigkeit hinein denke, ſo müßte doch in die=
ſer mit der Schöpfung entſtandnen Zeitfolge, eine Zeit geweſen ſeyn, wo ſie nicht älter als ſechs
tauſend Jahr geweſen wäre, und dieſer Zeit=
punkt müßte jetzt ſo gut ſeyn können, als er es
vor undenklichen Zeitaltern geweſen, wenn an=
ders auf dieſer Erde, denn von dieſer können wir
allein urtheilen, keine Anzeigen eines höhern
Alters vorhanden wären. Nach dieſen Anzeigen
iſt aber dies höhere Alter, und mit ihr folg=
lich das Alter der ganzen Natur unwiderſprech=
lich. Denn ſichtbarlich beſteht die Erde, wie
ich vorher ſchon geſagt, aus lauter Bruchſtücken,
woraus wir ſchließen müſſen, daß ſie, vor ihrer
jetzigen Ausbildung, mehr als eine Revolution
von Feuer und Waſſer, deren Zahl und Dauer
gar nicht angegeben werden mag, erlitten ha=
be. Ich will hier alle die neuen Wahrnehmun=
gen nicht anführen; ich will nur die einzige Ver=
wand=

wandlung des Thons in Marmor und in alle noch
härteren Steinarten, und dieser ihrer Verwitte-
tung wieder in Erde oder Kreide nehmen, die
allein uns nöthigen, nach dem langsamen Gang
den die Natur in diesen ihren Wirkungen nimmt,
ein undenklich höheres Alter anzunehmen. Der
Beweis von der ersten Verwandlung, sind die
über ganze Erde verbreiteten Flöz = Schiefer = und
Marmorgebirge, aus deren Lage und aus deren
häufigen Resten von organischen Körpern, von
Gewächsen, See = und Landthieren, die sie durch
und durch in sich enthalten, es unwidersprechlich ist, daß sie vor diesem Zustande weich gewesen, und von dem Meere erst aufgeführt worden.
Und von der zweyten Verwandlung sind die Krei-
denberge der Beweis, die Herr Pallas am
Donnflusse beobachtet hat, und denen vermuthlich alle übrige Gebirge dieser Art gleich
sind, deren Oberfläche, die der Luft ausgesetzt
ist, vollkommen Kreide ist, deren nächste Substanz noch aus Kieseln oder Feuersteinen besteht,
die sich aber stufenweise ihrer Auflösung schon
nahen, aber noch tiefer ihre volle harte Substanz noch haben; und diese Substanz was war
diese wieder vorher anders als Thon? was waren der Rubin und Sapphir ehe sie ihre jetzige
Farbentinktur annahmen? Es wäre überflüßig
diese Beweise zu häufen. Nun steht meiner
Einbildung nichts im Wege, daß ich mir, so
weit als sie nur immer reicht, den ersten Anfang
zu=

zurück denke. Ich kann mir nun Welten vor
Welten, Revolutionen auf Revolutionen, in
allen übrigen Weltkörpern wie auf dieſer Erde
denken, und zugleich ein Alter der Schöpfung
denken, das keine Zahl mehr auszudrücken vermögend iſt. Ich erreiche zwar den erſten Anfang nie, aber je tiefer ich zurück denke, je un-
ermeßlicher wird mir doch das Reich Gottes,
je unergründlicher ſeine Allmacht und Güte.
Ich erhebe in einer heitern Nacht meine Augen
über mich, überſchaue jenes unzählbare Heer
von Sonnen und Welten, und ſuche den aller-
entfernteſten Stern, den mein bewafnetes Auge
in dieſer Tiefe entdecken kann. Dieſen Stern
nehme ich in Gedanken zum Standpunkt, von
dem ich wieder, bis zu dem alleräußerſten Stern,
den mein Auge von daraus erreichen kann, mich
erhebe, und dies wiederhole ich bis meine Einbildung ermüdet; von der Grenze des leeren
Raums wo die Allmacht zu wirken aufgehört
hat, bin ich zwar immer noch entfernt, vielleicht noch immer in der Mitte, aber hier iſt ſchon
unendlich mehr als mein Geiſt faſſen kann. Denn
erſtlich: alle dieſe zahlloſen Welten, ihrer Natur und ihren Geſchöpfen nach von einander unterſchieden — denn Allmacht ſchafft nichts dop-
pelt; und nun: alle dieſe Welten, denn Allmacht, verbunden mit ewiger Weisheit und Güte,
ſchafft auch nur für Vernunft, alle dieſe Welten,
ſage ich, jeden Augenblick, wie dieſe Erde, mit
neuen

neuen vernünftigen Geschöpfen belebt, die, wie
ich, wenn sie ihren Prüfungsstand ausgehalten
haben, ihre vergänglichen Wohnungen verlassen, und zu jener herrlichen Stadt Gottes als
zu ihrer eigenthümlichen Bestimmung hinauf steigen — Was für ein Gedanke! wo ist die endliche Vernunft, die ihn noch fassen kann? Und
doch wie klein noch! Denn dies ist nur ein kurzer Blick in das Reich Gottes wie es jetzt ist.
Aber wenn ich nun durch alle die Zeitalter ver-
flossener Ewigkeiten, bis an jenen unendlichen
Punkt zurück denke, wo die Allmacht das **erste**
Werde sprach, und die ewige Weisheit wirksam und wohlthätig zu werden anfieng, und nun,
in Vergleichung der tausend Millionen Menschen,
die auf dieser kleinen Erde binnen einem Jahrhun-
dert zur Existenz kommen, und in jene Ewigkeit
übergehn, alle diese zahllosen Welten mit ihren
Revolutionen, und zugleich alle die unendlich
mannichfaltigen Classen vernünftiger Wesen über-
denke, die von dieser Ewigkeit an zur Existenz
gekommen sind, und als so viele neue Colonien
das Reich Gottes immerfort vermehrt haben,
und noch bis in alle Ewigkeit vermehren, und
in immer wachsender Seligkeit, die Allmacht,
Weisheit und Güte ihres herrlichen Schöpfers
preisen werden — Wo ist jetzt noch der endliche
Verstand, der dieses herrliche Reich Gottes nach
seiner Dauer, Mannichfaltigkeit und Größe über-
schauen, und die Größe des Schöpfers fassen
kann,

kann, der es zu werden befahl; der es von aller
der Ewigkeit her, bey allen seinen immer fortgehenden Veränderungen, in unverrückter Ordnung erhält; denn alle diese Geschöpfe von Ewigkeit gegenwärtig sind, der für sie mit eben der
Vaterliebe sorgt, die hier alle Haare auf meinem
Haupte gezählet, und ohne deren Zulassung kein
Sperling umkommt? Und dieser Schöpfer
auch mein Gott — der auch mich ins Leben
rief, daß ich ein Bürger dieser seiner herrlichen
Stadt seyn sollte — Durch die Millionen Zeitalter die ich später hinzu komme, verliere ich
nichts. Sie sind nur ein Punkt für mich; ich
habe doch noch eine grenzenlose Ewigkeit vor mir,
wo ich mit dir, jetzt schon verklärter seliger Geist!
dem diese Aussicht immer so entzückend war, in
der Gesellschaft so vieler tausend Classen seliger
Wesen, die Wunder der Allmacht, Weisheit und Güte unsers gemeinschaftlichen Vaters sehen, genießen, anbeten, und wir dann,
nicht mehr trennbar, von einer Stufe der Verklärung und Seligkeit zur andern, ewig mit ihnen fortgehen werden. Was für eine Aussicht!
Ermuntre dich mein Geist, du bist auf der nächsten Grenze.

Aber, so gegründet und groß nun auch die
Vorstellung von einem höhern Alter der Schöpfung, und von den vielen Revolutionen seyn
mag, die unsre Erde, vor ihrer letzten Ausbildung,

dung, schon durchgegangen ist, so war es doch so
wenig der Beruf Mosis, seine Schöpfungsgeschichte damit anzufangen, als es sein Beruf war,
das eigentliche Weltsystem zu lehren. Die gros-
se Wahrheit, im Anfang schuf Gott Himmel und Erde, blieb unveränderlich dieselbe.
Vielmehr, wie es der Weisheit höchst gemäß
war, gesetzt daß er auch selbst, es sey aus eigner
Einsicht oder aus einer Offenbarung, von der
Größe der Welt eine vollkommenere Vorstellung
gehabt hätte, daß er sich in seiner Beschreibung
nach der damaligen Fähigkeit richtete, so erfoderte es eben diese Weisheit auch, gesetzt wiederum daß er auch ihr höheres Alter gekannt
hätte, daß er die Schöpfung dennoch nur mit
der letztern Ausbildung oder Erneuerung dieser
Erde anfieng, und diesen ihren Anfang, in Verbindung mit dem Anfange des jetzigen menschlichen Geschlechts, durch die angeführten Gene-
alogien, seinem Volke so nahe als möglich unter
die Augen brachte. Denn je weiter er diesen Anfang aus den Augen gerückt hätte, in eben dem
Grad würde er die Wahrheit selbst verdunkelt
und geschwächt haben. Anlaß hätte er sonst genug
gehabt, der Welt ein höheres Alter zu geben, da
nach aller Wahrscheinlichkeit, zu seiner Zeit in
Aegypten die fabelhaften Götterregierungen, die
so viele tausend Jahre vor der Regierung der
Menschen vorhergegangen, schon bekannt waren. Aber, wie eben diese Götterregierungen,

wenn

wenn sie gleich nur eingekleidete astronomische
Rechnungen, oder selbst diese verkleidete Schöpfungsgeschichte waren, zur Vergötterung der
Gestirne so vieles beytrugen, und diese Abgötterey, sich von da wieder in so vielen andern
Gestalten über die Welt verbreitete; so war
eben die Simplicität, worauf dieser göttliche
Mann den Ursprung der Welt wieder zurück
brachte, das einzige Mittel, diese große Wahrheit in ihrer Lauterkeit wieder herzustellen, und
sie gegen alle ähnliche abergläubige und abgöttische Vorstellungen darinn zu bewahren. Und
eben dieser großen Klugheit ist es auch allein
zuzuschreiben, daß er keiner Schöpfung noch
Abfalls von Engeln in dieser Schöpfungsgeschichte erwähnt. Die Vernunft, und besonders wenn sie von der wahren Philosophie nicht
geleitet wird, verirret sich zu leicht und zu gerne
in dergleichen idealischen Welten, und kommt
darüber in Labyrinthe, die sie von der wahren
Erkenntniß Gottes und von der Simplicität der
Religion immer weiter abführen. Der Beweis sind, die in der indostanischen und lamai-
schen Religion, vor dem Ursprung dieses Menschengeschlechts, vorhergegangenen Geister - und
Burkanenwelten; sie sind vielleicht auch eben so
alt als Moses, und als die ägyptischen Götterregierungen; aber wenn sie auch Anfangs etwas
mehr als Geschöpfe der Einbildung waren, und
eine geheimere Bedeutung hatten, so sind sie

doch der Grund, daß die öffentliche Volksrelt-
gion von ganz Asien, wo die muhamedanische,
durch das aus dieser Offenbarung geborgte Licht,
nicht herrscht, ein Gemisch von allen Arten der
unsinnigsten Abgötterey ist.

Simplicität und Kürze ist die erste und wesentlichste Eigenschaft aller wahren Religion,
und ist auch der große Vorzug der Religion dieses göttlichen Propheten. Nicht mehr Theorie
als die schwache Vernunft seines Volks fassen
konnte, und als zum Wesen der großen Wahrheit, daß Gott der Schöpfer und Regent der
Welt ist, gehört. Und hierzu war die Schöpfung dieser Erde und des jetzigen Menschengeschlechts genug. Denn dies ist eigentlich
Schöpfungsgeschichte für den Menschen.
Und so wie Moses hiermit, als der große göttliche Prophet, den Grund zur wahren Religion
legt, und ihr das nöthige Licht giebt; so verbreitet er zugleich auch, als der große Geschichtschreiber des menschlichen Geschlechts, über die
Geschichte der Menschheit das befriedigende Licht,
ohne welches diese Geschichte sonst, über die so
genannte Heldenzeit hinaus, in einer undurchdringlichen Finsterniß ewig würde begraben gelegen haben. Und bey aller ihrer Kürze in der
Ausführung, haben Sprache, Sitten und Vorstellungsart so sehr das Gepräge der Wahrheit,
es ist alles der ersten Kindheit der Welt darinn

so

so gemäß, und alle Schritte, die die Menschheit darinn thut, sind diesem Zustande so angemessen, daß man diese Nachricht für die authentischeste Urkunde der alleraltesten Menschengeschichte halten müßte, wenn ihr Verfasser auch selbst nicht gekannt, und die außerordentlichen Beweise seiner Glaubwürdigkeit, an und für sich auch nicht schon so unwidersprechlich wären. Aber freylich, diese Geschichte steht in einem Buche worinn Juden und Christen ihre geoffenbarte Religion enthalten glauben, der Verfasser ein Prophet, ein Israelit, der Gesetzgeber dieses niedrigen und verächtlichen Volks — welcher neuer Philosoph und starker Geist würde sich in den Verdacht setzen, auch das Buch oder den Verfasser nur zu kennen? es wäre denn, um darüber zu spotten; eher muß alles andre wahr seyn.

So lange die Sprache und Geschichte der Chineser, noch minder genau wie jetzt, gekannt waren, so war es die sicherste Parthie, dieser Nation ein so hohes Alter anzudichten, das über das Alter dieser mosaischen Menschengeschichte weit hinaus gieng; und es ist bekannt, mit was für einem betäubenden Geräusch diese letztern funfzig Jahre her der Fohi mit seinem gewaltigen Heere gegen Mosen aufgeführet worden; aber der große Verehrer dieses Fohi überlebte seinen Held zuletzt noch selbst; und diese aus

Chi-

China hergeholten unbrauchbar gewordnen Waffen, bleiben jetzt nur noch mit den übrigen abge-
nutzten Rüstungen in den Evangiles du Jour, der
Bible enfin expliquée und deren ähnlichen Rüst-
kammern, zur Erläutrung der Geschichte unsrer Zeit für die Nachkommenschaft aufbewahret.

Ein andrer sinnreicher Schriftsteller setzt
zwar diese chinesische Nation in Ansehung des
Verstandes und Alters eben so tief herunter,
als sie von jenem ihren Verehrer erhoben war,
und will ihr auch nicht einmal die Ehre, eine
ägyptische Colonie zu seyn, zugestehen; aber diese mosaische Schöpfungsgeschichte gewinnt dabey nichts; denn in den Archiven der Priester
des großen Lamah sind vielleicht noch Urkunden,
aus welchen das von Mose angegebene Alter
wird können widerlegt werden.

Noch glaubt ein andrer Gelehrter, in dem
nördlichern Asien eine Nation durch Schlüsse
entdeckt zu haben, die mit ihrem Alter weit über
die mosaische Geschichte hinaus gehen müsse.

Nach der Uebereinstimmung aller noch übrigen Denkmäler des Alterthums, hat man bisher
das südlichere Asien für die Wiege der Menschheit gehalten. Aber dieser scharfsinnige Mann
sucht, mit einer eben so ausgesuchten Gelehr-
sam-

ſamkeit als einnehmenden Beredtſamkeit, das
Gegentheil zu beweiſen, daß nämlich alle Wiſ-
ſenſchaften der ſüdlichern Völker, und beſonders
ihre aſtronomiſche Kenntniß, nichts als abge-
riſſene verſtümmelte Ueberbleibſel, der vollkommenern Aufklärung eines gemeinſchaftlichen
ältern nordlichen Stammvolks, ſeyn können,
weil dieſe Völker ſonſt, wenn dieſe Wiſſenſchaf-
ten von ihnen ſelbſt bis dahin erfunden wären,
auf der Stufe wo ſie jetzt ſtehn, mehr als ein
tauſend Jahr, ohne einen Schritt weiter zu
thun, nicht würden ſtehn geblieben ſeyn. Aber
erſtlich wäre es nicht leicht begreiflich, wie dieſe
große und erleuchtete Nation, ſo gar aus aller
Geſchichte und Ueberlieferung verſchwunden
ſeyn ſollte, daß auch unter allen dieſen von ihr
abſtammenden Völkern, da ſie nebſt ihren Wiſ-
ſenſchaften ſelbſt auch ihre Schrift und Sprache von ihr erhalten, ſich doch weder der Name
dieſes ihres Urſtammes, noch ſonſt die geringſte
Spur dieſer Abſtammung erhalten haben ſollte.
Und was den Hauptbeweis betrifft, daß dieſe
Völker, wenn ſie durch ihre eigene Beobachtung ſo früh zu einer gewiſſen Kenntniß des
Himmelslaufs gekommen wären, ohne darinn
weiter fortzugehn, ſo lange nicht hätten ſtehn
bleiben können, ſo möchte derſelbe die ihm zu-
getraute Stärke wohl nicht haben. Denn wenn
man bedenkt, daß die erſtaunlich ſchnellen Schritte, die von unſern Weiſen des vorigen und jetzi-

gen

gen Jahrhunderts, in der Erkenntniß des Himmels gemacht sind, und noch immer gemacht
werden, von der Hülfe der Fernröhre herrühren;
so haben jene Nationen, bey Entbehrung dieser Hülfe, in ihren Beobachtungen, da wo
ihre Augen sie verließen, nothwendig stehn
bleiben müssen, und folglich hat auch ihre Erkenntniß nothwendig müssen abgebrochen und
mangelhaft bleiben, ohne daß auch nur der
Gedanke, zu denen hohen Entdeckungen, die
unsre Weisen darinn nachher gemacht haben,
in ihnen hätte entstehen können. Sie sahen
den Grad ihrer Erkenntniß für den höchsten an,
den das Auge erreichen könne, so wie unsre
Weisen die Systeme der Firsterne vorjetzt noch
für die Grenze ihrer Beobachtungen ansehn;
und sie beruhigten sich mit ihren Entdeckungen,
weil sie ihnen zum Zeitmaaß, und zur Berechnung der Jahrszeiten hinreichend waren. Wie
wenig weiter würde die geographische Kenntniß unsrer Erde, seit Ptolomäus Zeiten, fortgerückt seyn, wenn die Erfindung der Magnet-
nadel die Schiffahrt nicht so vollkommen gemacht hätte. Und wie oft hat man nicht Gelegenheit in der Geschichte der Wissenschaften
und Künste sich zu verwundern, wie die Menschen in ihren Erfindungen, gerade auf der Grenze so lange stehen bleiben können, wo der nächste Schritt sie darinn zu einer größern Vollkommenheit hätte führen können, ohne daß ihnen
eini-

einiges Hinderniß im Wege war. Wie leicht aber
die Menschen in den ersten Zeitaltern zu einem
gewissen Grad von Kenntniß des Himmelslaufs, ohne allen fremden Unterricht, bloß
durch ihre eigenen Beobachtungen haben kommen können, dies beweisen noch täglich unsre
Landleute, vorzüglich die, die ihre meiste Le-
benszeit und besonders einen Theil der Nächte
unter freyem Himmel zubringen, die bloß durch
ihre eigenen Wahrnehmungen, aus dem jedesmaligen Stande der Sonne, oder dem Auf-
und Untergang eines Gestirns, sich ein so ge-
naues Zeitmaaß zu machen wissen, daß es der
Philosoph selbst bewundern muß; und wovon
wir, die wir in Städten uns nach den beque-
mern künstlichen Zeitmaaßen richten, uns gar
keinen Begriff machen können.

Bis jetzt ist also wenigstens noch kein Da-
tum da, das den hier angegebnen Ursprung des
jetzigen Menschengeschlechts mit einiger überwiegenden Wahrscheinlichkeit widerlegte.

Endlich ist auch noch eine andre Bedenklichkeit gegen diese Geschichte übrig, nämlich diese,
daß Moses dies ganze Menschengeschlecht von einem Paare Menschen ableitet, da viele Nationen aus andern Welttheilen, an Gestalt, Farbe und Gesinnungen doch so sehr verschieden
scheinen. Aber wenn man diese Verschieden-

Rr 4

heit,

heit mit den wesentlichern Aehnlichkeiten vergleicht, die alle Menschen unter allen Him-
melsstrichen, in dem innern und äußern Baue
ihres Leibes, ihrer Glieder, und der davon abhangenden körperlichen Oekonomie; in dem Maaße
ihrer Kräfte, ihres Wachsthums und ihrer
Dauer; in der Aehnlichkeit und dem Ebenmaaße
aller ihrer Sinne und sinnlichen Empfindungen;
in der Aehnlichkeit ihrer Leidenschaften, ihrer
Triebe, und aller ihrer Seelenkräfte mit einander gemein haben, so zeigt sich der gemeinschaftliche Familiencharakter darinn so deutlich, daß
alle übrige Verschiedenheiten, die sich aus dem
Unterschied des Clima, und aus andern zufälligen Ursachen genug erklären lassen, wohl nicht
hinreichen denselben zweydeutig zu machen.
Zu geschweigen, daß ein Paar Stammältern
zur Bevölkrung der Erde, und, wenn Menschen sich vermessen dürfen noch hinzuzusetzen,
daß es auch zur Erfüllung der weisen und gütigen Absichten des Schöpfers völlig hinreichend
gewesen.

Die wichtigste Bedenklichkeit ist die Verschie-
denheit der Gestalt und Farbe. Aber wenn
man die bräunliche Mittelfarbe von Asien, aus
der Gegend die nach aller Wahrscheinlichkeit die
erste Wohnung der Menschen war, für die ursprüngliche Farbe nimmt, so ist der stufenmäßi-
ge Uebergang zu der nördlichen weißen, und zu
der

der Kupferfarbe der südlichen Erdbewohner,
bis zu der vollen Schwärze der eigentlichen
Mohren, ein deutlicher Beweis, daß dieser ganze Unterschied bloß local sey, und von dem gröf-
sern und mindern Grad der Hitze komme. Denn
da diese Mohren die allerheißesten Gegenden der
ganzen Erde bewohnen, und alle übrige Länder, ob sie gleich unter eben dem Himmelsstri-
che liegen, dennoch entweder von der See mehr
Abkühlungen, oder von den hohen Gebirgen gegen
die brennenden Winde mehr Schutz haben, so lassen sich aus diesem höhern Grad der Hitze, so wohl
die tiefe Schwärze der Haut, als auch der übrige
Unterschied in den Säften und Haaren dieser
Völker, füglich erklären. Die Nachrichten
die Herr Bruce neuerlichst aus dem innern
Afrika mitgebracht, scheinen dem Grafen von
Büffon der dies bisher schon behauptet hat,
völlig entscheidend. Denn dieser berühmte Rei-
sende versichert, daß nur die Bewohner der
beyden niedrigen Küsten der Ost = und Westseite
dieses Welttheils, diese tiefe Schwärze haben,
und daß hergegen die Farbe der Einwohner des
mittlern Landes, selbst unter der Mittagslinie,
weil dieses sehr bergicht und hoch, und daher
viel kühler, auch durch die häufigen Regen noch
mehr abgekühlet werde, von der Farbe der Eu-
ropäer nicht viel unterschieden sey; daß besonders
das hohe Gebirge, das von dem Wendekreise
des Krebses bis zu der südlichen Spitze durch die

Mit-

Mitte von Afrika geht, ganz von Weißen bewohnt sey, die Einwohner der beyden Küsten hergegen nur schwarz wären, weil sich das Land zu diesen beyden Seiten sehr senke, und deswegen die Hitze so brennend sey. Wenn diese Angabe erst hinreichend bestätigt seyn wird, so wird sie diesen Punkt nicht allein auf einmal entscheiden, sondern auch noch zu sehr vielen neuen und herrlichen Betrachtungen, über die unendliche Weisheit und Güte des Schöpfers, Anlaß geben. Und auf wie viele Jahrhunderte wird zugleich die Naturkenntniß sich noch eine Bereicherung, mit den schätzbarsten neuen Entdeckungen aus diesem großen und bisher fast ganz unbekannten Welttheile, versprechen können, wenn auf diese Versicherung, die bisherige fürchterliche Vorstellung von den undurchdringlichen Wüsteneyen dieses Landes, die Naturforscher nicht mehr so zurück schrecken wird, sondern dieselben mit dem Muthe und dem Forschungsgeiste eines Adansons tiefer hineindringen werden. Die übrigen Abweichungen, die der scharfsinnige Lord Kaimes dieser gemeinschaftlichen Abkunft von einem Stamme, außer dem Unterschied der Farbe, noch entgegensetzt, nämlich der Unterschied in der Gestalt einiger wilden Völker, imgleichen die muthlose Schwäche und der kriegerische Muth der einen Nation vor der andern unter diesen Völkern, auch die feindseligen Gesinnungen einiger derselben gegen alle Fremde,

be, und daß auch einige für ein Clima mehr als
für das andre erſchaffen zu ſeyn ſcheinen, dieſe
Abweichungen, ſage ich, ſind alle noch von
wenigerm Gewichte, dieſen gemeinſchaftlichen Urſprung zweifelhaft zu machen. Denn die geringen Abweichungen in der Geſtalt ſind zu wenig weſentlich, als daß ſie nicht theils vom Clima und der Lebensart, theils auch von der
Bildung herrühren könnten, die dieſe Völker
ihren Kindern, aus eingebildeter Schönheit,
oder auch um dereinſt ihren Feinden ſo viel fürch-
terlicher zu ſcheinen, bey der Geburt geben, und
die nach und nach zur Natur wird.

Unter jedem ſanften Himmelsſtriche finden
ſich durchgehends die ſchönſten Menſchen, und
die bedeutendſten harmoniſchen Geſichtszüge.
Je reiner und dünner die Luft iſt, je feiner,
ſagt Cicero, ſind die Köpfe. Das Clima von
Griechenland, deſſen gegenwärtige Einwohner
gewiß von ganz andern Völkerſchaften abſtam-
men, bildet noch eben die Ideale, wornach
Phidias und Praxiteles arbeiteten; und je mehr
die entkräftende Hitze oder Kälte die Natur
ſchwächt, je minder ſchön iſt auch die Bildung.
Das ſchwüle dumpfige Aegypten, gab nie einem
Künſtler ein Ideal von Schönheit, ſo wenig
als es Samogidien oder Grönland giebt.

Die

Die Thiere, so wie sie mit dem Menschen
aus einer Himmelsgegend in die andre ziehen,
leiden an ihrer Gestalt und Farbe noch immer
größre Veränderungen als der Mensch.   Auch
zufällige Veränderungen von einem Stammpaa-
re können in einem thierischen Geschlechte,
wenn es sich nicht wieder vermischt,   wie bey
den Menschen, erblich werden.

Die Feigheit und der Muth einiger dieser
Völker vor den andern, können ebenfalls von
dem Unterschied des Clima, der Nahrung und
der übrigen Lebensart und Gewohnheit kommen.   Ein armes Volk im Südmeere, das
seine ganze dürftige Nahrung von Muscheln und
verfaulten Fischen hat, hat natürlicherweise so
viel Muth nicht, als die Patagonier die täglich
zu Pferde sind, und von der ergiebigsten Jagd
leben;   und die Kinder der nordamerikanischen
Wilden gewöhnen sich frühzeitig die größten
Schmerzen auszustehn, um den Martern ihrer
Feinde, wenn sie ihnen in die Hände fallen, so
viel muthiger trotzen zu können.

Auch die feindseligen Gesinnungen einiger
wilden Völkerschaften gegen Fremde, können
theils von der Armuth der Natur ihres Wohnsitzes, theils auch von den grausamen Behand-
lungen kommen, die sie vorher von feindseligen
Ueberfällen erlitten haben.

Und

Und endlich iſt es zwar natürlich, daß die Menſchen, nachdem ſie an ein heißes oder kaltes Clima gewöhnt ſind, das entgegengeſetzte nicht gleich ſo gut vertragen; überhaupt aber ſind ſie ſo wenig für beſondre Climata erſchaffen, daß dies vielmehr der große und eigenthümliche Vorzug des Menſchen iſt, daß er als der Herr der Erde, unter allen Himmelsgegenden, unter der Linie, und ſo weit das Eis ihm nur erlaubt unter die Pole zu gehen, leben, daß er die Producte der Erde und des Meers aus allen Gegenden zu ſeiner Nahrung brauchen kann, und daß ſelbſt die Thiere, in dem von dem Schöpfer ihnen angewieſenen Erdſtriche mehr oder weniger eingeſchränkt ſind, und den Menſchen begleiten, nachdem ſie ihm zur Hülfe oder Nahrung unentbehrlich ſind. Der Beweis iſt der gebohrne Knecht des Menſchen, der Hund, der ſeinen Herrn ſo weit dieſer geht begleitet, und ſich daher auch an alle Arten von Nahrung gewöhnt, und in den ſüdlichen Inſeln von der Brodfrucht lebt.

Ich ſchließe hiermit dieſe Betrachtung; und wie glücklich würde ich mich ſchätzen, wenn ich damit etwas weniges zur Erläutrung dieſes ſo angefochtenen wichtigen Capitels möchte beygetragen haben.

Ob Moses übrigens diese Geschichte aus einer unmittelbaren Eingebung geschrieben, oder aber sie aus einer ältern patriarchalischen Ueberliefrung genommen, dies ist eine Nebenfrage, die das Wesentliche nicht betrifft. Daß Moses sich in diesem ersten Buche alter historischer Lieder, und andrer Urkunden und Familiennachrichten bedienet, dies leidet jetzt wohl keinen Widerspruch mehr. Die Lieder waren bey allen alten Völkern, so lange als sie die Kunst zu schreiben nicht hatten, das einzige Mittel, die Geschichten und Lehren deren Aufbewahrung ihnen wichtig war, im Gedächtniß zu behalten, und auch auf die Nachkommen fortzupflanzen. Moses beruft sich selbst auf einige solche Lieder, und die Spuren davon sind auch in verschiednen Geschichten dieses Buchs von den Gelehrten längst bemerkt. Die Beglaubigungen, wodurch Moses als der göttliche Gesandte bestätigt ist, machen dem ungeachtet seine ganze Geschichte eben so glaubwürdig, als wenn er alles selbst aus einer unmittelbaren Eingebung geschrieben hätte.

Ich habe oben bey der Erklärung der Schöpfung die zum Theil ganz wörtliche Aehnlichkeit schon bemerkt, die sich in den Fragmenten der ältesten phönizischen und ägyptischen Schöpfungsgeschichte findet, und von da in die älteste griechische Philosophie gekommen ist. Denn in dem Athor oder dem Erebus, nämlich der vor der Schöpfung her:

hergegangenen Nacht; imgleichen in dem Chaos, dem Mudd oder dem Wasser, als dem ersten Urstoffe der Dinge; dann in dem Erebus mit seinem Weibe Bahu, und in dem Kolpia oder der Stimme des göttlichen Mundes, auch noch in dem ägyptischen Eye, ist diese Aehnlichkeit bis auf den Laut vieler dieser Worte so genau, daß sie sich gar nicht miskennen läßt; und daß man daraus nothwendig auf eine oder die andre Art auf einen gemeinschaftlichen Ursprung schließen muß. Da sie aber in allen diesen Fragmenten ihre wahre Gestalt, durch die symbolische Erklärung, sichtbarlich schon verloren hat, und durchgehends verstellet und verstümmelt ist, so sey es, daß diese mosaische Beschreibung mit jenen eine gemeinschaftliche Quelle habe, so hat er wenigstens ihre ursprüngliche Lauterkeit und Simplicität in dieser Geschichte wieder hergestellet, und der darinn enthaltenen großen Lehre ihr Licht und ihre Wahrheit damit wieder gegeben. Sind aber jene bildlichen Vorstellungen neuer, so ist eben die erhabne Simplicität, worinn der erleuchtete Prophet diese Geschichte vorträgt, wiederum der Beweis, daß diese Geschichte die reine und göttliche Urquelle ist, woraus jene Vorstellungsarten geflossen, aber je weiter sie sich von dieser Quelle entfernt, immer unreiner, und durch die fremden Zusätze und bildlichen Einkleidungen immer mehr verstellet worden sind.

Selbst

Selbst in der Schöpfungsgeschichte der Hindus, so sehr sie auch durch die erdichteten vorhergegangenen Revolutionen und Geisterwelten verstellet ist, ist die Aehnlichkeit mit dieser mosaischen noch kenntlich; und in der Zend Avesta, ist die Bildung der Erde, auch in den sechs Tagewerken und dem siebenten großen Ruhetage, mit dieser mosaischen fast buchstäblich dieselbe, nur daß statt der sechs Tage unbestimmte größere Perioden sind; und diese also mehr als wahrscheinlich ganz daraus genommen ist.

Ob übrigens diese Schöpfungsgeschichte ein Lied zu nennen, dies würde nur auf die Erklärung des Worts ankommen. Moses ist selbst schon der edelste prosaische Schriftsteller, vielleicht der erste; wenigstens sind seine Bücher das alleralteste Monument davon. Da aber die Lehre, die er darinn vorträgt, die Grundlehre der patriarchalischen Religion war, so kann die Grundlage dieser Geschichte, immer ein solches heiliges patriarchalisches Lied gewesen seyn, wovon er auch die äußre Form, bis auf gewisse ihm dienlich geschienene Veränderungen, behalten hat. Ich komme aber jetzt zu einem andern Stücke dieser Geschichte, welches die volle Sprache und Gestalt eines solchen Liedes, ganz unverändert scheint behalten zu haben.

Vier-

Vierter Abſchnitt.

Lehre von der moraliſchen Regierung Got=
tes über die Welt,

oder

Geſchichte vom Falle.

Mit dieſer Lehre von der Schöpfung, die ſich eigentlich erſt mit dem dritten V. des zweyten Capitels endigt, verbindet Moſes un= mittelbar eine andre Geſchichte, die ebenfalls die größte Aufmerkſamkeit verdienet.

Daß die Welt kein durch ſich ſelbſt noth= wendiges ewiges Weſen ſey, daß ſie auch eben ſo wenig durch eine ungefähre blinde Miſchung einer ewigen Materie entſtanden, ſondern das Werk der unumſchränkten freyen Allmacht, Weisheit und Güte des höchſten Weſens ſey, dies hat er, als die erſte Grundwahrheit wor= auf alle Religion beruhet, in der jetzt erklärten Geſchichte zufbrderſt ausgeführet. Aber hat Gott, nachdem er dieſe Schöpfung vollbracht, ſie den darinn geordneten allgemeinen Geſetzen und den anerſchaffnen Kräften der Geſchöpfe überlaſſen; oder iſt er ihnen als ihr Herr und

Schöp=

Schöpfer auch noch immerfort gegenwärtig;
ist er besonders auch der moralische Regent der
Welt; stehen seine vernünftigen Geschöpfe mit
ihren freyen Handlungen auch unter dieser seiner
Regierung; ist er auch in diesem Verstande ihr
Herr, ist er ihr Gesetzgeber, ihr Richter; bemerkt er ihren Gehorsam mit Wohlgefallen, ihren Ungehorsam mit Misfallen? dies ist die
zweyte Grundwahrheit, die, in Verbindung
mit der von der Schöpfung, den wesentlichen
Grund der Religion ausmacht; und dies zu
lehren, ist der eigentliche Endzweck dieser zwey
folgenden Capitel, die wir mit der Geschichte
vom Falle gewöhnlich bezeichnen.

Diese Geschichte fängt ebenfalls mit der
Schöpfung an, aber nur besonders damit, wie
zuerst die Gewächse und Bäume entstanden,
wie es hierauf eigentlich mit der Schöpfung des
Mannes zugegangen sey, und auf was für eine
Art nachher die Frau ihren Ursprung bekommen habe. Daß Moses hiermit seine vorher-
gehende Beschreibung der Schöpfung nicht um-
ständlicher habe erklären wollen, dies fällt,
deucht mir, deutlich in die Augen. Denn wenn
dies die Absicht gewesen wäre, wie hätte er sich
denn auf diese beyden Stücke allein nur eingeschränkt? Und da er in jener schon gesagt, daß,
so wie die Erde trocken und fest geworden, dieselbe auf den Wink der Allmacht alle Gewächse
                                        mit

mit ihrer Fortpflanzungskraft hervorgebracht,
wie überflüßig wäre nun hintennach noch die
Erklärung, daß vorher noch kein Baum gewesen, auch keine hätten wachsen können, weil es
noch nicht geregnet, auch zu ihrem Anbau noch
keine Menschen da gewesen. Und eben so ist
diese schöpferische Allmacht, imgleichen die Würde der über alle andere Geschöpfe erhabnen
menschlichen Natur in beyderley Geschlecht, in
den Worten: Gott schuf den Menschen ihm
zum Bilde, zu seinem Bilde schuf er
Mann und Frau, schon weit erhabner und
stärker ausgedrückt, als hier: daß Gott den
Leib des Menschen erst aus Thon oder Erde gebildet, ihm dann einen lebendigen Odem einge-
blasen, und wie sich unter allen Thieren auf
dem Felde keine Gattinn für ihn gefunden, Gott
alsdann erst eine Gehülfinn für ihn gemacht, und
zwar, daß während er einen tiefen Schlaf auf
ihn fallen lassen, er eine seiner Ribben dazu genommen, diese Stelle aber mit Fleisch wieder
verschlossen, und Adam, wie er hierauf erwacht,
mit Entzücken sein Ebenbild erblickt habe. Hieraus wäre es wohl allein schon deutlich, daß diese
Beschreibung zu der vorhergehenden Schöpfungsgeschichte eigentlich nicht gehöre, sondern ihre
Beziehung auf die damit unmittelbar verbundne
Beschreibung des Paradieses und der darinn vorkommenden Geschichte habe, und mit dieser ein
besonders Ganzes ausmache. Nimmt man

Ss 2　　　　　　　　　　nun

nun hierzu noch den auffallenden Unterſchied der
Sprache und Vorſtellungsart, der von einem je=
den aufmerkſamen Leſer, bey Vergleichung des
erſten Capitels mit dieſen beyden, gleich bemerkt
werden muß, ſo wird man auch gleich auf den
Gedanken kommen, daß Moſes, ob er wohl aus
wichtigen Urſachen dieſe Geſchichte mit ſeiner
Schöpfungsgeſchichte unmittelbar verbunden,
dennoch der eigentliche Verfaſſer davon nicht
ſey.   Denn in dem erſten Capitel, wo er ſelbſt
ſpricht, iſt alles ſimpel, kurz, ſtark, und der
Schöpfer erſcheint in einer Größe, wie die er=
leuchtetſte Vernunft die Allmacht und Weisheit
des allerhöchſten Weſens ſich denken mag.   In
dieſen beyden Capiteln hergegen iſt die ganze
Vorſtellungsart, wie man ſich dieſelbe nach der
Kindheit der Vernunft der allererſten Welt den=
ken kann;   nach dem innerlichen Sinn, hinrei=
chend die Menſchen in der Erkenntniß Gottes,
und in dem Vertrauen und Gehorſam gegen ihn
als ihren immer gegenwärtigen Schöpfer, Va=
ter und Richter zu erhalten,   aber gerade wie
wir es Kindern vorſtellen würden.   Erſt die
Entſtehung der Bäume und die Bildung des
Menſchen, noch ganz auf die einfältigſte menſch=
lichſte Art ;   auch Gott ſelbſt noch ganz als
Menſch,   dabey alles in bildlicher Einkleidung,
ſo wie die ſchwache Vernunft ſich es noch unter
ſinnlichen Bildern denken mußte, da die Spra=
che für moraliſche Begriffe noch keine Worte
                                                  hatte.

hatte. Diesemnach also vielmehr ein bildliches sym=
bolisches Lehrgedicht, worinn die ersten Menschen
den von Gott durch ihren Stammvater bekomme=
nen Unterricht, daß Gott der Schöpfer und mora=
lische Regent der Welt sey, sich vorgehalten, und
sich dadurch zugleich zu einem aufrichtigen Ge=
horsam und zur Vermeidung aller Sünde, als
der Quelle alles Uebels, zu erwecken und für
alle Verführung zu warnen gesucht haben. Al=
so gewiß das allerälteste Monument menschli=
cher Vernunft in seiner ganz unveränderten Ge=
stalt, so alt wie das menschliche Geschlecht selbst;
vielleicht von Enos dem Enkel Adams, denn von
diesem heißt es, daß er zur Erkenntniß und Ver=
ehrung Gottes gottesdienstliche Versammlungen
angestellet habe; Cap. 4, 26. das nachher
Noah mit seiner Familie aus der alten Welt
mit sich herüber gebracht, und das von da sich bis
auf Mosis Zeit in den gottesfürchtigen Familien
als ein heiliges Religionslied erhalten hat, und
das nun dadurch, daß es Moses dieser seiner
Religionsgeschichte einverleibet, allen Nachkom=
men Adams, als das ehrwürdigste Denkmaal
der Religion ihrer ersten Stammväter, bis ans
Ende des menschlichen Geschlechts aufbehalten
bleibet. Und wie ehrwürdig würde dasselbe,
so wohl des Inhalts, als auch seines so charakte=
ristischen höchsten Alters wegen, selbst allen de=
nen seyn, die das göttliche Ansehn dieses Buchs
und seines Verfassers auch nicht erkennen, wenn

Ss 3 Un=

Unwissenheit, Leichtsinn und die übrigen bekannten Verblendungen, sie den Werth davon
recht einsehen und schätzen ließen.

Aber wie sehr wäre es dagegen auch zu wünschen, daß von der andern Seite der Geist des
Alterthums, und der eigentliche Sinn dieser bildlichen Vorstellung, nicht auch oft zu sehr mis-
kannt, und durch eine gar zu buchstäbliche Erklärung derselben, nicht allein dies ganze un-
schätzbare Buch und die darinn enthaltene Religion, dem Spotte ihrer dümmsten Feinde bloß-
gestellet, sondern auch diese göttliche Religion
selbst, mit so unauflöslich harten Begriffen be-
schweret würde, die auch den redlichsten Verehrer dieses Buchs so beunruhigen können, daß er
dies herrliche Stück oft nicht wagt mit Zuversicht anzusehen. Ich will beyde Erklärungen,
die buchstäbliche die dasselbe für wirkliche Geschichte nimmt, und die andere, nach welcher
man es für ein solches moralisches Lehrgedicht
nehmen kann, hersetzen, und dem Leser die Vergleichung überlassen. Mit jener als der gewöhnlichen will ich den Anfang machen.

Hier nimmt man zuförderst an, daß diese
beyden Capitel mit dem ersten unmittelbar zusammen hangen, und daß Moses, von jenen so
wohl als von diesem, der Verfasser sey; trägt
daher auch den Begriff von dem Ebenbilde, wozu,

zu, nach dem Ausdrucke des erſten Capitels,
der Menſch von Gott erſchaffen, in dieſe beyden
Capitel mit herüber, und macht dieſes Ebenbild
zur Grundlage der folgenden ganzen Erklärung
und des darauf gerichteten Lehrgebäudes, obgleich in beyden Capiteln nicht die mindeſte Anzeige von einiger Beziehung darauf vorkommt.
Man erkläret aber dieſes göttliche Ebenbild, als
den Inbegriff einer ſolchen moraliſchen Vollkommenheit, nach welcher das erſte Paar Menſchen,
gleich mit ſeiner Exiſtenz die deutlichſte, reinſte
und vollkommenſte Erkenntniß Gottes und
ſeines Willens, des wahren und falſchen Guten, ſeiner ganzen gegenwärtigen und zukünftigen Beſtimmung und aller davon abhangenden
Pflichten überkommen habe, und daß mit dieſer
vollkommenen Erleuchtung des Verſtandes, eine eben ſolche Vollkommenheit des Willens, die
reinſte Liebe zu Gott und zu allem Guten, die
vollkommenſte Unſchuld und heiterſte Ruhe des
Gemüths, die durch keine unordentliche ſinnliche
Neigung geſtöret worden, verbunden geweſen
ſey. Und dieſem vollkommenen moraliſchen Zuſtande ſey auch der äußerliche Zuſtand dieſes
glücklichen Paars völlig gleich geweſen; denn
auch der Leib habe an dieſem Ebenbilde in gewiſſer Maaße Theil genommen, indem auch dieſer, nicht allein von allen Zufällen und Gebre-
chen, die die Geſundheit deſſelben hätten ſtören
können, ſondern auch ſelbſt von dem, in dem

Sſ 4 gegen-

gegenwärtigen Baue unsers Leibes so nothwen=
dig gegründeten Tode, befreyet gewesen sey, so
daß diese beyden ersten Menschen, entweder
durch eine nie abnehmende innere Lebenskraft,
oder durch den die Natur immer verjüngenden
Genuß des Lebensbaums, in einer beständigen
Jugend würden fortgelebt haben, bis sie, um
ihren Nachkommen Raum zu machen, ohne die
jetzige Veränderung, die mit uns vorgeht, zu lei=
den, unmittelbar in ein noch vollkommeners Le=
ben würden seyn versetzt worden. Und da zu=
gleich das Paradies, das der Schöpfer zu ihrer
Wohnung bereitet, ihnen alles, was ihre Sinne
und Bedürfnisse auf die angenehmste Art nur be=
friedigen können, willig dargeboten habe, so ha=
be auch sonst keine Art von Mühseligkeit die Ru=
he und Zufriedenheit ihres Lebens stören können;
und diese Glückseligkeit würde nicht ihr Eigen=
thum allein gewesen seyn, sondern ihre ganze
Nachkommenschaft würde auch in diesem para=
diesischen Zustande, in gleicher Vollkommenheit
der Seele und des Leibes fortgedauret haben,
wenn derselbe, durch die traurige Verführung
eines bösen Geistes, nicht gleich im Anfange zer=
störet worden wäre. Denn um dem Menschen
ein sinnliches Denkmaal zu geben, daß er bey al=
ler ihm übergebenen Herrschaft über die Erde,
dennoch unter der Oberherrschaft und dem Ge=
setze seines Schöpfers stehe, und also dessen Ge=
horsam daran zu prüfen, habe Gott mitten im
Gar=

Garten zween Bäume entstehen lassen, und selbige, von dem erlaubten Genusse aller übrigen
mit der Bedrohung ausgenommen, daß wenn
er von dem einen, der deswegen der Baum
des Erkenntnisses des Guten und Bösen
geheißen, essen würde, er alle seine Glückseligkeit verlieren und des Todes sterben solle. Hiervon habe jener böse Geist, das Haupt einer von
Gott abgefallenen Classe von Engeln, die durch
dessen Verführung, von der höchsten Stufe der
heiligsten und glücklichsten Geschöpfe, die größten Feinde Gottes und alles Guten geworden,
Gelegenheit genommen, auch dieses neue Geschlecht, dessen Unschuld und Glückseligkeit er mit
Neid angesehen, zu einer gleichen Rebellion gegen Gott zu verführen, und mit sich in eine gleiche Verdammniß zu stürzen. Zu dem Ende
sey er in eine Schlange gefahren, oder habe deren Gestalt angenommen, und habe sich auf die
Art an die schwächere Frau gemacht, mit der
Vorstellung, es sey nicht möglich, daß Gott
die ihnen ertheilte Herrschaft und Freyheit so
habe wieder einschränken, und den Genuß dieses
einzigen Baumes ihnen verbieten können. Die
Frau, dem göttlichen Befehle getreu, habe zwar
darauf geantwortet, es sey gewiß, daß Gott ihnen unter Androhung des Todes denselben verboten habe, aber dieser arglistige Feind habe sich
damit nicht abweisen lassen, sondern habe darauf bestanden, daß Gott ihnen ein so neidisches

und

und widersprechendes Gebot nicht habe geben
können; denn da er selbst den Baum zu einem
Baum des Erkenntnisses geordnet, so würde
durch den Genuß von dessen Frucht ihre Erkenntniß vielmehr auch wachsen, und sie würden Gott
in ihrer Vollkommenheit dadurch noch viel ähnlicher werden. Diese Vorstellung habe endlich
Eindruck auf sie gemacht, und da sie an der
Frucht auch nichts widriges, sondern sie vielmehr sehr angenehm und reizend gefunden, so
habe sie auch ohne weiters Bedenken davon gegessen, und ihren Mann ebenfalls davon zu essen
beredet. Aber damit sey auch auf einmal in
ihrer moralischen und physischen Natur die traurigste Veränderung vorgegangen. Die herrliche
Aehnlichkeit mit Gott sey aus ihrer Seele gleich
verschwunden; die Erleuchtung des Verstandes
habe sich in Unwissenheit und Verblendung,
und die Liebe und das kindliche Vertrauen zu
Gott in Scheu und heimlichen Haß gegen ihr
verwandelt; die sinnlichen Begierden hätten
sich aller höhern Seelenkräfte bemächtigt, und
ihre Unschuld dergestalt verdrungen, daß ihre
Liebe zum Guten sich in einen Haß gegen dasselbe verkehret, und sie aus so erleuchteten und heiligen Freunden und Kindern Gottes, von nun
an Feinde und Rebellen gegen denselben, und
dargegen willige Freunde und Sklaven jenes bösen Geistes geworden, dadurch dann aber auch
aller Gnade ihres Schöpfers, und mit derselben

ben aller gegenwärtigen und zukünftigen Glückſeligkeit verluſtig geworden wären. Sie hätten
auch ſelbſt dieſe in ihnen vorgegangene Unordnung gleich empfunden; die Wahrnehmung ihrer Blöße, die ſie in ihrer Unſchuld nicht bemerkt, hätte ſie beſchämt, und aus Scheu vor
dem Zorn ihres Gottes den ihnen ihr Gewiſſen gedrohet, hätten ſie ſich vor ihm verſteckt;
aber der erzürnte Richter ſey ihnen bald erſchienen, um ihnen die verdiente Strafe anzukündi-
gen, und die Entſchuldigungen des Mannes,
daß ihn die Frau verleitet, und dieſer ihre,
daß ſie von der Schlange verführet worden, hätten das Urtheil in nichts gemildert. Das er-
ſtere habe die Schlange oder den in derſelben ver-
ſteckten Geiſt betroffen, welches ſie ſich zwar
beyde zu einigem Troſt auslegen können, aber
das Urtheil über die Frau und den Mann ſey
doch nicht weniger ſchrecklich geblieben; denn die
ganze Natur ſey verflucht worden, und habe ihnen zur Strafe ihre ganze urſprüngliche wohlthätige Einrichtung verloren; die Natur der
Frau dergeſtalt, daß von nun an ihre Schwan-
gerſchaften und Geburten mit vielen Schmerzen
begleitet ſeyn ſollten; die Erde aber, daß ſie zur
Vermehrung der Mühſeligkeit des Mannes nur
Dornen und Diſteln tragen, und er nicht anders als mit Kummer ſeinen Unterhalt darauf
finden ſollte, bis daß er wieder zur Erde würde,
wovon er genommen ſey; denn auch in ihrer

phyſi-

physischen Natur sey die traurige Veränderung
vorgegangen, daß, da sie sonst unsterblich ge=
wesen seyn würden, ihr Leib von nun an nicht
allein durch seine innerliche geschwächte Organi=
sation vergänglich, sondern auch durch so viele
andre Zufälle zerstörbar geworden sey; und da=
mit dies schreckliche Gericht auch gleich in seine
Erfüllung gienge, auch beyde durch den Genuß
des Baums des Lebens dieser gedroheten Sterb=
lichkeit nicht zuvor kämen, so wären sie gleich
aus dem Paradiese verstoßen, und ein Cherub
mit einem bloßen Schwerdte sey davorgelegt, um
ihnen den Weg zu diesem Baume auf immer zu
versperren. Und dies ist noch das wenigste; son=
dern der auf diese Uebertretung erfolgte Verfall
in der moralischen und physischen Natur dieser
beyden unglücklichen Stammeltern, habe sich
auch mit dem ganzen Fluche, auf ihre bis ans
Ende der Welt fortgehende Nachkommenschaft
erstreckt, daß auch diese, anstatt jenes vollkom=
menen Ebenbildes, das sich ohne diese Ueberre=
tung mit allen seinen Vollkommenheiten auf sie
fortgepflanzt haben würde, jetzt mit einer innigst
verderbten Natur, und einem gänzlichen Mangel
aller Neigungen und Kräfte zum Guten geboh=
ren würde. Denn der Mangel aller wahren
Erkenntniß womit die Menschen jetzt in die Welt
kämen, die Verblendungen und Irrthümer de=
nen sie sich so leicht überließen, die Trägheit
und Abneigung die höheren Seelenkräfte zur Er=
kennt=

kenntniß und Ausübung des wahren Guten
anzuwenden, und die herrſchende Sinnlichkeit
und Eigenliebe, die ihnen dazu alles Vermögen nehme, wären alles Beweiſe, Wirkungen
und Folgen jener erſten Sünde, die ſie, bey dieſem Mangel aller Neigungen und Kräfte zum
Guten, auch aller Gnade Gottes von Natur
auf ewig unfähig und verluſtig mache. Denn
weil Adam der Stammvater ihres Geſchlechts
ſey, in welchem ſie als Theilnehmer mit geſündigt, ſo würden ſie auch als ſolche mit angeſehen, und ſey demnach auch die jetzige Hinfäl-
ligkeit und Sterblichkeit ihrer Natur, nebſt allen übrigen Mühſeligkeiten des Lebens nicht allein davon die gerechte und verdiente Strafe,
ſondern es würde dies auch ſelbſt die ewige
Verdammniß ſeyn, wenn Gott nicht aus Erbarmen ein anders Erlöſungsmittel dagegen gewählet hätte.

Ich zweifle nicht, daß nicht ein jeder,
wenn er anders von dieſer Erklärung nicht
ſchon zu ſehr eingenommen iſt, die auffallende
Härte davon empfinden werde.

Der erſte Menſch war allerdings nach Gott
geſchaffen; dies iſt der große Vorzug des Menſchen; denn er iſt wie Gott ein vernünftiges
und freyes Weſen, und die Würde der vernünftigen Natur kann nicht erhabner ausgedrückt

drückt werden. Denn dadurch ist er der Herr
der Erde, der in allen ihren Gegenden wohnen, der alles was außer ihm auf derselben
lebt, was sie hervorbringt, was sie in ihrem
innersten Schooße enthält, zu seinem Dienst
und Nutzen anwenden, und zur Vermehrung
seines Vergnügens diese ganze Natur so oft
er will gleichsam umschaffen, und immerfort
mit neuen Gestalten bereichern und verschö-
nern kann; der aber auch noch durch diese seine vernünftige Natur, sich über diese sichtbare
Welt bis zu ihrem großen Schöpfer selbst erheben, ihn und dessen herrliche Vollkommenheiten, und das Verhältniß worinn er mit
diesem allerhöchsten Wesen steht erkennen, selbst
dessen Bilde, durch die Erkenntniß und Liebe
der Wahrheit und des Guten, ähnlich werden, und in dieser seligsten Aehnlichkeit ewig
fortgehen kann; dies ist der große Vorzug der
Menschheit, das Bild wozu Adam erschaffen
wurde. Dabey wird es mit Recht angenommen, daß Gott sich ihm, gleich mit seiner
Schöpfung, als seinen und der ganzen Natur
ihren Schöpfer und Herrn, mit dem was ihm
vorerst zur Erkenntniß und Erfüllung seiner
Bestimmung nöthig war, offenbaret habe;
und, da bey dem Gefühl seiner Glückseligkeit, indem die ihn umgebende reiche und schöne Natur ihm alle Augenblick neue sanfte Empfindungen einflößete, außer ihm noch nichts
war,

war, was ſeine Vernunft verblenden, oder
ſeine Triebe und Leidenſchaften hätte aufbringen können, ſo liebte er nothwendig ſeinen
Schöpfer auch, mit der Unſchuld, womit ein
Kind ſeinen Vater liebt. Und dies iſt alles
was man mit Grunde von dieſem dem Menſchen anerſchaffenen göttlichen Ebenbilde ſagen
kann. Aber iſt hier der geringſte Grund zu
dem hohen Ideale der vollkommenen Erkenntniß und der reinen Liebe zu Gott und allem
Guten, worunter man ſich dieſes Ebenbild
vorſtellet? Wo die anerſchaffene vollkommene
Erleuchtung, wenn dieſer ſo vollkommene
Menſch, gleich bey ſeinem Eintritt in die
Welt den verbotenen Baum zum Denkmaal
ſeiner Abhängigkeit von ſeinem Schöpfer noch
nöthig hat? Wo die erleuchtete Liebe zu Gott,
und der willige Gehorſam, wenn er an dieſem Baume den Gehorſam erſt lernen, und
durch die ſchreckliche Bedrohung des Todes dazu erſt angehalten werden ſoll? Wo die aufgeklärte Herrſchaft der Vernunft über die ſinnlichen
Begierden, wenn die Frau, über den äußerlichen
Reiz der einzigen verbotenen Frucht, den ihr noch
gegenwärtigen göttlichen Befehl ſo leicht vergißt,
und der Mann, ohne ſich deſſen nur zu erinnern, die Frucht und die Uebertretung ſogleich
mit ihr theilet? Worinn iſt dieſer ganze Fall,
von der Art wie wir ſchwache Menſchen noch
immer fallen, unterſchieden? Aber angenommen,

daß

daß die moralischen Kräfte wirklich so vollkommen als jenes Ideal gewesen wären, wo
ist nun die Möglichkeit des darauf erfolgten
und wiederum so groß beschriebenen Verfalls?
Wo die Möglichkeit, daß nach dieser einzigen und ersten Verblendung, diese vollkommene Natur sich auf einmal so umkehren, daß
diese vollkommene Erkenntniß sich in die größte
Verblendung und Verleugnung Gottes, der
erleuchtete willige Gehorsam, und die reinste
Liebe zu ihm und zu allem Guten, in den un-
schuldigsten Seelen, sich auf einmal in den verkehrten Sinn, mit völliger Entkräftung zu allem Guten habe verwandeln können? Ja wo
ist die Möglichkeit, daß diese totale Corruption sich von dieser ersten Sünde an, über die
ganze menschliche Natur dergestalt erstrecken
können, daß die ganze Nachkommenschaft dieser beyden Eltern, mit eben der Verblendung,
mit eben der Neigung zum Bösen, und dem
gänzlichen Verlust aller Neigung und Kräfte
zum Guten gebohren werde; so daß sie der
ganze Fluch mit treffe, der über ihre beyden
unglücklichen Stammeltern, dieses einzigen Ungehorsams willen, ausgesprochen wurde? denn
buchstäblich geht dieser Fluch auf diese einzige
Uebertretung. Wie kann eine einzige Verblendung die vollkommenste Erleuchtung so
auslöschen; eine einzige Uebertretung, sey es
auch die wissentlichste, die reinste und unschul-
digste

digste Natur auf einmal so umkehren? Als
bloß natürliche Folge, ist dies die größte Un-
möglichkeit. Es müßte also Strafe seyn; also diese, auf das ganze nachkommende Geschlecht
sich erstreckende verderbte Natur, selbst Strafe — Strafe für diese einzige, für diese al-
lererste Uebertretung. — Wo ist die Vernunft die diesen schrecklichen Gedanken von dem
Schöpfer der Menschen, dem weisesten und
gütigsten der Wesen, nur einen Augenblick
aushalten kann?

Und wo ist die große Bosheit, die vorsetzliche Verleugnung Gottes, der verdammliche
Stolz, woraus man diese Folgen zu erklären
sucht? Wo ist dergleichen bey dem Falle,
wo nachher? Die Schlange lauret auf die unschuldige Frau, und sagt es sey unmöglich,
daß Gott, der ihnen das ganze Paradies übergeben, ihnen dieses Recht durch ein so hartes
Verbot wieder habe nehmen, und die Frucht
des reizendsten aller Bäume verbieten können.
Und wie unschuldsvoll ist hier noch die Antwort: wir dürfen von allen Bäumen essen,
nur von diesem nicht, der mit der Bedrohung
des Todes uns verboten ist. Die Schlange
sieht aus dieser Antwort selbst, daß sie den Gehorsam nicht wankend machen kann, und
nimmt daher eine ganz andere Wendung: es
müsse nothwendig ein Misverstand seyn; Gott

könne unmöglich den Genuß von einem Baume
verboten haben, den er selbst den Baum des
Erkenntnisses genannt habe; die Frucht müßte vielmehr zu ihrer größern Vollkommenheit be-
förderlich werden, und sie in der Erkenntniß
des Guten und Bösen Gott immer ähnlicher
machen. Diese Vorstellung macht auf sie Eindruck; sie sieht den Baum an, sie findet die
Frucht wirklich schön; sollte der Schöpfer eine
tödtliche Frucht so reizend gemacht haben? Nun
wird die Begierde erst erregt, sie isset davon,
und beredet den Mann auch davon zu essen.
Das göttliche Gebot wird hier wirklich übertreten; die Sünde ist da, und bleibt immer
warnende strafbare Verblendung. Aber wo ist
die abscheuliche Empörung gegen den göttlichen Befehl, wo nur der Schein von dem
sträflichen Hochmuthe, von der empörenden
Verbindung mit dem Verführer, dem Feinde
Gottes? In der Frau ihrer Seele ist der Gedanke zuerst gar nicht entstanden, sie hat ihn
nicht bey sich genähret, der göttliche Befehl ist
ihr, von dem Anfange der Verführung bis
zur letzten Verblendung, mit aller Ehrerbietung gegenwärtig und heilig; aus dieser Ehrerbietung scheint sie den Baum selbst bisher
nicht angesehn zu haben, die Schlange macht
sie zuerst aufmerksam darauf. Und diese
Schlange? ein Thier das auf einmal mit ihr
zu sprechen anfängt, mit so vieler Vernunft,

so vieler anscheinenden Liebe es ihr zur Pflicht macht, nach einer größern Vollkommenheit und Aehnlichkeit mit Gott zu streben; wie auffallend? Sollte sie so viel eher hieraus schließen, daß ein böser Geist durch dieses Thier rede? Aber wie wenig Anlaß ist in der Rede zu diesem Verdachte; die Schlange läßt ihren Gehorsam unberührt; und woher sollte sie eine solche Art von Geistern kennen, wovon sie sich noch gar keine Vorstellung zu machen wußte, und wovor ihr in dem göttlichen Verbote auch gar keine Warnung gegeben worden? Sollte aber keine Schlange da gewesen seyn, sondern das Wort einen glänzenden Seraph, dessen Gestalt dieser böse Geist angenommen, bedeuten, so würde die Frau noch mehr Entschuldigung verdienen. Sie kannte auch noch weder Seraph noch Dämon, noch daß der letztere in eine Schlange fahren könne.

Und wo ist der Beweis von der auf diesen Fall erfolgten Zerrüttung ihrer moralischen Natur, von der fortdaurenden Beharrung in der Sünde? Der Mann und die Frau fühlen beyde ihr Vergehen zu allererst; ihre Beschämung, ihre Gemüthsunruhe, ihre Furcht vor Gott, ihre Klage über ihre Verführung, sind alles Beweise von Erkenntniß und Reue; und was fodert Gott mehr als diese? und hier dennoch

noch

noch der Fluch, der alle Schrecken in sich faſſet, den nur die beharrlichſte vorſetzliche Verleugnung Gottes verdienen konnte.

Der erſte trifft die Schlange; ſie ſoll vor allen Thieren verflucht ſeyn, auf dem Bauche kriechen, und Erde eſſen. Aber was für eine Strafe für eine Schlange! War dies Geſchlecht vorher anders geſtaltet geweſen, und iſt es dadurch unglücklicher, daß es kriecht? ſo hätte die übrigen kriechenden Thiere ohne ihre Verſchuldung eben dieſer Fluch getroffen, und das ganze Geſchlecht der Schlangen die Miſſethat einer einzigen büßen müſſen. Soll aber der Fluch auf den verführeriſchen böſen Geiſt gehen, wo bleibt dann die buchſtäbliche Auslegung die man behalten will? Eine Geſchichte halb buchſtäblich, und dann wo man damit nicht weiter fort kann, ſymboliſch erklären, wie ſehr iſt dies allen Auslegungsregeln entgegen; offenbar iſt in der ganzen Geſchichte von einer natürlichen Schlange die Rede, und wie paſſet ſich der Fluch auf einen Dämon? Sie ſoll verflucht ſeyn vor allem Vieh und vor allen Thieren auf dem Felde; ſoll dies heißen, daß der Teufel das niedrigſte und verworfenſte aller Geſchöpfe ſeyn ſoll? Dies war er ſchon von ſeinem eigenen Falle an, hier iſt es Strafe für die gegenwärtige Verführung; Eva konnte dies alles wenigſtens nicht anders

als

als von einer natürlichen Schlange verstehen;
in ihrer Entschuldigung ist auch nicht der
Schein eines Verdachts von einem bösen Geiste, und der Schöpfer selbst läßt sie ohne einige
bessere Erklärung in ihrer Meynung.

Hierauf kommt der Fluch an die beyden
unglücklichen Menschen. Die Frau soll in ihrer Schwängerschaft und Geburt viele Schmerzen leiden. Aber ist die Natur ihres Geschlechts
hierauf umgeschaffen; und kann die Einrichtung, die noch immer der wundervolle Beweis der allerzärtlichsten Vorsorge des Schöpfers ist, ein Fluch seyn? Und warum sind
denn größtentheils alle wilde Völker, deren
Natur durch eine gezwungene und zärtlichere
Lebensart nicht geschwächt ist, von diesem Fluche noch immer so viel freyer?

Zuletzt muß auch der Mann sein Urtheil
anhören. Die Erde soll von nun an seinetwe-
gen verflucht seyn, der Acker soll Dornen und
Disteln tragen, und er soll sich mit Mühe und
Kummer davon nähren. Soll dies buchstäblich genommen werden, so ist hier wieder eine
ganz neue Schöpfung anzunehmen; und sind
Dornen und Disteln mehr Wirkung des Fluchs
als andere Gewächse? Alles Kraut ist Un-
kraut, was nicht an der Stelle steht wo es
seyn soll. Auf einem mit Korn besäeten Acker,

Tt 3   wür-

würden Violen und Rosen eben das seyn,
was Dornen und Disteln sind. Und da der
Schöpfer mit so unendlicher Weisheit den
Saamen der Gewächse in der Absicht so eingerichtet hat, daß er sich so viel leichter verbrei-
te, sollte nun dennoch auf dem Acker wenn er
nicht verflucht worden wäre, kein Saame von
einigen andern Gewächsen haben kommen können, als was der Mensch darauf jedesmal
haben wollen? und sollte kein Miswachs, keine
Ueberschwemmungen, keine Insecten seine Erndten je haben verderben dürfen?

Noch soll der Mensch dieser Uebertretung
wegen sterben, und dadurch wieder zur Erde
werden. Aber war seine Natur dieser Veränderung vorher nicht unterworfen? würde die
natürliche Beschaffenheit des Leibes, die jetzt
den Tod unvermeidlich nach und nach bereitet,
anders gewesen seyn? würde derselbe durch keine äußere Gewalt, durch kein Gift, durch keine ungesunde Luft haben zerstöret werden können? Hier muß man entweder unaufhörliche
Wunder, oder eine volle Umschaffung der ganzen Natur annehmen. Und damit der Mensch,
durch den Genuß von dem Baume des Lebens,
dieser gedroheten Sterblichkeit nicht zuvor komme, so wird er aus dem Paradiese verstoßen,
und ein Cherub muß die Rückkehr zu demselben versperren. So war denn doch an sich der
Leib

Leib des Menſchen ſchon ſterblich, und die Unſterblichkeit lag in der Kraft des Baums.
Aber ſoll man ſich hier eine phyſiſche Kraft gedenken? erſtreckte ſich dieſelbe auf alle mögliche,
auch auf die angeführten gewaltſamen Fälle?
war es dieſer einzige Baum in der ganzen Natur; würde er ſich, wenn dieſer Fall nicht geſchehen, mit den Menſchen in allen Gegenden, wo ſie hingezogen, vervielfältigt haben?

Endlich erſtreckt ſich, nach dieſer buchſtäblichen Erklärung, dieſe angenommene totale
Verſchlimmerung der ganzen moraliſchen und
phyſiſchen Natur mit allen den Flüchen, auf
das ganze folgende menſchliche Geſchlecht, und
iſt Folge und Fluch von jener Uebertretung.
Es würden alſo alle Kinder, wenn ihr Stammvater dies Gebot nicht übertreten hätte, mit einer reinen Wißbegierde und Wahrheitsliebe
ſeyn gebohren worden, die durch keine Flüchtigkeit, durch keinen Leichtſinn, durch keine
Uebereilung und Vorurtheile, die jetzt von der
Kindheit ſo unzertrennlich ſind, in Erkenntniß
und Befolgung der Wahrheit wäre aufgehalten worden. Die Eigenliebe, der erſte Grundtrieb der Natur, die damit verbundnen Reizungen
der Sinnlichkeit, und der Eigenſinn, das charakte-
riſtiſche Gefühl eigener Thätigkeit, würden nie das
Kind zu einiger Uebereilung, zu einiger unordentli-

Tt 4   chen

chen Heftigkeit haben verleiten können; sondern mit
einer heitern prüfenden Vernunft würde es das
wahre Gute von dem falschen allezeit deutlich
zu unterscheiden, und alle diese ersten Naturtriebe immer in den Grenzen einer weisen Mäs-
sigung zu halten gewußt haben.   Hier nehme
man über die Fortpflanzung des menschlichen
Geschlechts welche Idee man wolle, so ist diese Veränderung, als bloß natürliche Folge jener ersten Uebertretung, wieder absolut unmöglich.   Man nehme an, daß die Keime des ganzen menschlichen Geschlechts schon in diesem
Paar Eltern gegenwärtig waren, so hatten
dieselben mit der Schöpfung ihres Stammvaters,   auch alle die Anlage zu eben dem vollkommenen Ebenbilde bekommen; wie ist nun
diese auf einmal durch die einzige Uebertretung,
die noch mit so wenigem Vorsatze geschahe, in
allen diesen Keimen, durch alle unendliche Generationen auf einmal erloschen, und in so
verderbte Seelenkräfte umgeartet?   Ein Kind
kann von den herrschenden Neigungen und Leidenschaften seiner Eltern etwas annehmen; aber
wie zufällig ist dies, wie oft auch ganz das
Gegentheil in einer und derselben Familie;
dargegen hier bis ans Ende fortdaurende, über
das ganze menschliche Geschlecht ohne Ausnahme sich erstreckende, mit der Fortpflanzung
desselben unzertrennlich verbundene, und auf
die erste und einzelne Uebertretung erfolgte
                                    gänz-

gänzliche Zerrüttung aller Seelenkräfte. Man
ſagt, Adam habe fortgeſündigt; aber dieſer in
ſeiner und der Natur ſeines ganzen Geſchlechts
angenommene Verfall mit allen Strafen, bezieht ſich wenigſtens allein auf dieſe erſte Uebertretung; und wollte man denn etwa annehmen, daß Gott auch zukünftige Sünden, die
er nach ſeiner Allwiſſenheit vorher ſieht, als
wirkliche zurechne und beſtrafe? Und wo iſt
wiederum von der fortdaurenden Verblendung
und habituellen fortdaurenden Neigung zur
Sünde Adams der Beweis? wo in ſeinen
allernächſten Nachkommen? Hier iſt wieder
das Gegentheil; ſeine Geſinnungen gegen Gott
zeigen ſich unverändert; er bleibt mit ſeiner
Familie in der Anbetung und Verehrung Gottes, er bringt ihm als dem Herrn und Schöpfer der Welt aus Dankbarkeit das Beſte der
Heerden und der Früchte mit ihr zum Opfer.
Cains Opfer iſt zwar nicht angenehm, aber
das von Abel wird mit Wohlgefallen angenommen. Will man dieſem Opfer auch noch
die höhere Bedeutung geben, daß es als ein
Verſöhnungsopfer im Glauben an den verheißenen Erlöſer gebracht ſey, ſo ſetzt dies das
wieder erneuerte Ebenbild, mit allen Geſinnungen der aufrichtigſten Reue und einer reinen Liebe zu Gott voraus. Sollte ſich nun
der angenommene große Verfall durch die einzige erſte Uebertretung fortgepflanzt, und dieſe

fort-

fortdaurenden gläubigen und guten Gesinnungen, zur Wiederherstellung jenes Ebenbildes in ihm und seiner Nachkommenschaft, nichts geholfen haben? Diese guten Gesinnungen dauren aber in seiner nächsten Nachkommenschaft noch wirklich fort. In Cain äußert sich die Schwachheit der sinnlichen Natur zwar sehr früh auf die traurigste Art; aber dies ist nicht Wirkung jenes Falls, sondern Wirkung seiner eigenen sinnlichen Natur; das Geschlecht das sich von den Hütten des Stammvaters nicht entfernt, und von Seth, Enos, Henoch abstammt, bleibt hergegen noch lange ein Geschlecht von Kindern Gottes; Henoch geht, zum Beweise des göttlichen Wohlgefallens wegen seines gottseligen Lebens, auf eine außerordentliche Art zu Gott, und die sündliche Sinnlichkeit nimmt nur nach und nach Ueberhand.

Ich wiederhole es also noch einmal: bestund das dem ersten Menschen anerschaffene göttliche Ebenbild, in dem angenommenen hohen Ideal moralischer Vollkommenheit, und ist der auf seine Uebertretung erfolgte Verfall auch so groß als er angenommen wird, so ist derselbe als natürliche Folge unmöglich zu erklären. Und kommt ferner, die angenommene innere verderbte Natur des von Adam abstammenden menschlichen Geschlechts, ebenfalls von diesem

so

ſo genannten Falle her, ſo iſt dieſe als natür=
liche Folge davon noch unendlich weniger zu
erklären möglich; ſondern beydes müßte Strafe
ſeyn. Eine einzige und die allererſte Ueber=
tretung alſo, mit Entziehung aller Neigungen
und Kräfte zu fernerm Guten beſtraft — wie
ſchrecklich ſchon! aber dieſe Strafe auch noch,
wegen jener Uebertretung, in ihrer vollen
Größe auf das ganze menſchliche Geſchlecht,
das in ſeinen Keimen in dem Stammvater
bey deſſen Uebertretung gegenwärtig war, aus=
gedehnt. — Dieſerwegen alſo alle Nachkommen
Adams, von ihm an, durch ſo viel tauſend
Generationen, als Theilnehmer jener Ueber=
tretung angeſehen — ihnen das volle Verbre=
chen mit zugerechnet — auch ihnen alle die
Anlagen jenes erſtern vollkommenern Ebenbil=
des, die ihnen mit der Schöpfung ihres
Stammvaters nothwendig mit zu Theil gewor=
den waren, entzogen, alle Kräfte und Nei=
gungen zum Guten damit entzogen, ſo entzogen,
daß ſich die verderbte Natur gar nicht wieder
aufhelfen können, und dies ganze Geſchlecht
nun von Natur ganz in der Knechtſchaft und
Gewalt des Verführers ſey — und dies zur
Strafe weil ſie in ihrem Stammvater mit ge=
ſündigt — welche Vernunft vermag den Ge=
danken einen Augenblick auszuhalten! Daß
Eltern auf ihre Kinder keine Vollkommenhei=
ten fortpflanzen können die ſie ſelbſt nicht ha=

ben,

ben, dieß ist natürlich; den Kindern wird dadurch auch nichts entzogen, sie haben auf nichts einen höhern Anspruch, und werden dadurch nicht unglücklicher. Hier hergegen wäre unverschuldeter Verlust aller Vollkommenheit mit dem Verlust aller Seligkeit verbunden. Daß auch Kinder die Vorzüge nicht behalten, deren ihre Väter sich durch ein Verbrechen verlustig gemacht, auch dies läßt sich hiermit nicht vergleichen. Das Verbrechen selbst wird ihnen so nicht zugerechnet, daß sie mit dem Vater zu einerley Strafe gezogen würden; die Vorzüge, die sie darüber verlieren, sind zufällig, und sie behalten zu deren Wiedererwerbung alle Gelegenheit und Kräfte. Hier hergegen litte die späteste Nachkommenschaft die volle Strafe des Vaters, erbte so gar ohne ihr Verschulden dessen aufrührische Gesinnungen, könnte nicht anders als in dessen Rebellion fortfahren, und träfe sie daher auch als gebohrne Kinder des Zorns der ganze Fluch, Tod, ewiger Tod, ewige Entfernung von Gott.

Daß Adam als das Bundeshaupt seines ganzen Geschlechts hier anzusehen sey, ist nur ein anders aber eben so leeres Wort. Wo ist dieser Bund? Und kann ein Vater, für seine nach tausenden von Jahren zur Existenz kommende Nachkommenschaft, den Bund machen, daß für die erste Sünde, die er begehe, nicht

er

er allein, ſondern ſeine ganze Nachkommenſchaft mit dem Verluſt aller Kräfte zum Guten und aller Seligkeit geſtraft werden, und daß
auch ſeine nachherige Reue und Beſſerung darinn nichts ändern ſolle? Und das weiſeſte und
gütigſte der Weſen, der Schöpfer und Vater
der Menſchen ſollte einen ſolchen Bund mit dem
Stammvater eines nach ſeinem Bilde erſchaffenen Geſchlechts machen! Noch einmal; iſt das
angenommene Verderben der menſchlichen Natur
eine Folge dieſes Falles, ſo denke man ſich
dieſelbe wo man wolle, ſo kann man ſie
nicht anders als Strafe anſehn; und Verluſt
aller Seligkeit, ewiger Tod als Folge dieſes
Verderbens, auch wiederum Strafe.

Die ewige Liebe Gottes hat für dieſen
Verfall und deſſen Folgen zwar das vollkommenſte Erlöſungsmittel verordnet, aber dies
iſt Erbarmen, freyeſte Gnade; nach ſeiner
Gerechtigkeit müßte dann doch Gott dem menſchlichen Geſchlechte jene Uebertretung haben zurechnen können.

Aber ich höre auf die Folgen zu häufen,
die der buchſtäblichen Erklärung dieſer Geſchichte, und dem darauf gegründeten Lehrbegriffe
vorgeworfen werden können. Ich hoffe auch
nicht, daß man mich in dem Verdachte haben
werde, als wenn ich durch dieſe Vorſtellung
die

die Würde dieses Buchs verdächtig machen
wolle. Ich gestehe es, daß meine Ehrerbietung für dasselbe sich vielmehr unendlich gekränkt fühlt, wenn dessen Feinden, durch eben
diese buchstäbliche Annehmung dieser Geschichte, und die daraus hergeleiteten harten Sätze,
Gelegenheit gegeben wird, dieses ehrwürdigste
aller Bücher, und zugleich der ganzen geoffenbarten Religion, zu spotten, die treuen Verehrer derselben selbst damit zu verwirren, und
dem herrschenden Leichtsinn und Unglauben immer noch mehr Proselyten zu machen.

Ich würde sehr ungerecht seyn, wenn ich
allen den verehrungswürdigen Männern, die
diese Geschichte als wirkliche Geschichte wörtlich nehmen, alle diese harten Folgen und Sätze beymessen wollte, da sie zum Theil vielmehr
dieselben in ihren Erklärungen auf mehr als eine Art zu mildern suchen. Da es aber bekannt ist, daß in den gemeinsten Erklärungen
alle diese übertriebnen Sätze noch so oft vorkommen, so bleibt es auch immer zu wünschen,
daß so wohl die schriftlichen als mündlichen
Religionsvorträge endlich davon mehr befreyet
werden möchten. Und darf ich es, bey aller
der Hochachtung womit ich jene vortreffliche
Männer ehre, die die gelindre Erklärung wählen, sagen, so zweifle ich doch auch, so lange
man diese Geschichte, es sey zum Theil oder
ganz

ganz wörtlich nimmt, und das Verderben der
menſchlichen Natur, oder auch nur die Schwächen und den Verfall der Menſchheit überhaupt
als eine Folge jener Sünde Adams behauptet,
ſo zweifle ich, ſage ich, ob die übrigen harten
Folgen, die zu nothwendig daraus zu fließen
ſcheinen, dadurch genug vermieden werden, und
ob der Deiſt ſich mit dieſen Mildrungen beſrie-
digen, und jene Folgen, nicht vielmehr nur ver-
ſchwiegen und unterdrückt, als gehoben anſehen
werde. Nimmt man ſie hergegen im bildlichen
Verſtande, den die ganze Vorſtellung ſo ſehr
zu fodern ſcheint, ſo bekommt ſie auf einmal
eine Simplicität und Würde, die den treuen
Verehrer der Religion auf einmal beruhigt, die
jeden Leſer gleich den herrlichſten und frucht-
barſten Sinn darinn finden läßt, und die auch
der kühnſte Deiſt mit aller Ehrerbietung anſehen muß. Ich beſinne mich der eigentlichen
Stelle nur nicht, wo auch Voltaire ſie für ein
ſolches ſchickliches moraliſches Bild erkläret.
Doch ſage ich dies alles nur nach meiner Einſicht, die ich mir nie anmaßen werde zu einiger Vorſchrift zu machen. Da ich es für das
erſte Recht meiner Vernunft, und für die erſte
Pflicht meiner Religion halte, nach meiner
Einſicht zu urtheilen, wie ſollte ich jedem andern nicht eben dieſes Recht zugeſtehn; und
wie ſollte ich, bey dem Bewußtſeyn meiner
Schwäche, für andre Einſichten, und für eben

ſo

so gute Absichten, die ich bey der buchstäblich-
sten Erklärung gewiß auch nicht miskenne,
nicht zugleich alle Hochachtung haben können?
Ich will meine Gedanken jetzt hersetzen. Wie
weit sie mit andern schon versuchten ähnlichen
Erklärungen übereinkommen, weis ich nicht,
da ich mir selbige nicht bekannt gemacht
habe. *)

Ich sehe nämlich diese beyden Capitel, aus
den schon angeführten Gründen, nicht als von
Mose selbst geschrieben, sondern für ein ältes
Lehrgedicht an, wodurch die Menschen, wie sie
nach und nach die Mühseligkeit des Lebens bey
dem Baue der Erde Cap. 5, 29., und zugleich die traurigen Wirkungen der unordentlichen und ungezähmten Leidenschaften, wovon
Cain schon so früh das schreckliche Beyspiel gegeben hatte, zu empfinden anfiengen, sich zum
Gehorsam gegen Gott, und zur Vermeidung
der Sünde als der Ursache alles Uebels, in ihren heiligen Zusammenkünften haben ermah-
nen,

---

*) In der zweyten Betrachtung dieses Theils, habe
ich diese Geschichte selbst auch noch als wirkliche Geschichte angenommen. Die gewöhnliche Erklärung
war dort zu meinem Endzweck hinreichend, und die
vollständige Ausführung der allegorischen würde mich
zu weit davon entfernt haben, auch hatte ich sie
damals selbst noch nicht deutlich genug durchge-
dacht.

nen, und beſonders die große Wahrheit ſich
haben vorhalten wollen, daß Gott nicht allein
der Schöpfer, ſondern auch der heilige allgegenwärtige Regent der Welt ſey, unter deſſen
Aufſicht und Herrſchaft die Menſchen beſtändig fortdaurten. Dieſer Gott habe zwar nach
ſeiner Güte die ganze Erde ihrer Herrſchaft
übergeben, und nach der Freyheit womit ſie erſchaffen, könne ein jeder auch allen ſeinen Neigungen und Trieben folgen, indeſſen ſtehe er
doch bey aller dieſer Freyheit unter Gott; und
da er durch eben dieſe Begierden und die hin-
zukommenden Verführungen ſich ſo leicht verblenden laſſe dieſe Freyheit zu misbrauchen,
und ſtatt der davon ihm eingebildeten Glückſeligkeit, nur ſein und andrer Elend zu bereiten,
ſo ſey das Geſetz Gottes für dieſe Verblendung
ſeine einzige Sicherheit. So lange alſo der
Menſch dies Geſetz vor Augen behalte, und
ſeine Begierden darnach einſchränke, ſo ſey
auch ſeine Glückſeligkeit geſichert, ſo bald er
aber mit Hintanſetzung deſſen den bloßen ſinnlichen Neigungen folge, und den ſchmeichelnden
Verführungen Gehör gebe, ſo habe er auch den
Zorn Gottes, und mit demſelben den Verluſt aller
ſeiner glücklichen Zufriedenheit unvermeidlich zu
erwarten. Denn bey Unordnung und Sün-
de könne der Menſch nicht glücklich ſeyn, und
Gott könne, als ein heiliger und weiſer Regent der Welt, die Uebertretung ſeines Geſe-

tes nicht unbestraft lassen. Der Mensch fühle
diese seine Verschuldung auch immer selbst zu
allererst; sein Gewissen klage ihn bey jeder
Uebertretung gleich selbst an; er habe gleich das
freudige Vertrauen zu seinem Gott nicht mehr;
aber vergebens suche er vor diesem allgegenwärtigen Gott sich zu verbergen, vergebens sich zu
entschuldigen, da er gestehen müsse, daß er
das Gesetz gewußt habe. Und dies sey nun
auch der Grund der vielen Mühseligkeiten des
Lebens. Denn wenn die Menschen diesem
göttlichen Gesetze immer gehorsam geblieben wären, so würde die Erde für sie, wie sie es dann
auch nach der Absicht Gottes seyn sollte, eine
Wohnung des Vergnügens gewesen seyn, worinn sie, bey der unschuldigen Befriedigung ihrer Sinne, in unzerstörbarer heitrer Zufriedenheit und Ruhe, und in der sanften Versichrung von der Liebe Gottes als dessen Kinder immerfort gelebt haben würden. Aber da
sie mit Hintansetzung alles Gehorsams gegen
diesen allwissenden und heiligen Gott, sich allen ihren unordentlichen Leidenschaften und Trieben überlassen hätten, so sey auch alle Glückseligkeit und Ruhe von der Erde verschwunden,
die Sünde habe über die ganze Natur gleichsam
einen Fluch gebracht, und Mühseligkeit und
Tod sey daher jetzt das allgemeine menschliche
Loos. Mit diesem, als dem wesentlichen, Inhalte dieser Geschichte vor Augen, und mit der

Vor-

Vorſtellung, daß das übrige bildliche und apo-
logiſche Einkleidung ſey, ſehe man jetzt die Geſchichte an, ſo wird man ſich dieſe moraliſche
Wahrheit wohl nicht ſchöner, lebhafter und
eindringender denken können. *) Wobey zugleich das zur Erhaltung der Sittlichkeit ſo nöthige Gefühl von Schaamhaftigkeit, und die
Nothwendigkeit der Bedeckung als eine göttli-
liche Verordnung ſehr paſſend hineinge-
bracht iſt.

Ich erkenne zwar, da man nach der buchſtäblichen Erklärung ſich von einem jeden hierinn vorkommenden Ausdrucke oder Umſtande
eine beſondre Bedeutung zu denken gewohnt iſt,
und ſelbſt wichtige Lehrſätze darauf gebauet ſind,
auch natürlicherweiſe alle Erklärungen, die man
von Jugend auf als beſonders wichtig angehö-
ret, wenn die Vorſtellung davon auch nicht im-

Uu 2

mer

*) Es iſt daher vielleicht auch nicht unwahrſcheinlich,
daß man, um dieſe hierinn liegende wichtige Lehre
ſich noch ſinnlicher zu machen, ſie auch frühzeitig
hieroglyphiſch abgebildet habe. Die berühmte Mün-
ze vom Kaiſer Antonin, mit dem Baume um den
eine Schlange gewunden, die dem Herkules einen Apfel
reicht, ſcheint dieſes zu beſtätigen, als zu welcher
Vorſtellung die Fabel von den heſperiſchen Aepfeln
die erſte und urſprüngliche Veranlaſſung wohl nicht
gegeben hat. Das Bild ſcheint älter als dieſe Fabel, und auch nicht griechiſchen Urſprungs zu ſeyn.
Herr Norden fand auf ſeiner ägyptiſchen Reiſe in den
Ruinen von Theben eben dieſen Baum.

mer die deutlichste wäre, immer etwas vorzüglich ehrwürdiges behalten, so erkenne ich, sage ich, daß diese simplere Erklärung anfangs
wohl etwas auffallendes haben möge.   Wenn
man aber mit Beyseitsetzung aller vorher angenommenen Begriffe sich, als wenn man diese
Geschichte zum allererstenmal läse, in den Ton
derselben hineindenkt, wie sie so ganz Sprache
und Denkungsart der allerersten Menschen ist,
die, aus Mangel abstrakter Begriffe und Worte, sich noch alles bildlich vorstellen mußten,
so möchte sie wohl eher Beyfall finden, da zumal, auch bey der allerbuchstäblichsten Erklärung,
ein Theil der Geschichte, als, das Gehen Gottes im Garten, die Strafe der Schlange, der
Cherub mit dem bloßen Schwerdte, nothwendig
bildlich genommen werden muß.

So wäre es dann also gar keine eigentliche
Geschichte;   und so wäre wirklich kein solches
Paradies, kein Stand der Unschuld, kein ver-
botener, auch kein Lebensbaum, auch kein wirklicher Verführer gewesen, und Adam und die
Frau wären auch so nicht, so wie es hier beschrieben ist, erschaffen worden?   Ich will mich hierüber erklären; und, was erstlich die Schöpfung
des Menschen betrifft, so habe ich schon gesagt,
daß man diese Geschichte, wegen der so gar verschiedenen Schreib = und Vorstellungsart, als
keine von Mose herrührende Fortsetzung seiner
Schöp-

Schöpfungsgeschichte ansehen könne. Dieser
Unterschied fällt aber nirgend mehr auf, als
in eben dieser Vorstellung von der Schöpfung
des Menschen. Wie erhaben und der schöpferischen Allmacht anständig ist die Beschreibung
die Moses davon giebt! Gott spricht, und so
entstehen alle Geschöpfe nach ihren verschiedenen
Gattungen und Geschlechtern; und so auch
Mann und Frau, nur noch, um die vorzügliche Würde der menschlichen Natur vor der
thierischen auszudrücken, mit dem erhabenen
Zusatz, daß Gott den Menschen nach seinem
Bilde erschaffen. Hiermit vergleiche man nun
die gegenwärtige: daß Gott erst den Leib des
Mannes aus Thon gebildet, dann ihm den
Lebensodem in die Nase geblasen, und ihn auf
die Art zu' einem lebendigen Wesen gemacht;
wie aber Gott gesehen, daß der Mensch ohne
Gattinn nicht bleiben könne, und unter allen
Thieren sich keine für ihn gefunden, daß er einen tiefen Schlaf auf ihn fallen lassen, in welchem er eine Ribbe aus dessen Leibe genommen und
daraus die Frau gebildet, die Stelle aber ohne
daß sie bemerkt werden können, gleich mit Fleisch
wieder zugeschlossen habe; und wie hierauf der
Mann wieder erwacht, und mit Entzücken in
der Frau die ihm völlig ähnliche Natur erkannt,
er auch gleich den Trieb zu der zärtlichen un-
zertrennlichen Verbindung bey sich empfunden
habe. Allerdings ist hier die Zärtlichkeit und

Un=

Unzertrennlichkeit der ehelichen Verbindung, imgleichen die vorzügliche Schönheit und Würde der menschlichen Gestalt vor der thierischen, und die über den Lebensgeist der Thiere erhabne Würde der menschlichen Seele, sehr treffend vorgestellet, so wie auch die Bildung des Leibes aus Thon oder Erde, auf die Drohung, daß der Mensch wieder zur Erde werden solle, eine sehr schöne Beziehung hat; übrigens aber ist diese ganze Vorstellung, der bildlichen und einfältigen Vorstellungsart, wie die ersten Menschen sich die Schöpfung denken mochten, doch so gemäß, daß man den Unterschied, wie sehr sich die Mosaische darüber erhebt, wohl beym ersten Anblick empfinden muß. Der Apostel Paulus nimmt zwar diese buchstäbliche Erklärung an; 1 Cor. 11, 8. 1 Tim. 11, 13. aber eben dieser Apostel nimmt auch sehr oft, um seinen Vorstellungen einen so viel leichtern Eingang zu verschaffen, die zu seiner Zeit unter den Juden geltende Erklärungs = und Denkungsart an; dies beweisen alle Schlüsse, die er in diesen beyden Capiteln, zur Erhaltung, der nach den damaligen Umständen nöthigen Ordnung, und des Wohlstandes in den neuen Gemeinen macht, die sämmtlich nur aus solchen, unter den Juden damals geltenden Sätzen, genommen sind, und worzu eben auch diese buchstäbliche Erklärung, von der Bildung der Frau aus der Ribbe des Mannes, vorzüglich geschickt war. Ein jeder
der

der diese beyden Capitel und besonders das erstere nur ansieht, wird sich davon gleich überzeugt finden.

Es wäre also eigentlich kein Stand der Unschuld, kein Paradies gewesen? Ueber beydes
habe ich mich schon erkläret. Ein Paradies
in gewissem Verstande allerdings. Denn wer
kann dies nur einen Augenblick denken, daß
der Schöpfer, der einem jeden Thiere, den zu
seiner Unterhaltung nöthigen Instinkt gab seine
Nahrung zu kennen und sich zu erwerben,
und ihm die Gegend dazu anwies, daß dieser
gütige Schöpfer den ersten Menschen, bey Er-
mangelung dieses Instinkts, und da ihm anfangs weder Vernunft noch Erfahrung zu seiner
Erhaltung zu Hülfe kamen, in eine ihm ganz
unbekannte wilde Natur gesetzt haben sollte, wo
sich auch kaum die Möglichkeit seiner dürftigsten
Erhaltung denken läßt, und wo er mit seiner
ganzen Nachkommenschaft nothwendig gleich in
eine thierische Verwildrung hätte versinken müssen? Wie unendlich mehr ist es von dieser
weisen Vorsehung zu vermuthen, daß auch ihm
zu seiner ersten Wohnung eine solche Gegend
gegeben worden, wo sich ihm alle Früchte, die
er zu seiner ersten Erhaltung bedurfte, willig
angeboten, und wo er durch die Schönheit und
den Reichthum der Natur entzückt, die Glückseligkeit seiner Existenz durch alle seine Sinne em-

Uu 4   pfand,

pfand, und zur Anbetung seines herrlichen und
gütigen Schöpfers sich alle Augenblick erweckt
fühlte.   Ein solches Paradies, und so hieß im
Alterthum eine jede vorzüglich angenehme und
fruchtbare Gegend, muß alle Vernunft sich denken, und nach aller Wahrscheinlichkeit war diese
Gegend in dem südlichern Asien, das nach allen Anzeigen der erste Wohnsitz der Menschen
gewesen ist, und auch bis jetzt von seiner ersten
paradiesischen Fruchtbarkeit und Schönheit noch
nichts verloren hat.   Die Beschreibung aber,
des in Eden von Gott angelegten und mit allerley
schönen und fruchtbaren Bäumen bepflanzten
Gartens, imgleichen des großen und in vier Arme
sich theilenden Stroms, der durch den Garten
ihn zu wässern gegangen, und der Gold und allerley Edelgesteine mit sich geführet, ist, nach
aller Wahrscheinlichkeit, nichts als eine dichterische Beschreibung des glücklichen Zustandes,
worinn die Menschen, da der Schöpfer mit so
vieler Weisheit und Güte alles dazu eingerichtet, immer würden haben fortleben können,
wenn sie durch die Unordnung ihrer Leidenschaften sich diese Glückseligkeit nicht selbst zer-
stört hätten.   Und so würden damit auch die
vielen gelehrten Bemühungen ersparet werden
können, die eigentliche Lage des Paradieses, und
die vier Flüsse mit dem Hauptstrome in einem
solchem Bezirke zusammen zu finden, daß man
sich

ſich nicht einen großen Theil von Aſien darunter denken müſſe. Die kindiſchen Träume aber,
womit man übrigens dies Paradies ſo oft als ein
Land der Feen vorſtellet, verdienen keine Bemerkung; es iſt nur zu bedauren, daß die al-
lervernünftigſte und natürlichſte Wahrheit dadurch oft ſo verunſtaltet wird; und daß Kinder
und Einfältige, bey manchem Unterrichte in der
Religion, wodurch ſie vorzüglich zur Anwendung ihrer Vernunft gewöhnet werden ſollten,
und wozu die Religion, eben ſo wie zur Beſſerung des Herzens, das beſte Mittel iſt, an Chi-
mären gewöhnt werden, und Vernünftigeren
darüber oft die ganze Religion verdächtig wird.
Eben ſo natürlich aber mußte mit dieſem äußer-
lich glücklichen Zuſtande auch ein gewiſſer Stand
der Unſchuld verbunden ſeyn. Denn da dieſe
beyden Menſchen, bey ihrem Eintritt in die Welt,
ſich nothwendig als die glücklichſten Geſchöpfe
fühlen mußten, da bey dem geſundeſten Leibe,
einem ruhigen Umlaufe des Bluts, und bey einer heitern Seele, alles die Wünſche ihrer Natur ſo leicht befriedigte, und noch nichts um ſie
war, was ihre glückliche Zufriedenheit hätte ſtören oder ihre Leidenſchaften aufbringen können,
da auch kein böſes Exempel ſie verführen, noch
einiges Vorurtheil ihr geſundes Gefühl verderben konnte; wo wären dann doch hier gleich, ſo
wie ſie aus der Hand des weiſeſten und heiligſten Schöpfers kamen, die Unordnung in den

Uu 5 Be-

Begierden, die Empörung der Leidenschaften, und die verkehrten Neigungen hergekommen, womit wir uns jetzt einen schwachen sinnlichen Menschen denken? Alle Vernunft muß wieder einen solchen Stand der Unschuld annehmen, und gewiß daurte er auch länger als er gewöhnlich angenommen wird. Nur wider den eingebildeten Stand der Unschuld und Vollkommenheit, nach welchem sich kaum die entfernteste Möglichkeit zu irren und zu fehlen denken läßt, und wo dennoch der Mensch bey der erleuchtetsten Vernunft sich so leicht verblenden und überreden läßt, er werde durch den Genuß der verbotenen Frucht auf einmal zu einer göttlichen Erkenntniß kommen, wo er bey der vollkommensten Beherrschung seiner Begierden, durch den bloßen Anblick dieser Frucht alle diese Herrschaft über sich sogleich verlieret, und sich zur Uebertretung des göttlichen Befehls verleiten läßt, ja dies nicht nur, sondern von diesem hohen Grad der Erleuchtung in eine solche fortdaurende Verblendung, von dem hohen Grad der Heiligung in den beharrlichen Hang zum Bösen, in den Haß gegen alles Gute verfällt, so daß diese Uebertretung seine ganze physische und moralische Natur, und nicht die seinige allein, sondern die Natur des ganzen von ihm abstammenden Geschlechts, durch alle mögliche Generationen durchdringt, wider einen solchen Stand der Unschuld empöret sich alle Vernunft, weil er der

aller=

allergrößte Widerſpruch iſt; Widerſpruch mit
dieſer angegebenen großen Vollkommenheit; Widerſpruch mit der Weißheit, Güte und Heiligkeit
Gottes; Widerſpruch mit der Natur eines vernünftigen Weſens; und Widerſpruch mit der
Geſchichte ſelbſt, die zu den beyden übertriebenen Ideen nicht den geringſten Anlaß giebt.

So wäre denn auch wirklich kein Baum des
Lebens, kein Baum des Erkenntniſſes des Guten und des Böſen da geweſen? Ich habe auch
hiervon vorher die Bedenklichkeiten, die die Annehmung zweener wirklichen Bäume erſchweren,
ſchon angeführet. Ein Baum des Lebens, der ein
Alexipharmakum, eine phyſiſche Kraft haben ſoll,
dem irdiſchen und von Natur gebrechlichen ſterblichen Leibe eine völlige Unzerſtörbarkeit, eine Unſterblichkeit zu geben — Und neben dieſem auch ein
Baum des Erkenntniſſes des Guten und Böſen,
von dem der Menſch bey Strafe des Todes nicht
eſſen ſoll; der ihm zum Denkmaal hingeſetzt iſt,
um ihn ſeiner Abhängigkeit von ſeinem Schöpfer, und ſeines demſelben ſchuldigen Gehorſams
zu erinnern, und ihn den Unterſchied des Guten und Böſen zu lehren — Aber war dann
dem, mit ſo erhabnen Seelenkräften, mit einer
ſo erleuchteten Vernunft und inneren Liebe zum
Guten erſchaffenen Menſchen, ein ſo drohendes
Denkmaal ſeiner Abhängigkeit von ſeinem Schöpfer, ſeines ihm ſchuldigen Gehorſams, und eine

ſol-

solche Anweisung zur Erkenntniß des Guten und
Bösen nöthig? Und wie sollte der Mensch an
dem Baume, buchstäblich genommen, den Unterschied des Guten und Bösen lernen? Er er-
innerte sich, so oft er ihn ansah, der Drohung
nicht davon zu essen; aber bestand der ganze Gehorsam, die ganze ihm nöthige Erkenntniß des
Guten und Bösen, in der Enthaltung von dieser Frucht? und mehr konnte er daran nicht
lernen. Und wie stand es um die nöthige Vervielfältigung dieser beyden Bäume besonders
des Lebensbaums bey dem Fortgange und der
Verbreitung des menschlichen Geschlechts? Aber
Baum des Lebens und Baum des Erkenntnisses des Guten und Bösen neben einander mitten
im Garten, im bildlichen Verstande genommen,
als Bild des göttlichen Gesetzes, und als Bild
einer beständigen Glückseligkeit des Lohns eines
getreuen Gehorsams, wie bedeutungsvoll! Baum
des Erkenntnisses des Guten und Bösen von
welchem der Mensch bey Strafe des Todes nicht
essen darf, als Bild des göttlichen Gesetzes, wie warnend für den schwachen sinnlichen
Menschen, der das wahre Gute mit dem Scheingute so leicht vermischt, von dem äußerlichen
Scheine und den schmeichelnden Vorstellungen
seiner gereizten Begierden sich so leicht einnehmen läßt, der jede Einschränkung derselben als
eine Einschränkung seiner Glückseligkeit ansieht,
und dem jede verbotene Frucht, je länger er sie
ansieht,

ansieht, nur so viel reizender wird, der daher die
Beurtheilung des wahren Guten auf seine Sin=
ne allein ohne die äußerste Gefahr nicht ankom=
men lassen darf, sondern dem, bey dieser Schwä=
che und den vielen Verführungen, das Gesetz Got=
tes seine einzige Sicherheit ist — Und dies
Gesetz dabey so ganz voller Liebe, das dem Men=
schen den Genuß aller seiner Neigungen läßt,
und sie nur da einschränkt, wo die ewige Weis=
heit und Güte, wegen des unvermeidlichen To=
des und des Verlusts aller wahren Glückseligkeit,
diese Einschränkung fodert; dessen Uebertretung
er auch, so bald die Verblendung vorüber ist,
gleich selbst mit Beschämung erkennet, darüber
auch gleich das kindliche Vertrauen zu seinem
Gott verlieret, und ihm wenn es möglich wäre
gern entfliehen möchte, aber die Empfindung
nicht verlieren darf, daß er unter der Regierung
eines allwissenden und heiligen Gottes stehe,
dessen Gesetz er ohne den Verlust seiner Glück=
seligkeit nicht übertreten kann, und daß Schmerz,
Kummer, Mühseligkeit und Tod die unvermeid=
lichen Folgen dieses Ungehorsams sind; daß der
Sünder, der seiner unordentlichen Sinnlichkeit
sich überläßt, in keinem Paradiese mehr wohnen
kann und darf, und daß die Rückkehr dahin
und zum Baume des Lebens durch einen Che=
rub versperret ist; weil Lebensbaum nur verheis=
sener Lohn eines vollkommenen Gehorsams, der
Sünden Sold aber der Tod ist, und der Mensch
aus

aus Erde gebildet wieder zur Erde werden
muß; wie simpel, wie wahr, wie bedeu=
tungsvoll sind diese beyden Bäume in ihrer
bildlichen Vorstellung!

Nach dieser Erklärung wäre denn auch
wirklich keine Schlange da gewesen? Nein;
denn sollte es eine bloß natürliche gewesen seyn?
eine natürliche Schlange welcher Gott die Ver=
führung zugerechnet, und sie deswegen verflucht
hätte, wie läßt sich dies denken? Es soll also
der Teufel gewesen seyn, der in sie gefahren
sey und durch sie gesprochen habe. Aber ist
denn gar keine bildliche Vorstellung möglich?
kann dann nie etwas unbeseeltes redend einge=
führt werden? mußte der Dornstrauch auf Li=
banon, der bey der Ceder die Anwerbung thun
ließ, auch wirklich sprechen? 2 Kön. 14, 9.
Ich will es hier nicht wiederholen, wie schwer
es mit der Heiligkeit des weisesten und gütig=
sten Schöpfers zu vergleichen sey, daß er ei=
nem bösen aufrührischen Geiste, die Unschuld auf
eine so verrätherische Art zu verführen erlaubt,
ihm erlaubt, ein ganzes Geschlecht von Geschöp=
fen das er zu seinem Bilde erschaffen, so wie
es nur zur Existenz gekommen, mit in seine
Rebellion und Verdammniß zu ziehn, und
eine neue Welt, die er nach den Absichten seiner
Weisheit mit Wohlgefallen als gut ansah, durch
Einführung der Sünde und alles moralischen
und

und phyſiſchen Böſen zu zerſtören, und ſich ihrer Beherrſchung dergeſtalt zu bemächtigen, daß
er auch, ungeachtet des dagegen erwählten höchſten und koſtbarſten Erlöſungsmittels, doch noch
über den größten Theil derſelben die Herrſchaft
behalten.   Nur dies; wenn dieſer argliſtige
böſe Geiſt der eigentliche Verführer war, warum iſt dann die ganze Beſchreibung ſo, daß ſie
gar nicht anders als von einer natürlichen Schlange verſtanden werden kann? Warum hat Gott
die Eva vor dieſem gefährlichen Verführer gar
nicht gewarnet? und wie ſie auch in ihrer Entſchuldigung noch nicht den geringſten Argwohn
von einem in der Schlange verſteckt geweſenen
Verführer äußert, warum läßt der Schöpfer
ſie auch da noch, ohne den ihr ſo nöthigen deutlichen Unterricht, und richtet die ganze Strafe
wieder ſo buchſtäblich auf eine natürliche Schlange, daß ſie den verworfenen Zuſtand dieſes böſen Geiſtes, (der dann doch, bey der ihm gebliebenen gewaltigen Herrſchaft über die Welt, ſo
verworfen nicht wäre,) ſich wohl ſchwerlich daraus erklären konnte? Und da Moſes ihn wenigſtens gewiß hier erkannt hätte, warum giebt
der denn auch weder hier, noch bey den ägyptiſchen Zauberern, noch bey ſeinen Geſetzen gegen
die Zauberer und Wahrſager, wo die natürlichſte Gelegenheit geweſen wäre, vor der Verführung eines ſolchen böſen Weſens zu warnen, davon nicht die geringſte Anzeige, ſondern verbietet
schlecht

schlecht weg alle Zaubereyen als Betrug und
abergläubige Verleugnung der Vorsehung; so
gar, daß er, um allen Glauben an den Einfluß
irgend eines solchen bösen Wesens, zum Nachtheil seiner Lehre daß Gott der einzige Regent
der Welt sey, von seinem Volke zu entfernen,
alles Böse Gotte als der ersten unumschränkten
Ursache aller Wirksamkeit zuschreibt.

Aber, wenn weder eine natürliche, noch
vom Teufel besessene Schlange hier angenommen
werden kann, wie kommt sie dann hieher?
Als apologische Ausfüllung dieser moralischen
Vorstellung; als warnendes Bild vor der Verführung der sinnlichen Begierden zur Uebertretung des göttlichen Gesetzes; also eben das
was in allen bildlichen Lehrgedichten die reden-
den Thiere sind, die die Vorstellung so viel sinnlicher und lebhafter machen sollen. Die Schlange war hierzu vor allen andern Thieren das geschickteste. In unsern kältern Gegenden, wo
diese Thiere weder so häufig noch so gefährlich
sind, sind sie weniger bedeutend; in warmen
Ländern aber so viel mehr, und kein Thier hat
deswegen auch, nach dem Zeugniß des ganzen
Alterthums, die Aufmerksamkeit der Menschen
bis zum Aberglauben mehr auf sich gezogen als
die Schlange. Denn erst das Widrige und
Verächtliche, daß dieses Thier mit dem ganzen
Leibe auf der Erde kriecht und in Sümpfen und

Höh-

Höhlen wohnt; daneben das geſchmeidige und biegſame, das einer Liſt ſo ähnlich iſt, und zugleich die verſteckte ſchleichende Bosheit, womit es auf die Menſchen gleichſam lauret, und ihnen durch ſeinen Biß in die Ferſen, ehe ſie ihren Feind gewahr werden, die ſchmerzlichſten und tödtlichſten Verwundungen macht, mußte ſie nothwendig beſonders aufmerkſam auf dies Thier machen, daß ſie es für ein vor allen Thieren verfluchtes, aber auch für ein gegen die Menſchen beſonders feindſeliges Thier hielten, und dies um ſo mehr, da es nichts in die Augen fallendes an ſich hat, wodurch es dieſen tödtlichen Schmerz verurſacht, und die eigentliche Urſache auch ſo leicht nicht entdeckt werden konnte. Wegen dieſer dem Thiere beygelegten beſondern feindſeligen Geſinnungen gegen die Menſchen, (denn je einfältiger die Menſchen noch ſelbſt ſind, deſto mehr Verſtand legen ſie den Thieren bey,) und der ſchleichenden Liſt, die ihnen in warmen Ländern, da ſie mit unbedeckten Füſſen giengen, ſo viel gefährlicher war, war nun auch der Gedanke ſehr natürlich, daß ſie es ſo viel mehr mit ſich zu verſöhnen ſuchten, und kömmt daher auch wahrſcheinlich die ſonſt nicht zu erklärende ſo allgemeine gottesdienſtliche Verehrung dieſer Thiere im ganzen Alterthume, die auch unter den Mohren auf der Küſte von Guinea noch fortwähret, wo ſie noch jetzt ſo heilig ſind, daß ihre Beleidigung oder Tödtung das höchste Verbrechen ist, das nicht anders, als durch den Tod dessen der es begangen, ausgesühnet werden kann. Wie nun nachher die Lehre von dem bösen Geiste allgemeiner wurde, so war auch die Schlange das natürlichste Bild worunter man sich denselben vorstellete.

Es kommt aber fürnehmlich nun noch darauf an, ob diese Erklärung auch mit denen Aussprüchen der Schrift bestehen könne, wo der Teufel wirklich als dieser Verführer angenommen zu werden scheinet. Im alten Testamente findet sich weder im Mose, wie ich schon gesagt, noch in den Propheten irgend eine Beziehung darauf. Im Buche der Weisheit kommt es zuerst vor, daß durch des Teufels Neid die Sünde in die Welt gekommen sey; Cap. 11, 24. aber dies Buch ist erst nach der Gefangenschaft des jüdischen Volks geschrieben. Im neuen Testamente sind die Anzeigen hergegen so viel scheinbarer. Ferne sey es von mir, daß ich mich hier in den Streit über die Existenz und Wirkungen des Teufels mischen sollte, der, nach der glücklichen hundertjährigen Ruhe, leider jetzt wieder erneuret ist. Die Stadt Gottes ist in ihrem Umfange so groß, und die Classen ihrer vernünftigen Einwohner sind so mannichfaltig, daß es bey unsrer eingeschränkten Aussicht eine Vermessenheit wäre, über die Möglichkeit oder Wirklichkeit einer solchen

chen Classe streiten zu wollen; und da man in
allen Classen endlicher Wesen sich auch einen
Misbrauch der Freyheit denken, die Weisheit des höchsten Regenten der Welt aber auch,
von uns nicht zu erforschende Ursachen haben
kann, ein solches Geschlecht, so lange diese Ursachen fortdauren, zu dulden, so wie sie
hier das Böse duldet; so würde unsre Vernunft sich zu weit aus ihrer Sphäre wagen,
wenn sie eine Classe solcher geistiger Wesen,
die ihre anerschaffenen Vorzüge nicht behalten, aus dem ganzen Gebiete der Schöpfung gleichsam verbannen wollte. Wahre Vernunft wird dagegen auch nie streiten. Aber gegen den schädlichen Misbrauch der von dieser
Lehre in den Zeiten der Finsterniß gemacht wurde, und da wo diese Finsterniß noch herrscht,
zur Schande der Vernunft und der erleuchtetsten Religion Jesu, der um alle Werke des
Teufels und der Dämonen zu zerstören in die
Welt kam, auch noch gemacht wird; wenn sie
zum Nachtheil der weisesten Regierung Gottes
über die Welt, zur Verführung der Einfältigen von dem Vertrauen zu dieser Vorsehung,
wenn sie zum Betrug, zum niedrigsten und
schändlichsten Aberglauben, und selbst zum
Schutz der Sünde gemisbraucht wird, da sind
alle Verehrer der Vernunft und der Religion
mit Recht dagegen aufgebracht.

Xx 2   Den

Den Reden des Erlösers und der Apostel
müßte man daneben auch die größte Gewalt
anthun, wenn man diese bösen Geister darinn
nicht erkennen wollte. Nur wird ein jeder,
der nur einigermaaßen mit der alten orientali-
schen Philosophie bekannt ist, erstlich auch zugeben, daß die Juden, in ihrer Zerstreuung in
diesen Ländern, auch deren ganze Geisterlehre,
die Lehre von den zwoen Hauptclassen, einer
Guten und einer Bösen, von ihren Oberhäup-
tern, ihren Unterordnungen, ihrem beständigen
Kampfe gegen einander, ihren Wohnungen angenommen, und damit zugleich auch die ganze
Sprache angenommen haben. Dann aber wird
auch wohl niemand in Abrede seyn, daß der
Heiland und die Apostel sich dieser Sprache,
weil sie den Juden die gewöhnlichste und ver-
ständlichste war, gelegentlich bedienet, um ihren Vorstellungen so viel mehr Eingang und
Nachdruck zu geben. Es wird zum Beweise
das einzige Exempel aus Matth. 12. genug seyn,
wo die Pharisäer dem Erlöser gegen seine Wunder den Einwurf machten, daß die Teufel die
er austriebe, nur geringere Teufel wären, die
er mit Einverständniß und Hülfe des Obersten
derselben, des Beelzebubs, leicht austreiben
könne. Beelzebub war eigentlich der Name
eines philistischen Abgotts, den aber die Juden,
um ihren Abscheu vor aller Abgötterey zu bezeu-
gen, dem Satan oder Arimanias beylegten,
der,

ßer, nach jener Philosophie, das Oberhaupt
der abgefallenen Geister, der Fürst der Finsterniß, und der Urheber alles Bösen war. Nachdem nun der Heiland ihnen erst die absurde
Bosheit dieses Einwurfs vorgehalten, weil auf
die Weise der Teufel sein eigen Reich zerstören
würde, so behält er nachher noch ihre volle
Vorstellungsart von diesem bösen Geiste, weil
er ihnen die Gefahr, ihrer immer größern und
endlich unüberwindlichen boshaften Verstockung,
nicht lebhafter und eindringender, als unter
eben dieser Vorstellung von diesem bösen Geiste,
hätte machen können, der, wenn er von dem
Menschen zwar ausgefahren, aber nirgend eine
so ruhige Stätte und gute Aufnahme wieder gefunden, alsdann mit sieben andern noch bösern
Geistern in seine vorige Wohnung wieder zu-
rückkehre, und es darauf mit einem solchen
Menschen viel ärger werde als vorhin. Woraus aber doch wohl niemand den Schluß machen wird, daß der Heiland diese ganze Vorstellungsart dadurch bestätigt habe. Auch wenn
der Erlöser Joh. 8. den Teufel einen Mörder
von Anfang, einen Lügner und Vater der Lü-
gen nennet, der in der Wahrheit nicht bestanden, so lassen sich auch diese Ausdrücke, nicht
so wohl auf die Verführung im Paradiese deu-
ten, als es vielmehr ähnliche unter den Juden
damals geläufige Ausdrücke waren, die sich auf

den

den ursprünglichen Verfall dieses bösen Geistes
selbst bezogen.

Da nun diese Lehre unter den Juden so
allgemein war, daß sie alles mit guten und bösen Geistern in der Natur belebten, und dem
Teufel und seinen Engeln alles physische und moralische Böse, wovon sie nicht die nächste natürliche Ursache sahen, zuschrieben, so war es natürlich, daß sie nun auch unter dieser Schlange
den Teufel dachten, und folglich die ganze Vorstellung vom Falle für eine wirkliche Geschichte
anzusehen anfiengen. Und so hätte auch der
Apostel Paulus, wie er die Gemeine zu Co-
rinth gegen die gefährlichen schmeichelnden Verführungen der falschen Apostel vorsichtig machen wollte, kein warnender Bild als das Bild
dieser Schlange wählen können. 2 Cor. 11, 3.
Ich habe euch Christo als eine reine unschuldige
Braut und Gattinn zugeführet, aber ich fürchte, daß, so wie die Schlange Evam verführ-
te, die sich bey euch einschmeichelnden falschen Apostel, euch ebenfalls verführen mögen. Und noch ist es hier auch nicht einmal nöthig anzunehmen, daß der Apostel unter
der Schlange den Teufel verstanden habe, da sie
auch im bildlichen Verstande genommen, seine
Warnung eben so nachdrücklich machte. Weil
aber Paulus in der pharisäischen Schule erzogen war, so behielt er auch nach seiner Er-
leuch-

leuchtung, da, wo er nach ſeiner Klugheit ſeinem Vortrage ſo viel mehr Eingang und Nachdruck damit zu geben glaubte, die Sprache
Vorſtellungs = und Erklärungsarten dieſer Schule bey, weil ſie denen an die er ſchrieb die ge-
läufigſte war, und dies erhellet aus mehr als
einer Stelle wo er von dieſen böſen Geiſtern redet. Denn wenn er von ihren verſchiedenen
Subordinationen und Claſſen, von Fürſten
und Gewaltigen unter ihnen, auch von ihrem
Oberhaupte redet, dieſes den Fürſten der Finſterniß, und die ihm unterworfenen Engel,
Engel der Finſterniß nennet, unterhimmliſche
Geiſter, nämlich die unter dem Himmel ſind,
die in der Luft herrſchen, Epheſ. 2, 2. das iſt,
in der dicken finſtern Atmoſphäre dieſer Erde
ihre Wohnung haben, nachdem ſie, wegen ihres Abfalls, aus ihrer vorigen Lichtwohnung
in dieſen Abgrund, mit Ketten der Finſterniß
gebunden, verſtoßen worden, 2 Petr. 11, 4. im
Gegenſatz der guten Engel, der Engel des Lichts,
die in dem höchſten und reinſten Lichte, um den
Thron der Herrlichkeit Gottes, des Vaters des
Lichts, ihre ſelige Wohnung haben, ſo müſſen
dieſe und deren ähnliche Redensarten ihre eigentliche Erklärung wohl aus dieſer Schule und
der darinn angenommenen Geiſterlehre haben.
Denn der Beruf des Apoſtels war nicht, die
Neubekehrten, ſie mochten Juden oder Heyden
geweſen ſeyn, eine neue Philoſophie zu lehren,

Xr 4 und

und ihnen alle ihre gewöhnlichen Begriffe, wo sie
dem Hauptendzwecke seines Berufs nicht entge=
gen waren, zu benehmen; wollte er diesen er=
reichen, und sollten seine Vorstellungen so viel
leichter Eingang finden, so mußte er viel mehr,
so viel es die Klugheit litt, die unter ihnen ge=
läufige Sprache behalten.　Und wie hätte er ih=
nen die Gnade und Größe der seligen Verän=
derung, da sie durch ihre Bekehrung zum Chri=
stenthum aus ihrem vormaligen sündlichen Zu=
stande befreyet worden, einleuchtender und wich=
tiger, und zugleich seine Ermahnung zum be=
ständigen Kampf gegen die Sünde, und zur
Wachsamkeit über sich selbst bey so vielen Ver=
suchungen dringender, als unter diesen Vorstel=
lungen machen können?

Und warum sollte es bedenklicher seyn an=
zunehmen, daß der Heiland und die Apostel sich
hier zu der Sprache und Vorstellungsart der
Juden herab gelassen, als es, ohne alles Be=
denken, bey so vielen andern Stellen angenom=
men wird; wenn zum Beweis Abraham, als
das Haupt aller Seligen, in dem zukünftigen Le=
ben, die Seligkeit, als das zu Tische Sitzen mit
ihm, und der höchste Grad derselben, als die
nächste Stelle bey ihm oder dessen Schoos vor=
gestellet wird; oder, wie es nach einer ähnli=
chen Vorstellungsart von den guten Engeln
heißt,

heißt, daß sie Lazarus, Seele in Abrahams Schoos getragen?

Wie wäre dann aber Adam gefallen, und wie wären ohne die Verführung dieses bösen Geistes Sünde und Tod in die Welt gekommen?

Wie Adam gefallen? Daß ein eingeschränktes sinnliches Geschöpf, das selbst nach dem Buchstaben der Geschichte sich so leicht verführen ließ, so leicht über den Reiz der Frucht alle Drohungen seines Gottes vergaß, daß ein solches schwaches Geschöpf in seiner ersten kindlichen Unschuld nicht immer fortdaurete, gegen die Reizungen der Sinnlichkeit nicht unüberwindlich blieb, war hierzu ein verkleideter Dämon nöthig? Wie hätte vielmehr die Schwäche der sinnlichen Natur, und wie leicht der Mensch, so bald er das Gesetz Gottes aus den Augen läßt, bey der ersten Verführung unten liege, warnender vorgestellet werden können?

Und nun ist auch die Frage, wie die Sünde und der Tod in die Welt gekommen, zugleich schon beantwortet. Allerdings von Adam und durch Adam. Denn er ist der Stammvater unsers Geschlechts, durch ihn haben wir eben die Natur, eben die Neigung zur Sinnlichkeit, und in eben dieser sinnlichen Natur worinn er

Xx 5   fiel,

fiel, fallen und fündigen wir; und weil
wir alle fündigen, ift auch der Tod zu feiner ganzen Nachkommenschaft hindurch gedrungen, und ift das allgemeine Loos diefer unfrer
Natur geworden, wie diefes Paulus in der
herrlichen Vergleichung zwifchen diefem erften
Stammvater des irdifchen Lebens, und zwifchen
dem Erlöfer, als dem von Himmel gekommenen
Urheber des geiftlichen und ewigen Lebens, in
den Briefen an die Römer und Corinther mit
fo vielem Nachdruck ausführet. Röm. 5, 12—21.
1 Cor. 15, 21 — 57. Beyde Stellen verdienen einige nähere Erklärung. Der Hauptzweck
des Apoftels in dem erftern Briefe ift, gegen
die zum Chriftenthum fchon bekehrte Juden,
die es aber immer mit Widerwillen anfahen,
daß auch den Heyden, die an den Vorzügen
der mofaifchen Religion nie Theil gehabt, die
Gnade des Evangelii fo wohl wie ihnen verkündiget wurde, zu erweifen, daß diefelben daran
mit ihnen nach der Abficht Gottes gleichen Antheil hätten. Um zu diefem Beweife zu kommen, führt er erftlich das allgemeine fittliche
Verderben aus, wodurch die Juden fo wohl
als die Heyden der Gnade Gottes und der Seligkeit gleich verluftig wären, und die allein durch
den Glauben an Chriftum und durch eine ge-
horfame Annehmung und Befolgung feines
Evangelii wieder erlangt werden könne. Da
nun diefe Erlöfung die allerfreyefte Gnade Gottes,

tes, und Gott nicht allein der Juden sondern
auch der Heyden Gott sey, so könnten, bey
gleichem Mangel eigenes Verdienstes, die Heyden auch nicht mehr als die Juden von dieser
Gnade ausgeschlossen werden. Diesem Beweis-
se kommt er nun in dem Cap. 5, 1. 5. näher,
und nachdem er erst die selige Freudigkeit und
Stärke beschrieben, die dieser Glaube und die
Empfindung der dadurch erlangten Gnade be-
wirke, V. 6 — 11. indem Gott keinen größern
Beweis von seiner allgemeinen Menschenliebe,
als durch die Sendung und den Tod des Erlösers, habe geben können, V. 6 — 11. so nimmt
er, V. 12. 18. 19. um den Beweis, daß diese
Erlösung von der Sünde in ihrer Wirkung und
Größe nothwendig so allgemein als die Sünde
mit ihren Folgen seyn müsse, noch so viel einleuchtender zu machen, die unter den Juden
gewöhnliche Vergleichung von dem Messias als
dem zweyten Adam an, V. 1. der, nach seiner
unendlich vollkommenern Natur, die vollkommenste Glückseligkeit auf der Erde wieder herstel-
len würde. Da nun durch Adam, als durch den
ersten irdischen Stammvater der Menschen, die
Sünde und der Tod in die Welt gekommen,
und dieser, weil alle Menschen, wenn schon nicht
gegen ein gleich positives Gesetz oder mit gleicher Uebertretung, gesündigt, auch zu allen hindurch gedrungen, Christus aber, den sie für den
Messiam bekenneten, in dem erhabensten Ver-
stan-

ſtände der zweyte Adam und Wiederherſteller
des menſchlichen Geſchlechts ſey; ſo würde ja
die ganze Vergleichung keine Statt haben, ja
der Meſſias noch ſo viel geringer als Adam ſeyn,
wenn ſeine Erlöſung von der Sünde, nicht von
eben ſo allgemeinem Umfange als die Sünde
Adams ſeyn, und, da dieſe mit ihren Folgen
ſich über das ganze menſchliche Geſchlecht erſtreckt, an den gnadenvollen Wirkungen dieſer
Erlöſung nur ein einzelnes Volk Theil haben
ſollte. Die Gnade müſſe ihrer Natur nach von
ausgebreiteterer Wirkung als die Sünde ſeyn.
Und da die durch den vollkommenen Gehorſam
Chriſti und ſeine Erniedrigung bewirkte Erlöſung nicht allein von der Strafe der Sünde be-
freye, ſondern auch die Kräfte zu einer neuen
und wahren Lebensgerechtigkeit wieder ertheile,
ſo müßten auch nothwendig ohne Unterſchied alle Menſchen die geſündigt, an dieſer allgemeinen
Gnade Theil haben.

Dies iſt aber auch alles was der Apoſtel
mit dieſer Vergleichung beweiſen will. Denn
wie man deutlich ſieht, ſo iſt ſein Endzweck hier
gar nicht eine genaue Vergleichung zwiſchen
Adam und dem Erlöſer anzuſtellen, und aus der
Erlöſung die Art, wie die Sünde und der Tod
von Adam ſich verbreitet habe, zu erklären;
auch nicht, daß Gott Adam, weil er der Stammvater der Menſchen, zu einem Bundeshaupte

gemacht, und deswegen ſeinen Ungehorſam ſeiner
ganzen Nachkommenſchaft zugerechnet habe, auch
noch eben ſo wenig, daß Sünde und Tod deswegen ſo allgemein geworden, weil alle ſeine
Nachkommen, nach der in ihm eingebildeten
Exiſtenz, an ſeinem Ungehorſam Theil genommen und' in ihm geſündiget, lauter willkührlich angenommene unerklärliche Sätze, die allen Begriffen von der Natur der Seele und von
der Gerechtigkeit und Liebe Gottes widerſpre-
chen, und wozu weder in dieſer Vergleichung,
noch in der Geſchichte ſelbſt der geringſte Grund
iſt. Keine Vergleichung darf über den Endzweck, wozu ſie angeführet wird, ausgedehnet
werden. Nun foderte es aber ſein Zweck gar
nicht zu erklären, wie die Sünde von Adam
auf ſeine ganze Nachkommenſchaft ſich fortgepflanzt, ſondern aus der Allgemeinheit derſelben
mur dies zu beweiſen, da der Meſſias und Erlöſer der Wiederherſteller der durch die Sünde
verlohrnen Seligkeit ſeyn ſollen, daß ſeine Erlöſung nothwendig von einem eben ſo allgemeinen
Umfange ſeyn, und alle die ſeine Lehre im Glauben annehmen, nothwendig an dieſer Erlöſung
Theil haben müßten. V. 18. 19. 20. 21. Geht
man aber über dieſen Endzweck hinaus, um
eine gleich ähnliche Zurechnung der Sünde
Adams wie des Verdienſtes Chriſti, oder ein
Mitſündigen in Adam daraus zu erweiſen, ſo
geht man offenbar zu weit, zugeſchweigen, daß

alle

alle diese gesuchte Aehnlichkeit auch gar keine
Statt hat.   Denn Gnade kann ohne Verdienst
zugerechnet werden, aber ohne wirkliche Ver=
schuldung kein Verbrechen.   Soll aber der Un=
gehorsam Adams seinen Nachkommen, weil sie
in ihm daran Theil genommen, zugerechnet
werden, wo ist denn hier die mitwirkende Theil=
nehmung an der Erlösung Christi? auch recht=
fertigt der Gehorsam Christi nicht durch forter=
ben, wie man annimmt, daß die Sünde und
der Tod durch Adam fortgeerbt.

Eben dieser unter den Juden angenomme=
nen Vergleichung nun zwischen Adam dem irdi=
schen Stammvater der Menschen, und zwischen
dem Messias als dem unendlich erhabnern und
vom Himmel gekommenen zweyten Adam, be=
dient sich der Apostel in dem ersten Briefe an
die Corinthische Gemeine, Cap. 15. um seinen
Beweis von der Auferstehung so viel einleuch=
tender zu machen.   Denn da der Heiland nicht
allein die Auferstehung zu einem ewigen Leben
verheißen, sondern zu noch vollkommnerer Be=
stätigung dieser großen Wahrheit selbst vom
Tode wieder auferstanden, und der Erst=
ling dieser Auferstehung geworden sey, so sey er
auch in dem erhabensten Verstande der zweyte
Adam und Urheber des Lebens, mit dem großen
Unterschiede, daß, so wie durch den ersten irdi=
schen Adam der Tod in die Welt gekommen,

in=

indem er mit seinem irdischen und sterblichen Leibe auch die Sterblichkeit auf seine leibliche Nachkommenschaft fortgepflanzt, weil Fleisch und
Blut, oder der verwesliche irdische Leib das Un-
verwesliche nicht erben könne, V. 50. so sey
durch den Erlöser als den von Himmel gekommenen Adam, die Wiederauferstehung zu einem
vollkommenern ewigen Leben in die Welt gekommen, daher denn auch alle die das Bild dieses
ihres geistlichen Stammvaters trügen, und ihm
in ihren Gesinnungen durch den Glauben an
Ihn ähnlich würden, auch zu einem ewigen Leben in einem verklärten Leibe. mit ihm aufverste-
hen würden, so wie sie mit dem ersten Adam ihrer irdischen Natur nach stürben. V. 21. 22.
Und zugleich begegnet er damit dem Einwurfe,
den einige gegen die Möglichkeit der Auferstehung
machten, wie nämlich ein solcher irdischer sinnlicher Leib, der seiner Natur nach den Saamen der
Sünde und der Verwesung in sich habe, un-
verweslich und unsterblich seyn könne. V. 47. 48.
Er giebt dies von dem gegenwärtigen sterblichen
Leibe zu, beweiset aber, daß die Gläubigen auch
darinn ihrem auferstandenen Erlöser gleich seyn,
und einen verklärten geistigen Leib, wie er
nach seiner Auferstehung angenommen, bekommen würden, der jenem vollkommenern Zustande so gemäß seyn würde, wie der jetzige irdische
und sinnliche Leib für das gegenwärtige irdische
Leben eingerichtet sey.

Der

Der Verfall oder das Verderben der Menschheit sey demnach noch so groß, so ist die natürliche Abstammung von Adam zu dessen Erklärung völlig hinreichend, ohne daß man nöthig hat einen von den angeführten willkührlichen harten Sätzen dabey anzunehmen. Denn eben die Sinnlichkeit, die, nach dem Buchstaben der Geschichte, ihn ohne ein angeerbtes Verderben sündigen machte, die muß auch in uns zu eben dem Verfall die Ursache werden können; und je größer man seine erstere Vollkommenheit oder auch seinen darauf erfolgten Verfall macht, je mehr beweiset man, daß diese von seiner sinnlichen Natur nicht zu trennende Schwäche davon der Grund gewesen.

Und so wurde nun die Nachkommenschaft Adams dem Bilde dieses ersten Stammvaters ähnlich. Er hatte seine Natur unmittelbar aus der Hand des Schöpfers bekommen, er war Gottes, wie Lucas sagt, und Kraft des über ihn ausgesprochenen Segens, pflanzte er sie nach der Absicht Gottes fort, mit eben den vernünftigen moralischen Fähigkeiten, nach welchen wir, durch eine treue Anwendung der uns verliehenen Gnadenmittel, zu einer immer mehrern Vollkommenheit und Glückseligkeit ewig fortgehen können, aber auch mit allen den sinnlichen Schwächen, Neigungen und Trieben, wodurch wir bey Vernachläßigung jener Hülfen,

ſen, auch in die größte Verblendung und in die
niedrigſte Knechtſchaft aller thieriſchen Leiden=
ſchaften verſinken können, wovon gleich in Adams
nächſtem Geſchlechte Cain, mit ſeinem wüthen=
den Zorne, und Seth, mit ſeinen auch in ſei=
ner ſpätern Nachkommenſchaft noch fortdauren=
den göttlichen Geſinnungen, die Beweiſe
gaben.

Wäre denn aber die menſchliche Natur gar
nicht verdorben? Die Natur ſelbſt verdorben —
ein ſehr unbequemer Ausdruck. Natur und
Weſen ſind eins; oder man misbraucht das
Wort, und nirgend könnte der Misbrauch bedenk=
licher ſeyn, als hier. In der ganzen ſichtbaren
Natur, dauren durch den allmächtigen ſchöpferi=
ſchen Willen alle Geſchöpfe, in der ihnen von
der Weisheit und Güte des Schöpfers zuge=
theilten Natur, durch alle Generationen unver=
ändert fort; alle Creatur Gottes iſt gut, ſagt
Paulus; und das edelſte Geſchlecht dieſer gan=
zen ſichtbaren Schöpfung, das Gott nach ſei=
nem Bilde ſchuf, ſollte hiervon allein eine Aus=
nahme geworden ſeyn, ſollte in der ihm beſtimm=
ten vollkommnen Natur ſich kaum einige Tage
erhalten haben, und nachher innigſt verderbt
bis ans Ende fortdauren? Die Natur eines gan=
zen Geſchlechts von Geſchöpfen, kann in ihren
urſprünglichen Kräften die Allmacht nur allein
herunterſetzen; und dies wäre neue Schöpfung.

Und ein böses Wesen, das wegen seines Aufruhrs von dem Schöpfer verstoßen, sollte den Schöpfer dahin gebracht haben, daß er sein Ebenbild in dem Grab gleichsam umgeschaffen hätte? Denn außerdem denke man sich den Ungehorsam Adams noch so groß, so gieng derselbe in ihm allein vor; sein Fall war individuel; alle induviduelle moralische Vollkommenheit und Unvollkommenheit aber ist zufällig, und kann in der Natur selbst keine solche Veränderungen machen, die sich durch die Zeugung auf beständig durch alle Generationen fortpflanzte.

Aber ist nicht die ganze Lage der Menschheit, ihre ganze Geschichte, das traurigste Bild ihres äußersten Verfalls? Sind nicht alle Züge des erhabensten Bildes wornach der Mensch erschaffen worden, beynahe erloschen? Wie äußert sich der verkehrte Sinn nicht gleich von der Geburt an? Wie groß ist die Trägheit zur Anwendung der Vernunft, wie mühsam die Gewöhnung zum Guten, wie leicht und fest jeder Eindruck zum Bösen; wie früh äußern sich gleich alle Leidenschaften von Habsucht, Neid, Zorn und Rache; und die Natur so wie sie sich entwickelt, was ist sie mehr als verstärkte Sinnlichkeit, nur noch größrer Widerwille gegen alle Anwendung der vernünftigen Fähigkeiten, nur härtere Anhängigkeit an die angenommenen sündlichen Gewohnheiten, nur die thierischen

Trie-

Triebe, die Heftigkeit der Leidenschaften durch die herangewachsene Vernunft noch verstärkt? Wie wenig Schritte hat die Menschheit im Ganzen zu ihrer moralischen Vollkommenheit noch gethan; beynahe ganze Welttheile die noch in thierischer Wildheit leben; und wo die Vernunft sich auch daraus erhebt, wie viel verlieren Sittlichkeit und Menschheit oft dagegen wieder, durch die zugleich so vielmehr gereizten Triebe zur Sinnlichkeit? Wie entsetzlich war der Verfall aller Sittlichkeit in Griechenland und Rom, da Vernunft und Geschmack in allen Wissenschaften und Künsten bis zur höchsten Verfeinerung gestiegen waren! Wo hat je die Menschheit weniger als hier um die Zeit gegolten? Wann hat die Welt je größre Verwüstungen erlitten? Wie wenig gewann die Vernunft des großen Haufens in der allerwichtigsten menschlichen Angelegenheit, in der Erkenntniß eines Gottes, einer Vorsehung und eines zukünftigen Lebens! Wie herrschend blieben die alle Sittlichkeit zerstörenden Göttergeschichten; und wie wenig konnte der aufgeklärtere Geist eines Socrates, eines Cicero, eines Marc Aurels zu einer allgemeinern Aufklärung wirksam werden! Und wie ähnlich ist diesem Verfalle der Zustand der Menschheit noch jetzt bey dem Lichte der allervollkommensten Religion! Der wohlthätige Einfluß dieses göttlichen Lichts ist zwar nicht zu miskennen; daß Europa vor den übrigen Welttheilen

so viel erleuchteter geworden, daß die Verfaſſung der Länder ſo viel blühender, ihre Wohlfahrt ſo viel ſichrer iſt, daß alle Staaten durch
ein gemeinſchaftliches Band eines auf die Erhaltung der Menſchheit eingerichteten Völkerrechts,
mit einander verbunden ſind, daß die Menſchheit ihre weſentlichſten Rechte wieder bekommen,
daß Freyheit und Eigenthum mehr geſichert,
daß auch überhaupt die Sitten ſanfter, daß die
die Menſchheit entehrenden Laſter mit einem allgemeinen Abſcheu bezeichnet, und Laſter wenigſtens noch Laſter ſind; daß beſonders auch für
den allgemeinen Unterricht in der Erkenntniß
Gottes und der Sittenlehre überall öffentliche Anſtalten, und dieſe Anſtalten zugleich
öffentliche Angelegenheiten des Staats ſind, dies
ſind unwiderſprechlich alles Wohlthaten des göttlichen Lichts, das mit der Erſcheinung des Heilandes aufgegangen iſt, des Lichts, das die
beyden großen Wahrheiten von einer vergeltenden Vorſehung und von einem zukünftigen Leben, zu allgemeinen Vernunftwahrheiten, und
Religion und Unſchuld der Sitten, Liebe Gottes und allgemeine Menſchenliebe zu einerley
Pflicht gemacht hat. Aber was für ein Beweis auch wieder von eben dem tiefen Verderben, daß dennoch die göttliche Kraft dieſer Religion in ihrer Wirkſamkeit noch immer ſo
ſchwach, daß bey allem dieſen Lichte Unwiſ-
ſenheit, Aberglaube, und die unvernünftigſten

Vor-

Vorurtheile noch so allgemein, und bey dem wirklichen Bekenntniſſe dieſer Religion, die Sinnlichkeit und alle Leidenschaften und Laſter noch so herrschend sind; ja daß die Religion, die in ihren Grundlehren der allgemeinen Vernunft so angemessen iſt, die ihre Aussichten so erheitert, ihre angelegentlichſten Wünsche so befriedigt, die die Aufklärung und Beßrung der Menschheit, und die Befördrung einer allgemeinen Glückseligkeit allein zur Absicht hat, die der Vernunft hierinn so sehr zu Hülfe kommt, ihr so viel reinere und ſicherere Grundsätze dazu anbietet, sie mit einem so viel höhern Ansehn und stärkern Bewegungsgründen unterstützt, daß diese Religion noch so verkannt wird, noch so viele heimliche und öffentliche Feinde hat, und daß diesen die Vernunft selbst noch immer neue Waffen dagegen zu bereiten suchen kann, ist dies nicht alles der unwidersprechlichſte Beweis von dem größten menschlichen Verfall? Von einem großen Verfall? Wer könnte dann so verblendet seyn, und dies leugnen? Aber braucht man deswegen ein in der menschlichen Natur selbst vorgegangenes allgemeines Verderben, und jenen Sündenfall als die Ursache dieses Verderbens anzunehmen? Ist die eingeschränkte sinnliche Natur, eben die Natur wodurch Adam fiel ohne noch einiges Verderben geerbt zu haben, zur Erklärung dieses Verfalls nicht allein hinreichend? Man nehme diesen sei-

Yy 3

nen

nen erſten Fall buchſtäblich, und mache ſeinen
Stand der Unſchuld noch ſo vollkommen, ſo
war dieſe mit ſeiner Natur verbundne Schwäche
doch immer der Grund dieſes Falles.

Ein jedes eingeſchränktes Geſchöpf muß
fallen können; fielen doch die Engel; und in
der Reihe empfindender und vernünftiger Weſen, können alle nicht gleich auf einerley Stufen
der Vollkommenheit zu ſtehen kommen. Wie
arm wäre die Stadt Gottes bey nur einer Claſſe
von Geſchöpfen. Unendliche Allmacht und Güte vervielfältigt dieſelben ſo viel als die Endlich-
keit faſſen kann. Dieſe Weisheit und Güte
wies uns zur erſten Stufe unſrer Exiſtenz dieſe
Erde an; und hier mußten wir, um ihren
Reichthum zur Befördrung unſrer und unſrer
Mitgeſchöpfe Glückſeligkeit zu empfinden, und
dadurch zugleich zur Erkenntniß und Anbetung
unſers herrlichen Schöpfers erweckt zu werden,
dieſen ſinnlichen Leib, dieſe ſinnlichen Empfindungen vom Angenehmen und Unangenehmen,
vom Guten und Böſen haben; dieſe Empfind-
ſamkeit mußte auch wieder den hohen Grad von
Reizbarkeit haben, und der Trieb das Angenehme und Gute zu wollen, mußte, wie der
Grundtrieb der Selbſtliebe, unbegrenzt ſeyn.
Mit dieſer Sinnlichkeit allein aber würde der
Menſch nur ein ſo viel reizbarers und gewaltſä-
mers Thier ſeyn. Gott verband alſo mit dieſer
ſinn-

sinnlichen Natur die höhere Kraft der Vernunft, die diese Sinnlichkeit leiten, ihre Empfindungen prüfen, ihre Folgen beurtheilen, darnach das wahre Gute von dem Falschen unterscheiden, das geringere mit dem größern vergleichen, und durch die deutlichen Vorstellungen des letztern, die Begierden, die in ihrer ersten lebhaften Empfindung dasselbe verfehlen würden, mäßigen und lenken sollte. Aber diese Vernunft muß cultivirt werden; der Mensch bringt nur die Fähigkeit dazu mit auf die Welt, und diese muß durch Unterricht, Erziehung und Uebung gebildet werden. Auch hierzu that der Schöpfer alles. Unmittelbar mit dem Erhaltungstriebe und der Selbstliebe, verband er die Liebe und den Trieb zu seines gleichen, als den Grundtrieb zur Geselligkeit, den das Gefühl eigner Dürftigkeit noch mehr verstärken muß, damit die Vernunft, bey der vereinigten Einsicht und Erfahrung, sich so viel früher entwickle, auf das wahre Verhältniß der Dinge so viel eher aufmerksam werde, auch der wohlthätige Einfluß der Mäßigung und Tugend, und die schädlichen Folgen der unordentlichen Begierden so viel schneller und lebhafter empfunden, und diese zugleich am sichersten eingeschränkt und gemäßigt werden.

Noch verordnete seine unendliche Weisheit zu eben dieser Absicht die lange Kindheit, um

Yy 4

da=

dadurch den Menschen, gleich so wie er in die
Welt kommt, durch das Gefühl seiner eigenen
Schwachheit und der wohlthätigen Hülfe andrer Menschen, zum Vertrauen und zur Liebe
zu seines gleichen zu gewöhnen, und dadurch den
ersten Grund zur gesellschaftlichen Verbindung
zu legen; zugleich aber auch den natürlichen Trieb
eigener Thätigkeit zu mäßigen, die keimenden Begierden zu lenken, die Vernunft durch die Kenntniß und Erfahrung der Eltern zu bilden, das
Kind mit dem wahren Gute und dem sinnlichen
Scheingute so viel sichrer bekannt, und das Herz
zu jenem geneigt zu machen, ehe noch die sinnlichen Reize sich desselben bemächtigen können.

Die Gesellschaft hat auch ihre unvermeidlichen Unvollkommenheiten wieder; und so wie
sie sich vergrößert, so verstärken und vermehren
sich auch die Reize und Nahrungen aller Begierden; die Leidenschaften werden dadurch so viel
heftiger, die Laster, so wie die leiblichen Seu-
chen, so viel mannichfaltiger, so viel verwickelter,
die Corruption wird so viel ansteckender; aber dafür erweckte seine Vorsehung von je her auch jene
großen Geister die Weisen und Gesetzgeber, die sich
eben auch so viel eher hier wieder bildeten, und
als so viel Aerzte auf den Grund des Uebels aufmerksam, die nöthigen Mittel dagegen zu bereiten, den rohen Haufen durch ihre Lehren zur
Vernunft und Tugend zu leiten, und durch ihre

re Verordnungen und Gesetze die Ausbrüche der
unordentlichen und wilden Sinnlichkeit so viel
mehr einzuschränken und zu mäßigen suchten.

Auch hat es seine Weisheit noch dabey allein
nicht gelassen, sondern sie ist auch der Vernunft,
nach dem Verhältniß der Lage und Fähigkeit der
Menschen, mit einem deutlichern und sichrern
Unterrichte zu Hülfe gekommen, um dadurch
denen Wahrheiten, die ihr in dieser ihrer sinnlichen Schwäche vorzüglich zur Leitung und
Unterstützung dienen müssen, die Deutlichkeit
und das Gewicht zu geben, die die Vernunft ihnen allein zu geben nicht vermögend war.

Aber wenn diese nöthige frühe Bildung der
Seele ganz vernachläßigt, und der heranwachsende Mensch seinen thierischen Trieben ganz
überlassen wird; wenn er die Grundsätze, wodurch er der vernünftige Mensch werden muß,
gar nicht kennen lernt, oder wenn dieselben nicht
früh genug, und mit der gehörigen Sorgfalt in
die Seele, so wie sie sich zu entwickeln anfängt,
hineingepflanzt, und Einbildung und Herz gegen die Reize des Lasters, und gegen die Eindrücke schmeichelnder falscher Vorurtheile und
verführerischer Exempel nicht geschützt werden;
wenn das unglückliche Kind mit dem Laster früher als mit der Tugend bekannt wird; wenn
es auf dessen innere Häßlichkeit und schädliche

Yy 5   Fol-

Folgen nie aufmerksam gemacht, und das sanfte
Gefühl der Tugend nie in ihm erweckt wird; wenn
die ersten Ausbrüche der herrschenden Leidenschaft nicht früh genug bemerkt, und mit Vernunft und Sanftmuth geleitet werden; wenn
besonders der Unterricht in der Religion, das
einzige wahre und sichre Mittel, die noch unver-
dorbne zarte Seele zu einer wahren Liebe zum
Guten zu bilden, den Fähigkeiten des Kindes
nicht angemessen genug ist; wenn dieselbe ein
bloßes Gedächtnißwerk ist, in Formeln und The-
orien besteht, wobey der schwache Verstand
nichts denken kann, oder dadurch wohl gar mit einem geheimen Mistrauen dagegen eingenommen
wird; wenn es nicht auch gleich auf die Wohlthätigkeit derselben aufmerksam gemacht, und
wenn, um diese Empfindung zu erwecken, nicht
auch gleich unmittelbar mit dem Unterrichte die
Gewöhnung zur Ausübung verbunden wird;
wenn es dabey den Gott, dem es sich als seinem Vater im Gehorsam Vertrauen und Liebe
ganz ergeben soll, nirgend sehen, nirgend weder in seinen Werken noch in seinen Geboten
seine Weisheit und Güte kennen lernt, sondern
damit nur als mit einem eigensinnigen, zornigen,
rachsüchtigen Wesen geschreckt wird; wenn es
auch weder an den Eltern noch an dem Lehrer die Ehrerbietung für die Religion gewahr
wird, oder wohl gar ihre guten Eindrücke
durch die nächsten Exempel gleich wieder aus-

ge-

gelöscht werden, und man es ihm nur gar zu
bald merken läßt, daß der ganze Unterricht
darinn nur eine Formalität sey, die mit der
Kindheit ein Ende habe, auch ehe der Verstand
nur zu einiger Reife gekommen, wirklich schon
geendigt ist; die eigentliche Erziehung hergegen
nur auf die Verfeinerung der Sinnlichkeit, oder
höchstens auf die Ausbildung der Verstandes-
kräfte gerichtet ist, und dabey die gefährlichsten
Vorurtheile und Irrthümer, als Grundsätze der
feinen Welt, nicht früh genug eingeprägt werden können, und der herangewachsene Mensch
nun so zubereitet in die rohen ungesittetsten Verbindungen, oder in diese große verfeinerte Welt
kommt, wo alles auf den Ton solcher Grundsätze gestimmt ist, und die Leidenschaften bey jedem Schritte neue Nahrung finden; da sind
alle Stufen des sittlichen Verfalls, ungeachtet
aller Anstalten die die Weisheit Gottes dagegen gemacht hat, nothwendig da, und so kann
auch die allerhöchste Verderbniß der Sitten mit
der höchsten Verfeinerung des Verstandes bestehn, und mitten in dem hellesten Lichte der
Religion, bis zur Feindschaft gegen dieselbe aus-
arten. Denn je mehr die herrschende Leidenschaft schon zur Natur geworden, je schwerer ist
auch ihre Ueberwindung, je verhaßter ist alles
was ihre Einschränkung oder ihre Verleugnung
fodert, je willkommener ist jedes falsche System das der Leidenschaft schmeichelt; und nun
arbei-

arbeitet die Vernunft an ihrer eignen Verblendung, und der natürliche Mensch, ist bey aller
seiner Cultur in dem vollen Verfalle.

Dies ist der Zustand der Menschheit, und er
ist allerdings demüthigend und traurig genug.
Aber so groß wie der Verfall auch ist, oder immer werden mag, so ist die Natur deswegen
selbst nicht verdorben, daß der Mensch nämlich
eine angebohrne Neigung zum Bösen habe, das
Gute hergegen zu erkennen zu lieben und aus-
zuüben, von Natur abgeneigt und unvermögend
sey. Man vermengt offenbar sinnliche Natur
und verderbte Natur; Nothwendigkeit von Erziehung und Unterricht mit angebohrner Verblendung, und herrschende unordentliche Neigungen und Leidenschaften mit angebohrner allgemeiner Neigung zum Bösen. Und dies ist
der Hauptgrund von der ganzen Verwirrung.
Daß die sinnlichen Empfindungen in dem
Menschen eher sind als Vernunft und Ueberlegung, und er auch lange keinen andern Er-
kenntnißgrund, noch eine andre Regel etwas zu
wollen und nicht zu wollen hat als diese Empfindungen; daß er daher auch geneigt ist sich
diesen ersten Eindrücken zu überlassen, und alle
Anwendung und Anstrengung der höhern Seelenkräfte ihm schwer und unangenehm ist; daß er
auch alles, was diesen seinen Empfindungen
angenehm ist als ein Gut liebt, und, so lange

er

er kein beſſers kennt, für ſein höchſtes Gut
hält, demſelben alſo auch alles, was er mit we-
nigerer Lebhaftigkeit empfindet, hintanſetzt, alles
was demſelben zuwider iſt haſſet, aller Ein-
ſchränkung und Mäßigung darinn auszuweichen
ſucht; daß ihm auch noch das gegenwärtige obgleich an ſich geringere Gut, lieber als das ent-
fernte größre iſt, wenn beſonders dieſes weniger ſinnlich iſt, mehr Anſtrengung oder auch
die Verleugnung des gegenwärtigen fodert;
dies iſt Natur, zwar der Grund der ganzen
Schwäche, aber in ſo weit doch unſchuldige
Natur. Wenn nun aber der Menſch dieſer
ſeiner ſinnlichen Natur und ihren Trieben ganz
überlaſſen bleibt, wenn er zur Mäßigung dieſer
Triebe gar nicht gewöhnt wird, wenn er das
vollkommenere moraliſche Gut und die höhern
Verpflichtungen der Vernunft und Religion, zu
dieſer Mäßigung und Beherrſchung ſeiner ſinnlichen Neigungen, gar nicht kennen lernt, oder
wenn er ſie nicht früh, nicht lebhaft und deutlich genug kennen lernt, wenn der Eindruck
gleich wieder ausgelöſcht wird, oder die Seele
dafür ſchon zu ſtumpf und zu verhärtet iſt, die
ſinnlichen Eindrücke ſich ihrer dagegen ſo viel
mehr indeſſen bemächtigt haben, und die herrſchenden Leidenſchaften ſchon zur andern Natur
geworden, da iſt er nun freylich der fleiſchliche
ſinnliche Menſch, wie ihn der Apoſtel Röm. 7.
beſchreibt, der der Leidenſchaft die ihn beherrſcht

als

als ein Knecht verkauft ist, der die Freyheit
nicht mehr hat das Gute zu thun, was er auch
erkennet und will, und das Böse was er nicht
will zu unterlassen, sondern gegen alle beßre Erkenntniß, gegen alle Warnungen und Wider-
sprüche des Gewissens, dem Gesetze der Sünde
das in seinen Gliedern ist, gehorchen muß.
Aber wie sehr ist dies von wirklich angebohrnem
Widerwillen und Unvermögen zu allem Guten,
und von einer eben so allgemeinen Neigung
zum Bösen unterschieden. Ein solcher Widerwille ist gegen alle Natur und Erfahrung. Die
Tugend ist in ihrer wahren Gestalt so liebens-
würdig, in ihren Folgen so wohlthätig, und
der menschlichen Natur so gemäß, daß es unmöglich ist sie nicht zu kennen und zu lieben.
Wo ist der Mensch, so lange er nur einiges
menschliches Gefühl behält, der Wohlthätigkeit, Redlichkeit, Großmuth, Mäßigung nicht
lieben, der, wenn er sich selbst einer solchen guten Handlung bewußt ist, nicht mit sich zufrieden seyn, und die entgegen gesetzten Laster nicht
mit Widerwillen und Abscheu ansehn sollte?
Wo ist der verderbte Mensch der dem ungekün-
stelten tugendhaften Manne seine Hochachtung
versagen, der bey dem Leiden der Unschuld un-
empfindlich bleiben könnte, den die Reize der stil-
len verborgnen Tugend nicht mit Ehrerbietung
erfüllen, und den die edelmüthigen Gesinnungen des Menschenfreundes, der die geheime

Noth

Noth aufsucht, seine eignen Bequemlichkeiten,
um so viel wohlthätiger seyn zu können, sich
entzieht, oder um einen andern der in Lebens-
gefahr ist zu retten, sein eignes Leben wagt,
nicht entzücken sollten? Wie wechseln im Schauspiele bey jedem Zuschauer Entzücken und
Schauder mit einander ab, je nachdem Tugend oder Laster in ihrer wahren Gestalt erscheinen; und wer wäre nicht immer selbst gern
der tugendhafte Mann, wenn es keine Ueberwindung der ihn beherrschenden Leidenschaft erfoderte? Welcher Vater, sey er auch selbst noch
so verderbt, wünscht nicht seine Kinder gut und
tugendhaft? Alle Verblendung geht erst mit der
gereizten Leidenschaft an; und doch kann sie
den Sünder so nicht verblenden, daß er in ruhigen Stunden sein Verbrechen nicht mit Beschämung und Reue erkennen, daß er dessen
häßliche Gestalt sich nicht selbst zu verbergen,
daß er es nicht zu entschuldigen suchen, und so
oft er einen Sieg über sich erhalten, eine Zufriedenheit bey sich empfinden sollte. Auch der
größte Bösewicht kann dies Gefühl nicht so weit
bey sich ersticken, daß er seine Neigung nicht lieber ohne Verbrechen erfüllen zu können wünschen sollte. Der Räuber, den Müßiggang
und Wollust zum Rauben treiben, würde den
Gewinn den er sucht allemal lieber durch ein
glückliches Loos erhalten; und wenn er ein
Mordgewehr bey sich hat und Grausamkeiten

be-

begeht, so ist es bloß aus Angst für seine Sicherheit. Auch wenn der Sünder in der
Größe seines Verfalls, ich nehme den höchsten
Grad von Verstockung aus, sich seiner Verbrechen rühmt, so ist es immer unter dem Schein
einer feinern Verschlagenheit, eines größern
Muths, oder sonst eines scheinbaren Vorzugs,
womit er das sträfliche oder schändliche des Lasters in seinen und andrer Augen bedecken will;
er hat das Herz nicht, auch nur vor sich selbst,
als Sünder wie er ist, zu erscheinen.

Eben so unbestimmt ist es, diese mit der
menschlichen Natur verbundne Sinnlichkeit, mit
einem angebohrnen allgemeinen Hang zum Bösen, und mit einem eben so allgemeinen Unvermögen zu allem Guten zu vermengen. So
müßte kein Mensch von Natur ein guter, wohl-
wollender, redlicher, gerechter, mäßiger Mensch
seyn können: Wer könnte aber so finster und
schwermüthig seyn, und sich die Menschheit von
einer so schwarzen Seite vorstellen? Der
Mensch kann von Natur, sagen unsre Glau-
bensbücher, ein guter Regent, ein guter Hausvater und Bürger seyn. Wie vieler guter,
menschenfreundlicher edler Handlungen ist der
Mensch, bey aller Herrschaft die er seinen sinnlichen Neigungen über sich erlaubt, nicht fähig? Auch in dem allerverfallensten Menschen
kann das Laster, wovon er sich wie ein Thier
beherr-

beherrschen läßt, das Vermögen zum Guten
so ganz nicht ersticken, daß er nicht neben demselben noch ein treuer fleißiger Arbeiter in seinem Berufe, ein guter Hausvater, ein thätiger
Freund, ein gerechter Mensch seyn könnte.
Ein allgemein böser Mensch wäre die größte
Misgeburt in der Natur. Selbst die eine Leidenschaft die ihn bis zur sündlichsten Unordnung
beherrscht, macht ihn wieder zu anderm Guten
geneigt. Menschenliebe ist bey der Selbstliebe,
wo sich diese nicht unmittelbar gekränkt fühlt
oder in Gefahr glaubt, immer der thätigste
Grundtrieb in der Natur. In keinem Menschen ist die Neigung sich des Elendes andrer
zu freuen. Wie thätig ist vielmehr gleich der
Trieb zur Hülfe bey jeder Noth und Gefahr;
und wie viele reizende Züge dieser menschlichen
wohlwollenden Gesinnungen äußert nicht der
ganz sinnliche Mensch, der Wilde gegen alle
Fremde, wenn nicht das Andenken erlittener
Beleidigungen, und der Argwohn neuer Gefahr ihn dagegen aufgebracht haben.

Dies ist keine verkünstelte Theorie, dies
ist Erfahrung, allgemeine Menschennatur, die
auch von dem strengsten Vertheidiger der angeerbten verderbten Natur eingestanden wird.
Wenn sie aber dies noch in dem ganz rohen
ungebildeten Menschen, wenn sie es in dem
verfallensten Menschen noch ist, wie viel muß

sie denn durch Vernunft, Unterricht und Erziehung auch in dem bloß natürlichen Menschen
noch gebeſſert und veredelt werden können, und
wie edel iſt ſie nicht wirklich in einem Ariſtides,
einem Epictet, einem Titus, einem Marc Aurel
und ſo vielen andern Exempeln, die die Geſchichte zur Ehre der Menſchheit uns aus allen
Zeiten und Weltgegenden darſtellet! Wie könnten aber ſo viele gute Empfindungen, Rich-
tungen und Triebe, die der allergrößte Verfall nicht erſticken kann, mit dem angebohrnen
verkehrten Sinne, dem Haſſe und Unvermögen
gegen alles Gute beſtehn?

Auguſtin ſah hier nichts als glänzende
Sünden. Die Kirchenväter die vor ihm lebten, dachten billiger. Man hat auch jetzt, dieſen die Menſchheit ſo verhöhnenden Ausdruck,
verlaſſen, und dagegen die weniger anſtößige
Benennung bürgerlicher Tugenden angenommen. Die Abſicht iſt, die wahre Tugend, die
nur allein von dem Beſtreben nach einer allgemeinen Vollkommenheit und von der Liebe zu
Gott ihre innere Güte und Richtung erhält,
von allen guten einzelnen Handlungen, die nur
um der Folgen willen, aus bloß zeitlichen Abſichten, oder aus bloßem Naturtriebe geſchehen,
dadurch zu unterſcheiden; und dieſe Unterſchei-
dung hat ihren vollkommenſten Grund. Wahre Tugend kann nur allein aus einer allgemeinen

nen Liebe zum Guten kommen, und die Liebe
zu Gott und das Beſtreben ihm zu gefallen,
muß und kann dem Menſchen allein den Muth
und die Stärke geben, das Gute auch da, wo es
ihm Ueberwindung und Verleugnung koſtet, aus=
zuüben. Indeſſen bleibt der Name bürgerli=
che Tugenden doch immer ein unbeſtimmter
Ausdruck. Denn, ſollten alle die glänzenden
Beyſpiele der Tugend jener guten Menſchen,
die wir zu den bloß natürlichen Menſchen mit=
rechnen, ihr ernſtliches Beſtreben ſich der Tu=
gend zu widmen und alle unordentliche Leidén=
ſchaften zu beherrſchen, ſollten die wirklichen
Beweiſe ihrer großen Mäßigung, ihrer ſtren=
gen Gerechtigkeitsliebe, ihrer edelſten Menſchen=
liebe und Großmuth, die über das Gebiet aller
Geſetze erhaben ſind, und die aus einem ſo un=
verdächtigen, anhaltenden, ſich immer gleichen
Triebe zum Guten kamen, und oft mit ſo vie=
ler Verleugnung ausgeübt wurden, ſollten das
alles nur Scheintugenden geweſen ſeyn, ſie alle
nur aus dem niedrigen unedlen Bewegungs=
grunde eines geheimen Stolzes oder Eigennu=
tzes, oder aus einem bloßen blinden Naturtriebe
gekommen, und das vorgegebne Beſtreben nach
der Vollkommenheit und dem höchſten Weſen
dadurch angenehm zu werden, nichts als Heu=
chelei geweſen ſeyn? Der unendlich ſchätzbare
Werth der Religion und deren göttliche Kraft,
(ich verſtehe hierunter keine andre als die geof=

fen=

fenbarte Religion,) bleibt hierbey unwidersprechlich. Denn je heller und vollkommener
die Erkenntniß Gottes und seiner vergeltenden
Vorsehung ist, je reiner vollkommener und bestimmter die Sittenlehre, je deutlicher die Erkenntniß der menschlichen Bestimmung, und je
heller und sichrer die Aussicht in die Ewigkeit
ist, und dies sind ohne Widerspruch die Vorzüge dieser Religion; so viel sichrer und stärker
sind auch, bey der von der menschlichen Natur
nicht zu trennenden Schwäche, ihre Hülfen.
Würde aber die Religion nicht dennoch diesen
ihren unschätzbaren Werth behalten, und bey
dieser Einschränkung und Schwachheit unsrer
Natur und dem so allgemeinen Verfalle, nicht
dennoch das allein sichre, zuverläßige, kräftige
Hülfsmittel bleiben, wenn gleich die Natur in ihrem Innersten nicht so verderbt wäre, daß sie
gar keines Guten mehr fähig bliebe?

Von verdienstlicher Vollkommenheit oder
Rechtfertigung vor Gott ist hier gar keine Rede. Wo ist das Geschöpf, es sey Mensch oder
Engel, das sich vor Gott, vor dem die Himmel nicht rein sind, für gerecht halten könnte?
alle Rechtfertigung bleibt in alle Ewigkeit Gnade. Sollte dennoch aber das natürliche Gefühl der innern Vollkommenheit der Tugend, in
einer empfindsamen, sanften, und gegen die
Reize der Laster geschützten Seele, sich nicht zu

einer

einer wahren Liebe der Tugend erheben, und
wenn dabey die Vernunft, durch die Betrachtung der Ordnung und Vollkommenheit der
Natur, bis zur Erkenntniß Anbetung und
Liebe des Schöpfers aufgekläret worden, ſollte
alsdann nicht auch der Trieb, dieſem weiſen
und gütigen Weſen durch ein aufrichtiges Beſtreben zum Guten zu gefallen, thätig werden
können? Paulus ſchreibt in dem Briefe an die
Römer den ſchrecklichen Verfall der damaligen
Heyden und Juden keinem angeerbten natürlichen Unvermögen, ſondern ganz ihrer Schuld
zu; denn auch den Heyden habe ſich Gott in
ſeinen Werken deutlich genug offenbaret, aber,
weil ſie es nicht geachtet ihn und ſeine Gerechtigkeit zu kennen, ſo habe ſie Gott ihrem verkehrten Sinne überlaſſen. Und den Juden,
um dieſe von ihrer noch größern Sträflichkeit
zu überführen, hält er diejenigen unter den Heyden vor, die ohne, wie ſie, ein geoffenbartes
Geſetz zu haben, die Werke des ihnen ins
Herz geſchriebnen Geſetzes dennoch thäten;
Cap. I, II.

Man lege aber endlich dieſen ſogenannten
bürgerlichen Tugenden einen noch ſo geringen
Werth bey, man ſehe ſie für nichts beſſer als
bloßen blinden Naturtrieb an, ſo kann doch
wenigſtens dieſe gute Richtung der Natur, die
alle Verwilderung und die verderbteſten Neigun-

Zz 2   gen

gen nicht auslöschen können, mit dem ange-
bornen, und von dem Falle Adams hergeleiteten gänzlichen innern Verderben der Natur nicht
bestehen.

Aber vielleicht sind das alles nur noch geringe Reste, jener dem ersten Menschen anerschaffenen vollkommenen Natur, und besteht der jetzige Verfall also darinn, daß
die Vernunft, in Ansehung der zu unsrer Bestimmung nöthigen Erkenntniß, nicht allein
von Natur so schwach und verblendet ist, sondern daß auch, diese zur Mäßigung und Leitung der Sinnlichkeit verordnete höhere Kraft,
die sichre Herrschaft über die Begierden nicht
mehr hat, und daß ungeachtet des noch übrigen guten Gefühls, diese Sinnlichkeit den
Menschen in der Wahl des Guten so leicht verblendet, und alle Leidenschaften so leicht und
mächtig aufbringt, daß alle die noch übrigen
vernünftigen Fähigkeiten nicht stark genug sind,
sie in Ordnung und Mäßigung zu erhalten.

Reste jener vollkommenern Natur!
ein willkührlicher Begriff auf ein willkührlich
angenommenes Ideal von dem göttlichen Ebenbilde des ersten Menschen gegründet, nach
welchem man sich eine dunkle, in der That nicht
zu erklärende Vorstellung von einer Vollkommenheit der menschlichen Natur macht, die sie
nie

nie gehabt, und nach ihrer weſentlichſten Anlage und Beſtimmung auch nie haben können,
und woraus dann nothwendig alle die harten
unbeſtimmten ſchwankenden Sätze von dem angebohrnen Verderben und gänzlichen Unvermögen zu allem Guten, bey dem in der Natur
doch unleugbar noch übrigen Sinne des moraliſchen Guten, fließen. Man erkläre ſich aber
hierüber nur deutlicher, ſo erhält die ganze
Lehre ihr beruhigendes Licht, und alle übrige
damit verwandte wichtige Lehren kommen damit zugleich in die aufgeklärteſte Verbindung.

Daß der Menſch, in welchem Stande man
ihn ſich denkt, nach der Natur, womit er gebohren wird, immer ein ſehr ſchwaches Geſchöpf ſey, und daß, in dem Maaße die Bildung der vernünftigen moraliſchen Fähigkeiten
durch Erziehung, Unterricht und Uebung, die
nach der Abſicht des Schöpfers dieſelbe leiten ſollen, vernachläßigt wird, dieſe Sinnlichkeit ihn beherrſcht, und ihn in alle Stufen
der Verblendung, der thieriſchen Wuth und
Verwildrung verſinken machen könne, und den
wirklichen Verfall der Menſchheit im Ganzen
leider ſo traurig mache; ja daß auch der aufgeklärteſte, und durch alle Hülfen der Vernunft
und Religion geſtärkte Weiſe und Chriſt vor ihren
Reizen und Ueberraſchungen nie ſicher ſey, und
bis an ſein Ende der eingeſchränkte dürftige

Zz 4 ſchwa-

schwache Mensch bleibe, wer könnte wohl so
verblendet seyn und diesem widersprechen? Soll
aber hierinn der von dem Falle Adams herrührende Verfall der jetzigen Natur bestehn, so
müßte der Mensch, wenn dieser Fall nicht geschehen wäre, mit einer so starken Vernunft
seyn gebohren worden, daß er aller der Hülfen,
die zu seiner moralischen Bildung jetzt wesentlich nöthig sind, gar nicht bedurft, daß er diese
Vernunft auch nie hätte vernachläßigen, daß
er auch nie durch einigen sinnlichen Reiz hätte
verblendet werden können, (denn giebt man eines von diesem zu, so war es immer dieselbige
jetzige schwache Natur,) sondern vermöge welcher er, mit dem aufgeklärten Blicke des erleuchteten Weisen und Christen, den wahren Werth
der sinnlichen Vorstellungen und Reize allemal
sicher beurtheilt und abgewogen, und mit diesem
überwiegenden entscheidenden Gefühl alle sinnliche Neigungen und Triebe beständig in Ordnung und Mäßigung erhalten und geleitet haben würde. Aber dies wäre ein ganz andres
Geschlecht von Geschöpfen gewesen. Als Nachkommen Adams konnten wir von ihm keine
andre Natur erben als die unsre wirklich ist,
da die seinige, ungeachtet des ihm beygelegten
vollkommenern Ebenbildes, eben dieselbe war,
da seine Vernunft zur Erkenntniß des Guten
und Bösen eben des Unterrichts bedurfte, und
diese auch dennoch über seine Sinnlichkeit so

we-

wenig eine entſcheidende ſichre Herrſchaft hatte,
daß er vielmehr, ungeachtet des unmittelbar
vorhergegangenen drohenden göttlichen Befehls,
von dem Reize der verbotnen Frucht ſich ver=
blenden ließ. Und geſetzt, Adam hätte hier ſich
erleuchteter und ſtärker bewieſen, ſo hätte er
dieſe wirkliche größre Mäßigung doch auf ſeine
Nachkommen nicht forterben können. Denn
er erhielt mit völlig reifer Vernunft ſeine Exi=
ſtenz, und mit derſelben den unmittelbaren gött=
lichen Unterricht. Aber wirkliche Weisheit und
Tugend können durch die Zeugung nicht fort=
gepflanzt werden; und alſo konnte Adam auch
nichts mehr als die moraliſchen Fähigkeiten auf
ſeine Nachkommen bringen; denn in dem Leibe
eines Säuglings kann keine ausgebildete reife
Seele ſeyn.

Sollte alſo das menſchliche Geſchlecht, ſo
wie es wirklich geſchieht, gebohren werden, ſo
läßt ſich auch nicht denken, wie die Menſchen
nicht immer auf eben die Art wie jetzt zur Er=
kenntniß und zur Liebe des Wahren und Guten
hätten angeführt, und ihre vernünftigen Fähig=
keiten überhaupt hätten ausgebildet werden müſ=
en; nicht denken, wie die ſinnlichen Empfindungen
nicht immer eben ſo reizbar und lebhaft wie jetzt
und nicht auch immer eher hätten da ſeyn müſſen
als die Reife der Vernunft; daher auch wieder
nicht denken, wie der Mangel von Erfahrung und

Zz 5   Ue=

Ueberlegung, nebst der natürlichen Flüchtigkeit
und jenem ersten Naturtriebe, dasjenige zu wollen was dem Kinde nach seiner sinnlichen Vorstellung das Angenehmste und Beste ist, diese
Erziehung und Ausbildung zur Vernunft und
Tugend, und die Mäßigung aller sinnlichen
besonders aber der herschenden Begierden nicht
immer erschweret haben würde; und wie folglich auch die Vernachläßigung der höhern Seelenkräfte, und der ganze Verfall so groß er
immer werden kann, und leider auch wirklich
ist, nicht immer eben so möglich gewesen
wäre; kurz: daß die menschliche Natur nicht
immer eben dieselbe gewesen wäre. Und dies
ist denn auch hinreichend den gewöhnlichen Einwurf zu beantworten: ob der Mensch so unvollkommen aus der Hand des Schöpfers habe
kommen können. Als wirklicher Sünder wird
fürs erste kein Mensch gebohren, so wenig als
Adam so erschaffen wurde. Gott hat den
Menschen aufrichtig gemacht, sagt Salomo
Pred. 7, 29. aber sie suchen viele Künste. Die
eigentliche Frage ist also, ob Gott die Menschen, mit einer so unvollkommenen Natur wie
die jetzige ist, habe erschaffen können; und hierbey kommt alles auf eine deutliche Erklärung
der Worte Vollkommen und Unvollkommen an. Eine absolute Vollkommenheit kann
in keinem endlichen Wesen seyn, und folglich
kann auch die Unvollkommenheit, die bloß aus
der

der Einschränkung der Natur kommt, dem Schöpfer keinen Vorwurf machen. Auch machen die verschiedenen Stufen dieser Einschränkung keine eigentliche Unvollkommenheit, und eine jede Stufe hat nothwendig auch wieder ihre davon nicht zu trennende Schwäche. Alle Vollkommenheit und Unvollkommenheit ist also relativ; und kein Geschöpf, auf welcher Stufe es auch steht, ist im eigentlichen Verstande unvollkommen, wenn die Einrichtung seiner Natur zu seiner Bestimmung das nöthige Verhältniß hat. Ich will es hier nicht wiederholen, da die Weisheit unsers Schöpfers uns vorerst zu Bewohnern dieser Erde verordnet hat, daß wir, dieser Bestimmung gemäß, eine sinnliche und moralische Natur haben mußten; eine sinnliche, um die Dinge die außer uns sind zu empfinden, und eine moralische oder vernünftige, um diese Empfindungen zu prüfen, sie zu vergleichen, unsre und unsrer Mitgeschöpfe Glückseligkeit durch einen vernünftigen Gebrauch derselben zu befördern, und durch Weisheit und Tugend uns zu unsrer höhern Bestimmung zugleich zu bereiten. Wenn nun unsre Natur zu unvollkommen wäre, als daß sie so, wie sie ihrer Anlage nach ist, aus der Hand des Schöpfers hätte kommen können, so müßte diese Unvollkommenheit in der Einrichtung einer dieser beyden Naturen und ihrem ungleichen Verhältnisse liegen. In der sinnlichen kann sie vorerst nicht

nicht liegen. Sie ist allerdings der Grund der menschlichen Schwäche, wenn sie von Vernunft und Religion nicht geleitet wird. Denn daher die unordentliche Eigenliebe, die Unersättlichkeit in dem Gegenwärtigen, die Wuth des Zorns, die Härte des Eigennutzes, die Verwüstungen des Stolzes, die thierische Unmäßigkeit der Wollust. Aber der Grund von allen ist doch nothwendiger wohlthätiger Erhaltungstrieb, Trieb das zu wollen was wir als das Beste empfinden; Trieb zur Glückseligkeit also; und so ausschweifend alle diese Leidenschaften sind oder werden können, so sind es nichts als Verblendungen in Ansehung des wahren Guten, und Verirrungen dieser nicht geleiteten wohlthätigen Einrichtung. Denn alle die ungemäßigte Neigung zu dem Genuß sinnlicher Empfindungen ist im Grunde weiseste Einrichtung, damit die unvermeidlichen Mühseligkeiten des Lebens so viel leichter ertragen werden, alle zur Erhaltung desselben nöthige Handlungen und Geschäffte so viel zuverläßiger geschehen, und alle Bedürfnisse unsrer Natur selbst Quellen des Vergnügens werden. Ehrgeiz — im Grunde natürliches Gefühl von Ehre und Schande; Zorn und Rache — lebhaftes Gefühl erlittener Kränkungen und Trieb dieselben abzuhalten; im Grunde sämmtlich zur Erhaltung des Lebens unentbehrlich, und von Vernunft und Religion geleitet machen sie das

ganze -

ganze Glück davon, und geben den edelsten
Handlungen Thätigkeit und Kraft.

Auch in der großen Lebhaftigkeit und Reizbarkeit dieser sinnlichen Natur liegt die Unvollkommenheit nicht. Sollte sie im Ganzen schwächer seyn, so müßten auch alle Sinne so viel
stumpfer seyn; so würden aber auch alle Empfindungen der Schönheit der Natur und der
Kunst, alle Reize der Harmonie, alle die Reize
der zärtlichen häuslichen Freuden, und zugleich
alle Empfindungen der Weisheit und Liebe
unsers Schöpfers so viel stumpfer seyn. Man
denke sich eine der Leidenschaften schwächer;
schwächer die Empfindung des gegenwärtigen
Vergnügens, schwächer das Gefühl der Kränkungen, den Trieb zum Gewinn, den Trieb
nach Ehre; so ist die ganze Freude zu seyn, der
ganze Erhaltungstrieb, so ist aller Trieb zur
Arbeit, zu den größten Unternehmungen und
Erfindungen, so ist die edelste Spannkraft und
Thätigkeit in der menschlichen Gesellschaft geschwächt; und wie matt, will ich noch hinzuse-
tzen, würde unsre reinste edelste Tugend seyn,
wenn sie von diesen Trieben ihre Wärme und
Thätigkeit nicht mit erhielte?

In der Einrichtung dieser sinnlichen Natur
liegt also keine solche Unvollkommenheit, die als
ein Verfall von einer ursprünglich vollkomm-

nern

nern Anlage angesehen werden könnte. Alle
diese Triebe sind von der Weisheit des Schöp=
fers gleich dazu geordnet, daß sie zur Erfüllung
unsrer Bestimmung uns mit anreizen, mit uns
dazu arbeiten und uns darinn unterstützen sol=
len. Die Unvollkommenheit müßte also in der
Anlage der moralischen Natur und deren
Verhältnisse gegen die sinnliche liegen. Aber
auch diese, so weit sie Anlage und Werk des
Schöpfers ist, ist noch immer so, wie sie aus
dessen Hand kommen können. Ihre Anlage
ist, wie ich schon erwiesen, noch ganz auf
moralische Güte eingerichtet, die der größte
Verfall nicht tilgen kann. Wohlgefallen an
Ordnung und Vollkommenheit, an edlen men=
schenfreundlichen Handlungen, ist natürliches
Gefühl, das der Mensch noch immer mit auf
die Welt bringt. Mit Thränen in den Augen
höret das Kind auf dem Schooße der Mutter
die großmüthigen Handlungen eines Menschen=
freundes von ihr erzählen; sein zartes Herz
sympathisiret mit einem jeden Menschen den es
leiden sieht, und wenn auch das natürliche
Gefühl der Selbstliebe gegen die kleinen Krän=
kungen seiner Gespielen sich empöret, so ist
die Freundschaft, sobald die kleine Wallung
vorüber ist, auch wieder eben so zärtlich als
vorher.

So

So wie die ſinnliche Natur ſich zu ent=
wickeln anfängt, ſo fangen zwar auch die Kei=
me der Leidenſchaften an in Unmäßigkeit, Hab=
ſucht, Stolz und Neid auszubrechen; und der
Menſch, ſich hier ſelbſt überlaſſen, würde unge=
achtet aller dieſer vernünftigen Fähigkeiten
und des moraliſchen Sinnes, nichts als der
bloß ſinnliche thieriſche Menſch werden. Aber
es iſt auch die Abſicht des Schöpfers nicht,
daß er für ſich wie ein Thier aufwachſen ſoll.
Es iſt ganz Abſicht, urſprüngliche Abſicht des
Schöpfers, daß er durch Vernunft und Religi=
on erzogen werden ſoll; dieſe Nothwendigkeit
der Erziehung, iſt menſchliche Natur ſelbſt, und
man verkennet die ganze Abſicht, wenn man
dieſe Nothwendigkeit der Erziehung, als Folge
des Verfalls von einer urſprünglich vollkom=
menern Natur, die ſich nicht erklären läßt,
anſieht. Deswegen iſt das Kind, vor allen
übrigen Geſchöpfen, ſo lange hülflos und ſchwach,
damit es, ehe es ſich noch ſelbſt kennen lernt
und die Triebe zu mächtig werden, durch die
Zucht der Eltern zur Mäßigung derſelben ge=
wöhnt, daß es während dieſer Zucht zur Ue=
bung im Guten angeführet, daß das ſanfte
Gefühl der Tugend in ihm erweckt, alle böſe
Exempel, Veranlaſſungen und Räthe, die die
Leidenſchaften reizen und die Einbildung ver=
derben können, von ihm abgehalten, die Ver=
nunft hergegen, ſo wie dieſe ſich entwickelt,
auf

auf die innere Güte und Wohlthätigkeit der
Tugend und die Schädlichkeit der Laster aufmerksam gemacht, und daß besonders gleich
mit der allerersten Oeffnung der Seele, dem
großen Erziehungszeitpunkte der so wenig
recht gekannt und wahrgenommen wird, der
große Gedanke von Gott, von dem gütigen
und nur das Gute liebenden zwar unsichtbaren
aber doch allgegenwärtigen Vater im Himmel,
als dem Urheber von allem Guten in sie hineingepflanzt, der Trieb demselben zu gefallen
damit zugleich erweckt, und durch die übrigen
Wahrheiten der Religion, so wie die Vernunft sie nach und nach zu fassen fähig wird,
unterhalten und genähret werde, damit dieser
Gedanke, der den reinsten und fruchtbarsten
Saamen zu allem Guten in sich schließt, darinn
Wurzel fasse, fest werde, und sich ausbreite,
ehe die keimenden Begierden und der schon ganz
vergiftete Saame der bösen Exempel sich ihrer
Bemächtigen können; so soll nach der Absicht
des Schöpfers der heranwachsende Mensch zu
seiner Bestimmung zubereitet werden. Und
dies soll nicht bloß Erziehungsgeschäffte während der Kindheit, sondern Erziehungsgeschäffte des ganzen Lebens seyn. Denn das ganze
Leben ist Stand der Zucht, wo die Grundsätze der Religion, und besonders dieser große
Gedanke von Gott, von einer vergeltenden
Vorsehung und einer Ewigkeit immer der herr-
schen-

ſchende-Gedanke bleiben, und deswegen immer
erneuert, immer in ſeiner ganzen Lebhaftigkeit
gegenwärtig erhalten werden muß, weil der al=
lein, und nur in dem Maaße daß er lebhaft
und gegenwärtig iſt, allein ſtark genug iſt,
die Reize der Welt und der Begierden zu
überwiegen. Hiebey wird er immer der
ſchwache Menſch noch bleiben; bey den treue=
ſten Vorſätzen und bey aller Wachſamkeit wird
beſonders ſeine herrſchende Leidenſchaft ihn
überraſchen; ſein ganzes Leben wird Kampf,
ermüdender Kampf bleiben; aber er wird
der bloß ſinnliche Menſch nicht mehr ſeyn,
nicht mehr der Knecht ſeiner Leidenſchaften
und der Sünde daß er ihr Gehorſam leiſten
müßte; die Religion, das Geſetz des Geiſtes,
wird ihn frey machen von dieſem Geſetze der
Sinnlichkeit und der Sünde; und unter der
Leitung des Geiſtes der mit dieſer Religion
verbunden iſt, wird, bey aller ſeiner Schwach=
heit, das hohe Urbild wozu er erſchaffen iſt,
immer mehr eine Geſtalt in ihm gewinnen,
und er wird ſeiner großen Beſtimmung, wie oft
er auch über ſeine Schwachheit zu ſeufzen Ur=
ſach hat, wie oft er auch fällt, doch immer
näher kommen.

Mit dieſer Natur kommt jetzt der Menſch
aus der Hand des Schöpfers; mit eben der,
kam der erſte Menſch daraus; er brauchte,

ob er gleich mit völlig reifen Sinnen und
Seelenkräften ins Leben kam, zu seiner mora=
lischen Erziehung eben den Unterricht, eben
die Warnung, die Verheißungen, die Dro=
hungen, war dabey eben der schwache sinnliche
Mensch, fiel, ohne eine verderbte Natur geerbt
zu haben.   Das Resultat hievon ist: der
Mensch ist, nach der ganzen Anlage seiner Na=
tur, hier im Stande der Zucht; und so, wie
er alle Fertigkeiten seiner Vernunft und seiner
Glieder durch Unterricht, Erziehung und Ue=
bung erlangen, und durch anhaltende Anstren=
gung und Uebung unterhalten muß, so muß
er auch durch Vernunft und Religion, und
durch frühe und daurende ernstliche Anwendung
derselben, dem Bilde wozu er erschaffen ist,
ähnlich werden.   Man nehme dies statt des
willkührlich angenommenen Ideals vom Eben=
bilde und des darauf gegründeten angebohrnen
Verderbens der Natur; so sind alle die Dun=
kelheiten, Verwirrungen und Zweydeutigkei=
ten vermieden, und diese wichtige Lehre von
dem menschlichen Verderben erhält, mit allen
übrigen damit verbundnen Wahrheiten, ihre
beruhigende Aufklärung.

Aber wird das Verderben gegen die deut=
lichen Aussprüche der Schrift nicht zu gering
gemacht; wird dem Menschen damit nicht zu
viel Entschuldigung gegeben; wird seinen na=

tür=

türlichen Kräften nicht zu viel beygelegt; wird
er in seiner Sicherheit, in dem stolzen Vertrauen zu sich selbst nicht dadurch gestärkt,
und die Nothwendigkeit und der Werth der
Religion, ihrer Veranstaltungen und Gnadenmittel dadurch zu gering gemacht?

Wird das Verderben nicht zu gering gemacht? Um alle Zweydeutigkeit zu vermeiden, wiederhole ich nur, daß hier von einem
angebohrnen und von jenem angenommenen
Falle Adams herrührenden innerem Verderben
der Natur die Rede sey. Das wirkliche Verderben bleibt was es ist, was man auch für
einen Grund annimmt; und die Möglichkeit
des höchsten Verfalls ist aus der natürlichen
Schwäche der Sinnlichkeit, und aus der Vernachläßigung der von Gott zu ihrer Leitung
und Beherrschung verordneten Veranstaltungen und Mittel deutlich genug erwiesen.

Sagt aber die Schrift nicht selbst, daß
das Dichten und Trachten der Menschen von
Jugend an böse sey, und alles Fleisch seinen
Weg verderbe; seufzet nicht David über die
von seinen Eltern empfangene sündliche Natur; sagt nicht Paulus ausdrücklich daß der
natürliche Mensch nicht vernehme was des Geistes Gottes ist, 1 Cor. 1, 14.; schreibt er den
Ephesern nicht, daß sie ohne Unterschied, Ju-

den

den so wohl als Heyden, von Natur Kinder
des Zorns gewesen, Cap. 2, 3. und ist es des=
wegen nicht seine erste Fodrung, wenn sie der
Wohlthaten des Evangelii theilhaftig werden
wollen, daß sie den alten Menschen ablegen,
und den neuen der nach Gott geschaffen an=
ziehen sollen, Cap. 4, 22. und äußert sich nicht
auch gleich in den Kindern diese verderbte Na=
tur, durch die Ausbrüche der unordentlichen
heftigen Neigungen, durch die Mühe sie zum
Guten zu gewöhnen, und durch die Leichtig=
keit womit das Böse einen Eindruck auf sie
macht? Aber noch einmal: wer könnte auch
diesem im geringsten widersprechen wollen?
Wer diesem? daß die Menschen von ihrer
Geburt an geneigt sind, sich allen ihren sinnli=
chen Trieben zu überlassen, und wenn sie in
dieser sinnlichen Verwildrung allen Leitungen
des Geistes Gottes widerstreben, und alle Er=
ziehung zum Guten aufhört, daß auch endlich
alles sittliche Gefühl in dem ganzen Geschlech=
te sich verlieren muß. Oder wer dem? daß
jeder Mensch, auch der beste Mensch wie Da=
vid, über die Schwachheit seiner Natur und
die damit verbundne heftige sinnliche Reizbar=
keit zu seufzen Ursach habe. Man versuche
es, ob eine andre wörtlichere Erklärung hie=
von möglich sey. Daß ferner Menschen, wie
bey dem damaligen alleräußersten sittlichen Ver=
falle die Epheser, die sich allen ihren verderb=
testen

testen sinnlichen Neigungen überlassen, in diesem ihren natürlichen Zustande Kinder des
Zorns, nämlich den gerechten göttlichen Strafen unterworfen sind, und daß dergleichen
Menschen, um wahre Bekenner des Erlösers
zu werden, den alten Menschen, diese ihre
sinnlichen Neigungen und Gewohnheiten ablegen, und dagegen nach dem Bilde Gottes und
des Erlösers ganz neue Menschen werden,
ganz andre Grundsätze und Gesinnungen annehmen müssen; daß sie aber, so lange sie diese bloß sinnlichen Menschen sind, in dieser ihrer
Verblendung den Geist dieser Religion nicht
erkennen, daß ihr verderbter Sinn vielmehr
sich gegen ihre Lehren und Fodrungen, die
einen ruhigen aufgeklärten Geist voraussetzen,
empöret, und sie daher sich selbst in diese Verfassung nicht setzen können, sondern daß die Religion, und deren Licht und die damit verbundne
göttliche Kraft, diese Sinnesändrung in ihnen
wirken und erhalten muß, dies sind alles un-
widersprechliche in der Natur und Erfahrung
gegründete Wahrheiten. Aber wie offenbar
vermengt man hier sinnliche und angebohrne verderbte Natur, und beweiset daraus gegen den Sinn des Apostels zu viel. Denn
was könnte erzwungner seyn, als den Ausdruck, daß die Heyden und Juden in ihrem
äußersten sittlichen Verfall vor ihrer Bekehrung, wo Paulus, um auch den Juden die

Noth-

Nothwendigkeit der Erlösung durch Christum
so viel nachdrücklicher zu machen, sich nach seinem ehemaligen Zustand gewöhnlich immer mit
einschließt, Kinder des Zorns gewesen, dahin
zu erklären, daß alle Menschen, so wie sie in
die Welt kommen, wegen einer angebohrnen
sündlichen Natur Gegenstände des göttlichen
Zorns wären; da er im Gegentheil Röm. 1, 11.
wie ich vorher schon angeführt, Heyden und
Juden ihren Verfall ganz als ihre Schuld
vorhält, indem sie die Erkenntniß die Gott ihnen in der Natur und dem geoffenbarten Gesetze gegeben nicht geachtet hätten. Und gesetzt, die Kinder wären so unglücklich daß sie
mit einer solchen Natur gebohren würden, so wäre es doch ohne ihre Schuld, und sie wären also
ohne ihre Schuld, diese Kinder des Zorns —
Das sey ferne von dir, der du aller Welt Vater und Richter bist! 1 Mos. 18, 25.

Augustin, durch die Hitze seines Streits zu
weit geführet, erklärte sie dafür; aber die
Sprache des Heilandes der Welt ist es nicht.
Lasset die Kindlein zu mir kommen und
wehret ihnen nicht, denn solcher ist das
Himmelreich, sagt dieser göttliche Menschen-
freund und Erlöser, Matth. 18, 3. 4. 19, 14.
Ihm sind sie das Bild der Unschuld, welchem alle, die an diesem Reiche Theil haben
wollen, in ihrer Unschuld ähnlich werden
müs-

müſſen. Es ſey dann daß ihr umkehret
und werdet wie die Kinder, ſo werdet
ihr nicht in das Himmelreich kommen.
Ihre Engel ſehen allezeit das Angeſicht
meines Vaters im Himmel.

Das, was man als Beweiſe der den
Kindern ſchon angebohrnen ſündlichen Neigungen anzuführen pflegt, ſind, näher betrachtet, theils die oben ſchon bemerkten nothwendigen Ausdrücke angenehmer und unange-
nehmer Empfindungen oder des natürlichen Er-
haltungstriebes, theils auch eben ſo natürliche
Aeußerungen eines innern Gefühls von Freyheit
und eigener Thätigkeit, und an ſich lauter unſchuldige und zum Weſen der Menſchheit gehö-
rende nothwendige Triebe. Und da zugleich
alles, was auf die Sinne und die Einbildung einen ſtärkern Eindruck macht, auch
williger angenommen und feſter behalten wird,
ſo iſt es hieraus ebenfalls leicht zu erklären, wie das Kind, bey dem natürlichen Leichtſinn und Mangel von Ueberlegung, das Böſe
oft ſo viel leichter annimmt, und zu dem weniger ſinnlichen und den natürlichen Frey-
heitstrieb mehr einſchränkenden Guten ſich ſo
viel ſchwerer erziehen läßt. Dies iſt es,
worüber der Mangel von Menſchenkenntniß,
und die Ungeduld der unvernünftigen Eltern
und Lehrer als über natürliches Verderben

Aaa 4 klagt.

klagt. Wenn nun diese Triebe mit Vernunft und
Liebe nie geleitet werden, und das Kind das Gute
was es annehmen, und die Ursache, warum es
daſſelbe annehmen, und warum es ſeinen angenehmen natürlichen Neigungen widerſtehen
ſoll, nie kennen lernt, ſondern alle ſo genannte Erziehung nur tyranniſcher Eigenſinn
und aufgebrachte ungeduldige Laune iſt, wenn
unſchuldige Fehler oder Naturtriebe mit Wuth
beſtraft, und dagegen die erſten Ausbrüche
künftiger wirklich ſchädlicher und laſterhafter
Neigungen nicht bemerkt werden, wenn dieſe
vielmehr mit Wohlgefallen angeſehen, auch
wohl in Gegenwart des Kindes mit lautem
Beyfall belacht oder bewundert werden, wenn
dabey das unbewachte weiche Herz für alle
Eindrücke offen bleibt, und das Kind noch
auf dem Arm der Mutter oder der Wärterinn
ſchon zum Neid, zur Rache, zum Stolz
und zur Verachtung und Verſpottung andrer
gewöhnt wird, iſt es nun auch noch ohne
ein angebohrnes Verderben nicht zu erklären,
wenn in dem Kinde, ſo wie die Natur ihre Kräfte zu äußern anfängt, ſchon das
volle Verderben erſcheint, und die Erziehung zum Guten, bey der natürlichen Neigung zur Sinnlichkeit, noch ſo viel ſchwerer
wird?

Ich

Ich wiederhole es noch einmal; ich erkenne und verehre alle die guten Abſichten die man bey der Behauptung dieſes natürlichen Verderbens hat; aber ſollte der in der Natur und Schrift mehr gegründete Begriff zur ſichern Erreichung aller dieſer guten Abſichten nicht wenigſtens eben ſo hinreichend ſeyn? Man fürchtet nach dieſem Begriff dem natürlichen Menſchen zu viele Entſchuldigung zu laſſen. Aber hat nun der Menſch, der ſich ſeiner vollen Sinnlichkeit überläßt, weniger Entſchuldigung, wenn er ſich auf die ihm angeerbte verderbte und zu allem Guten unvermögende und erſtorbene Natur berufen kann, als wenn man ihm ſagt, daß die menſchliche Natur, wegen der damit ſo genau verbundnen Sinnlichkeit zwar immer ſchwach iſt, aber wenn er als der Knecht der Sünde ſeinen unordentlichen Trieben folgt, daß er, wegen des in ſeiner vernünftigen Natur noch immer übrigen aber nicht geachteten Gefühls vom Guten und Böſen, und der in der Religion ihm von allen Seiten dargebotenen, aber eben ſo ſehr verachteten Erweckungs= und Hülfsmittel, vor Gott ohne alle Entſchuldigung ſey? Und wo iſt folglich der ſicherere Grund zu ſeiner Beſſerung, wenn man ihn zur dankbaren Wahrnehmung und ernſtlichen Anwendung dieſer ihm ſo reichlich angebotenen Gnadenmittel ermuntert, und ihm dieſe Ge=

Aaa 5   ſchich=

schichte als warnendes Bild vorhält; wie sehr
ihm, bey seiner natürlichen Schwäche, und
den vielen schmeichelnden Reizungen und Verführungen zur Sünde, alle Aufmerksamkeit
auf sich selbst und auf das Gesetz der Religion mit dessen Verheißungen und Drohungen, als seine einzige Sicherheit nöthig sey;
oder wenn man mitten unter allen diesen
Warnungen und Ermuntrungen, mit den
unaufhörlichen Klagen über das natürliche
Verderben, alle diese Bewegungsgründe wieder schwächt, der natürlichen Trägheit dabey
alle Entschuldigungen anbietet, und dadurch
zugleich das alle Triebe zum Guten tödtende
Vorurtheil erregt, daß, wenn Adam nicht
gefallen, der Mensch keiner Anstrengung seiner vernünftigen Kräfte und keiner Ueberwindung seiner sinnlichen Begierden bedurft,
sondern dennoch, in aller paradiesisch sanften ruhigen Unthätigkeit, der vernünftige gute Mensch und der Liebling Gottes und sichere Erbe der ewigen Seligkeit gewesen seyn
würde; und so auch gleich in dem Kinde
schon einen Widerwillen gegen alles Gute
dadurch veranlasset, daß es die Zucht seiner
Eltern zum Fleiß und Gehorsam als Folge
jenes Fluchs ansieht?

Und wer ſind die Menſchen, denen man dieſe angebohrne Blindheit, dieſes Unvermögen zu allem Guten nicht oft und groß genug glaubt vorſtellen zu können? Paulus ſagt den Römern, Epheſern und Coloſſern, daß ſie von Natur Kinder des Zorns, daß ſie in der Welt ohne Gott und todt in ihren Sünden geweſen; aber er ſagt, daß ſie dies in ihrer heydniſchen abgöttiſchen und äußerſt laſterhaften Verblendung geweſen, und ſpricht ihnen dennoch alle Entſchuldigung ab; aber, nachdem ſie durch die Lehre des Evangelii zu einer vollkommenern Erkenntniß gekommen, nun macht er, ohne ihnen noch ihr Unvermögen vorzuhalten, dieſe beſſere Erkenntniß zum beſtändigen Bewegungsgrund die erlangte Gnade ſo viel dankbarer zu erkennen, dieſelbe ſo viel ernſtlicher anzuwenden, und gegen die ſinnlichen Reize und Verführungen der Welt ſo viel aufmerkſamer zu ſeyn. Röm. 12. Epheſ. 6. Col. 3. Warum nun aber denen Chriſten, die in dieſem ſeligen Lichte gebohren werden, die den Gott, den jene in ihrer heydniſchen Blindheit ganz verloren hatten, beſtändig vor Augen haben, die bey aller Vernachläßigung, den großen Wahrheiten von einer vergeltenden Vorſehung und einer Ewigkeit gar nicht entgehen können, denen die Hülfen der Religion immer fort angetragen werden — warum ſolchen Chriſten, die nicht wiſſen wie ſie den
Vor-

Vorstellungen ihrer Religion ausweichen, wie
sie jeden Eindruck gleich wieder schwächen,
und der Sinnlichkeit immer neue Reize ver=
schaffen sollen, denen jede Thorheit wichtig,
und die Erkenntniß Gottes und ihres Heilan=
des nur die Thorheit ist, die alles lesen, was ih=
nen die Religion verdächtig machen kann, und
sich nie um einige richtige Erkenntniß derselben
und Ueberzeugung von ihrer Wahrheit bekům=
mern, sich jeder Sophisterey willig ergeben, be=
nen jeder dunkler Lehrbegriff, den sie nicht fassen
können, und den sie ruhig, wenn sie ihn nicht
fassen, nicht wissen können, und ohne welchen
ihnen die Lehre Jesu dennoch immer göttliche
Kraft und göttliche Weisheit seyn, dennoch
immer die wahre und große Philosophie der
Menschen, der allein sichre Weg zur wahren
Beßrung der Welt, und zu eigner Vollkom=
menheit und Ruhe seyn würde und seyn müß=
te, warum, sage ich, den Christen, die eine
jede solche Dunkelheit zum Vorwand nehmen,
um sich von aller der Verbindlichkeit dieser
göttlichen Religion los zu machen, warum
denen durch die beständige Vorhaltung ihres
angebohrnen natürlichen Verderbens und Un=
vermögens dergleichen Vorwendungen noch
mehr angeboten, die Entschuldigung jenes
Knechts, ich wußte daß du ein harter Mann
bist, und erndten willst wo du nicht gesäet
hast,

haſt, in den Mund gelegt, und die warnende
ſtrafende Stimme des Gewiſſens, man könne
beſſer ſeyn, eine Stimme, die nicht deutlich, nicht
laut genug erhalten werden kann, dadurch
gedämpft? Von welcher Seite iſt hier für
die natürliche Trägheit und Sicherheit das
meiſte zu fürchten?

Man will den Menſchen dadurch mehr de-
müthigen, ihm das ſtolze Zutrauen zu ſeinen
eignen Kräften dadurch benehmen, ihm die
Hülfen der Religion ſo viel wichtiger, ſo viel
unentbehrlicher machen. Aber erſtlich: was
fürchtet man worauf der Menſch ſtolz werden
möge? ſoll er es darauf ſeyn, daß ſein Schöpfer ihn aus freyer Gnade nicht zum Thiere,
ſondern zu einem vernünftigen Menſchen erſchaffen? Und iſt ſeine natürliche Anlage zum
Guten, ſind ſeine vernünftigen Fähigkeiten,
ſind die Situationen worein die Vorſehung
ihn kommen laſſen, daß er ſie ausbilden können,
mehr ſein Werk als die höhern Gnadenmittel der
Religion? Kann der Heuchler, der Schwärmer,
der immer Geiſt und Gnade im Munde führet,
nicht eben ſo ſtolz ſeyn? Mit wie vieler Demuth
ſchreibt ſelbſt Marc Aurel bey ſeiner ſchwachen Erkenntniß gleich im Anfange ſeines Buchs ſeine natürlichen Fähigkeiten, ſeine gemäßigten Neigungen, das Glück ſolche Eltern und Lehrer gehabt
zu haben, durch deren Anleitung die Liebe zum
Guten

Guten in ihm ausgebildet, und er zur Beherrschung seiner Leidenschaften gekommen, wie
demüthig dankbar schreibt er jeden guten Gedanken der göttlichen Vorsehung zu? Die
Demuth, das lebhafte Gefühl eigener Unvollkommenheit und Schwäche, ist und bleibt die
erste lautere Quelle alles Guten, der mächtigste sicherste Antrieb zu aller wahren Vollkommenheit, die stärkste Warnung vor aller Sicherheit, und ist und bleibt eigenthümliche charak-
teristische Tugend der christlichen Religion, die
allen andern Tugenden erst ihren Werth und
ihre Gott und Menschen gefällige Schönheit
giebt; aber wo fühlt der Mensch sich mehr ge-
demüthigt, wenn er sich sagen kann, er sey von
Natur zu allem Guten verdorben, oder wenn
er sich sagen muß, daß er ein beßrer Mensch
seyn könne, daß er auch der nicht sey, der er
nach der bloßen Anlage seiner vernünftigen
Natur seyn solle, und wozu sein eigen Gewissen ihn auffodre? Und sollte der tiefe Verfall worinn der größte Theil der Menschen ist,
die thierische Blindheit, der Leichtsinn, die
Wuth der Leidenschaften — ich rede hier nicht
von dem Verfall jener rohen ungebildeten Völker, ich rede von dem Verfalle bey aller sinnlichen Verfeinerung, bey aller Cultur der Vernunft, mitten in dem Lichte des Christenthums — sollte dieser, sollten die Reize und Versuchungen woran der beste Mensch nicht ohne
Zit-

Zittern denken kann, denen er bey den besten Vorsätzen so oft unterliegt, und wenn sie ihm auch nicht so gefährlich geworden als sie hätten werden können, es ganz allein der gnädigen Führung Gottes danken muß, und deswegen das allerunglücklichste Opfer seiner Leidenschaften zu verurtheilen das Herz nicht hat, sollte der Mensch, bey so vielen Beweisen und Empfindungen der Schwächen seiner Natur, noch auf seine Kräfte stolz seyn, und die allein sichern Hülfen der Religion als entbehrlich verachten können? Er kennet von Natur den Unterschied des Guten und Bösen, er empfindet die Schönheit der Tugend, seine angebohrne Neigung macht ihn vieler guten Handlungen fähig, sein sanftes weiches Gemüth macht ihn wohlthätig, sein Ehrgeiz treibt ihn zu vielen großen und edlen Handlungen an; Erziehung, Umgang und Wohlstand haben ihn zu einem angenehmen gesitteten Menschen gebildet; aber braucht er nun weiter nichts um der wirklich gute tugendhafte Mensch zu seyn? Wird das natürliche Gefühl des Guten und Bösen ihn nun auch schon vor aller Verblendung seiner Leidenschaften sichern? Wird die Schönheit der Tugend ihm auch den Muth und die Stärke schon geben ihr seine herrschende Leidenschaft aufzuopfern, ihm Muth geben auch da der gute tugendhafte Mensch zu seyn, wo er die Gunst und schmeichelnde Achtung der Welt, die reizendsten Vortheile

theile

theile aufgeben muß? Wird der Wohlstand auch sein Herz von allen unordentlichen Neigungen reinigen, und können die verderbtesten Vorurtheile nicht gerade der herrschende Ton der feinen Welt seyn? Wird das weiche Gemüth ihn auch vor allen ihm so viel gefährlicheren Versuchungen andrer Sünden schützen, der Ehrgeiz ihn auch zu der verborgnen Tugend antreiben, und ist endlich eine einzige herrschende Leidenschaft nicht allein genug alle übrige gute Anlagen zu zerstören, und ihn für sich zu dem unglücklichsten, und für alle andre Menschen zu dem schädlichsten und gefährlichsten Menschen zu machen? Natürliches moralisches Gefühl, einzelne gute Neigungen, Temperament, Talente, Leidenschaften, zeitliche Umstände, niedrige oder feinere Erziehung, Wohlstand, es soll nichts als verderbt zurückgesetzt, nichts als unnütz vernachläßigt werden, es sind alles Anlagen, alles Gaben, mit unendlicher Weisheit von der Hand des Schöpfers in der Absicht geordnet und vertheilet, daß sie alle als Mittel zur Bildung der Menschen zur Tugend und zur allgemeinern Beförderung des Guten mit behülflich werden sollen, aber die Religion bleibt hiebey das einzige wahre hinreichende Mittel den Menschen, bey seinen natürlichen Schwächen, nach dem Ebenbilde wozu er erschaffen worden, zu dem wirklich guten und glücklichen Menschen

zu

zu machen, und ihn zugleich zu seiner künftigen höheren Bestimmung zu bereiten. Und
dies ist kein erkünsteltes, außer der Natur und
Bestimmung des Menschen liegendes Mittel;
es ist absichtliches, von dem Schöpfer selbst
gleich zur Anlage und Bestimmung des Menschen; wie jeder andre Unterricht, verord-
netes Mittel. Denn nur die deutliche lebendige Erkenntniß von einem allwissenden auch
ins Verborgene sehenden Gott, von seiner vergeltenden Vorsehung und von der
Ewigkeit, ist allein hinreichend, dem schwachen
Menschen den Muth und die Stärke zu geben, die die Beherrschung seiner Sinnlichkeit
und die Verleugnung der damit verbundnen
Reize erfodert. Wo erscheinet aber Gott in
einem hellern Lichte, wo offenbaret sich seine
moralische Regierung über die Menschen vollkommener, wo lernt der Mensch seine große
Bestimmung deutlicher einsehn, wo findet er
die Anweisung zu ihrer Erfüllung deutlicher,
vollkommener, bestimmter, wo findet er sonst
die dazu nöthigen Ermuntrungen, die Stärke,
die Hülfen, wo ist die Aussicht in die Ewigkeit aufgeklärter, wo kann er, bey den Vor-
würfen seiner Schwächen, ruhiger, freudiger in
dieselbe hineinsehn, als in der Religion Jesu,
der göttlichen Religion des eingebohrnen Soh-
nes Gottes, der zum Beweis der allerhöchsten

Liebe Gottes selbst in die Welt kam, um die
Menschen dem hohen Bilde der Gerechtigkeit
und Heiligkeit, wozu sie erschaffen worden,
ähnlich zu machen, sie von der Herrschaft und
dem Fluche der Sünde zu erlösen, Ordnung
und Glückseligkeit, die die herrschende Sinnlichkeit und die Wuth der Leidenschaften immer zerstören, unter ihnen zu verbreiten,
und sie zugleich zu ihrer höhern Bestimmung in
jenem zukünftigen Leben vorzubereiten? Der
ihnen zu diesem Ende zuförderst Gott als den
Vater aller Menschen kennen lehrte, um dadurch den kindlichen Sinn der Liebe gegen ihn,
als den reinsten und vollkommensten Grundtrieb des Vertrauens, des Gehorsams, und
des Bestrebens ihm in seiner allgemeinen Liebe zur Ordnung und zum Guten ähnlich zu
werden, in ihnen zu erwecken; der die ganze Anweisung hiezu in das kurze, deutliche und allernatürlichste Gesetz der Liebe Gottes und einer allgemeinen Menschenliebe zusammen fassete, und die Anwendung davon, nicht nur in einem auch
den schwächsten Fähigkeiten angemessenen Unterrichte erklärte, sondern in allen selbst auch
noch ein Vorbild wurde; dem es auch nicht
genug war ihnen ihre höhere Bestimmung in
einer dunkeln Ferne zu zeigen, sondern, zu ihrer
vollen Freudigkeit und Stärke, sie ihnen so nahe und deutlich, als es sterblichen Augen

nur

nur möglich ist, sehen ließ; der ihnen auch
noch zu mehrerer Unterstützung dieser Freudigkeit, wegen der Vorwürfe der begangenen Sünden, und der bey dem treuesten
Bestreben noch immer fortdaurenden Schwächen, die beruhigende Versichrung von ihrer
Vergebung im Namen seines himmlischen Vaters brachte, und nicht nur brachte, sondern
selbst sein Leben zu deren Bestätigung auch
noch als ein Opfer hingab, starb — und in diesem Tode seine ganze Erlösung, seine Lehre und
Verheißungen noch einmal vereinigte, und
sie gleichsam versiegelte; starb — um auch
hier noch mit seinem willigen Gehorsam gegen seinen himmlischen Vater, mit seiner
Geduld, Sanftmuth und Menschenliebe ein
Vorbild zu werden; starb — um sich hier
als das Opfer für die Sünden der Menschen
zu erweisen, und ihnen damit den beruhigend-
sten und allerhöchsten Beweis von der Gnade
Gottes und der Vergebung ihrer Sünden zu
geben; auch starb — um durch seine Auferstehung die Hoffnung ihrer Auferstehung
noch so viel mehr bestätigen zu können, und
dadurch alle Zweifel, die Tod und Verwesung dagegen machen könnten, wegzuneh-
men, und diesen seinen Tod also nicht nur
zum Inbegriff seiner ganzen Erlösung, sondern auch zur reinsten und stärksten Er-

Bbb 2   mun-

muntrung zur Dankbarkeit und zur Liebe Gottes
machte; überdem auch noch zuletzt, ehe er die Welt
verließ und zu seiner Herrlichkeit zurückkehrte;
zur Erhaltung Ausbreitung und Befestigung
dieser seiner Religion die vollkommenste Anstalt verordnete, daß auch der Arme, der Niedrige und Einfältige dies herrliche Evangeli-
um kennen lernen, seine Anweisung, seine
Ermuntrung und Trost darinn finden, und wenn
Vorwitz und Aberglaube es verdunkeln oder
entkräften, oder wenn Leichtsinn und Unglauben
es gar zu verdrängen suchen, daß es sich nie
ganz verlieren, sondern immer wieder gefunden, und in seiner ursprünglichen göttlichen
Lauterkeit und Einfalt wieder hergestellet werden kann.

Thätiger, kräftiger konnte die unendliche
Liebe Gottes, um die Menschen bey ihrer
sinnlichen Schwachheit zu ihrer Bestimmung
zu bringen, sich nicht erweisen. Aber o!
wann wird der selige Endzweck dieser großen
Veranstaltung in eine vollkommenere Erfüllung kommen, als er jetzt noch ist? Wann
wird die göttliche Kraft dieser Religion sich
erst so wirksam beweisen, daß Unwissenheit
und Aberglauben ihren Einfluß nicht mehr wie
bisher noch überall aufhalten; daß die Menschheit aus dem tiefen Verfall, worein sie durch
die herrschende Sinnlichkeit versunken ist, sich
end=

endlich erhebe, daß die Leidenschaften, deren Wuth sie bisher noch so verunstaltet, nur wohlthätige, zur Befördrung der allgemeinen Wohlfahrt mitwirckende Triebe werden, und die Erde, über die der Fluch der Sünde noch immer neue Zerstörung bringt, endlich die Wohnung der Ordnung, der Zufriedenheit und Menschenliebe werde, die sie nach der Absicht des Schöpfers seyn sollte, und durch diese Religion werden kann?

Lasset die Kindlein zu mir kommen, denn solcher ist das Reich Gottes, sagte der göttliche Erlöser. Hier ist die Anweisung wovon diese selige Veränderung zu hoffen ist. Ich habe es durch die ganze Abhandlung schon erwiesen, daß alles auf die Erziehung ankomme. Ich rede hier nicht von der besondern Erziehung, die der Unterschied der Stände, der Fähigkeiten und Bestimmungen erfodert; ich rede von der Erziehung, die die ganze Menschheit angeht, die der Grund aller übrigen Erziehung ist, aller übrigen ihre wahre Wohlthätigkeit geben muß, von der Erziehung zur Religion und Tugend, zur Liebe Gottes und zur Menschenliebe; daß der Trieb dem großen zwar unsichtbaren aber doch überall gegenwärtigen himmlischen Vater zu gefallen und mit demselben der Trieb alle Menschen vergnügt und glücklich zu sehen, und selbst da-

Bbb 3　　　　　　　zu

zu behülflich zu werden, der erste wirksame
Grundtrieb in jeder jungen Seele werde, ehe
noch einige andre Neigung sich in ihr zu regen
anfängt; daß das Kind, so wie es seinen irdischen Vater kennen lernt, auch gleich mit dem
Namen dieses himmlischen Vaters bekannt werde, auf dessen Güte, in allem was es Gutes
empfindet, aufmerksam gemacht werde, und
dessen Willen, nicht anders als den Willen gut
zu seyn, kennen lerne, weil er alle Menschen vergnügt und glücklich haben wolle; und daß es dabey zugleich gewöhnt werde, ohne Unterschied in
jedem Menschen den es sieht, sich zu sehen, sich
darinn zu empfinden, die Freuden und Leiden
aller andern, wie die seinigen zu fühlen, damit wenn die Selbstliebe in eigennützige Leidenschaften auszubrechen anfängt, es gleich erster
Naturtrieb sey, sich in jedes andern Stelle zu
setzen, und dessen Wünsche und Empfindungen
nach seinen eignen abzumessen; daß das Kind
dies gleich als sein Christenthum, wodurch es
ein Kind Gottes werden müsse, und wozu es in
der Taufe seinem Heiland schon gewidmet sey,
kennen lerne, und dann, so wie seine Fähigkeiten sich mehr entwickeln, es auch zu der nähern Erkenntniß des Heilandes, der um es hierzu aufzunehmen vom Himmel kam, geführet
werde; daß hierauf der ganze Unterricht eingerichtet, und dieser nicht bloß Gedächtnißwerk sey, der gegen die Jahre, wo die Vernunft
sich

sich zu entwickeln anfängt, aufgegeben werde,
sondern daß er Bildung der Vernunft, wahre
Beschäfftigung der Seele sey, und daurend;
daß die Religion inneres Menschengefühl werde,
das nachher in dem öffentlichen Gottesdienste immer neue Stärkung und Unterhaltung finde,
und auch der schwächste Christ, zu der, gegen
alle Versuchungen und Verführungen, unüberwindlichen Ueberzeugung komme, er könne kein
beßrer, kein wohlthätigerer, ruhigerer und glück-
licherer Mensch als nach dieser seiner Religion
werden.   Diese frühe Anführung zur Religion
muß der Grund der allgemeinen Erziehung werden, wenn die Menschheit im Ganzen aus der
niedrigen Sinnlichkeit sich erheben soll, worein
sie durch Unwissenheit, Aberglauben, Leichtsinn
und Ueppigkeit versunken ist.   Denn dann
werden nach und nach in allen Ständen
auch erst mehr vernünftige Eltern gebildet
werden, die den Werth dieser Erziehung zu
schätzen wissen, ohne welchen alle übrige,
und auch die besten Erziehungsanstalten in ihrer
Wirkung immer mangelhaft bleiben müssen.
Väter und Mütter müssen die Religion erst selbst
kennen lernen, erst selbst deren Wichtigkeit und
Wohlthätigkeit einsehen, es sich erst selbst zu ihrer ersten Pflicht machen, ihre Kinder dazu zu
erziehen, ehe diese Anstalten ihren vollen Nutzen bewirken können.   Je mehr diese durch wohl
zubereitete Lehrer und gute Lehrbücher verbessert

wer=

werden, je gesegneter wird allerdings die Wir=
kung seyn; der Unterricht wird so viel auf=
geklärter seyn, er wird auf das Herz so viel
mehr Eindruck machen, er wird sich nicht so
leicht ganz verlieren, und wenn er sich auch ver=
lieret, doch immer leichter wieder erneuert wer=
den. Aber soll er gegen den natürlichen ju=
gendlichen Leichtsinn ausdauern, den Verfüh=
rungen böser Exempel sicher widerstehen, und
sollen die eingepflanzten Keime des Guten unter
den rohen Sitten des großen Haufens nicht
wieder verwildern, und die Menschheit im
Ganzen durch die Erziehung die veränderte
Gestalt gewinnen, so muß die häusliche der
öffentlichen zu Hülfe kommen. Die Dürftig=
keit, die Geschäfftigkeit, und die damit verbun=
denen Hindernisse und Zerstreuungen des häus=
lichen Lebens leiden freylich keinen förmlichen
Unterricht. Aber es braucht dessen auch nicht.
Wenig Worte, dem Kinde mit liebreichem Ern=
ste, und nur oft, daß es die Wichtigkeit davon
merke, vorgesagt, machen mehr Eindruck, als
stundenlanger Unterricht des Lehrers. Und
sollte denn irgend ein Vater, eine Mutter,
wäre deren Fähigkeit auch noch so schwach,
dem Kinde nicht so viel sagen können, daß
das Vertrauen, die Ehrfurcht und Liebe zu
dem allgegenwärtigen gütigen Gott, die Liebe
zu dem Erlöser, und die Gesinnungen einer
allgemeinen Gefälligkeit und Menschenliebe da=
durch

durch unterhalten und befestigt würden? Und
wo wären der geschäfftige Vater, die geschäfftige Mutter, die unter allen ihren Zerstreuungen und Hindernissen, wäre es auch nur
in den wenigen Ruhestunden, es sey bey einem
harten Stücke Brod oder bey einer reichen Tafel, am Pußtische oder bey der Spindel,
diesen Unterricht nicht immer mit untermischen,
und dem Kinde wichtig machen könn-
ten? Und wenn auch alles dies nicht ist,
daß das Kind dann wenigstens eben die Gottesfurcht, eben die Ehrerbietung für den öffentlichen Gottesdienst, eben die Reinigkeit und Unschuld der Sitten, in allen
Handlungen eben die Redlichkeit, in der Erfüllung der Berufsgeschäffte eben den treuen
Ernst, in dem Betragen gegen alle andere
Menschen die Gefälligkeit, Sanftmuth und
thätige Liebe sehe, wozu es in dem öffentlichen Unterricht angeführet wird; daß in seiner Gegenwart wenigstens nichts geredet werde, nichts geschehe, was die Hochachtung für
die Religion und die Tugend schwächen könne; und wenn auch Eltern über herrschende
Sünden, über erlittene Ungerechtigkeiten und
Bosheiten zu klagen Ursach haben, daß dies
nie in des Kindes Gegenwart oder wenigstens mit aller Klugheit und Vorsicht geschy-
he, damit es nicht zu früh zu lieblosen Ur-

Bbb 5   thei-

theilen, zum Argwohn gegen alle Menschen
gewöhnet, und so der natürliche Trieb zur
Menschenliebe erstickt werde, und es schon
mit der Vorstellung in die Welt trete, daß
Verstellung, List und Eigennutz das einzige
sichere Mittel sey in der Welt fortzukom-
men, und sich gegen die allgemeine Bosheit
der Menschen zu schützen. So lange dies
nicht ist, so wird die allgemeine Besserung der
Menschheit umsonst erwartet.

Ich sagte vorher, daß der Unterricht
in der Religion zugleich Bildung der Vernunft werden müsse. Dies ist sie, recht
vorgetragen, ihrer ganzen Natur nach. Religion ist die große Lehre für den Menschen,
die Vernunft und das Herz zugleich zu bilden; und nirgend müßte bey der reinsten
Tugend mehr gesunde, reine, aufgeklärte, von
allem Aberglauben, von aller finstern Schwärmerey gereinigte Vernunft seyn, als im
Christenthum. Ich setze aber noch hinzu, daß mit der Religion zugleich noch mehr
auf die allgemeine Bildung der Vernunft gesehen werden möchte. Gebildete Vernunft ist
kein Vorzug einzelner Stände oder Classen
der Menschen; sie ist allgemeines Menschen-
recht; wir sind alle zu Einem Bilde erschaffen; und so lange dies vernachläßigt, und
der

der größe Haufe der Menschen als eine geringere Classe von Geschöpfen angesehen wird, die in der Unwissenheit und Fühllosigkeit erhalten werden müsse, damit sie die verächtliche Entfernung und Sclaverey worinn man sie hält, und die tyrannischen Lasten die man ihr aufbürdet, so viel williger trage, so lange wird die Religion ihre wohlthätige Fruchtbarkeit nie verbreiten, noch die Menschheit aus dem traurigen Verfall, worinn sie seufzt, sich je erheben können.

Wenn ich aber von der allgemeinen Cultur der Vernunft auch des niedrigen Theils der Menschen rede, so verstehe ich hier keine gelehrten Kenntnisse, keinen verfeinerten Geschmack; eine solche Cultur würde die ganze Societät zerrütten, die Menschen aus dem, ihnen von der Vorsehung angewiesenen, Wirkungskreise, heraus setzen, sie unthätig und vollends unglücklich machen. Aber daß auch der Niedrigste den Trost und den Muth habe sich als einen vernünftigen Menschen anzusehen, und sich seiner Existenz mehr zu freuen; daß er die Freuden, die die Schönheit der Natur ihm darbietet, und die sanften häuslichen Freuden, die die Härte und Raubsucht seiner Tyrannen ihm nicht nehmen können, unter seinen Lasten mit mehrerer

rerer Empfindung genieße, daß er besonders
auf die Güte und Weisheit seines Gottes,
wie sich diese in der Natur offenbaren, aufmerksamer werde, daß er daraus den Muth
fasse, sich auch in seiner dunkelsten Niedrig-
keit für ein Object dieser weisen und gütigen
Vorsehung zu halten, daß er zu seiner Ermuntrung den weisen Plan dieser Vorsehung,
in Vertheilung der Stände und Güter hier
auf der Erde mehr übersehen, den Stand
worein dieselbe ihn hier gesetzt hat, und die
Vorzüge die auch damit wiederum verbunden sind, aus dem rechten Gesichtspunkt ansehen lerne, und er sich, auf welcher Stufe
er auch stehet, als ein thätiges, von seinem
Gott zur Beförderung der allgemeinen Wohlfahrt dahin gesetztes Mitglied der menschlichen Gesellschaft betrachte, daß er daher die
Pflichten die dieser Stand von ihm fodert mit
so viel mehr Ueberlegung, und so geringe sie
ihm auch scheinen möchten, mit aller Freudigkeit ausübe, und sich, wenn er diese redlich erfüllet,
auch als ein treuer Knecht das Wohlgefallen
seines Gottes versichern könne, mit dem Tro-
ste, daß sein gegenwärtiger Zustand nicht seine
ganze Bestimmung, sondern nur der Prü-
fungs- und Vorbereitungsstand zu einer ihm
bevorstehenden höhern und vollkommenern Bestimmung sey; dies ist die allgemeine Cultur der Vernunft, die ich noch wünsche. Und
o!

o! wie sehr würde die Menschheit sich erheben,
wie viel die Gesellschaft in ihrem allgemeinen
Wohlstande dabey gewinnen, wie viel das allgemeine Elend gemindert, und der traurigen Ob-
jecte, die die Menschheit jetzt noch so sehr verun-
stalten, weniger werden!

Die Hoffnung klärt sich hiezu gottlob auch
überall auf; da so viel würdige und edle Men-
schenfreunde, in allen gottesdienstlichen Gemein-
schaften, (denn der Christ und der Menschen-
freund siehet die Aufklärung der Vernunft, die
Verbreitung der Wahrheit und Tugend, wo er
sie siehet mit gleicher Dankbarkeit und Freude
an) sich erweckt fühlen, ihre Einsicht und Men-
schenkenntniß hiezu anzuwenden, und in ihren
wohlthätigen Wirkungskreisen, möchte es mir
doch erlaubt seyn sie zu nennen! doch wer kennt
sie nicht auch ungenannt, durch ihre weisen Anstalten der Welt schon die erwecklichsten
Beweise geben, daß eine solche glückliche Umbil-
dung der Menschen in allen Ständen möglich sey.

Aber, Große der Erde! Hier streckt die
Menschheit zu Euch, als ihren ihr von
der Vorsehung gegebenen Vormündern, die
Hände aus, daß ihr diesen Bemühungen
mit eurem Ansehn und Vermögen zu Hülfe kommt, damit sie ihre allgemeine Wirksamkeit erreichen, und sie, die Menschheit,
aus

aus der niedrigen Sinnlichkeit worein sie
versunken ist, und bey allen noch so glücklichen einzelnen Versuchen, ohne eure ernstliche Hülfe noch immer tiefer versinken muß,
zu der Würde, wozu Gott sie schuf, sich nach
und nach endlich erhebe; daß zuförderst die Religion des Erlösers, die so ganz hierauf
eingerichtet ist, ihre göttliche Kraft und Fruchtbarkeit immer mehr verbreiten könne; daß
wo dieselbe vorgetragen wird, sie immer in der
ehrwürdigen, sanften, himmlischen Gestalt er-
scheine, damit der denkende und einfältige Zuhö-
rer sie an ihrem Lichte erkenne, und von ihrer
wohlthätigen Kraft sich erweckt und erwärmt
fühle; daß jede gottesdienstliche Handlung,
jeder heilige Gebrauch so lehrreich und erweck-
lich als möglich eingerichtet, und beständig
von der ihm zukommenden Würde begleitet
werde; daß überhaupt der ganze öffentliche
Gottesdienst seine volle Würde habe, und alles was die Hochachtung für die Religion und
die Tugend schwächen, und die unordentliche
Sinnlichkeit und das Laster reizen könnte, mit
weiser Vorsicht vermieden und entfernt werde;
daß die Tugend, wo und in welcher Gestalt sie erscheint, mit Zuversicht erscheinen könne, und das Laster, bey allem geborgten Scheine, sich immer selbst als Laster sehe;
und daß Gottesfurcht und Tugend, auch bey
allen öffentlichen zum allgemeinen Vergnügen
geord-

geordneten Anstalten, die die Religion, wenn
sie und die Menschenliebe nicht dabey ge-
tränkt werden, nie verdammt, allemal ihre
Sicherheit behalten. Daß vorzüglich die Anstalten zur gemeinen Volkserziehung diesem gros-
sen Endzwecke gemäß so passend als möglich
eingerichtet, und mit dem Unterrichte in der
Religion auch zugleich die Vernunft, und
das sanfte, freudige, liebreiche allgemeine
Menschengefühl erweckt werde; und daß besonders
die tausenden unglücklicher Geschöpfe, die aus
Unvermögen, oder Fühllosigkeit der Eltern,
und von allen andern Menschen verlassen, in
der rohesten thierischen Sinnlichkeit, der Menschheit zur Beschämung, der Gesellschaft zur
Last, und sich selbst zum Verderben aufwach-
sen, daß diese in euch ihre Väter finden,
und unter eurer Versorgung, durch diese Anstalten auch zu vernünftigen, guten, nützlichen
und glücklichen Menschen gebildet werden mögen; daß es aber diesen Anstalten dabey auch nie an
den nöthigen Hülfsmitteln fehle, und sie
auch immer solchen Lehrern anvertrauet werden, die Fähigkeit, Gefühl und Muth genug haben, die Absichten davon zu erfüllen;
dieser Stand dann aber auch selbst zuförderst
aus der drückenden Dürftigkeit und Niedrig-
keit erhoben werde, und die nöthigen Er-
munterungen erhalte, daß es nie an geschick-
ten Männern fehle die sich mit Freudigkeit
und

und Eifer demselben widmen; und dann noch, daß ich dies einzige noch hinzu setze, daß der frohe Muth, zu dessen Erweckung die ganze Religion des göttlichen Menschenfreundes der sie uns gelehret, eingerichtet ist, mehr allgemein werden, und die Menschen, in welchem Stande sie sind, sich ihres Gottes und ihres Lebens mehr freuen mögen, damit sie auch diese eure Anstalten, als zur Befördrung ihrer mehrern Wohlfahrt geordnet, so viel zuversichtlicher annehmen, und ihre Wohlthätigkeit mit freudiger Dankbarkeit empfinden mögen.

Große der Erde, dies ist es was die Menschheit von eurer Weisheit, von eurer Menschenliebe, von eurem Ansehn erwartet! Unser aller Gott und Schöpfer, der euch zu seinen Statthaltern hier verordnete, gab euch die Macht und das Vermögen dazu, und unser Heiland, der zu dem Ende vom Himmel kam um euch die beste Anweisung dazu zu geben, und uns nach seinem Gesetze der Liebe Gottes und der Menschenliebe dermaleinst richten wird, ruft euch zugleich dazu auf. Was für ein erhabener Beruf, die Menschheit aus ihrem Verfall zu erheben, ihr ihre Mühseligkeiten zu erleichtern, und Vernunft, Tugend, Zufriedenheit und Menschenliebe unter ihnen allgemein zu machen!

Was

—— Was kann unter allen euren Vorzügen
dieser Freude gleichen; wodurch könnet ihr
eure eigne Staaten blühender machen? Und
noch — was ihr diesen meinen geringsten
Brüdern gethan habt, das habt ihr mir
gethan. Was für ein nachdenklicher Lohn,
der euch in diesen Worten hiernächst noch auf=
behalten ist!

Ich schließe hiermit endlich diesen so ge=
hehnten Abschnitt. Die Wichtigkeit der Sa=
che hat mich unvermerkt so weit geführet;
das Urtheil über die angenommene Erklärung
muß ich aber dem Leser überlassen. Sie
läßt wenigstens alles Wesentliche dieser Leh=
re ungekränkt, mäßigt und lindert nur die
harten Sätze, läßt das Verderben der
Menschheit was es ist, nimmt dem verderb=
ten Menschen noch mehr alle Entschuldi=
gung, ist noch so viel warnender, und macht
die Anwendung und Hülfen der Religion
noch so viel nothwendiger.

Ich will jetzt noch mit Wenigen sehen,
wie Moses diese beyden großen Grundlehren
aller Religion auf seine Verfassung ange=
wandt hat.

Fünfter Abschnitt.

Von der Religion Mosis und deren äußerlichen Einrichtung.

Ich will jetzt auch hierüber noch einige kurze Anmerkungen machen. Seine Lehre, die ich bisher ausgeführt, daß der Jehovah der Schöpfer und Regent der Welt, nicht nur der oberste Gott, sondern mit Ausschließung aller Untergötter auch der einige Gott, Herr und Regent der Welt sey; diese Lehre allein ist der ganze Grund seiner gottesdienstlichen und bürgerlichen Verfassung; und daß das Volk neben diesem Gott keine andere Götter habe, ihn als den einigen Gott allein anbete, sich seiner Vorsehung allein überlasse, ihn mit ungetheiltem Herzen allein als seinen Gott liebe, dessen Erkenntniß und Gesetz für seinen höchsten Vorzug halte, und allein von der gehorsamen Beobachtung dieses Gesetzes die Gnade Gottes und seine ganze Glückseligkeit erwarte, dies ist die **erste große Hauptpflicht** dieser Religion. Dabey soll dieses Volk, das das allerhöchste und heiligste Wesen für seinen Gott bekennet, und unter dessen besondern Regierung steht, sich auch durch eine vorzügliche Reinigkeit und Unschuld der Sitten, und durch eine eben so strenge Gerechtigkeit und Billigkeit gegen andre

Menschen

Menſchen vor allen andern Völkern unterſcheiden, dies iſt die zweyte große Hauptpflicht,
die mit jener das Weſentliche dieſer ganzen Religion ausmacht, und in den beyden Tafeln des
Geſetzes, und noch kürzer in dem Gebothe: du
ſollſt den Herrn deinen Gott lieben von ganzem
Herzen, von ganzer Seele und aus allem Vermögen, 5 B. 6, v. 5. und deinen Nächſten als
dich ſelbſt, verfaſſet iſt. 3 B. 19, v. 18. Und dieſe
gottesdienſtliche Verfaſſung iſt wiederum um ſo
viel mehrerer gemeinſchaftlicher Feſtigkeit willen,
mit dem Weſentlichen der bürgerlichen Verfaſſung,
wie der damalige Zuſtand und die Lage des Volks
ſolche erforderte, ſo genau verbunden, und gleichſam durchflochten, daß Gottesdienſt, Sittlichkeit und Polizey ein unzertrennliches Ganzes,
und die eigentliche moſaiſche Conſtitution ausmachen. Ich würde die engen Grenzen, die
Zeit und Kräfte mir zu dieſer Betrachtung noch
übrig laſſen, ſehr überſchreiten müſſen, wenn ich
dieſe ganze Conſtitution durchgehen wollte; und
wie überflüßig würde es ſeyn, da der berühmte
Verfaſſer des Moſaiſchen Rechts mit ſo vielem
Scharfſinne die vollkommenſte und gründlichſte
Erklärung davon ſchon gegeben hat: Ich will
alſo nur einige der vornehmſten Punkte aushe-
ben, die die vornehmſte Aufmerkſamkeit verdienen, und wodurch der Geiſt dieſer außerordentlichen Conſtitution, in Abſicht auf Religion und
Sittlichkeit, ſich am meiſten auszeichnet, und

weilt

wenn ich hier immer von Mose als dem Verfasser derselben rede, so wird dies hoffentlich nicht mehr anstößig seyn, da ich mich bey der Geschichte der Gesetzgebung hierüber schon erkläret habe.

Zufoderst kam bey dieser Einrichtung alles darauf an, wie bey einem so rohen Volke, das von je her an die sinnlichen Götter gewöhnt, und durch den prächtigen ägyptischen Gottesdienst Jahrhunderte darinn bestärkt war, das nun auch wieder unter lauter abgöttische Völker zu wohnen kam, und bey dem philosophische Erkenntnisse noch nichts vermogte, wie dies Volk zur Erkenntniß und Verehrung eines einigen unsichtbaren Gottes zu bringen und darinn zu erhalten und zu befestigen war.

Das erste und kräftigste Mittel, was er hiezu brauchen konnte, war: daß er diesen Gott, als den einigen und höchsten Gott, Herrn und Schöpfer der Welt, und besonders als den Schöpfer aller von den übrigen Völkern angebeteten Gottheiten beständig vorstellete, der sich folglich auch in der Beschützung seiner Bekenner und Verehrer, als den Gott aller Götter und als den unumschränkten Regenten der Welt beweisen würde; dann aber, daß er diesen Jehovah als keine unbekannte Gottheit, sondern als den Gott vorstellete, welchen die ganze erste Welt als ihren Gott allein angebetet habe, der besonders auch

Abra-

Abrahams, ihres großen Stammvaters, Gott ge=
wesen, welcher deswegen auch so außerordentlich
von ihm gesegnet worden, und die wichtige Ver=
heißung erhalten habe, daß er eben so auch seiner
ganzen Nachkommenschaft Gott seyn wolle, so
lange sie ihm in diesem seinen Glauben ähnlich
bleiben würde.   Und als diesen allmächtigen und
in seinen Verheißungen unveränderlichen Gott
habe er sich ihnen durch ihre wundervolle Erret=
tung aus Aegypten auch wirklich erwiesen.   Und
noch mehr; er habe sich nicht allein für ihren
Gott, sondern auch für ihren unmittelbaren
Herrn und Regenten erkläret, indem er selbst auf
die feyerlichste Art ihnen ihr Gesetz und ihre gan=
ze Verfassung gegeben habe, so daß sie diesen al=
lerhöchsten Gott, den Gott aller Heerschaaren,
nicht allein als ihren Gott, sondern auch in ganz
besonderm Verstande als ihren Herrn und Kö=
nig, und sich als sein Volk und seine Untertha=
nen ansehen könnten; ein Vorzug den sie vor al=
len andern Völkern in der Welt hätten.   Eine
höhere Vorstellung, die Erkenntniß und Vereh=
rung dieses Gottes anziehend und wichtig zu ma=
chen, war nicht möglich.   Der Gott des Him=
mels und der Erden auch der eigentliche Regent und
König— was für ein Gedanke für ein Volk das
noch an die Vorstellung von Localgottheiten ge=
wöhnt war! Diese beyden Vorstellungen durften
also auch nicht getrennet werden, und hierauf ist
auch die ganze gottesdienstliche Verfassung ein=
gerichtet.   Ccc 3   Aber

Aber ein unsichtbarer Gott — ein König ohne sichtbare Gegenwart — ein Gott und König ohne Tempel, ohne Wohnung, ohne Diener, ohne feyerliche Verehrung, ohne Gaben und Opfer — wie wenig würde bey einem rohen Volke, das ohne sichtbare Gegenwart und sinnliche Verehrung sich keinen Gott denken konnte, jene Vorstellung sich erhalten haben? Die Schwachheit des Volks, oder vielmehr die damalige allgemeine Schwachheit, machte hier die Herablassung zu einem solchen sinnlichen Gottesdienste unumgänglich nothwendig; nur kam alles darauf an, daß der Grundbegriff in seiner Lauterkeit erhalten wurde. Die Hauptsache war hier die Vorstellung eines unsichtbaren Gottes ohne alle sinnliche Abbildung zu erhalten, und doch dem Volke von der Gegenwart seines Gottes einen sinnlichen lebhaften Eindruck zu machen. Denn ein sinnliches Bild hätte auf einmal den Grund der ganzen Religion zerstöret, und wäre zur Abgötterey und Vielgötterey die unmittelbare Veranlassung geworden; der erhabne Begriff von der unumschränkten geistigen Natur dieses höchsten Wesens wäre mit jedem Bilde verschwunden; es wäre eine eingeschränkte Landgottheit geworden, wobey sich das Volk, unter jeder veränderten Abbildung, einen neuen Gott gedacht hätte, das auch nach und nach bey der dummen Verehrung des Bildes stehen geblieben wäre, und wobey sich nothwendig aller

moralischer

moralischer Sinn der Religion, so wie bey allen
übrigen abgöttischen Völkern, verloren hätte.
Um indessen doch der Schwachheit des Volks
mit einigem sinnlichen Denkmaale zu Hülfe zu
kommen, so wählt er mit großer Klugheit die
Bundeslade dazu, in die er vor den Augen des
Volks die beyden von dem Berge mitgebrachten
Gesetztafeln, einen Krug mit dem Manna, den
Stab, wodurch Aaron und seiner Familie das
Priesterrecht zuerkannt war, und neben bey noch
das vollständige Gesetz legt. Diese Lade vertritt
also die Stelle des Bildes, ohne auch nur den
Gedanken von einer sinnlichen Vorstellung oder
von einer Anbetung zu veranlassen. Und da
vielmehr bey jedem Bilde das wahre Andenken
an Gott und die Erhebung zu ihm sich ganz verloren hätte, so wird hier hingegen die Vorstellung
von der unendlichen geistigen Natur dieses allerhöchsten Wesens so vielmehr unterhalten, und
der Eindruck von seiner Allmacht und Größe und
von seiner Gegenwart noch mehr verstärkt. Eine
leere Lade würde diese Wirkung nicht gehabt haben; diese würde eine bloße Täuschung gewesen
seyn, wobey das Volk nichts denken können,
oder auch, da die andern abgöttischen herumzie-
henden Völker ihre Götter in ähnlichen Behält-
nissen mit sich führten, die Vermuthung von einem dergleichen darinn verborgenen Bilde unterhalten haben. Aber diese drey Stücke entfernen
völlig alle dergleichen Vorstellungen. Der er-

Ccc 4   habne

habne Begriff von Gott bleibt in seiner unge-
schwächten Lauterkeit, und unsichtbar, ist er
dennoch als Gott und als der Regent und König auf eine Art gegenwärtig, die alle bildliche
Vorstellung an Nachdruck unendlich überwiegt;
denn hier ist sein immerwährendes Oracul, sein
Gesetz, das allein um Rath gefragt werden darf,
wo er immer selbst spricht, und wornach er selbst
sein Volk regieren will; und das Andenken der
feyerlichen unmittelbaren Gesetzgebung wird zur
Bestätigung der göttlichen Autorität dieses Gesetzes dadurch zugleich unterhalten. Auch der
Krug mit dem Manna und der Stab Aarons
sind hier nicht ohne besondere Wirkung. Jener
als ein gleiches immerwährendes Andenken der
außerordentlichen Führung Gottes, während
des ganzen Zuges in der Wüsten, und dieser,
zum Beweise der göttlichen Bestätigung des Prie-
sterthums, auf dessen Erhaltung die Erhaltung
der ganzen Constitution beruhete. Der Deckel
über der Lade erhebt diese ganze Idee noch mehr;
denn dies ist der Gnadenstuhl, 2 B. 25, 17. der
eigentliche Thron der Majestät dieses Königs,
der wegen seiner über alle menschliche Vorstellung
erhabnen Natur zwar unsichtbar ist, aber dessen
Gegenwart die Cherubim mit bedecktem Antlitz
aus Ehrfurcht anbeten.

Die Lade war aber noch allein nicht hinreichend; die Vorstellung von der Gegenwart des
Gottes

Gottes und Königs Jehovah, machte nach der
damaligen Denkungsart auch einen Tempel, eine
beſtändige Wohnung nothwendig, wo das Volk
ihn anbeten und ſich ſeiner Gegenwart freuen
konnte. In Aegypten waren ſchon erbauete Tempel; aber ein Volk, das wegen ſeiner unſtäten
Lebensart noch unter beweglichen Hütten oder
Zelten wohnte, konnte noch keinen andern als
einen beweglichen Tempel haben. Die Patriarchen hatten auch dergleichen noch nicht; ſie richteten, wo ſie hinkamen, dem Gott des Himmels
einen Altar zur Anbetung auf; und Laban und
die Söhne Jakobs ſcheinen ihre Götzenbilder ohne ein beſonderes Behältniß in ihren Hütten bey
ſich geführt zu haben, wie noch jetzt die Kälmu-
cken und die andern abgöttiſchen Hirtenvölker
dieſelben in ihren Hütten bey ſich haben; aber dadurch wurde der Hang zur Abgötterey oder Vielgötterey auch beſtändig unterhalten. Sollte der
Grundbegriff der Religion, von dem einigen
wahren Gott, gegen dieſen Verfall geſchützt werden, ſo war ein allgemeiner Verſammlungsort
oder Tempel zur Anbetung und Verehrung dieſes Gottes nothwendig, und dieſe Stelle vertrat
während des Zuges, und auch noch einige Jahrhunderte nachher, ſo lange die Einrichtung dieſes Staats ihre ſichere Feſtigkeit nicht hatte,
die Stiftshütte, die David nachher erſt, um den
Gottesdienſt des Jehovah auch in äußerlicher
Pracht über die Gottesdienſte aller falſchen Göt-

ter

ter der benachbarten Völker zu erheben, in einen
Tempel zu verwandeln willens war, aber die Ausführung davon seinem Sohne überlassen mußte.
Aber auch dies Gezelt mußte so eingerichtet seyn,
daß der Sinn der möglichsten Ehrfurcht für die
Gegenwart des allerhöchsten Gottes und Königs
erweckt wurde. Das Volk mußte einen freyen
Zutritt dazu haben, aber es mußte ehrerbietig in
dem äußersten Vorhofe bleiben; hier konnte es
den feyerlichen Dienst, die Pracht und die Kostbarkeit der dazu geordneten Gefäße, den Räuch-
altar, den goldenen Leuchter, den goldenen Tisch
mit den Schaubrodten und die Opfer die es seinem Gotte brachte, von ferne sehen; aber zu einem
allgemeinen Versammlungsorte war dieser Ort
noch zu heilig, und nur allein für die Priester,
als die eigentlichen Diener, die bey einem so gros-
sen Gedränge zu sehr in ihren Geschäfften würden
seyn gehindert worden, und der freye offene Zutritt würde auch den Eindruck der Ehrfurcht zu
sehr vermindert haben. Die innerste Wohnung
aber, das Allerheiligste, wo der eigentliche Thron
der Majestät, die Bundeslade war, war noch
wieder durch eine Decke abgesondert, und durfte
hier, um diesen Eindruck zu vermehren, nur allein der Hohepriester als der erste Diener der Religion und des Staats, und der Mittler und Repräsentant des Volks, und zwar nur einmal des
Jahrs, nach vorhergegangener feyerlichen Reinigung, hineingehen. Und diese gottesdienstliche

liche Versammlung an diesem einzigen Orte war
nicht allein das große Mittel, das Volk in einerley Sinn der Religion, und den Gottesdienst
in seiner ursprünglichen Lauterkeit zu erhalten,
sondern es war zugleich auch das stärkste Mittel,
das Volk in seiner politischen Verbindung zu befestigen, daß, ungeachtet es aus zwölf von einander unabhängigen und an Macht und Interesse
verschiedenen Stämmen oder Republiken bestund,
es sich dennoch für ein Volk, daß unter einem
Gott, einem Herrn und einem Gesetze stünde,
ansah; welches Band auch gleich getrennet ward,
so bald Jerobeam aus eben dieser politischen Absicht, denen zehn Stämmen, wovon er sich zum
Könige machte, außer dem Tempel zu Jerusalem, in seinem Gebiete zween andere Versammlungsorte zur Verehrung seines Gottes, und
zwar unter dem ägyptischen Lieblingsbilde des
Apis, anwies; denn damit war gleich die ganze
Constitution zerrüttet, das Land aller Abgötterey geöffnet, und die beyden nun auf immer ge-
trennten Reiche, beschleunigten aus Eifersucht
ihren gemeinschaftlichen Untergang.

Das Wesentliche dieses Gottesdienstes bestund in Opfern. Ursprünglich sind alle Opfer,
als die nächste natürlichste Wirkung der Erkenntniß Gottes anzusehen, wodurch die Menschen
ihn, als den Schöpfer der Natur und den Urheber alles Guten, gleichsam huldigen, und
durch

durch die Darbringung des Besten von allem dem,
was sie durch seine Güte zu ihrem Unterhalte ge-
nossen, ihre Dankbarkeit an den Tag legen wollen. Schon die Familie des ersten Menschen
suchte ihre dankbare Verehrung desselben dadurch zu beweisen; und der Gebrauch erhielt sich
nicht allein in der gottesfürchtigen Nachkommenschaft Adams, sondern er blieb auch als der wesentlichste Beweis aller göttlichen Verehrung, so
weit sich die Erkenntniß, oder auch nur das dunkle
Gefühl von einer Gottheit erhielt, selbst auch
bey allem Verfalle zur Abgötterey, unzertrennlich
damit verbunden. Und anfangs bestunden aus
diesen Huldigungs- und Dankopfern vermuthlich
alle Opfer. So wie sich aber bald das Gefühl der Verschuldung regte, und man jeden unglücklichen Zufall, auch jede schreckende Naturbegebenheit, als ein Zeichen der erzürnten Gottheit ansah, so war es auch wieder eine eben so
natürliche Wirkung, das reuige Bekenntniß der
begangenen Missethaten und das sehnliche Verlangen, die verlorne Gnade der Gottheit wieder
zu erlangen, durch diese Darbringung und Auf-
opferung des Besten was man hatte, an den
Tag zu legen. Und nach und nach wurde keine
feyerliche Handlung vorgenommen, wo Gott
nicht zuförderst als der Regent aller Schicksale
um seinen Beystand, oder als der Zeuge und
Richter zur Bestätigung der gelobten Treue bey
allen Bündnissen und Verträgen wäre angerufen

fen worden. Die gewöhnlichsten aber blieben die
Dank- und Versöhnungsopfer. Moses behielt
dieselben auch, doch so, daß er sie von allen sündlichen Zusätzen, wie sie bey den abgöttischen Völkern waren, reinigte. Die Speise- und Trank-
opfer, die aus Erdfrüchten, Wein und eßbaren
Thieren bestunden, sollten das dankbare Gefühl,
daß Gott der Schöpfer der Natur, und der Urheber alles Guten sey, erhalten, und der Opfernde durfte zu mehrerer Erweckung dieses Gefühls,
mit seinen dazu eingeladenen Freunden selbst davon mitessen. Die Schuld- und Versöhnungsopfer aber, die für jede Uebertretung des Gesetzes
dargebracht werden mußten und ganz verbrannt
wurden, sollten die heilige Verbindlichkeit des
Gesetzes, und daß niemand ungestraft dasselbe
übertreten könne, unterhalten, und zugleich
doch auch die große Strenge desselben mildern.
Denn da die Sicherheit der Constitution die große
Menge von Gesetzen erfoderte, und die Rauhigkeit des Volks und dessen Hang zu fremden abgöttischen Sitten die große Strenge nothwendig
machten, so waren diese Opfer das geschickteste
Mittel, die Autorität des Gesetzes und das Gefühl der verdienten Strafbarkeit für jede Uebertretung in aller Lebhaftigkeit zu erhalten, bey der
großen Menge von Gesetzen aber, wo die Uebertretung so leicht war, der menschlichen Schwachheit doch auch zu schonen. Denn der, der das
Opfer brachte, stellete dasselbe an seiner statt vor

Gott

Gott dar, und indem er bey Auflegung seiner Hände damit gleichsam seine Sünden auf des Thiers Kopf legte, so legte er damit das demüthige und reuige Bekenntniß ab, daß er der Missethäter sey, der selbst den Tod, den das Thier leide, verdient hätte, wenn Gott nicht aus Gnaden diesen Tod dafür annähme. Hierauf wurde das Thier geschlachtet und verbrannt, und der Opfernde wurde nun angesehen, als wenn er durch die selbst erlittene Strafe dem Gesetze genug gethan hätte; und war also von aller Verschuldung befreyet, oder wie Paulus Ebr. 9. sagt, leiblich gereiniget. Doch hatten diese Versöhnungen nur bey geringern Vergehungen statt; und wären alle Verbrechen, die die Religion selbst, und die Sittlichkeit betrafen, oder die öffentliche Ruhe störten, davon ausgenommen. Und alle diese Opfer, mußten so wie die täglichen Dank- und Brandopfer, die die Priester Morgens und Abends für das ganze Volk brachten, in dem Tempel oder der Stiftshütte und gleichsam in der Gegenwart Gottes geschehen, um so wohl den Eindruck der Heiligkeit dadurch zu erhalten, als auch alle bedenkliche Unordnungen und willkührliche Abweichungen von dem Gesetze zu verhüten.

Zu noch so viel mehrerer Unterhaltung, dieser so wohl gottesdienstlichen und bürgerlichen Einigkeit, mußte noch besonders das ganze Volk sich dreymal an diesem heiligen Orte zur Feyer von
dreyen

dreyen Feſten verſammlen. Dieſe waren das
Paſſah, oder auch das Feſt des ſüßen Brodts,
das Feſt der ſieben Wochen und das Lauberhüt-
tenfeſt. 2 B. M. 23, 14. 5 B. 16. Das Paſ-
ſahfeſt, als das vornehmſte, ſollte das Andenken
der wundervollen Erlöſung aus Aegypten beſtändig erneuren; und da es mit allen, bey jenem
Auszuge verordneten Gebräuchen, gefeyert werden, jeder Hausvater ſeiner Familie auch jedesmal die Geſchichte wiederholen mußte, ſo blieb
dem Volke dies Wunder gleichſam immer gegenwärtig, und war alſo das kräftigſte Mittel, es
in der Verehrung dieſes Gottes zu befeſtigen.
Die beyden andern Feſte hätten auch ihre Beziehung auf die Errettung aus jener Sclaverey und
auf den freyen Aufenthalt in der Wüſten, aber
da es zugleich zwey Dankfeſte für die frühe, und
für die völlig vollendete Erndte aller Früchte waren, ſo ſollte zugleich auch der dankbare Sinn,
daß der Gott Jehovah der Schöpfer und Urheber alles Guten ſey, dadurch jedesmal erneuert
werden. Außerdem ſollten dieſe Feſte aber auch
noch allgemeine Freudenfeſte ſeyn, um dadurch
das Volk ſo viel leichter von den Verführungen
zur Abgötterey der benachbarten Völker, und
deren üppigen und unzüchtigen Götterfeſten abzuhalten, es für ſeinen eigenen Gottesdienſt ſo
viel geneigter, und die unvermeidliche Laſt und
Härte deſſelben ihm zugleich ſo viel weniger empfindlich zu machen. Beſonders aber waren ſie
auch

auch noch das weiseste Mittel, es, durch diese fröhlichen Zusammenkünfte, zu sanftern Sitten zu gewöhnen, und das wohlwollende menschenfreundliche Gefühl zu erwecken, das in einer schwermüthigen, finstern und drückenden Religion, die keine Freuden leidet, mit dem wahren Gefühle der Religion allemal erstickt wird. Denn niemand durfte so wenig seine freywilligen Gaben und Gelübde, als die Gott gewidmeten festgesetzten Abgaben der Zehnden und Erstlinge, bey sich im Hause kärglich allein verzehren, sondern alles mußte, um die Freude so viel allgemeiner zu machen, an den Ort wo der Tempel war gebracht, und, nachdem das, was zum eigentlichen Opfer bestimmt war, davon genommen, zu festlichen Mahlzeiten für die Leviten, für die eigenen Familien, für Wittwen, Waisen, Armen, auch selbst für die leibeigenen Knechte, denn alles sollte vor dem Herrn, seinem Gott, fröhlich seyn, 5 B. 12, 12. und zur Unterhaltung einer allgemeinen Freude verwandt werden.

Nur das große Versöhnungsfest, das feyerlichste vor allen andern Festen, wurde einmal des Jahrs mit Demüthigung vor Gott und dem strengsten Fasten gefeyert, um das Volk an die heiligste Verbindlichkeit seines Gesetzes, und an die Größe seiner Verschuldung zu erinnern, ihm doch aber auch, weil die drohende fürchterliche Vorstellung des eifersüchtigen Zorns Gottes, die

die

die Rauhigkeit des Volks nöthig machte, zu ab-
schreckend gewesen wäre, zu seiner Aufrichtung
und zur Erhaltung seines Vertrauens zu seinem
Gott, diese Hoffnung zu seiner Versöhnung zu
lassen, und das sollte beydes an diesem Tage geschehen. Die ganze Verhandlung war hiezu
äußerst feyerlich angeordnet. Erst müßte der
Hohepriester, nach der sorgfältigsten Vorbereitung und Reinigung, ein Rind zum Sündopfer
schlachten, und unter starken Räuchern mit dem
Blute dieses Opfers in das Allerheiligste zu dem
Sitze der göttlichen Majestät gehn, und zuförderst,
ehe er die Sünden des Volks versöhnen konnte,
zu seiner und seines eigenen Hauses und Namens
Versöhnung, von diesem Blute an den Gnadenstuhl sprengen; darauf von den zweenen dazu erwählten Ziegenböcken, den einen zum Sündopfer
für das Volk schlachten, mit diesem Blute alsdann auch, als der Repräsentant des Volks, wieder in das Allerheiligste gehn, dasselbe auf eben
die Art gegen den Gnadenthron sprengen, und
im Namen des Volks damit das demüthige und
reuvolle Bekenntniß ablegen, daß es durch seine
Uebertretungen diesen Tod selbst verdient hätte,
wenn Gott nicht aus Gnaden dieses Blut als
ein Opfer dafür annehmen wollte; und bey dem
Herausgehen besprengte er auch noch den großen
Altar mit diesem Blute. Wie dies geschehen, nahm
er den andern dieser zweenen Böcke, legte, wie bey
den übrigen Versöhnopfern, die beyden Hände auf

deſſen Kopf, um gleichſam die Sünden des Volks
mit darauf zu legen, und ließ ihn dann durch ei=
nen Mann in die Wüſte bringen, zum Zeichen,
daß alle Miſſethat des Volks damit abgethan
ſey; zum Beſchluß opferte er dann noch einmal
zu ſeiner und des Volks gemeinſchaftlicher Ver=
ſöhnung, und das Rind und der Bock, wovon
das Blut ins Heiligthum gebracht war, wurden
zum Zeichen der gänzlichen Tilgung der Sünde
außer dem Lager verbrannt.

Dies waren die weſentlichſten Stücke dieſes
Gottesdienſtes, die uns zwar, in Vergleichung
des erhabnen, reinen und vernünftigen Gottes=
dienſtes, wie ihn Paulus nennet, und den der
Sohn Gottes in die Welt gebracht, ſehr ſinnlich
und dürftig deuchten müſſen, die aber nach den
damaligen allgemeinen Religionsbegriffen, und
nach der allgemeinen ſinnlichen Schwäche, die
ſich zu der Anbetung Gottes im Geiſte noch nicht
erheben konnte, beurtheilet, zur Erhaltung
der großen Grundfeſte der Religion und des
Staats, der Wahrheit nämlich von einem eini=
gen allerhöchſten Gott und des damit verbunde=
nen religiöſen Sinnes, mit der größten Weisheit
eingerichtet waren. Und doch würde auch alle
dieſe Einrichtung hiezu noch nicht hinreichend ge=
weſen ſeyn, wenn Moſes nicht zugleich auch al=
les, was nur irgend den Hang zur Abgötterey
reizen konnte, mit eben der weiſen Sorgfalt ent=
fernet

fernet hätte. Hierauf gieng zuförderst, neben
dem ersten Gebothe keine andre Götter zu haben, das Verboth auch keine Abbildung oder
sinnbildliche Vorstellung von Gott, von welcher Art dieselbe auch immer sey, zu machen,
2 B. 20, 4.

Abbildungen in Menschengestalt werden darunter noch nicht erwähnet; es werden nur alle
Gleichnisse, oder bildliche symbolische Vorstellungen von Gestirnen und von Thieren, die auf
der Erde und im Wasser leben, als die eigentlichen ägyptischen Götterbilder verböthen. Die
Götterbilder in Menschengestalt waren das Werk
der spätern griechischen Kunst, so wie die Vergötterung der Menschen selbst eine spätere
Erfindung der Dankbarkeit oder der Schmei-
cheley war. Thiere, schienen den alten Aegyptern, ein schicklicher Bild ihrer Gottheiten als
Menschen zu seyn, deren Schwachheit sie immer vor Augen hatten; und deren Schwachheiten und Laster durch diese Bilder den griechischen Göttern auch wirklich angedichtet wurden,
und die Göttergeschichte so abscheulich machten;
auch konnten die verschiedenen Gottheiten und
ihre Attribute, bey der noch rohen Kunst, unter
einerley Menschengestalt nicht so deutlich unterschieden werden, so wie auch, aus eben dem Mangel der Kunst, unter den ersten griechischen Bildern der Gott von einer Göttinn (si Deus si Dea

es)

es) noch nicht unterschieden werden konnte. Und
wie in den spätern Zeiten die Aegypter sich mehr
dem griechischen Geschmacke näherten, und menschliche Figuren zu ihren Götterbildern wählten, so
blieb doch der Thierkopf das bedeutende Bild
der eigentlichen Gottheit. Mit der größten Klugheit verboth Moses aber auch alle dergleichen Abbildungen des wahren Gottes, mit eben der
Strenge als die wirkliche Abgötterey. Denn
jede Abbildung, welche es auch immer sey,
schwächt nothwendig die Vorstellung dieses erhabenen geistigen Wesens, zieht den Menschen
von der andächtigen Erhebung zu demselben zurück, tödtet gleich den ganzen vernünftigen religiösen Sinn, wird nach und nach wirkliche Vielgötterey und endlich zu der niedrigsten abgöttischen Verehrung des Bildes selbst die unvermeidliche Versuchung.

Noch weniger wurde einige wirkliche Abgötterey oder Verehrung fremder Götter ge-
duldet, sondern diese wurde als das allerhöchste Verbrechen gegen die Religion und den
Staat mit der Todesstrafe belegt.

Und um noch mehr alle dergleichen Verführungen zu verhüten, so suchte er das Volk auch,
durch seine ganze Einrichtung, so viel als möglich von allen nahen Verbindungen mit den
benachbarten abgöttischen Völkern abzusondern,
verboth

verboth beſonders deswegen alle eheliche Ver=
bindungen mit abgöttiſchen Weibern, und um
noch mehr alle dergleichen Verbindungen zu
verhüten, hatte auch das Verboth ſo vieler
Speiſen zum Theil dieſe Abſicht.

Ich übergehe die vielen andern Verordnun=
gen und Geſetze, die dieſer göttliche Mann eben=
falls noch nach der Lage und Verfaſſung des
Volks zur Erhaltung ſeines großen Endzwecks
mit gleicher Weisheit und Vorſicht verordnete.
Nur dies verdient noch eine vorzügliche Bemer=
kung, daß in dieſer ganzen gottesdienſtlichen Ver=
faſſung gar keine bildliche geheime Vorſtellung,
keine Prieſtergeheimniſſe, keine rätzelhafte Hiero=
glyphen ſind, wovon die Prieſter, wie bey den
Aegyptern, den wahren Sinn zuletzt ſelbſt ver=
loren hätten, ſondern daß alles den populärſten
Begriffen dieſes Volks gemäß eingerichtet, auch
alle Geſetze in der gemeinen Volksſprache abge=
faſſet, das Verhalten eines jeden genau beſtimmt,
die Abſchriften davon, damit ein jeder bey vor=
kommendem Falle ſeinen Unterricht gleich finden
konnte, unter die Prieſter vertheilet waren, und daß
über dem noch, um alle vorſetzliche Veränderungen
ſowohl, als auch Nachläßigkeiten des Abſchrei=
bers darinn zu verhüten, dies ganze Geſetz alle
ſieben Jahr, in dem Sabbathjahre, wenn das
Volk von ſeiner Landarbeit ruhete, öffent=
lich verleſen werden mußte. Die allerweiſeſte

Ver=

Veranstaltung, wodurch die Einrichtung immer vor allen Veränderungen gesichert blieb, oder wenn auch einige Veränderung darinn vorgegangen, daß die ursprüngliche Ordnung immer sicher wieder hergestellet werden, und keine Verordnung sich ganz verlieren konnte, daß auch nichts der willkührlichen Auslegung oder Fodrung der Priester überlassen war, sondern ein jeder sich selbst mit allen seinen Pflichten bekannt machen, aber sich dafür auch mit keiner Unwissenheit entschuldigen, und der Gesetzgeber auch mit so viel größrer Strenge die genaueste Beobachtung fodern konnte. Das Geboth, was ich dir gebe, sagte er daher 5 B. Cap. 30, 11. ist dir nicht zu dunkel noch zu entfernt, weder im Himmel, daß du sagen könntest, wer will uns in den Himmel hinauf holen, daß wir es hören, es ist auch nicht jenseit des Meers, daß du sagen könntest, wer will uns übers Meer abholen, daß wir es hören und darnach thun, sondern es ist dir ganz nahe vor deinen Augen und Herzen, daß du darnach thun kannst.

Und was endlich noch am allermeisten zur Erhaltung dieser Constitution diente, und dem Volke die größte Ehrerbietung und Neigung für dieselbe geben mußte, war die Würde des allerhöchsten Alterthums, die er ihr damit gab, daß er in einer, von dem ersten Ursprung an, bis auf seine gegenwärtige Zeit fortgeführten kurzen und

zu-

zusammenhängenden Geschichte bewies, daß er im Wesentlichen gar nichts neues verordnet, und daß nicht allein der Gott Jehovah der einige Gott der ersten Welt, sondern daß auch die ganze von ihm geordnete Art ihn zu verehren, und seine vornehmsten Stiftungen und Gesetze derselben schon heilig gewesen, und daß alle Götter und gottesdienstliche Gebräuche der Heyden, auch selbst der Aegypter ihre, dagegen nichts als neue Erfindungen oder Verfälschungen dieser alten wahren Religion wären, die er in ihrer ursprünglichen Lauterkeit nur wieder herstelle, und nach ihrer jetzigen neuen Verfassung einrichte. Hiedurch, und daß er dabey noch diese Geschichte, als den Grundriß seiner ganzen gottesdienstlichen Verfassung, seinem Gesetze zu einer Einleitung voransetzte, gab der große Mann seiner Verfassung einen Vorzug und eine Würde, die keine andere Constitution in der Welt hatte und haben konnte, und bewies damit zugleich eine Klugheit, die ihn auch ohne Rücksicht auf seine göttliche Sendung zu dem größesten und weisesten Gesetzgeber der Welt macht.

Hier treten übrigens noch zwo Untersuchungen ein, die ich nicht ganz übergehen kann. Die eine ist: ob Moses, einen Theil dieser seiner gottesdienstlichen Einrichtung, von den heydnischen Völkern, und besonders von den Aegyptern, genommen habe; und die andre: ob

ob diese Einrichtung auch eine vorbildliche
typische Bedeutung gehabt habe. Die erste läßt sich jetzt schon mit mehrerer Zuversicht beantworten, da sie aus dem Gesichtspunkte nicht mehr angesehen wird, als sie wohl
ehedem aus der gutgemeynten Bedenklichkeit angesehen wurde, daß es der Ehre Gottes, als
des höchsten Stifters dieser Religion, entgegen sey, anzunehmen, daß er zu deren Einrichtung von abgöttischen Völkern ihre Gebräuche geborgt habe.

Daß das Wesentliche dieses Gottesdienstes ganz der alten patriarchalischen Religion
gemäß eingerichtet gewesen, habe ich schon gesagt. Die eigentliche Frage betrifft also nur
noch die äußerliche Polizey dieser Religion,
so wie sie Moses für die nunmehrige Verfassung des Volks einzurichten nöthig fand,

Wegen Mangel hinreichender Nachrichten von
dem allerältesten Religionszustande der Aegypter, läßt sich zwar nicht mit Gewißheit ausmachen, ob, und wie viel Gebräuche Moses von
ihnen angenommen habe. Da sich aber, nach
den vorhandenen ältesten Nachrichten, unter dieser mosaischen und der ägyptischen Einrichtung
die auffallendste Aehnlichkeit findet, die auch selbst
von denen, die doch von der Annehmung dieser
Meynung am weitesten entfernet sind, eingestanden

den wird, so bleibt nur diese Untersuchung noch übrig: ob Moses diese Gebräuche von den Aegyptern, oder ob die Aegypter sie von den Israeliten angenommen haben. Das letztere hat alles gegen sich. Denn nur dies, daß die Aegypter, die in ihrer ganzen Einrichtung die originalste Nation in der Welt waren, die, stolz auf ihre Weisheit, alle andre Völker mit Verachtung ansah, ihnen sogar den Eingang ins Land verwehrt, deren gottesdienstliche Verfassung auch ganz local war, ganz auf die Naturkenntniß, und auf deren eigentliche Natur des Landes gegründet war, und wo die Priester zugleich der erste Landstand und die ersten Bedienten des Staats waren, daß diese ihre heiligen Gebräuche von einem fremden Volke angenommen haben sollten, wie unglaublich! Und wann sollte dies geschehen seyn? Nach dieser mosaischen Einrichtung? Also von Mose, dem Osarsiph und Sonnenzerstörer, wie er ihnen hies, dessen Name ihnen der abscheulichste seyn mußte, weil er ihre ganze Weisheit gemein gemacht, ihre größten Geheimnisse entweihet, ihr vorgegebenes hohes Alter zur Fabel gemacht, ihre höchsten Götter für Geschöpfe seines Gottes, und ihren ganzen Gottesdienst für einen Greuel erkläret, und ihre ganze Macht an den Rand des Verderbens gebracht hatte, von dem sollten sie dennoch einen Theil ihrer heiligen Gebräuche angenommen haben? Sie mußten sie also vorher schon angenommen ha-

Ddd 5 ben;

ben; also von den Israeliten, während der Zeit
daß diese noch in Aegypten waren; von diesem
gehäßigen, niedrigen, verächtlichen Sclaven= und
Hirtenvolke also, das in seiner ganzen Lebensart
und in allen Sitten so sehr von ihnen unterschieden war, das bey seiner Ankunft ins Land noch
gar keine Religionsform hatte, bey seinem unstäten soenitischen Leben auch keine annehmen konnte,
und vermuthlich wegen der rasenden Anhängigkeit an den ägyptischen Aberglauben die ersten
Grundsätze der Religion seiner Stammväter,
bis auf die Beschneidung, schon vernachläßigt hätte, von dem Volke sollten sie also ihre Gebräuche
genommen haben? noch unglaublicher. Und
eben so wenig konnten sie von Joseph oder Abraham ursprünglich herkommen. Zu beyder Zeiten waren Staat und Religion schon völlig gebildet. Die Zeit, die Abraham sich als ein
Fremdling daselbst aufhielt, war viel zu kurz,
und sein Ansehn reichte dazu nicht hin, daß sie
von ihm unter ihre heiligen Gebräuche etwas angenommen, oder darinn geändert hätten. Und
Joseph, der durch seine Vermählung mit der
Tochter des Oberpriesters zu On, selbst in den
dortigen Priesterstand trat, scheint sich dadurch
vielmehr der dortigen Verfassung conformiret zu
haben. Hier ist also nirgend einiger wahrscheinlicher Grund, daß diese Gebräuche von den Israeliten erst nach Aegypten gekommen seyn sollten.

Das

Das Anstößige, was man sich hiebey denkt, daß Gott zu einem Dienste, den er zu seiner Erkenntniß und Verehrung unter seiner unmittelbaren Aufsicht einrichten lassen, von den abgöttischen Völkern ihre Gebräuche habe borgen lassen, liegt bloß in dem willkührlichen Worte borgen. Man nehme dies Wort weg, und setze dafür, mit Freyheit und aus weiser Absicht gewählt, so ist alles Anstößige verschwunden. Gebräuche sind an sich, so lange sie zu keinen irrigen oder schädlichen Vorstellungen Anlaß geben, gleichgültig; und daß Moses aus Dürftigkeit, und aus Mangel eigner Erfindungsfähigkeit, (dies hieße eigentlich borgen) von andern Völkern ihre Gebräuche entlehnt haben sollte, um seinem Gottesdienste damit ein prächtiges Ansehn zu geben, dies kann doch wohl niemanden einfallen; noch weniger aber wohl, daß er dadurch die Anhängigkeit des Volks an den ägyptischen Aberglauben habe unterhalten wollen, und auch noch weniger, daß er es aus Mangel von Vorsicht und Klugheit sollte gethan haben. Seine erste und größte, oder vielmehr seine ganze Absicht ist auf die Entfernung des Volks von aller, und besonders von der ägyptischen Abgötterey und allem damit verbundenen Aberglauben gerichtet. Dies ist der Zweck und der Geist seiner ganzen Verfassung, und die Klugheit, womit er es gethan, läßt sich nicht genug bewundern. Ich würde sie ganz abschreiben müssen, wenn

ich

ich dies einzeln beweisen wollte. Man vergleiche aber nur die wesentlichen Punkte seines und
des ägyptischen Gottesdienstes gegen einander.
In Aegypten hatte das allerhöchste Wesen,
wenn noch eins gekannt war, so wie bey allen
andern Völkern, gar keinen öffentlichen Dienst;
sondern Sonne, Mond und Sterne nebst dem
Nil, waren hier die höchsten Götter. Mosis
Religion hergegen ist ganz auf die Verehrung
des einigen Gottes und Schöpfers der Welt, mit
Verleugnung aller Unter- und Nebengötter, eingerichtet, und erkläret jene Götter für leblose Geschöpfe, und ihre Anbetung für das allerhöchste
Verbrechen. In Aegypten hat jede dieser Gottheiten ihr symbolisches Bild, einen Stier, einen
Hund, einen Crocodil, einen Sperber; Moses
verbietet auch alle Abbildung des wahren Gottes schon als Abgötterey bey Strafe des Todes.
In Aegypten sind jene Thiere heilig; er erkläret
sie größtentheils für unrein; die heiligsten Gebräuche macht er zu Greueln, und ordnet dagegen Gebräuche und Opfer, die den Aegyptern
ein Abscheu seyn mußten. In Aegypten sind
Zauberey, Wahrsagerey, Traumdeuterey die
höchste Weisheit und ein Vorzug des Priester-
standes; er erkläret hingegen alle diese Weisheit
für Aberglauben und Betrug, und verbietet sie
als solche bey Lebensstrafe. In Aegypten war
die Beschneidung ein Vorzug der Priester; er
verordnet sie zu einem gemeinen Volkszeichen.

In

In Aegypten bekamen die Todten eine Art von Heiligkeit, und man suchte sie vor aller Verwesung zu bewahren; er erkläret alle Todten für unrein, es ist schon eine Verunreinigung, sie anzurühren, und um sie aus den Augen zu bringen, müssen sie gleich in die Erde verscharret werden. In dem ägyptischen Gottesdienste ist endlich alles hieroglyphisch, symbolisch, rätzelhaft und geheimnißvoll, wovon die Priester allein den verborgenen Sinn und die Erklärung besaßen; in dem mosaischen ist hingegen nichts symbolisches, alles offen, simpel, alles nach den schwachen Begriffen des Volks eingerichtet, dem Priester nichts vorbehalten, nichts seiner willführlichen Auslegung überlassen, alles genau bestimmt, in gemeiner Volkssprache abgefasset, daß das Volk seine Religion so gut, als der Priester, und die Amtspflichten des Priesters so gut, wie seine eignen Pflichten, kennen kann.

Diese Feindschaft Mosis gegen alle ägyptische Abgötterey war auch so bekannt, daß dieselbe bey den Aegyptern sowohl, als bey allen andern Völkern, seinen unterscheidenden Charakter ausmachte. Der ägyptische Priester Manethon nennet ihn den Feind der ägyptischen Gebräuche; und besonders ist hier das Zeugniß des Strabo entscheidend, daß ich nicht unterlassen kann, es in der Kürze hier anzuführen. Moses, sagt er, sey aus einem ägyptischen Priestergeschlechte gewesen,

gewesen, (in gewisser Maaße wahr, weil er
in die königliche Familie aufgenommen wurde,) aber weil ihm ihr Götterdienst, daß sie
dieselben unter Gestalten von Thieren, so wie
die Griechen unter menschlichen Bildern, angebetet, zu anstößig gewesen, so habe er Aegypten deswegen verlassen, und sey nach Palästina gegangen. Denn er habe nur allein das
allerhöchste unendliche Wesen, das die ganze
Natur umfaßt, für den einigen wahren Gott
erkannt; und da dieses durch nichts abgebildet werden könne, so habe er auch dafür gehalten, daß es ohne alle bildliche Vorstellung,
in einem seiner Heiligkeit gewidmeten Tempel
angebetet werden müsse, von dem dann auch
alle die ein unschuldiges rechtschaffenes Leben
führten, alles Gute erwarten könnten. Dies
habe er vielen gutgesinnten Menschen beredet,
und unter der Versprechung eines ihnen zu
gebenden vernünftigen und nicht zu kostbaren
Gottesdienstes, worinn er sich auch vortrefflich
bewiesen, habe er sie in die Gegend, wo die
Stadt Jerusalem sey, hingeführet. Wie
wahr dies gegen alles das unzusammenhän-
gende sich widersprechende Gewäsche des
Manethon!

Allen möglichen Veranlassungen zu dem
ägyptischen Aberglauben, war hier also genug
vorgebeugt. Aber da das Volk und alle
Men-

Menſchenvernunft noch keinen Gottesdienſt
ohne Gebräuche, ohne Tempel, ohne Opfer,
ohne Feſte, ohne Prieſter denken konnte, das
Volk auch um der Verführung zur Abgötterey der benachbarten Völker willen, dieſelben
nothwendig haben mußte, wie würde nun
Moſes daſſelbe, da es ſeinem neuen Gottesdienſte ſchon alle ſeine andern bisherigen Götter aufopfern, und ſich zur Anbetung eines
einigen unſichtbaren Gottes bequemen mußte,
ohne daß ihm auch davon nur einige Abbildung wäre vergönnet geweſen, wie würde er,
ſage ich, dies zum Aufruhre ohnehin ſo geneigte Volk, je zur gehorſamen Annehmung
ſeines Gottesdienſtes haben bringen können,
wenn er ihm dabey auch noch lauter neue,
ungewöhnliche, ungeweyhete Gebräuche, womit noch gar keine Vorſtellung von Heiligkeit
verbunden war, vorgeſchrieben hätte? Mit
noch ſo vieler Klugheit gewählet, würde er
ihnen, da zumal kein ſinnliches Bild von Gott
da war, worauf er ihnen eine ſichtbare Beziehung geben konnte, das heilige Anſehn got-
tesdienſtlicher Gebräuche nie haben geben können; das Volk würde ſich immer ohne Gott
und ohne alle Religion geglaubt haben. Wollte
er es alſo nicht ganz gegen ſich und ſeine neue
Verfaſſung empören, und es in den Verdacht
bringen, daß er es mit der Einbildung von
der Gegenwart ſeines Gottes nur täuſchen
wolle,

wolle, so erfoderte es die Klugheit, solche Ge=
bräuche zu wählen, die damals von allen Völ=
kern für wesentlich heilig gehalten wurden;
die besonders dies Volk einige Jahrhunderte
mit einer heiligen Ehrfurcht schon angesehen,
auch vielleicht selbst den Gott seiner Väter
schon mit darunter angebetet hatte, und die,
ohne einige abgöttische Vorstellung zu veran=
lassen, also am geschicktesten waren, die Vor=
stellung von der Gegenwart des unsichtbaren
Gottes, und überhaupt den religiösen Sinn,
den er dadurch erwecken wollte, zu un=
terhalten.

Ueber die andere Untersuchung aber, wage
ich es so viel weniger mich so entscheidend zu er=
klären. Ich bin der fast allgemeinen Meynung,
daß diese gottesdienstliche Einrichtung mit der
Absicht geordnet sey, daß sie die höhern Geheim=
nisse der künftig vollkommenern Religion abbil=
den solle, zu viele Ehrerbietung, und der Zu=
friedenheit derer, die diese Geheimnisse darinn zu
sehen, und darinn zugleich noch einen besondern
Beweis für die Wahrheit des Christenthums zu
haben glauben, zu viele Schonung schuldig, als
daß ich dieselbe im geringsten kränken sollte. Ich
hätte auch nicht Gründe genug, dieser Meynung
zu widersprechen; und will nur einige Bedenk=
lichkeiten dagegen anführen. Die erste ist, daß
Moses davon selbst gar keine Anzeige giebt, und
vielmehr

vielmehr alle symbolische Vorstellung sorgfältigst
vermeidet; und da er auch in Ansehung ihrer
Erklärung nichts bestimmt, daß er also gegen
sein großes Principium, dem Willkühr der Priester in ihrer Ausdeutung zu viel überlassen hätte;
und da diese die höhern Geheimnisse des Christenthums ohne Offenbarung nie hätte kennen
können, daß diese willkührlichen Auslegungen
auch zu den verkehrtesten Vorstellungen hätten
Anlaß geben können. Hiezu kömmt noch, da
das Volk noch zu roh war, als daß es einiger
höherer geistiger Vorstellungen fähig gewesen
wäre, sondern noch mit knechtischer Strenge,
wie Paulus sagt, an dies Gesetz gebunden seyn
mußte, ob es für diesen seinen ganzen Gottesdienst nicht die nöthige Ehrerbietung verloren
haben würde, wenn es denselben nur für einen, eine kurze Zeit daurenden, Schattenriß
einer künftig vollkommnern Religion angesehen
hätte.

Die Propheten hatten darüber schon erleuch-
tetere Einsichten, so wie ihnen auch überhaupt
das Aeußerliche dieses Gottesdienstes nicht mehr
so wichtig war; aber Moses mußte seinem Gesetze noch die höchste Autorität zu erhalten suchen.
Der große Plan der geoffenbarten Religion überhaupt bleibt deswegen unverändert. Auch die
herrliche Vergleichung, die der Apostel Paulus,
um die höhern Vorzüge der christlichen Religion

daraus zu erweisen, in dem Briefe an die Ebräer
davon macht, bleibt dieselbe, oder erhebt vielmehr diese Vorzüge noch, wenn er zeigt, wie leer
und unbedeutend, oder wie er sich sonst ausdrückt,
wie dürftig alle diese Gebräuche gewesen, als
wenn er vorausgesetzt hätte, daß alle diese hohen
Geheimnisse unter jenen Vorbildern schon wirklich bekannt gewesen, und sie jetzt nur in einem
vollern Lichte dargestellt wären. Auch würde der Apostel dadurch allem, was er in den
Briefen an die Römer und Galater von der Unvollkommenheit des mosaischen Gesetzes sagt, daß
es nämlich den Geist einer vollkommenen Religion nicht in sich fasse, und weder den wahren
moralischen Sinn, noch auch die beruhigende
Versicherung von der Gnade Gottes geben könne, selbst widersprochen haben. Die Wahrheit der christlichen Religion aber ist außerdem so
unwidersprechlich bestätigt, daß sie durch den
Abgang dieses Beweises nichts verlieren kann,
daß bey den gewesenen Juden, ich setze noch
hinzu, gegen welche Paulus diese Vergleichung
macht, dieselbe den größten Eindruck machen
müssen, daß dieselbe dagegen aber von dem
großen Haufen der Christen, die mit diesen mosaischen Gebräuchen zu wenig bekannt sind, nicht
leicht mit einiger Deutlichkeit werde empfunden
werden. Wenigstens bleibt dies immer zu wünschen, da die Grenzen dieser Bedeutung nirgend
bestimmt sind, daß man in der willkührlichen

Aus-

Ausdehnung dieser Aehnlichkeiten nicht bis auf alle Kleinigkeiten hinaus gehe, da ein solches Spiel der Einbildung der Würde unsrer Religion leicht mehr nachtheilig werden, als ihre Wahrheit bestätigen könnte.

Die Stütze dieser ganzen Constitution war endlich der Priesterstand, auf welchem die ganze Erhaltung ihrer Ordnung beruhete. Denn außer der allgemeinen Meynung, daß die Gottheit ihre ihr besonders geweiheten Diener haben müsse, die das, was ihr Dienst erfodre, besorgten, so machte die besondre Verfassung dieser Constitution, in welcher Gott zugleich als der unmittelbare Regent und Gesetzgeber angesehen wurde, und wo folglich Gottesdienst und bürgerlicher Staat nur ein unzertrennliches Ganzes ausmachten, einen Stand noch so viel unentbehrlicher, der so wohl die mannichfaltigen heiligen Gebräuche, die eigentlich zum Dienste dieses Gottes und seiner Wohnung gehörten, besorgte, als auch über die genaueste Beobachtung des ganzen weitläuftigen Gesetzes mit aller Aufmerksamkeit wachte.

In Aegypten machte dieser Stand den ersten der drey Hauptstände der ganzen Nation aus. Moses wählt statt dessen nur einen Stamm aus den zwölfen, nämlich den Stamm Levi; und in diesem hatte die Familie Aarons den Vorzug,

daß

daß diese allein mit der eigentlichen Priesterwür-
de bekleidet war, und nebst der Verwaltung der
gottesdienstlichen Geschäffte, worinn ihr die übrigen Leviten nur als Unterbediente zugeordnet
waren, auch die Abschrift des Gesetzes und die
Fürsorge für dessen Erhaltung hatte. Ueber
die Wahl dieses Stammes konnten die übrigen
so viel weniger eifersüchtig seyn, da Moses selbst
daraus herstammte, und indem er diese Vorzüge
auf ewig damit verband, so kam er dadurch
nicht allein allen künftigen Cabalen vor, sondern
konnte nun auch, da er die Erhaltung der Constitution dadurch zu einer Familienangelegenheit
machte, so viel mehr gewiß seyn, daß sie sich
derselben auch mit so viel größerm Eifer annehe-
men würde. Und um dies Interesse noch mehr
zu verstärken, gab er diesem Stamme in der
Theilung des Landes keinen besondern Landes-
antheil, sondern wies ihm dafür den Zehnten
von allen Aeckern an, der schon in den allerält-
testen Zeiten für ein Eigenthum Gottes als des
Schöpfers der Welt und seiner Priester angesehen wurde, 1 B. 14, 18. und legte diesem noch
die Erstlinge von allem Vieh und Früchten,
und einen Theil des so genannten Lösegeldes für
die Erstgeburt zu. Dabey wurden ihm durchs
ganze Land besondre Städte zur Wohnung an-
gewiesen, wodurch die Priester so wohl den Geschäfften, die nebst dem Gottesdienste zu ihrer Bestimmung gehörten, so viel näher waren, und

das

das Volk sich ihres Raths und Unterrichts bey
vorkommenden Fällen sich so viel leichter bedienen könnte, als daß auch sie das Volk so viel
näher unter Augen hätten, und nichts, was der
Constitution irgend nachtheilig werden können,
ihrer Aufmerksamkeit entgehen konnte.

Aber hier hebt sich auch der große Einwurf
an, daß eben dies alles beweise, daß diese ganze Constitution nichts als ein künstlich verwebtes
politisches Priestersystem sey; da die dem Volke
so hoch eingebildete Theokratie, die große Menge und Gewalt der Priester, deren dem Lande
so lästige und kostbare Unterhaltung, der drücken-
de Pracht des Gottesdienstes, die ewigen leeren
Religionsbeschäfftigungen, die Menge so vieler
nichtsbedeutender, unter die wichtigsten Moral-
gesetze gemischter, und dem Volke ohne Unterschied eben so hoch angerechneter Gesetze, deren
tyrannische Strenge, und die blutdürstige Intoleranz und der dem Volke damit eingeprägte
allgemeine Menschenhaß, sämmtlich sichtbar dazu angelegt wären, das Volk in seiner stupiden Dummheit und Priestersclaverey zu erhalten.

Ich glaube hierunter alles befasset zu haben, womit Bolingbrok und Voltaire und
alle Feinde der geoffenbarten Religion die

Eee 3   Welt

Welt so lange getäuscht haben. Ich werde aber auch alles kurz beantworten können.

Theokratie: Das Wort ist neu, und Josephus, der es zuerst braucht, hält es selbst nicht für recht bequem, die Sache auszudrücken; diese ist aber so wenig von Mose zuerst erfunden, als sie seiner Constitution eigenthümlich allein zukömmt. Es war allen alten Religionen gemein, daß sie mit dem Staate verbunden waren. Der Grund davon lag schon in den Familienstaaten; der Beweis davon sind Melchisedeck und die Patriarchen, die Fürsten und Priester zugleich waren, und aus den Familienstaaten gieng dies in die größern mit hinüber. So wie die Vielgötterey zunahm, so vermehrten sich auch diese Theokratien. Jedes Volk sah den Gott, den es anbetete, als den Stifter seines Staats und als seinen Nationalgott an, unter dessen besonderm Schutze es stünde. So wurde in Aegypten aus der obersten Gottheit der Sonne, der Osiris, der oberste Nationalgott und König. Ich habe in dem Abschnitte, von Mosis Lehrbegriffe von Gott, schon gesagt, wie er es nicht habe ganz vermeiden können, seinem Volke den Jehovah ebenfalls als einen solchen Gott vorzustellen. Das Volk würde sich ohne alle Gottheit geglaubt haben, wenn er ihm diese Vorstellung nicht gelassen hätte. Im Grunde konnte er ihm seine Verfassung

sung auch als eine solche Theokratie vorstellen.
Die Nationalgötter aller andern Völker waren
vergötterte Geschöpfe und Wahngötter, und so
auch ihre Theokratien; aber diesem Volke war
das Land, welches es jetzt beziehen sollte, schon
in seinen Stammvätern zum Eigenthume von
Gott bestimmt; es bezog es unter dessen besonderm Schutze; die ganze Einrichtung der Religion
und des Staats war auf die außerordentlichste
Art von Gott bestätigt, und wurde folglich ganz
nach dieser göttlichen Vorschrift regieret; das
Volk hatte dabey auch, so lange es seinem Gotte
getreu bleiben würde, die Versicherung von dessen besonderm Schutze; und da es zugleich unter allen benachbarten bekannten Staaten der
einzige Staat war, worinn dieser Gott ohne
alle Untergötter als der einige Gott allein angebetet wurde, so konnte es Moses, um es so vielmehr von der Abgötterey abzuhalten, und ihm
für seine ganze Constitution eine so viel größre
Ehrfurcht einzuprägen, es ihm auch nicht wichtig genug machen, da alle andre Völker sich nur
eingebildete falsche Götter zu ihren Schutzgöttern erwählet, daß dieser einige Gott und Schöpfer der Welt sein Regent und Schutzgott sey.
Da nun zugleich noch die Stiftshütte als die
eigentliche Wohnung Gottes, und das Gesetz
als das beständige Orakel desselben angesehen,
und diesem zu folge alles, was vor oder in diesem
heiligen Zelte geschah, als in der Gegenwart

Eee 4   Gottes

Gottes, oder vor dem Herrn geschehen, und alles, was dem Gesetze zu folge geordnet und vollzogen wurde, als auf unmittelbaren göttlichen Befehl geordnet, angesehen wurde, so hat dieses vielleicht oft zu der übertriebenen Idee von dieser Theokratie mit Anlaß gegeben, als wenn Gott in diesem Staate beständig auf eine außerordentliche Art gegenwärtig gewesen sey, und denselben unmittelbar regieret habe.

Nach der Vorstellung dieser Theokratie muß nun auch der Priesterstand, wenn man richtig davon urtheilen will, angesehen werden. Denn wenn dieser israelitische Staat, mit unsern Staaten, jene gottesdienstliche Verfassung mit unserm Gottesdienste, und jener Stand mit unserm geistlichen Stande einige Aehnlichkeit gehabt hätte, so wären alle die Einwürfe, die man gegen die Menge, das große Ansehn und die Einkünfte dieses Standes macht, auch völlig gegründet. Aber da in jenem die Religion und die Polizey ein unzertrennliches Ganzes ausmachten, das Reich unsers Heilandes hergegen kein Reich dieser Welt und seine Religion mit dem bürgerlichen Staate in keiner eigentlichen Verbindung ist, sondern als eine Angelegenheit der Seele sich zu allen Staaten und auf alle Gegenden und Zeiten schickt, indem sie in der Anbetung und Verehrung Gottes im Geist und in der Wahrheit und in dem aufrichtigen Bestreben besteht,

besteht; uns, nach seiner Vorschrift, in einem
reinen unschuldigen Wandel zu der uns von ihm
erworbenen seligen Ewigkeit vorzubereiten; jener Gottesdienst hergegen noch ganz sinnlich
war, und nach der rohen Sinnlichkeit des Volks
und der damaligen allgemeinen Schwäche der
Vernunft nach seyn mußte, da Gott selbst noch
nach dem Begriffe der Theokratie als der gegenwärtige Regent und König bedienet wurde; unser geistlicher Stand daher auch mit jenem Stande gar keine Aehnlichkeit hat, sondern eigentlich
ein Lehrstand ist, verordnet, um die Menschen
in der Erkenntniß Gottes und des Erlösers nach
seiner Lehre und den dazu von ihm verordneten
heiligen Gebräuchen zu unterrichten, sie zur Erfüllung ihres großen Berufes zu erwecken, und
die Hoffnung ihrer höhern Bestimmung in ihnen
zu erhalten; sie außerdem aber ordentliche Mit-
glieder der bürgerlichen Gesellschaft sind, mit den
übrigen unter einerley Gesetzen stehen, und ihre
äußerlichen Vorzüge und Rechte Bewilligungen
der Gesellschaft sind, um ihren, auch dem Staate
so wichtigen Beruf, so viel vollkommener erfüllen zu können; so kommen alle diese Einwürfe
entweder aus Mangel von richtiger Erkenntniß,
oder es sind vorsetzliche Verstellungen, um diese
Verfassung von allen Seiten verdächtig zu machen. Denn da außer den täglichen Opfern,
und so vielen andern Geschäfften des Gottesdienstes, die für sich schon eine große Anzahl von

Priestern

Priestern und Unterbedienten, die sich darinn ablö=
sen mußten, erfoderte, diesen Priestern die Sorge
für die Erhaltung der ganzen Verfassung aufgetra=
gen war, da sie die Diener und Räthe des gan=
zen Staats, die Beschützer und Vollzieher aller
Gesetze, damit zugleich auch die Polizeyaufseher,
die Annalisten und Geschichtschreiber, die Aerzte
und Astronomen waren, um die Festzeiten dar=
nach genau zu bestimmen, kurz, da sie alles das
waren, was bey den Türken noch die Gesetzge=
lehrten sind, oder, was bey uns den ganzen ge=
lehrten Stand ausmacht, so war auch hiezu
diese Anzahl von Menschen unentbehrlich.   Und
dies war nicht Mosis Erfindung; dies waren die
Priester bey allen alten Völkern, bey den Aegyp=
tern und bey allen andern morgenländischen auch
nördlichen Völkern, den alten Deutschen, den
Galliern und Britten.   Joseph mußte bey seiner
Erhebung, um zu den Staatsgeschäfften kommen
zu können, erst in den Priesterstand treten; und
Tacitus sagt von den alten Deutschen, daß es nie=
mand als den Priestern erlaubt gewesen, einige ge=
setzliche Strafe an einem Verbrecher zu vollziehen,
und dies nicht als eine bürgerliche Strafe, oder
auf Befehl des Königs oder Feldherrn, sondern
im Namen und auf Befehl Gottes.   Ganz
theokratisch.

Nach dieser Verfassung mußten sie als
die eigentlichen Diener Gottes und des
Staats

Staats auch nothwendig das große Ansehn haben.

Auch mußte daher ihr Einkommen der Würde ihres Standes gemäß seyn. Die Zehnten und übrigen Abgaben, die das Volk dazu hergeben mußte, waren allerdings groß, aber die übertriebenen Vorstellungen kommen wieder daher, daß man sie als bloße Diener des Tempels vorstellet. Sie hatten dabey außerdem an dem Lande keine eigenthümliche Landesportion, wie die übrigen Stämme; ihre übrigen vielfältigen Geschäffte und Aufwartungen bey der Stiftshütte oder dem Tempel erlaubten ihnen auch kein anderes Gewerbe; und daß Moses ihnen gerade die Erstlinge von allem zu ihrer Einnahme mit verordnete, diese Bestimmung erfoderte die Gerechtigkeit, um ihre Einkünfte gegen alle Abkürzungen in Sicherheit zu setzen. Da hergegen aber sorgte er auch mit eben der weisen Vorsicht dafür wieder, daß das große Ansehn dieses Standes die ihm gesetzten Grenzen nie überschreiten, und der Freyheit und dem Wohlstande des Volks nie gefährlich werden konnte; und hier zeichnet sich die Weisheit dieses großen Mannes wieder auf eine merkwürdige Art aus. In allen den ähnlichen alten Staaten, wo die Priester, unabhängig von der weltlichen Macht, die Gesetze im Namen der Gottheit handhabten und vollzogen, war diese Macht fürchterlich, weil keine

keine geschriebene Gesetze waren; hier hergegen
war das Volk völlig gesichert, da alles durch
das Gesetz bestimmt war, und da dieses alle
sieben Jahr öffentlich vorgelesen wurde, daß das
Volk mit den Rechten und Pflichten der Priester, auch so gut als mit seinen eigenen Pflichten, bekannt war.   Auch war durch die genau
bestimmten Einkünfte das Eigenthum und der
Wohlstand des Volks gegen alle willkührliche
Foderungen eben so gesichert.   Es wußte was
es abzugeben hatte, kein Priester konnte darüber
etwas fodern; der Stand konnte keine liegende
Gründe von den übrigen Stämmen an sich bringen; es kam nichts in eine todte Hand —   Im
Montesquiou kann man die Weisheit dieser
Einrichtung weiter nachlesen.

Die Kostbarkeit dieses Gottesdienstes muß
aus eben dem Gesichtspunkte angesehen werden.
Aller üppiger Pracht ist dem wahren Gottesdienste so nachtheilig als er dem Staate ist; er
zieht den großen Haufen an sich, aber er erstickt
den wahren gottesdienstlichen Sinn; der Geist
kann sich unter den vielen blendenden und betäubenden Zerstreuungen zu dem Gott, den er anbe-
tet, nicht frey genug erheben; und das Vorurtheil, daß Gott an sinnlichem Pracht ein Wohlgefallen habe, und daß er damit geehret und bedienet werden könne, kann dabey nicht vermieden werden; und kein Vorurtheil ist der wahren
Moralität

Moralität gefährlicher, denn diesem wird dagegen gar zu leicht so vielmehr entzogen. Nie darf der Mensch glauben, daß er Gott seine Liebe, seine Ehrfurcht, seine Reue anders, als durch eine wahre Sinnesändrung, als durch die Ueberwindung seiner unordentlichen Begierden, durch ein reines unschuldiges Herz, und durch eine thätige allgemeine Menschenliebe beweisen könne. Dies allein ist Buße, dies allein ist Gottgefälliger Dienst, nach dem Geiste der Religion Jesu. Marc. 12, 33. Und dies war auch schon der Geist der Religionen im alten Testamente; man kann nichts stärkers und erhabners lesen, als wie David und die Propheten sich darüber ausdrücken. Ps. 50, 8. Jes. 1, 10. 18. Jerem. 6, 20. Amos 5, 21. Mich. 6, 6. 7. Nur Moses mußte hierinn der allgemeinen sinnlichen Schwachheit der Zeit und des Volks erst noch nachgeben, um den Eindruck von der Größe des Gottes Jehovah nicht zu schwächen; denn wie hätte dessen Feyer geringer seyn dürfen, als der benachbarten Götter ihre? Aber Liebe Gottes und des Nächsten bleibt dennoch durch und durch in seinem ganzen Gesetze die Seele seines Gottesdienstes, und die einzige Bedingung des göttlichen Wohlgefallens. Dabey mäßigte er mit eben der Weisheit diesen Pracht dennoch wieder, daß derselbe die Kräfte des Volks nicht überstieg, und für dasselbe zu drückend wurde.

Ein

Ein Volk, das noch keine Ueppigkeit kennet, kann immer mehr entbehren; und dabey bestund der größte Theil dieser Abgaben in Landesproducten, und der Werth der Silberlinge, der von den Feinden dieser Constitution bis zum Lächerlichen übertrieben wird, die außerdem zur Unterhaltung des Gottesdienstes noch gegeben werden mußten, stieg und fiel wahrscheinlich in dem Maaße des umlaufenden Geldes. Salomos nachmaliger Pracht war wahre Verschwendung, und veranlassete in der Folge den Verfall der Religion und des Staats; eben die Folge, die er nach dem ersten Christenthume hatte, da der alte Pracht der heydnischen Tempel und Gebräuche mit übernommen wurde. Der Uebergang zu demselben wurde dadurch zwar so viel leichter, aber der Geist der Religion verlor sich auch sichtbarlich. Alle alte Gesetzgeber, Numa, Lykurg, Solon, so nöthig sie auch die Gründung ihrer Staaten auf die Religion hielten, suchten daher den Pracht der Religionsgebräuche auch gleich durch Sparungsgesetze einzuschränken. Denn die Religion darf auch den Staat nie arm machen, oder der Staat wird ihr erster Feind.

Der Einwurf, wegen der Menge nichtsbedeutender und dem Volke doch so wichtig gemachter Gebräuche, ist hiermit zugleich schon beantwortet. An sich waren es, wie Paulus

sie

sie Gal. 4, 9. nennet, dürftige Satzungen, die von dem Geiste einer wahren Religion nichts in sich hatten, und weder zu einer wahren Heiligung führten, noch eine erleuchtete und beruhigende Versicherung von der Gnade Gottes geben konnten. Aber die Schwäche des Volks, das noch keiner simplern Religion fähig war, mußte nach dem Ausdruck eben dieses Apostels noch einen solchen Zuchtmeister und Führer haben, bis die Zeit dieser Knechtschaft ihre Erfüllung und Endschaft erreichte, und die Menschheit, in dem cultivirten Theile der Welt, aus ihrem Stande der Kindheit zu den reifern Jahren der Vernunft herangewachsen war, daß sie der vollkommenern simplern Religion, die der Sohn Gottes nun in die Welt bringen sollte, fähig geworden. Indessen waren sie nach der Absicht Mosis doch auch keine leere müßige Beschäfftigungen, wodurch er das Volk nur in einem stupiden Aberglauben hätte unterhalten wollen. Moses ist gerade ein Lehrer des Aberglaubens, wie Montesquiou der Lehrer des Despotismus ist. Sie waren alle zur Erhaltung seines großen Plans eingerichtet, das Volk zuförderst in der Verehrung des einigen Gottes und Entfernung von allem abgöttischen Aberglauben, dann aber auch dasselbe in einer einträchtigen Verbindung zu erhalten, und ihm seine gewissen Ruhe- und Freudentage zu geben, die alle alte Gesetzgeber und Stifter der Religionen für wesentlich

sentlich nöthig hielten. Romulus verordnete
dergleichen schon bey der ersten Gründung
seines Staats; und dies war auch, wie ich
oben schon gesagt, die Absicht bey den drey großen Festen, und besonders bey dem für die Menschheit so wohlthätigen Sabbath. Es war zwar
kein öffentlicher Religionsunterricht dabey, aber
Moses erhielt doch auch in Absicht auf die Religion seinen Zweck. Der Sabbath unterhielt immer das Andenken der großen Grundwahrheit
der Religion, daß der Jehovah der Schöpfer
der Welt sey; und durch die drey übrigen Feste,
besonders durch das Passah, wurde das Andenken
der wunderbaren Erlösung aus Aegypten und
der feyerlichen Gesetzgebung auf Sinai, lebhafter,
als es aller Unterricht vermogt hätte, unterhalten. Auch war die Zahl der Ruhe= und Feyertage mit solcher Weisheit gemäßiget, daß das
Volk weder dadurch zum Müßiggange gewöhnt
werden, noch der Wohlstand des Landes sonst
dadurch verlieren konnte. Der Sabbath, oder
der jedesmalige siebente Ruhetag, hat gegen die
Kräfte und Bedürfnisse der Menschen ein mit so
vieler Weisheit abgemessenes Verhältniß, daß er
als eine der wohlthätigsten Einrichtungen für die
Menschheit, auch im ganzen Christenthum, ungeachtet die Verbindlichkeit des mosäischen Gesetzes mit demselben aufgehöret hat, beybehalten,
und durch den damit verbundenen öffentlichen
Religionsunterricht noch so viel wohlthätiger geworden

worden ist. Die drey übrigen Feste aber konnten dem erwerbenden Fleiße noch weniger hinder-
lich werden. Auch konnte die Verordnung,
daß alle erwachsene Mannspersonen der ganzen
Nation an diesen drey Festen an dem Orte, wo
die Stiftshütte oder der Tempel war, sich ver-
sammlen mußten, der Sicherheit des Landes, wegen der indessen etwan zu befürchtenden feindli-
chen Einfälle, nicht gefährlich werden. Da das
Land von geringem Umfange war, so würde jeder
feindlicher Versuch vielmehr dem Feinde selbst so
viel gefährlicher gewesen seyn, da die ganze Nation
ihm, mit vereinigter Macht, von hieraus gleich
entgegen ziehen konnte.

Eben diese genaue Verbindung der Religion
mit dem Staate machte auch die genaue Verbindung der bürgerlichen Gesetze mit der Religion und
dem Sittengesetze nothwendig, die ebenfalls auch
noch zu den vielen verkehrten Urtheilen den Schein
geben muß, als wenn der rohe Verfasser, ohne
alles moralische Gefühl, seine willkührlichen, unbedeutenden, und oft allen Wohlstand beleidi-
genden Gesetze mit den wesentlichsten Sittenge-
setzen unter einander gemischt; und da er alle ohne
Unterschied gleich verbindlich gemacht, auch auf
die geringste Uebertretung die blutigsten Strafen
gesetzt, und dies Chaos dennoch so gehäuft, daß
kein Mensch, ohne straffällig zu werden, es beobachten können, daß dies keine andre Absicht

habe haben können, als das Volk durch dieses
unerträgliche Joch in der niedrigsten Knechtschaft
zu erhalten, und alles moralische menschliche
Gefühl in demselben zu ersticken. Wiederum
blendend genug; aber eine kurze Erklärung wird
auch diesen Einwürfen ihren falschen Schein bald
benehmen.

Nach der vollkommenern Verfassung unserer
Staaten, die der unmittelbaren Autorität der
Religion zur Unterstützung ihrer bürgerlichen Gesetze nicht mehr bedarf; und nach unserer vollkommenen Religion, die auf ihre eigenthümliche
göttliche Wahrheit und Kraft gegründet, keiner
menschlichen Autorität bedarf, würde diese Vermischung der Religion und des Staats beyden
nachtheilig werden können. Aber man könnte
nicht verkehrter urtheilen, wenn man die erste
Einrichtung bürgerlicher Gesellschaften hiernach
beurtheilen wollte. Den ersten Stiftern dieser
Gesellschaften oder Staaten war die bloß politi-
sche Einrichtung derselben nicht genug, und durfte ihnen nicht genug seyn. Die moralische Bildung des rohen Volks, das sie erst aus seiner
wilden Unabhängigkeit aus den Wäldern ver-
sammleten, war ihnen dabey zur Erreichung ihrer Absicht wesentlich nöthig, und zu beyden sahen sie die Religion wieder als unentbehrlich an.
In allen alten ursprünglichen Gesetzgebungen
machten diesem zu folge die bürgerlichen und gemeinen

meinen Rechte, die Staatsverfaſſung, die prak-
tiſche Moral und die Religionsverfaſſung, ein
Corpus von Geſetzen aus, das auf die Erkenntniß und Verehrung der Gottheit zuförderſt gegründet war. So machten Romulus, und Zaleu-
kus die Anlage zu ihren Staaten; und man ſehe
aus dieſem Geſichtspunkte dieſe Vermiſchung in
dem moſaiſchen Geſetze an, ſo iſt das ſo beſchrye-
ne Anſtößige die größte Weisheit. Da eine aufgeklärte Vernunft der Religion noch nicht zu Hülfe kam, die Geſellſchaft die Sittlichkeit noch gar
nicht gebildet hatte, und das Volk eine ganz neue
Einrichtung bekommen ſollte, ſo mußten bürgerliche und Polizeygeſetze, Sittengeſetze und Religion ſich einander unterſtützen, und ſie hatten eine
ſo genaue Beziehung auf einander, daß ſie nothwendig auch alle eine gleiche Verbindlichkeit haben mußten.

Ob aber dieſe Geſetze wichtig oder unwichtig
waren, dies läßt ſich nach allgemeinen Regeln nicht
beſtimmen. Ich rede hier von den bürgerlichen
und den Polizeygeſetzen. Denn von den gottesdienſtlichen habe ich das Nöthige ſchon geſagt,
und von dem eigentlichen Sittengeſetze werde ich
nachher noch etwas weniges reden. Alle dergleichen Geſetze müſſen nach dem Endzwecke des
zu errichtenden Staats, nach dem Geiſte des
Volks, nach deſſen Lage, und nach dem Clima
beurtheilet werden. Sind ſie hierauf mit Weis-

heit

heit eingerichtet, so sind sie gut; und so können
Gesetze, die bey einem Volke, in einem Lande,
zu einer Zeit höchst unbedeutend sind, unter diesen veränderten Umständen, von der äußersten
Wichtigkeit seyn; und die bey einem, durch die
Gesellschaft und die Religion, schon gebildeten
Volke, äußerst grausam und ein tyrannisches
Joch seyn würden, können bey einem noch rau-
hen Volke höchst gerecht, billig und weise seyn.
Triptolem setzte, zur Begünstigung des erst ein-
zurichtenden Ackerbaues, auf die Tödtung ei-
nes Ochsen die Todesstrafe; in Carthago war,
wie in dem muhamedanischen Gesetze, aus einer-
ley Ursache, der Gebrauch des Weins verboten;
und in den wärmern Ländern, wie Canaan,
Syrien und Arabien, wo die Krankheiten der
Haut so gemein und gefährlich sind, waren die
Reinigungsgesetze ein Beweis der weisesten
Fürsorge des Gesetzgebers. Das erst neuerlich
unter uns bekannt gewordne indostanische Gesetzbuch der Gentoos ist ein neuer Beweis, was
Clima und der damit verbundne Geist des
Volks für besondre Gesetze veranlassen können.

Dies kann auch zur Rechtfertigung derjeni-
gen Gesetze dienen, die die Schamhaftigkeit und
den Wohlstand zu beleidigen scheinen. Alle
alte Völker kannten erstlich überhaupt die Deli-
catesse in Ausdrückung der natürlichen Dinge
nicht, woran wir gewöhnt sind; noch weniger
die

die morgenländischen Völker; und noch weniger
hat dieselbe in Gesetzen Statt, wo alles auf eine
genaue Bestimmung ankömmt. Dies gilt noch
in ähnlichen Fällen in unsern eigenen Gerichts-
höfen, wo der Richter selbst diese Sittsamkeit nicht
schonen kann. Denn wenn der innere Wohlstand
des Volks, und die Erhaltung der Ordnung und
Sittlichkeit dergleichen Gesetze erfodern, so hören sie auf, unanständig oder anstößig zu seyn,
und können neben den heiligsten Gesetzen stehen.
Aber man kann von solchen Gesetzen einen un-
rechten Gebrauch machen. Denn wenn man ein
solches Gesetzbuch, das ganz für ein erst zu bil-
dendes Volk, und ganz für dessen Clima, Gemüthsart und Verfassung eingerichtet ist, oder,
daß ich mich gerade aus erkläre, wenn man dies
mosaische Gesetz, das ganz für den damaligen Zustand des israelitischen Volks abgefasset war, das
ganz mit dem Christenthume aufgehöret, und für
Christen gar keine Verbindlichkeit mehr hat, Kindern und Einfältigen doch noch immer als ein
gottesdienstliches Buch in die Hände giebt, als
ein solches in unsern gottesdienstlichen Versammlungen vorliest, dasselbe noch immer zum Be-
weisgrunde von der Zuläßigkeit und Unzuläß-
sigkeit gewisser Handlungen gebraucht, und dadurch, daß ein Theil dieser Gesetze, (die moralischen haben ihre von diesem Gesetze ganz
unabhängige innere Verbindlichkeit) als göttlich verbindlich, und andre wieder für erlaß-

Fff 3   bar

bar und unverbindlich erkläret werden, bey dem
gemeinen Christen eine Verwirrung veranlaß-
set, die ihm nie deutlich genug aufgelöset werden
kann; daß überdem noch zugleich mit diesem Gesetze, die vielen menschlichen Vorstellungen von
Gott, von seiner Eifersucht und seiner Rache,
die Moses wegen der Schwäche und Härte seines Volks gebrauchen mußte, bey dem erleuchtetern Unterrichte, den der Erlöser uns von seinem himmlischen Vater gebracht, noch immer
unterhalten werden; daß auch dies moralische
Gesetz mit der erhabnern Sittenlehre des Erlösers noch so oft vermengt, von den Flüchen,
womit Moses dies Gesetz belegt, oft noch eine so
unvorsichtige Anwendung gemacht, noch so oft
was Paulus von der Unkräftigkeit dieses Gesetzes
sagt, daß es ein todter Buchstabe sey, nur Zorn an-
richte und tödte, auf jene vollkommene Sittenlehre, die uns dem Bilde unsers himmlischen Vaters
ähnlich machen soll, angewendet, alle Hierarchie
und aller sinnlicher Pracht des Gottesdienstes daraus erwiesen, und darüber die höhere geistigere Oekonomie des Christenthums mit dieser mosaischen
noch so oft vermischt wird, dies ist die Schuld
dieses Gesetzes nicht, sondern unrechte Anwendung desselben. Mosis Religion ist unwidersprechlich göttliche geoffenbarte Religion; seine
Lehre von Gott ist der Grund der wahren Erleuchtung der Welt, und seine gesetzliche Verfassung war zur Erhaltung seines großen Endzwecks
mit

mit der gröſten Weisheit eingerichtet, und mit
göttlicher Autorität beſtätigt; aber dieſe ganze
Religion war nur Morgenröthe, und die Verfaſſung, die ganz nach der Schwachheit der damaligen Vernunft und der Lage dieſes Volks eingerichtet war, ſollte nicht länger, als bis zur
beſtimmten vollkommenern und allgemeinern Erleuchtung der Welt dauren.

Ich muß auch noch ein Wort von der Menge dieſer Geſetze ſagen. Allerdings hat eine
ſolche Menge für jede Verfaſſung ihre Unbe-
quemlichkeit; aber auch dieſe, nach der damaligen Beſchaffenheit des Volks, das noch durch
gar kein geſelliges Leben, durch keine Polizey gebildet war, beurtheilet, ſo iſt die Weisheit des
Geſetzgebers auch hier wieder nicht genug zu bewundern, daß er nicht allein auf die öffentliche
Ruhe, ſondern auf alles, was auf den ganzen
innern und äußern Wohlſtand des Volks, auf
die Sicherheit des Eigenthums, auf die Geſundheit, und ſelbſt auf die häusliche Ordnung und
Zufriedenheit einen Einfluß hatte, bis auf die
Privathandlungen ſeine Vorſorge erſtreckte, und
auf das genaueſte beſtimmte. In allen andern
größern Staaten, die durch mehrere Stände unterſchieden ſind, würde eine ſo genaue geſetzliche
Beſtimmung zwar eine Verwirrung verurſachen;
aber hier, da außer dem Prieſterſtande, das ganze Volk, aus der weiſeſten Abſicht, nur ein Stand,

und

und wie es auch war, ein Brüdergeschlecht seyn,
und ein jedes Mitglied gleiche Rechte und Pflichten haben sollten, da waren die öffentliche Ruhe und
der innere allgemeine Wohlstand so viel mehr dadurch befördert, und mit demselben die Freyheit aller einzelnen Glieder zugleich auch so viel mehr gesichert. Denn da dabey das Gesetz von Zeit zu Zeit
dem ganzen Volke vorgelesen wurde, und jeder seine Rechte und Pflichten so genau wußte, daß er, wie
Josephus sagt, eher seinen Namen als sein Gesetz
nicht kennen konnte, so konnte sich niemand mit seiner Unwissenheit entschuldigen, war aber auch dagegen, da in andern Constitutionen mancher sein
Gesetz nicht eher als durch die Strafen kennen
lernt, wenn er dagegen sündigt, gegen alle willkührliche Strafen so viel mehr geschützt.

Da nun alle diese Gesetze die Erhaltung und
Wohlfahrt der ganzen Constitution ohne Unterschied zur Absicht hatten, auch durch eine gleiche
göttliche Autorität bestätigt waren, so mußten, so
natürlicher weise auch einerley gesetzliche Verbindlichkeit haben, die Moses durch jeden Unterschied,
den er in Ansehung der innern Moralität gemacht
hätte, (und welcher Gesetzgeber würde, so unver-
nünftig seyn,) selbst wieder geschwächt haben
würde. Nichts desto weniger ist es aber die allerkühnste Lästrung, daß er deswegen unter mo-
ralischem und willkührlichem Gesetze keinen Unterschied gekannt, auch alles menschliche und moralische Gefühl in dem Volke dadurch erstickt hätte,

um

um daſſelbe mit Hülfe ſeiner blutigen Strenge ſo
viel ſicherer in ſeiner Stupidität und niedrigen
Knechtſchaft zu erhalten.

Wie die Zeiten ſich ändern können. Im vorigen Jahrhunderte wußten die größten Gelehrten
und Staatsmänner in Deutſchland und Frank-
reich die Weisheit dieſer Geſetze nicht genug zu
bewundern; ſie verglichen ſie mit den älteſten
Geſetzen der übrigen klügſten Völker, und die
Aehnlichkeit, die ſie mit dieſen darinn antrafen,
vermogte ſie nicht allein, dies moſaiſche Geſetz
als die Quelle anzuſehen, woraus jene Geſetzgeber ihre beſten Einſichten geſchöpft hätten, ſondern man glaubte auch, daß noch jetzo unſere
Staaten, ſo viel es nur die übrige Verfaſſung
litte, nicht glücklicher als nach dieſem Geſetze eingerichtet werden könnten. Der Gedanke war
allerdings zu weit getrieben. Die Sicherheit
des Eigenthums, und die perſönliche Sicherheit
gegen alle frevelhafte oder gewaltthätige Kränkungen, die der erſte Grund aller geſellſchäftli-
chen Verbindungen ſind, veranlaſſen natürlicher
weiſe überall ähnliche Geſetze; ſo wie auch die
Anwendung dieſer Geſetze, die ganz auf einen erſt
zu bildenden kleinen Staat und deſſen Local eingerichtet, auf unſere Staaten große Abändrung
würde leiden müſſen.

Aber was einem Pithou, einem Grotius,
einem Puffendorf nachahmungswürdige Weisheit war, die auch Montesquiou noch bey aller

Fff 5 Geh-

Gelegenheit nicht genug zu erheben weis, das iſt
nach dem herrſchenden Geiſte unſers Jahrhunderts brutalſte Barbarey.   Aber man hänge nur
den Schild des Unglaubens aus, ſo finden die
abſurdeſten Läſterungen ſichern Beyfall.   Bolingbroke und ſein Echo, Voltaire, hatten die Un-
verſchämtheit, (denn kein ander Wort ſchickt
ſich dafür,) zu behaupten, daß alle Grundſätze
dieſer moſaiſchen Verfaſſung darauf hinaus giengen, das Volk aus aller moraliſchen Verbindlichkeit mit dem ganzen übrigen menſchlichen Geſchlechte hinaus zu ſetzen; und Voltaire noch überdem: daß im ganzen Pentateuch keine juſte &
raiſonable Action befohlen worden. Und wie
piele Nachbeter! An einem andern Orte ſagt er,
daß die Juden Menſchenfreſſer geweſen wären,
und beweiſt es nach ſeiner Art aus der Bibel
ſelbſt.   Wäre es ihm eingefallen zu behaupten,
daß die alten Iſraeliten die Faunen geweſen wären, er würde es auch aus der Bibel bewieſen
haben; und wie viel würden wir von den alten
Faunen zu hören haben; mit wie ernſthaf-
ter Miene würde man es wenigſtens einer nähern Unterſuchung werth halten? Aber zur
Hauptſache.

Im ganzen Pentateuch ſey keine *juſte et
raiſonable Action* befohlen: bey einem Buche;
das in aller Menſchen Händen iſt, kann die Un-
verſchämtheit wenigſtens nicht weiter getrieben
werden.

Ich

Ich will voraus erſt einige wenige Worte von den zehn Geboten ſagen. Sie ſind nicht das ganze moſaiſche Sittengeſetz; noch weniger ſind ſie ein vollkommener Inbegriff der chriſtlichen Sittenlehre, die viel reinere und vollkommenere Pflichten fodert, weil ſie höhere Bewegungsgründe hat; man vergleiche die göttlich vollkommene Sittenlehre des Erlöſers damit. Matth. 5. Es ſind vielmehr eigentlich nur die Inſtitutionen des moſaiſchen Geſetzes, die in der erſten Tafel den großen Grundſatz der Religion und des Staats, nämlich die alleinige Verehrung des einigen und höchſten Gottes, und in der andern, die erſten Grundfeſten eines jeden Staats, das Recht der Aeltern über ihre Kinder, als den Grund aller geſellſchaftlichen guten Ordnung, hiernächſt die Sicherheit des Lebens, die Sicherheit der ehelichen Verbindungen und die Sicherheit des Eigenthums betreffend, enthalten. Dieſe Ordnung verdient alle Aufmerkſamkeit; wegen ihrer Wichtigkeit brachte ſie Moſes auch, als vom Finger Gottes ſelbſt geſchrieben, auf den zwoen Tafeln mit vom Berge; und da wegen ihrer Kurze ſie jedermann ins Gedächtniß faſſen konnte, ſo waren, nebſt dem großen Grundgeſetze der ganzen Verfaſſung, die ſo genannten vollkommenen Rechte eines jeden Gliedes dadurch ſchon geſichert. Aber ſie ſind der Inbegriff aller moraliſchen Pflichten nicht, ſondern dieſe ſind durch das ganze Geſetz zerſtreuet. Wo

war

war aber unter allen alten Gesetzgebungen oder
bürgerlichen Verfassungen eine in der Welt, wo
nebst der Fürsorge für die äußerliche Ordnung und
Wohlfahrt so sehr für die Moralität und für die
Erweckung des menschlichen Gefühls mit so vieler
Weisheit und so vielem Nachdrucke gesorgt gewesen
wäre? Wo außer dieser sonst eine gesetzliche Verfassung in der Welt, wo für die Erhaltung der
Reinigkeit der Sitten gegen die Unkeuschheit, gegen die Verführung des schwächeren Geschlechts,
wo zur Begünstigung der Ehen und für die
Keuschheit derselben solche weise und nachdrückli-
che Gesetze gegeben wären? 2 B. 22. Wo sonst
eine Verfassung, wo der Wucher, der Rom mehr
als einmal an die Grenzen seines Untergangs
brachte, mit so vieler Weisheit eingeschränkt gewesen; 2 B. 22. Wo für die Erhaltung der Familien bey ihren Geschlechtslinien und Gütern,
gegen Unglücksfälle und gegen alle Raubsucht
so gesorgt gewesen wäre, als durch das Gesetz
vom Sabbath und Jubeljahre? 3 B. 25. Mit wie
vieler Weisheit und Menschlichkeit macht Er dadurch, daß er keinen Unterschied der Stände einführ-
ret, und das ganze Volk zu einem Brüdergeschlech-
te macht, das gesellschaftliche Band so viel fester, das
durch diesen Unterschied so unvermeidlich zerrissen,
und eben die nähere gesellschaftliche Verbindung,
die die Wohlfahrt aller einzelnen Glieder von der
einen Seite so viel mehr befördert, von der andern

Seite

Seite dadurch auch wieder zur Quelle so vieler Tyranneyen, Unterdrückungen, Neid, Feindseligkeiten und Elend wird? Wie drückend und erniedrigend für die Menschheit war dieser Unterschied in Aegypten, und wie grausam ist diese Absonderung der Castan noch bey den Indostanern? Diese Gleichheit aller Glieder ist freylich auch nur in kleinen Staaten, wie dieser war, möglich; und ein solcher Staat kann nie groß und glänzend werden; aber jene traurigen Folgen können in größern Staaten auch nur allein durch die allervollkommenste Religion vermieden oder gemindert werden, die bey allem Unterschiede der Stämme und der Güter alle Menschen wie sich selber lieben lehret.

Was ist ferner weiser, gemäßigter und schonender als sein Gesetz wegen der Genugthuung für erlittene Beleidigungen, Auge um Auge, Zahn um Zahn? 2 B. 21, 23. Seine Religion hatte die Vollkommenheit noch nicht, daß er die Vergebung der erlittenen Kränkungen und die Liebe der Feinde schon zu einem Gesetze hätte machen können; dies konnte die allervollkommenste Religion des Erlösers nur; der rohe Mensch sieht die Selbstrache als das natürlichste Recht seiner Selbsterhaltung an, dessen er sich auch am spätesten begiebt, wenn er schon in die bürgerliche Gesellschaft getreten; und doch ist keine Leidenschaft grausamer, und für die Gesellschaft und

Mensch-

Menschheit zerstörender, als diese, die nie in den Grenzen der Gerechtigkeit bleibt, und für die kleinste Beleidigung sich nie als in dem Blute des Beleidigers abkühlt. Wie viel also für die Menschheit schon gewonnen, daß dieses fürchterliche Recht aus den Händen des Beleidigers in die Hand des Gesetzes kömmt, die die Beleidigung und Genugthuung unpartheyischer gegen einander abwiegt; und wie billig hier dies Gesetz, das dem Beleidigten seine gefoderte Genugthuung läßt, den Beleidiger gegen dessen ungerechte Rachsucht schützt, aber durch die völlig ähnliche Vergeltung auch für alle vorsetzliche und frevelhafte Beleidigungen so warnend ist?

'Eben so weise und menschlich ist für beyde Theile auch die Verordnung der Freystädte. Es war ein natürlicher Trieb, nach den Begriffen, die die Menschen in den ältesten Zeiten von ihren Schutzgöttern hatten, daß Unglückliche, und wer ist unglücklicher als ein Missethäter? ihren Schutz gegen die sie verfolgende Gerechtigkeit oder Rache bey ihren Göttern in deren Tempeln suchten. Moses läßt dem Unglücklichen diesen Schutz; aber um die Heiligkeit des Tempels zu schonen, und zu noch mehrerer Schonung der Menschheit, verordnet er, statt dessen, Freystädte. Die Heiligkeit des Tempels oder der Stiftshütte hätte dadurch, wenn Schuldige und Unschuldige dahin ihre Zuflucht nehmen können, zu leicht entweihet,

weihet, und das gottesdienſtliche Geſchäfft geſtöret werden können. Ein einziger Tempel, wie
hier, war für den Unglücklichen auch nicht Sicherheit genug; die Entlegenheit konnte ihm gefährlich werden, und er fand darinn auch keinen
Unterhalt. Das durch den Todtſchlag gekränk-
te Gefühl des nächſten Anverwandten behielt dabey ſeine Rechte auch, aber die ſechs durch das
Land vertheilten Städte, waren für den Unglücklichen eine viel ſicherere Zuflucht, und das
Verbrechen konnte, zur Handhabung der öffentlichen Gerechtigkeit, ſo viel ſicherer unterſucht werden. Denn wurde er ein vorſetzlicher Mörder
befunden, ſo ſchützte ihn die Freyſtadt nicht, ſondern er mußte wieder ſterben; hatte er aber den
Vorſatz nicht gehabt, ſo blieb er hier geſchützt;
nur wenn er ſie verließ und dem Bluträcher in
die Hände fiel, ſo mußte er die Schuld ſeiner Ver-
wegenheit tragen. 4 B. 35. Wie menſchlich!

Zeit und Kräfte fehlen mir, dieſe Weisheit
und Menſchlichkeit in allen ſeinen übrigen Geſetzen zu weiſen. Nur dies noch. Wo iſt ſonſt
noch eine alte Geſetzgebung in der Welt geweſen,
die zur Erweckung des menſchlichen Gefühls ſo
ſehr eingerichtet geweſen wäre, und die Menſchheit ſo ſehr in Schutz genommen hätte, als überhaupt dieſes Geſetz? Denn wo iſt unter allen denen eine ſolche Verordnung wegen der Armen;
man ſehe unter den vielen nur die einzige, 5 B. 15.

und

und wer kann sie ohne Rührung lesen? Wie unmenschlich grausam waren alle alte Gesetze gegen
die Schuldner; nur das eine Gesetz der zwölf Tafeln zum Beweise, und wie menschlich hier, 2 B.
22, 25. 26. 5 B. 24, 10. außer der schon angeführten Verordnung wegen des Erlaß- und Ju-
beljahrs? 5 B. 15. 3 B. 25. Man kann hier
nicht sagen, daß diese Verordnungen nur in einem solchen kleinen Staate statt gehabt hätten;
alle alte Staaten waren weniger groß, als
dieser, und warum hier also diese Menschlichkeit
nicht? Wo sonst ein altes Gesetz, das sich der Wittwen und Waisen mit dem Nachdrucke annähme?
2 B. 22, 22. 5 B. 24, 17. Wie grausam waren in allen andern Staaten die Rechte der Herren über die Knechte; und wie sehr ist nach diesem Gesetze auch die Menschheit in ihnen gescho-
net? 2 B. 21, 2. 26. 27. 3 B. 25, 42. 5 B.
15. 16, 11. 12. Auch der Knecht soll an der Ruhe des Sabbaths, an den Freuden der Feyertage
mit dem Herrn gleichen Antheil haben! Wo ist
sonst der Fremdling gegen alle Unterdrückungen
so geschützt; wo hat er sonst mit dem Eingebohrnen gleiche Rechte? 2 B. 22, 21. 3 B. 24, 22.
Wie empörend endlich sind die unmenschlichen
Spöttereyen der homerischen Helden über unge-
stalte Körper; wie grausam ihr Hohngelächter
über die Ueberwundenen, und ihre Wuth gegen
die Erschlagenen; des Agamemnons gegen den
Adrast, des Hektors gegen den Patroklus, des

Achilles

Achilles gegen den Leichnam des Hektors? und hier, wie heilig sind die Tauben und Blinden, wie geschützt gegen alle Mißhandlungen; 3 B. 19, 14. 5 B. 27, 18. und wie menschlich in dieser rauhesten Zeit selbst die Kriegsregeln, so wohl für die dazu angeworbenen, als in Absicht auf das Betragen gegen den Feind? 5 B. 20. Das Gesetz hat noch immer einige Härte der Zeit, aber dennoch wie schonend, daß nur, was männlich ist, nämlich, was Waffen in den Händen hat, wogegen sonst, bey dem Mangel eines Völkerrechts, wie das unserige ist, keine Sicherheit wär, als Feind angesehen werden soll.

Ich übergehe die äußerst menschliche Vorsorge für die Erhaltung der Menschen bey dem Bau und der Einrichtung der Häuser, gegen wüthende Stiere, imgleichen die Gesetze, die das menschliche Gefühl selbst in Ansehung des Verhaltens gegen die Thiere noch mehr erwecken sollen. Und um alles zusammen zu fassen; wo ist sonst unter allen Alten eine gesetzliche Verfassung, wo die Liebe des Nächsten so nahe mit der Liebe Gottes verbunden ist, und nur ein Gesetz macht? Und doch keine juste et raisonable Action in diesem ganzen Gesetze anbefohlen; und doch diesem Volke durch sein brutales Gesetz ein allgemeiner Menschenhaß eingeprägt!

Aber wie sehr sind doch nicht alle diese Ge=
setze mit Blute geschrieben, wie hart die Strafen
für jede geringe Uebertretung? Härte und Ge=
lindigkeit der Gesetze haben erstlich überhaupt kein
allgemeines Maaß, sondern Clima, Naturel
und Cultur des Volks, die besondere Verfassung
des Staats, und die Umstände der Zeit können
eine Strenge nothwendig und gerecht machen,
die unter andern Umständen grausame Härte seyn.
würde. In unsern christlichen Staaten, die auf
eine Religion gegründet sind, die auf die innere
Vollkommenheit geht, alle Leidenschaften um=
fasset, alle Pflichten aus dem höhern Grunde
der Liebe Gottes und einer allgemeinen Menschen=
liebe fodert, auf einen zukünftigen Richter und
eine ewige Vergeltung verweist, ist eine solche all=
gemeine Strenge der Gesetze nicht nöthig; aber bey
einem Volke, das erst aus der Wildheit kömmt,
das durch ein geselliges Leben noch nicht gebildet
ist, sondern dazu erst gewöhnt werden soll, bey
dem das Gefühl der Moralität erst muß erweckt
werden, und worauf die Religion und besonders
die Lehre von zukünftigen Vergeltungen noch kei=
nen wirksamen Einfluß hat, sondern die Religion
selbst noch durch die Gesetze unterstützt werden
muß, da müssen natürlicher Weise alle Gesetze so
viel strenger seyn. Dies machte die Gesetze al=
ler alten Völker so rauh und hart; und dies nö=
thigte Mosen auch, alle seine Gesetze mit harten
Strafen zu verbinden. Aber wie weise ist diese
Strenge

Strenge doch auch wiederum durch und durch
zur Schonung der Menschheit gemäßigt? Wie
weise erstlich schon diese Mäßigung durch die Verordnung der Versöhnopfer? Diese Opfer waren
zwar nur für geringere Uebertretungen; da für
die andern Verbrechen, die wider die Religion als
die Grundfeste des Staats begangen wurden,
oder die Ruhe und die Ordnung der Gesellschaft
störten, die Weisheit die wirkliche Vollziehung
der darauf gesetzten Strafen nothwendig machte:
Aber wie gelinde und menschlich ist doch auch dieses Criminalrecht Mosis in Vergleichung mit andern alten Gesetzen; wie viel Schonung selbst für
die Würde der menschlichen Natur in der Einschränkung: daß dein Bruder nicht scheußlich
werde? 5 B. 25, 3. Er hat zwar auch Todesstra-
fen; aber keine Tortur, keine künstliche Martern,
keine Verstümmlungen, die den Menschen zum
Scheusal machen und ihn zur Verzweiflung bringen müssen. Wie schrecklich hiergegen die Verstümmlungen in den sonst so billigen indostanischen Gesetzen; wie unmenschlich unsere eignen alten deutschen Gesetze; wie rauh und hart noch
unsere Nemesis Carolina? Wie menschlich besonders noch das Gesetz, der Sohn soll nicht
die Missethat des Vaters tragen, gegen
das grausame athenienſische Geſetz, das die Strafe des Kirchenraubes und des Hochverraths über
alle Anverwandten erstreckte?

Ggg 2   Auch

Auch waren die Strafen der einzige Bewegungsgrund nicht, wodurch er das Volk zur Beobachtung der moralischen Pflichten zu leiten suchte. Wo die Religion, und besonders die Lehre von der Unsterblichkeit der Seele und den zukünftigen Vergeltungen, das Licht und die Stärke noch nicht hat, die Leidenschaften der Menschen zu beherrschen und zu leiten, da muß die Strenge des Gesetzes der Schwäche der Religion nothwendig so viel mehr zu Hülfe kommen. Aber sein ganzer Bewegungsgrund war doch nicht bloß Strafe; sein großer Bewegungsgrund zur Reinigkeit der Sitten ist immer dieser, daß ihr Gott ein heiliger Gott sey, und daß sie sich folglich auch durch ein vorzüglich heiliges und unschuldiges Leben von allen andern Völkern unterscheiden sollen; ihr sollet heilig seyn, denn ich bin heilig; und bey allen Pflichten der Menschlichkeit, die er ihnen gegen die Nothleidenden, gegen die Fremdlinge, gegen die Knechte anbefiehlt, ist der große Grund aller wahren Menschenliebe: ihr seyd in Aegypten auch unterdrückt, auch Fremdlinge und Knechte gewesen, auch kein beständiger Bewegungsgrund.

Eben so ungegründet als dies Geschrey über die grausame Härte dieses Gesetzes ist, ist nun auch das Geschrey über die menschenfeindliche Intoleranz, und über den, dem Volke eingeprägten allgemeinen Menschenhaß. Moses war

in

in Ansehung seines Religionsystems nichts här=
ter, als alle andere Völker, bey denen die Reli=
gion ein wesentliches Stück ihres Staats aus=
machte. Alle alte Gesetzgeber und Stifter der
Staaten erkannten gleich die Unvollkommenheit
ihrer Gesetze und ihrer Einrichtungen, wenn sie
nicht auf die Religion gegründet waren. Alle
gesittete Völker hatten deswegen eine bestätigte
öffentliche Religion, die von dem Staate, als
dessen vornehmste Stütze, geschützt wurde, und
die niemand ungestraft angreifen konnte. Die
Beweise sind selbst Sokrates, Aristoteles, Dia=
goras. Die Athenienser foderten von einem je=
den Bürger den Eid, daß er sein Vaterland und
die Religion vertheidigen und beschützen, daß er
sich allen Versuchen, die der Heiligkeit der Re=
publik nachtheilig seyn könnten, widersetzen, und
ihrer Religion sich gemäß bezeigen wolle, so wahr
die Götter, die Rächer des Meyneides ihm hel=
fen sollten. Alle heydnische Religionen konnten
indessen fremde Religionen neben sich dulden. Sie
beruheten auf keinen Lehrsätzen, deren Behauptung
die Wahrheit einer jeden andern aufgehoben hät=
te. Nach ihren Begriffen von der Vielgötterey,
konnten alle diese Gottheiten bey einander beste=
hen. Ihre Verehrung bestand in bloßen Cere=
monien und Gebräuchen, die eine jede für sich
hatte, ohne daß dadurch der andern, auch selbst
der eigentlichen Schutz= und Landesgottheit, et=
was wäre entzogen worden. Denn jede Gott=

heit

heit hatte, in der Beherrschung der Natur und
der Regierung der Welt, ihr besonderes Depar-
tement, und je mehr Götter also ein Staat in
sein Interesse ziehen konnte, so viel mehr glaubte
er Freunde und Beschützer zu haben. Die Phi-
lister setzten neben ihrem Gott Dagon der Israeliten ihre Bundeslade. Nur mußten zur Sicherheit des Staats alle fremde Religionen, ehe sie
öffentlich eingeführt werden konnten, von der
Obrigkeit genehmigt seyn; und wie die römische
in der Folge der Zeit in dieser Prüfung nachläßi-
ger wurde, so sahen die eifrigen und rechtschaffe-
nen Patrioten diese Vernachläßigung als den
großen Grund der verfallenen Sittlichkeit an.
Posthumius klagt beym Livius, bey Gelegenheit
der vielen Unordnungen, die die Bewilligung der
fremden Religionen und ihrer Geheimnisse in
Rom verursachten, laut über diese Nachsicht, und
behauptet so gar, daß man gar keine fremde Religionen hätte aufnehmen sollen. Wie oft, sagt
er, ist es zu den Zeiten unserer Väter und Vorfahren den Obrigkeiten empfohlen, alle fremde
Religionen zu entfernen, und keine Art von Gottesdienste, die von dem römischen unterschieden sey,
zu dulden; denn diese klugen Männer, setzt er
hinzu, erkannten, daß der Religion des Staats
nichts nachtheiliger sey, als fremde Religionsgebräuche. Und Cicero sagt ebenfalls, daß die vielen anstößigen gottesdienstlichen Gebräuche, dergleichen die abscheulichen Bacchanalien waren,

bey

bey genauerer Beobachtung dieser alten Verordnung, der allgemeinen Sittlichkeit nie würden so gefährlich haben werden können. Eine solche Toleranz nun, die bey der Verehrung des allerhöchsten einigen Gottes, die Verehrung andrer Götter zugleich geduldet hätte, war nach Mosis ganzem System nicht möglich. Denn da dies ganz auf die Verehrung eines einigen Gottes gegründet war, und durch jede Duldung fremder Götter völlig wäre zerstöret worden, so konnte er, bey dem unsinnigen Hange des Volks zur Vielgötterey dieselbe nicht strenge genug verbieten, und setzte auch darauf, als auf das erste und höchste Staatsverbrechen, mit eben dem Rechte die Todesstrafe, als jede andre Obrigkeit dergleichen Verbrechen damit bestraft. Dies ist aber auch die ganze so beschryene, so belästerte Intoleranz. Auch dies ist falsch, daß er dieselbe aus Aegypten mitgebracht habe. In einem Lande, wo jede Stadt ihre besondre Gottheit hatte, da hatte natürlicher Weise keine Intoleranz Statt; und der Streit der beyden Städte über die Verehrung des Ibis und des Crocodils, ist, wenn er nicht aus andern Ursachen entstanden, von den Griechen und Römern, denen der ganze Thiergottesdienst so lächerlich war, wahrscheinlich erdichtet. Diese hier beschriebene Intoleranz Mosis, daß er neben dem Jehovah keine andre Götter in seinem Staate duldete, floß unmittelbar aus seinem System. Und dies war alles. Der meh-

rere Götter glaubte und anbeten wollte, kommt
nun in diesem Lande nicht wohnen, und die Vortheile der Constitution genießen.   Uebrigens keine Spur von Verfolgung oder Bekriegung andrer Völker wegen ihrer Abgötterey, keine Spur
von einigem Gewissenszwange; auch der Proselyt,
wenn er nur kein Abgötter war, genoß eine volle
ungekränkte bürgerliche Sicherheit, ohne daß er
gezwungen wurde, das ganze Gesetz zu überneh-
men.   Die allerbesten und menschlichsten Kaiser,
Trajan und die Antonine, waren gegen die Christen wirklich ungleich weniger duldend, da sie wußten, daß diese nur den einigen allerhöchsten Gott anbeteten, daß sie dennoch die Annehmung der Gemeinschaft der Götter von ihnen foderten, und
sie diese Weigerung ihnen als die sträflichste Hals-
starrigkeit auslegten.   Sonst fand Plinius nichts
sträfliches an ihnen; sondern dies war das ganze ihnen Schuld gegebene hostile odium erga
omnes alios.   Und hierinn bestund auch der den
Juden angeschuldigte Menschenhaß.   Vor ihrer
Gefangenschaft waren sie vielmehr zu dieser Gemeinschaft nur zu geneigt; wie sie aber in ihrer
Gefangenschaft die Erfüllung des von Mose ihnen wegen ihrer Abgötterey gedroheten Fluchs so
nachdrücklich empfunden hatten, so fiengen sie diese
Gemeinschaft der Götter oder die Abgötterey erst
an, so sehr zu verabscheuen, daß sie durch alle
Martern der syrischen und ägyptischen Könige sich
dazu nicht zwingen ließen.

                                    Die

Die vollkommene Toleranz iſt indeſſen erſt Lehre der reinſten und vollkommenſten Religion, die die Liebe Gottes und des Nächſten zu einerley Pflicht macht; die die Gewiſſensfreyheit für das erſte und heiligſte Recht der Vernunft und der Menſchheit, und Gewiſſenszwang für die unnatürlichſte Grauſamkeit hält, die den Irrenden und Schwachen mit Sanftmuth und Liebe zu tragen befiehlt, und das Gericht über das Maaß von Erkenntniß und Ueberzeugung, dem allwiſſenden Vater und Richter der Menſchen, der dies allein mit Gerechtigkeit richten kann, überläßt.

Der letzte Einwurf iſt noch, daß Moſes in ſeinem ganzen Geſetze nichts von der Unſterblichkeit der Seele ſage, und wie es alſo möglich ſey, daß ein ſolcher Barbar, der dieſe erſte Grundlehre aller Moralität nicht gekannt, ein von Gott geſandter Prophet ſeyn könne.

Es iſt merkwürdig, daß Moſi dieſe Barbarey in dem hohen Tone beſonders von zweenen Männern vorgeworfen wird, die ſelbſt aller Immaterialität der Seele, aller Auferſtehung, und aller beſondern Vorſehung, die doch mit dieſer Lehre ſo weſentlich verbunden iſt, aufs äußerſte ſpotten. Der Einwurf bleibt indeſſen ſcheinbar, und um mit Ordnung darauf zu antworten, ſo ſind zwo Fragen wohl von einander zu unter-

ſcheiden:

scheiden; die eine: ob Moses sie gekannt? und
die andre: ob er in seinem Gesetze Gebrauch
davon gemacht habe?

Daß Moses eine Fortdaur nach dem Tode,
(ich wähle mit Fleiß diesen Ausdruck) gekannt
habe, daß dieser Glaube auch noch älter als Moses, daß sich die Anzeige davon schon in der Geschichte der ersten Welt finde; daß es auch schon
ägyptischer Glaube, und noch mehr, daß es schon
gemeiner israelitischer Volksglaube gewesen, davon sind die Beweise wohl unwiderleglich. Denn
man nehme den Ausdruck von der Wegnehmung
Henochs, nach welcher Deutung man wolle, so
liegt immer eine Vergeltung seines gottesfürchtigen Lebens darinn. Wenn Jakob bey dem geglaubten Tode seines Sohns Joseph sagt, er
würde zu ihm fahren, so ist dies dem unter
den Erzvätern gewöhnlichen Ausdrucke, zu den
Vätern versammlet werden, völlig ähnlich; der
aber wahrscheinlich mehr als eine bloße Beschreibung eines Familienbegräbnisses war, sondern eine
geglaubte Wiedervereinigung nach dem Tode vor-
aussetzte. Der Schluß aber, den der Heiland
gegen die Saducäer daraus machte, daß Gott
so viele hundert Jahre nach Abrahams Tode, sich
noch dessen Gott nenne, und nicht nur den Gott,
den Abraham ehemals angebetet habe, sondern
daß er noch dessen Gott sey, hat eine auffallende innere Stärke.

Daß

Daß dies auch der alte ägyptische Glaube gewesen, dies bestätigen alle Nachrichten, die uns von diesem Volke noch übrig sind, und die davon noch zeugende Beweise sind, die sorgfältige Beiwahrung ihrer Todten vor der Verwesung, und die Pyramiden. Der ganze Endzweck der Balsamirung konnte es allein nicht seyn, sich ihre Anverwandten dadurch so viel länger gegenwärtig zu erhalten, denn sie trugen sie dem ungeachtet aus ihrer Gegenwart weg; sondern die Meynung, daß, so lange der Körper unzerstört bleibe, die Seele sich auch bey demselben aufhalte, war wahrscheinlich der eigentliche Grund davon; eben der Grund, der auch keine anatomische Zergliederung der Todten erlaubte, und die Einbalsamirer selbst, weil sie wenigstens die innern Theile des Leibes heraus nehmen mußten, schon verhaßt machte. Und dies wird durch die unzerstörbare Dauer, die sie ihren Gräbern, dergleichen die Pyramiden und die ausgehöhlten Felsen waren, zu geben suchten, da sie hergegen für die Dauer ihrer irdischen Wohnungen so wenig sorgten, noch mehr bestätigt, indem sie ihr Leben hier auf der Erde nur als einen Uebergang zu jenem dauerhaftern Leben nach dem Tode ansahen; und so nennet auch Jakob, in seiner Unterredung mit Pharao, sein Leben nur eine kurze Wallfahrt.

Ich

Ich habe aber auch gesagt, daß der Glau=
be von einer Fortdaur nach diesem Leben schon
allgemeiner israelitischer Volksglaube gewesen
sey. Dies ist unwidersprechlich aus dem Ver=
bothe deutlich, das Moses 5 B. 18. giebt, die
Todten nicht zu fragen; wovon in den Bü=
chern Samuels das merkwürdige Beyspiel von
der Zauberinn zu Endor aufbehalten ist; zum
Beweise, wie schätzbar auch diese historischen Bü=
cher in der Geschichte der Religion und der mensch=
lichen Vernunft sind. Dies Todtenbefragen war
freylich ein Gaukelspiel, wie alle übrige Oracul; es
ist aber doch auch der deutlichste Beweis, daß es ein
allgemeiner Glaube war, daß die Seelen sich auch
nach dem Tode bey ihren Leibern nach aufhielten.
Und das israelitische Volk wäre unter allen Völ=
kern in der Welt das einzige gewesen, das diesen
Glauben nicht gehabt hätte. Denn er war nichts
weniger als die Folge oder ein Beweis einer vor=
züglich cultivirten Vernunft. Es war allgemeiner
Menschenglaube, dessen Ursprung sich in der allerer=
sten Geschichte der Menschheit verliert, und der
sich auch bey den allerwildesten Völkern, wenn
sich auch selbst der Glaube an Gott verloren, er=
halten hat; nur mit dem Unterschiede, daß sich
jedes Volk diesen künftigen Zustand analogisch,
nach seinem Zustande hier auf der Erde, erklärte;
die gewöhnliche Art, nach welcher alle Menschen,
das was ihrer Vernunft zu hoch ist, sich erklä=
ren. Das glückliche Land des Wilden, wo er

nach

nach seinem Tode eine ergiebigere Jagd zu haben
glaubt, liegt hier auf der Erde, und er bekömmt
Pfeile und Bogen zu dem Ende mit ins Grab.
Die Deutschen und andre nordische Völker gaben
den Verstorbenen Waffen und Knechte zu ihrem
Dienste mit, die sie auf ihren Gräbern tödteten.
Und bey denen Völkern, die bey einer ruhigern
Lebensart unter ihren Familienhäuptern näher
bey einander blieben, scheint diese sanfte Verbindung, zu der schon angeführten patriarchalischen
Vorstellung von einer Familienvereinigung oder
Sammlung zu den Vätern, die Veranlassung gegeben zu haben, die sich bey den Juden,
auch noch zu des Erlösers Zeiten, als die Lieblingsvorstellung von diesem glücklichen zukünftigen Zustande erhalten hatte.   Dies ist Beweises
genug, daß diese Erkenntniß eines Lebens nach
dem Tode auch schon zu Mosis Zeit dem israelitischen Volke nicht unbekannt gewesen, und daß
sie folglich auch noch weniger Mosi selbst unbekannt seyn können.

So wie die Erkenntniß Gottes sich mehr auf-
klärte, so erhielt auch diese Erkenntniß nach und
nach unter diesem Volke schon einige mehrere Erleuchtung und Stärke.   Denn wenn David Pf.
73, 25. 26. sagt: Herr, wenn ich nur dich habe,
so frage ich nichts nach Himmel und Erden, und
wenn mir gleich Leib und Seele verschmach-
ten, so bleibst du doch, o Gott, allezeit meines
Her-

Herzens Trost und mein Theil; so kömmt dieser
Ausbruch der feurigsten Liebe zu Gott, gewiß
aus einem Vertrauen zu seiner Vorsehung, das
über die Grenzen dieses Lebens hinausgeht. Und
noch deutlicher erscheint diese Erkenntniß in den
beyden Aussprüchen Salomos Pred. 12, 7. 14.
Der Staub muß wieder zu der Erde kommen,
wovon er genommen ist, und der Geist wieder
zu Gott, der ihn gegeben hat; ingleichen in
dem: Gott wird alle Werke vor Gericht bringen, das verborgen ist, es sey gut oder böse.

Der bekannte Spruch Hiobs, Cap. 19, 24.
daß er wisse, daß sein Erlöser lebe, der ihn aus
der Erde wieder auferwecken werde, und daß er
hernach mit seiner leiblichen Haut wieder
umgeben werden, und in seinem Fleische
Gott sehen werde, würde noch der allerdeut-
lichste Beweis seyn, wenn nicht viele Ausleger
geneigter wären, denselben von Hiobs Hoffnung
zu seiner leiblichen Wiederherstellung zu erklären,
und zwar aus der Ursache, daß hier sonst nicht
nur die Unsterblichkeit der Seele, sondern auch die
Auferstehung des Leibes schon in dem vollen Lichte
stünde, worinn sie doch der Erlöser der Welt erst
gelehret hat, 1 Cor. 19, 2. Tim. 1, 10. und also,
nach dem Alter des Buchs, das helleste Mittags-
licht hier schon in der Morgenröthe schiene.

Es iſt wenigſtens außerdem unwiderſprechlich genug, daß die Juden dieſe Lehre von der
Unſterblichkeit der Seele, nicht erſt in ihrer Zer-
ſtreuung von den orientaliſchen und griechiſchen
Weiſen erlernt haben; und gehöret dieſe Angabe
mit zu den übrigen Erfindungen, womit man
der göttlichen Sendung Moſis, und der geoffenbarten Religion einen Vorwurf zu machen
glaubet.

Geoffenbarte Religion und Zuſtand der
Menſchheit und der Welt, ſind immer nur ein
großer, weiſer, göttlicher Plan, worinn die Religion der Vernunft zu ihrer Erleuchtung zu Hülfe kommen, und die aufgeklärte Vernunft zu mehrerer Aufklärung der Religion auch wieder behülflich werden muß. So mußte Moſes ſich unter den
ägyptiſchen Weiſen zu der großen Beſtimmung bilden, wozu die Vorſehung ihn auserſehen hatte; ſo
erſchien der Heiland der Welt ſelbſt nicht eher, als
bis durch die Bemühung der Weiſen die Vernunft ſchon ſo weit aufgekläret war, daß ſie die
Vollkommenheit ſeiner Lehre faſſen und einſehen
konnte; wie viel gewinnen wir nicht noch täglich
in der genaueren Auslegung der heiligen Schrift,
von dem Lichte, womit die alten griechiſchen und
römiſchen Schriftſteller noch immer mehr aufgekläret werden; und wo wird irgend, durch die
nähere Bekanntſchaft mit den indoſtaniſchen
und andern morgenländiſchen Völkern, eine neue

Ent-

Entdeckung gemacht, wodurch die älteste Geschichte der Menschheit und der Vernunft, so wie sie
im Mose und in den übrigen Büchern des alten
Testaments beschrieben wird, nicht immer noch
eine mehrere Bestätigung erhielte? Aus diesem
Gesichtspunkte muß auch diese Gefangenschaft
und Zerstreuung der Juden angesehen werden.
Da die große Epoche der allgemeinen Erleuchtung der Welt näher kam, so sollte diese Gefangenschaft, als die Erfüllung der ihnen wegen ihrer Abgötterey gedroheten Strafen, ihren Glauben an den einigen Gott nun so viel mehr befestigen, ihren Abscheu vor aller Vielgötterey, da sie
nun mitten unter abgöttischen Völkern lebten,
von nun an unüberwindlich machen; besonders
auch, durch die Uebersetzungen ihrer göttlichen
Schriften und deren Verbreitung, die darinn enthaltene reine und vortreffliche Lehre von Gott,
in der Welt zugleich mehr ausbreiten; dagegen
aber sollten sie auch von den mehr cultivirten
Nationen die Cultur annehmen, die sie in ihrer
gesetzlichen Einschränkung sich nicht geben konnten.   Und so konnten sie hier also auch über die
Natur der Seele und ihren künftigen Zustand etwas mehr zu philosophiren anfangen; aber die
Unsterblichkeit der Seele selbst lernten sie hier erst
eben so wenig, als sie ihre reinen Begriffe von
Gott hier zuerst lernten.

He

Da aber die reine Erkenntniß Gottes und seiner moralischen Vorsehung gewiß am allernächsten zu dieser Erkenntniß führet, warum sollten sie denn nicht eben so wohl hierzu haben kommen können, als die Chaldäer und Griechen, deren Erkenntniß von Gott, einige einzelne Weisen ausgenommen, gewiß noch nicht so deutlich und lauter als die ihrige war. An Geisteskräften konnte es ihnen doch wohl nicht dazu fehlen; man lese die Psalmen und die Propheten, besonders den Jesaias, und sehe, wo sonst irgend diese Erkenntniß von Gott, der Lehre von einer moralischen Vorsehung ein solches Licht gegeben habe, und zu der allerherrlichsten Sittenlehre so fruchtbar geworden sey.

Und dann so ist die, den Juden so hoch angerechnete, philosophische Erleuchtung über die Unsterblichkeit der Seele, die sie in dieser ihrer Zerstreuung erst bekommen haben sollen, auch wirklich so groß nicht. Unphilosophische Speculationen über die guten und bösen Geister lernten sie genug; aber in dieser Erkenntniß gewonnen sie nicht viel; ihre Vorstellung von dem zukünftigen Leben blieb immer der alte locale Begriff von Versammlung zu den Vätern, vom zu Tische sitzen mit Abraham, Isaak und Jakob. Und vielleicht war sie ihnen durch die angewöhnte Sophisterey nur noch unwichtiger geworden, da die Saducäer, die sie doch gerade aus leugneten,

neten, mit im hohen Rathe saßen, und selbst Hohepriester wurden.

Diese Angabe, daß die orientalische und
griechische Philosophie die erste Quelle der Lehre
der Juden von der Unsterblichkeit der Seele sey,
und was man dann vielleicht auch noch gern damit zu verstehen gäbe, daß sie also auch nicht erst
ihr wahres Licht von dem Erlöser, sondern ebenfalls von dieser griechischen Philosophie erhalten
habe, ist hiermit also vorerst wohl hinreichend
widerlegt.

Nun kömmt aber die andre Frage: ob Moses diese Lehre in seinem Gesetze ausdrücklich gebraucht habe? und hier ist der Augenschein,
Nein; welches auch der angeführte Schluß des
Erlösers, der den Pharisäern und Saducäern so
unerwartet war, bestätigt. Aber sie ist doch
der erste und größte Bewegungsgrund aller wahren Sittenlehre, warum sie also nicht gebraucht?
und als ein göttlicher Prophet, wie konnte er
sie verschweigen? Diese Frage ist wichtig und verdient, deutlich beantwortet zu werden. Erstlich
ist der bloße rohe Begriff von einer Fortdaur
nach diesem Leben, zu einem wahren Bewegungs-
grunde der Sittenlehre noch nicht hinreichend.
Alle wilde Völker glauben, wie ich schon gesagt,
diese Fortdaur, aber ohne die geringste Verbindung mit dem moralischen Verhalten in diesem
Leben. Soll sie zur wahren Moralität wirksam
werden, so setzet sie schon einige deutliche Er-
kennt-

kenntniß von der moralischen Regierung Gottes über die Welt, einige deutliche Erkenntniß von dem Unterschiede des moralischen Guten
und Bösen, einige deutliche Wahrnehmung des
ungleichen Verhältnisses des sinnlichen Guten
und Bösen gegen das moralische hier in der Welt,
auch schon einige Erkenntniß von der Natur der
Seele, und überhaupt schon einige Cultur der
Vernunft, und einiges sittliches Gefühl voraus.
Aber für ein rohes noch ganz ungebildetes Volk, für
ein Volk, dem die Erkenntniß eines einigen Gottes noch zu erhabne Philosophie war, das zu diesem Glauben durchs Gesetz erst noch angehalten
werden mußte, bey dem das sittliche Gefühl
durch das Gesetz erst erweckt werden sollte, für
dies Volk wäre diese Lehre noch viel zu früh gekommen, und wäre ohne alle Wirkung geblieben. Die allervollkommenste Lehre thut nicht zu
aller Zeit ihre Wirkung, sondern setzt immer eine
gewisse Fähigkeit voraus. Mosis große Absicht
war nur erst, die Lehre von einem einigen Gott und
Schöpfer der Welt, woraus nach und nach erst
die vollkommnere Religion und Sittlichkeit er-
wachsen sollte, bey diesem Volke zu befestigen,
und die derselben entgegen stehende Vielgötterey
von demselben abzuhalten; was sollte hierzu die
Lehre von der Unsterblichkeit der Seele ausrichten? Alle Vielgötterey wurde vornehmlich durch
die von den Nationalgöttern zu hoffende zeitliche
Glückseligkeit unterhalten.

Hhh 2   Die

Die Verweisung auf eine zukünftige Glückseligkeit nach diesem Leben, würde hiergegen bey
dem rasenden Hange dieses Volks zu dieser Vielgötterey von sehr schwacher Wirkung gewesen
seyn; hier ward eine Theokratie nothwendig,
die ebenfalls unmittelbare Belohnungen und Strafen gab; und es ist ein Beweis von dem Vertrauen, das Moses zu seiner göttlichen Sendung
hatte, daß er diese mit solcher Zuversicht versprach.
Allerdings bleibt die Lehre von der Unsterblichkeit
der Seele der wesentlichste, reinste und stärkste
Grund zu aller wahren Sittlichkeit; und ein
Staat, worinn diese Lehre die herrschende ist,
wird unendliche Vollkommenheiten voraus haben; denn die Gesetze waren nur die Hand, und
bilden nie die Gesinnungen des Herzens; sie können die groben Ausbrüche der Leidenschaften verhüten, aber den innern Trieb zum Guten geben sie
nie; dies kann die Ueberzeugung von einer vergeltenden Vorsehung und von einem ewigen Leben nur allein.   Die Gesetze können höchstens
die äußere Ordnung eines Staats erhalten; aber
jene bildet den moralischen Sinn der einzelnen
Glieder.   So nothwendig beruhet also die äuß-
sere Ordnung eines Staats darauf nicht, daß er ohne diese Lehre gar nicht bestehen könnte; er erfodert alsdann nur mehrere Gesetze, und diese müssen so viel strenger seyn; und hierdurch ersetzte auch
die Weisheit Mosis den Mangel jenes reinen und
größern Bewegungsgrundes, dessen Anwendung

die

die Rauhigkeit seines erst zu bildenden Volks noch
nicht zuließ. Denn er machte nicht allein die so
genannten vollkommenen Pflichten, die ein jedes
Mitglied dem andern schuldig ist, zum Gesetze,
sondern er machte auch, was nie ein andrer Gesetzgeber that, alle Pflichten der Liebe zu gesetzlichen Pflichten.

Es ist eine ganz irrige Vorstellung, daß,
wenn Gott den Menschen eine Offenbarung giebt,
dieselbe gleich auf einmal alle Lehren in ihrer vollen Klarheit bekannt machen müsse, die der
Menschheit je zu ihrer vollkommnern Rechtschaffenheit und Beruhigung wichtig werden können.
Die ganze Regierung der Welt ist ein beständig
fortgehendes System, wo aber alles sehr langsam zu der größern Vollkommenheit fortgeht.
Dieser langsame Gang ist der ganzen Oekonomie der Vorsehung gemäß; langsames Wachs-
thum durch die ganze Natur; langsame Bildung
der menschlichen Gesellschaft; langsame Cultur
und Aufklärung der Vernunft; und je größer
der Endzweck ist, je langsamer ist der Gang.
Für uns Menschen, die wir nur einen Augenblick
zu leben haben, und von allem die Wirkung
schon sehen wollen, geht alles zu langsam; und
daher so viele verkehrte Vorurtheile. Aber was
uns hierinn Unvollkommenheit scheint, das ist
nach dem ganzen System der Vorsehung größte-
ste Weisheit. Denn sie geht immer auf das

Ganze;

Ganze; sie erreicht also durch diesen langsamen Gang so viel mehr Absichten, nimmt so viel mehr Mittel mit, macht diese wieder zu Endzwecken, die Endzwecke wieder zu neuen Mitteln, um den großen Zweck so viel vollkommener zu erreichen. Nichts wirket für sich allein; nichts läuft ganz ab, ein Rad fasset wieder ein anderes und wird Mittel zu neuen Zwecken.

Die Religion hat in diesem weisen und großen System keinen besondern Gang für sich allein; sie geht, wie die andern Wissenschaften und Entdeckungen in der Natur, immer in Verbindung mit der Menschheit, nach deren Lage und in Verhältniß mit der allgemeinen Aufklärung der Vernunft fort; verbreitet immer so viel Licht und Kenntniß, als die Menschheit zu jeder Zeit fassen und annehmen kann, und geht in ihrer Erleuchtung fort, nach dem die Vernunft die höhern Lehren zu fassen bereitet ist. Ist Moses nun noch kein göttlicher Prophet, weil er die Lehre von der Unsterblichkeit der Seele in seinem Gesetze nicht gebraucht hat?

Ich sagte vorher, daß die allervollkommenste Lehre nicht zu allen Zeiten ihre Wirkung thue. Ich hoffe, man wird mir auch zugeben, daß es auch die Klugheit erfodern könne, eine an sich höchst vollkommene Lehre zu verschweigen, wenn sie zum Nachtheil einer noch wichtigern Wahrheit,

heit, oder zu einem andern sehr bedenklichen und
zu der Zeit nicht zu vermeidenden Misbrauche mög-
te können angewendet werden. Vielleicht war
eben dies auch eine Ursache mit, daß Moses diese
Lehre in ihrer damaligen Dunkelheit noch ließ.
Sein erster und großer Endzweck, worauf ich
immer zurückkehren muß, war, bey dem Volke
die Lehren von einem einigen höchsten Gott zu befestigen, und alles zu dem Ende von demselben
zu entfernen, wodurch der allgemeine Hang zu
der Abgötterey und Vielgötterey im geringsten gereizt oder unterhalten werden konnte. Mit dieser Abgötterey war aber der Aberglaube von
Geisterbeschwörung und Todtenbefragen unmittelbar verbunden, und den er deswegen auch,
als das höchste Verbrechen, und als eine volle
Verleugnung Gottes und seiner Vorsehung so
strenge verboth. Da nun aber ohnehin dem rohen
Menschen, der noch keine alles regierende weise
Vorsehung kennet, nichts angelegentlicher ist, als
seine ihm bevorstehenden Schicksale zu wissen, und
eben dieser Trieb durch die Vielgötterey und deren Orakel, der Einbildung nach, so sehr befriedigt ward, würde nun Moses mit allen, auch
den strengsten Gesetzen, das Volk von diesem
Aberglauben, der in aller Stille sicher getrieben
werden konnte, haben abhalten können, wenn er
dasselbe auf diese Fortdaur der Seele nach dem Tode, die eben der Grund dieses Aberglaubens war,
noch aufmerksamer gemacht hätte? Für die Moralität

ralität hätte er, wie ich schon bewiesen, nichts
gewonnen, und den großen Endzweck seiner ganzen Stiftung, den Glauben an Gott und dessen
Vorsehung, und die Entfernung der Abgötterey
hätte er unumgänglich verloren. Und noch
Eins. Man will, Moses habe, gleich mit seinem Gesetze, diese Lehre von der Unsterblichkeit
der Seele verbinden sollen. Er hätte sie doch
aber auch deutlicher vortragen müssen, als das
Volk sie, nach dem dunkeln Begriffe, den es damals von ihrer Fortdauer hatte, sich dachte; er
hätte wenigstens sagen müssen, daß die Seele
nicht nur bey dem Leibe, so lange dieser noch un-
verweset sey, sich aufhalte, sondern daß sie auch
nach dessen vollen Zerstörung übrig bleibe, daß sie
von den Banden des Körpers erlöset, noch freyer
und vollkommener existire — Nichts mehr als
dies — Und Moses hätte dennoch die Verehrung,
die Anbetung, die Vergötterung dieser vervoll-
kommenten Geister verhüten wollen? Wer dieß
behaupten kann, der muß gar die Menschen nicht
kennen; sich gar in die Zeiten nicht hineindenken
können, wo Vielgötterey allgemeiner natürlich-
ster Menschenglaube war; gar nicht wissen, daß
eben dies die Quelle aller Abgötterey wirklich
gewesen ist. Dieser große Mann, dieser Held,
dieser Gesetzgeber that in seinem Leben für sein
Vaterland, für sein Volk so viel: ist es nicht
Pflicht, sein Andenken in seinem Bilde noch zu
verehren — seine Liebe für sein Volk und Va-

terland

terland war in seinem Leben so groß, sollte er
diese Liebe für dasselbe nicht noch haben —
sollte sein Geist demselben nicht noch immer
gegenwärtig seyn — Nun sind Götzenbilder,
Altäre, Opfer, Vergötterungen, Vergötterungen vom Jupiter bis zu den Familien- und
Hausgötzen oder Penaten schon da. Und
doch Moses kein göttlicher Prophet, weil er
sein Volk die Unsterblichkeit der Seele nicht
ausdrücklich lehrte? Es fällt mir hier noch ein
Umstand ein. Ich gebe gern zu, daß das israelitische Volk im Ganzen, während seines Aufent-
halts in Aegypten, wegen seines unstäten Hirtenlebens, die Einbalsamirung seiner Todten nicht angenommen habe, ob es gleich merkwürdig ist,
daß Jakob und Joseph einbalsamiret wurden;
1 B. 50. aber daß Moses sie nun, mit dem Befehle, die Todten gleich zu begraben, stillschwei-
gend gleichsam verbietet, hierzu scheint er wohl
seine besondre Absicht gehabt zu haben. Die
alte Gewohnheit, daß die Erzväter waren begraben worden, blieb dabey unverändert; die Aegypter setzten ihre Todten ebenfalls in Gräbern bey,
so wie auch Jakob und Joseph begraben wurden;
die Lieblingsvorstellung von der Versammlung
zu den Vätern in den Familienbegräbnissen blieb
folglich auch dabey ungekränkt; 1 B. 49, 29. 32.
Jos. 24, 32. ein bloß ökonomischer Grund konnte es aber auch wohl allein nicht seyn; denn die
gemeine Balsamirung war auch in Aegypten

nicht kostbar, und den Asphalt, der das vornehm=
ste Ingrediens dazu war, hatte das Volk jetzt
in der Nähe; und was noch merkwürdiger zu seyn
scheint, ist dies, daß er auch die bloße Berührung
eines Todten zu einer Verunreinigung machte;
4 B. 6, 6. 9, 6. 7. 10. sollte dies nicht die höhere Absicht mit zum Grunde gehabt haben, die
Todten nur bald aus den Augen zu bringen, um
alle abgöttische Verehrung und Befragung der=
selben so viel mehr zu verhüten, und das Volk
auch von der abgöttischen Verehrung der Grä-
ber seiner großen Stammväter zu entfernen? Ja,
sollte nicht selbst aus eben der Absicht Mosis ei=
gene Grabstäte, und vielleicht auf dessen eigene
Anordnung, von den wenigen Vertrauten, die
ihn dahin nur begleiten durften, so verborgen
seyn gehalten worden? Nun beurtheile man das
Geschrey von Voltairen und seines Gleichen
über Mosis Barbarey, daß er die Unsterblichkeit
der Seele in seinem Gesetze nicht gelehret habe,
das auch der Verfasser der Fragmente in ei=
nem so hohen zuversichtlichen Tone noch wie=
derholet.

Aber ehe ich die Feder weglegen kann, muß
ich noch zwey Worte von der eben so beschryenen
Eroberung des Landes Canaan sagen. Viele
gelehrte Männer haben ihre Gedanken mit vielem Scharfsinn, obgleich mit ungleicher Stärke,
darüber schon vorgetragen, und es würde eine

mit

mir gar nicht zukommende Anmaßung ſeyn, dieſe Gedanken, die andern vielleicht einleuchtender
als die meinigen ſind, zu widerlegen, um die meinigen ſo viel mehr geltend zu machen.   Ich kann
nur ſagen, daß die beyden Urſachen, die Moſes
davon 5 B. 9, 4. 5. 6. 4 B. 33, 53 = 55.
auch noch 5 B. 20, 16. 17. 18. anführet, mir
allein ſchon befriedigend ſcheinen.   Nach dem erſten hält er dem Volke vor, daß ſie nicht denken
ſollen, daß Gott ihnen dies Land um ihrer vor-
züglichen Gerechtigkeit willen, oder, daß ſie etwan ſonſt deſſen Lieblingsvolk wären, eingäbe;
ſondern daß er, aus einem gerechten und nach
ſeiner Vorſehung längſt beſchloſſenen Gerichte,
1 B. 15, 16. über deſſen Einwohner, wegen ihrer
Miſſethaten, ihrer Abgötterey, ihrer abſcheuli-
chen Menſchenopfer, und ihrer herrſchenden un-
natürlichen Bosheiten, dies Gericht nunmehr
vollziehen wolle, und daß ſie, die Iſraeliten,
hiervon nur die Werkzeuge wären; dann aber,
daß Gott ihnen, aus freyer Wahl, nach der ihrem
Stammvater ſchon gegebenen Verheißung, dies
Land wieder einräume; damit ſie, als ein dieſem
einigen und höchſten Gott gewidmetes Volk, entfernt von aller Abgötterey, und von allen denen
Sünden, um deren willen er dieſe Völkerſchaften vertilge, ihm darinn dienen, und zugleich
dieſes ſchreckliche Gericht zu ihrer Warnung beſtändig vor Augen haben ſollen — ich ſage, daß dieſe von Moſe angeführten zween Gründe mir allein

ſchon

schon befriedigend scheinen. Ich will sie nur
noch etwas deutlicher aus einander setzen.

Dies verdient vorerst gar keine Widerlegung,
daß Moses das Land aus einer bloßen Eroberungs-
sucht habe einnehmen lassen. Er wußte, daß er selbst
nie hineinkommen würde; nach seiner eignen Verordnung sollte auch sein Stamm und seine Familie
keinen Fuß breit Eigenthum darinn haben; auch
kam und konnte kein König aus diesem Stamme
kommen. Die sieben kleinen Völkerschaften, deren Land eigentlich erobert werden sollte, waren
auch namentlich genannt, und wenn das Volk
zwischen dem äußersten Arme des Nils und dem
Euphrat auch seine freyen Viehweiden hatte, so
litt die ganze Verfassung doch keine Ausdehnung der Grenzen des eigenthümlichen Landes;
diesem waren der einige Tempel, die drey jährli-
chen Hauptfeste bey demselben, die vielen andern Reisen dahin, die jedes dahin zu bringende
Opfer nöthig machte, das Verboth, irgend sonst
einen Altar zu haben, auch die Sabbathe und
Jubeljahre, und so viele andre Verordnungen
gerade entgegen.

Auch ist dies außer aller Frage, daß Gott,
so wie er, als der Regent und Richter der Welt,
aus verborgenen, aber gewiß weisen und gerechten Absichten, ganze Völker und Länder durch
Erdbeben und Fluthen untergehen lassen kann,
der-

dergleichen Gerichte auch über Völker, wegen ihrer herrschenden Bosheiten, ergehen lassen könne. Auch dies noch : daß Gott hierzu so wohl Krieges-heere als jene Naturwirkungen dazu brauchen kön-ne. Und ich setze noch hinzu, daß, wenn Gott ein sol-ches Volk um seiner Bosheit willen vertilgt, er auch dessen Land aus andern hohen und weisen Ursachen alsdann dem Volke, welches er hierzu zum Werk-zeuge gebrauchet, zu seinem Sitze wieder einräu-men könne. Es ist nur immer dabey genau zu unterscheiden, daß die eigentliche Ursache die Ver-tilgung dieser Völkerschaften nicht ist, um der wahren Religion in diesem Lande einen Sitz zu geben, sondern daß ihre von Gott beschlossene Bestrafung, als die eigentlichste Ursache davon vorhergeht, und daß die totale Vertilgung der-selben, die dennoch auch in andern ähnlichen gött-lichen Gerichten geschieht, hier noch die ausdrück-liche Absicht hat, die große Lehre von der Vereh-rung eines einigen Gottes dadurch gegen alle sonst unvermeidliche Verführung zur Abgötterey in so viel mehrere Sicherheit zu setzen. Die ganze Un-tersuchung schränket sich also nach meiner Einsicht hierauf ein, ob Gott einem Volke, die Vertrei-bung oder die Vertilgung des andern, mit dem ausdrücklichen Zusatze auftragen könne, daß es zur Strafe von dessen Sünden geschehe, und ihm hierauf, um seiner Religion willen, dessen Land einräume. Die wichtige Bedenklichkeit ist diese, daß dadurch der allerungerechtesten Er-

oberungs-

oberungs = und Religionsverfolgungssucht der
fürchterlichste Vorwand gegeben würde. Ich
antworte hierauf: wenn Moses für sich jene bey=
den Ursachen, nämlich die Bestrafung dieser Völ=
ker wegen ihrer Sünden, und die Errichtung
des wahren Gottesdienstes in deren Lande, ohne
andre Legitimation, allein zu seiner Rechtfer=
tigung angeführt hätte, daß er der allerungerech=
teste Eroberer gewesen wäre; denn hierzu hat
kein Volk in der Welt ein Recht, oder die Welt
ist einer ewigen Verwüstung aller Räuber, aller
blutdürstigen Schwärmer, abergläubiger Kreuz=
züge, und wüthender Dragonnaden ausgesetzt.
Ich sage noch mehr: wenn Moses auch für
sich überzeugt gewesen wäre, daß er von Gott
dazu den Befehl gehabt, daß er, ohne an=
dre sichtbare Legitimation, dennoch vor den
Augen der Welt immer der ungerechte Erobe=
rer bleiben, und die Folgen davon für die Welt
auch immer gleich fürchterlich bleiben würden;
denn jeder Schwärmer kann sich eben dergleichen
göttliche Eingebungen und Befehle einbilden.
Aber die offenbaren Wunder, womit Moses
seine göttliche Sendung bewies, die er während
seines vierzigjährigen Zuges bewies, keine solche
geheime phantastische Wunder, die nur im Win=
kel, in der Gegenwart einiger Vertrauten gesche=
hen, sondern Wunder, die in allen den benach=
barten Ländern erschollen, die alle benachbar=
te

te Völker kannten, Jos. 2, 9. 10. 11. wodurch sie bekennen mußten, daß der Gott Israel der wahre Gott Himmels und der Erden sey — Dies ist die Legitimation Mosis; so legitimire sich der Eroberer, der Kreuzprediger, der Schwärmer.

Ende.

Verbesserungen.

S. Z.

387.	9.	zu den, l. zu dem
—	10.	giengen l. gieng
390.	11.	von unten, daß l. das
392.	11.	ließ l. ließe
393.	8. v. u.	innerlicher l. innerlichen
398.	6.	— in diesen l. in diesem
401.	7.	— zu den l. zu dem
402.	8.	— Ihm l. Ihn
—	7.	— und setzt l. und er setzt
422.	2.	— ein l. Ein
426.	1.	— anständig l. anständig wäre
429.	7.	— auf die l. auf der
438.	5.	Minas l. Minos
—	16.	dem Volke l. das Volk
441.	9.	zwar noch l. noch dazu
449.	13.	so bald l. kaum
450.	9.	Mountaigu l. Montagu
451.	18.	dem einfältigen Volke l. das einfältige Volk
457.	10. v. u.	ganz l. ganze
458.	7.	eben Zeit l. eben Zeit!
461.	5.	daß der Heiland l. daß nebst Mosen der Heil.
—	13.	in einer allgemeinen l. in eine allgemeine
469.	1.	Anchiolus l. Anchialus beym Martial
482.	9.	steinern l. steinernen
485.	10.	dem Volke l. das Volk
494.	13.	gerleget l. gereihet
498.	8.	vor der l. vor die
507.	12.	der Gottheit l. die Gottheit
510.	11. v. u.	dingt l. bedingt
529.	6.	— vor l. von
530.	11.	— vor l. von

Die übrigen kleinen Schreib- und Druckfehler wird der Leser selbst gütigst übersehen oder verbessern.